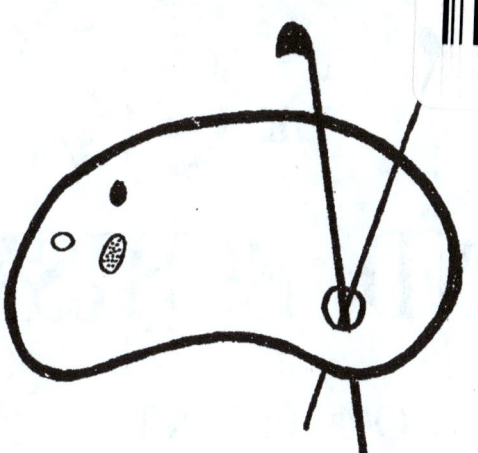

**COUVERTURE SUPERIEURE ET INFERIEURE
EN COULEUR**

LE
GRAND SCHISME
D'OCCIDENT

D'APRÈS LES DOCUMENTS CONTEMPORAINS
DÉPOSÉS AUX ARCHIVES SECRÈTES DU VATICAN.

PAR

M. l'abbé LOUIS GAYET

CHAPELAIN DE SAINT-LOUIS DES FRANÇAIS.

LES ORIGINES.

TOME II.

A PARIS, chez WELTER, *Libraire*, Rue Bonaparte 59.
A FLORENCE, chez LOESCHER et SEEBER, *Libraires*.
A BERLIN, chez CALVARY et Comp^{ie}, *Libraires*.

1889.

LE GRAND SCHISME D'OCCIDENT

par M. l'Abbé LOUIS GAYET

LES ORIGINES.

Deux volumes grand in-8°. — Prix 15 francs.

S'adresser à l'auteur, à *Saint-Louis des Français*. — ROME.

Du même auteur.

EN PRÉPARATION :

LE GRAND SCHISME D'OCCIDENT.

Discussions contemporaines sur la validité des élections.

Urbain VI et Clément VII.

Benoit XIII et la France.

L'entrevue de Savone.

Pise et Constance.

D'APRÈS LES DOCUMENTS CONTEMPORAINS DÉPOSÉS AUX ARCHIVES SECRÈTES DU VATICAN.

Saint-Etienne. — Imprimerie Ch. Boy, 5, Place Marengo.

LE GRAND SCHISME

D'OCCIDENT

D'APRÈS LES DOCUMENTS CONTEMPORAINS

DÉPOSÉS AUX ARCHIVES SECRÈTES DU VATICAN.

PAR

M. l'abbé LOUIS GAYET

CHAPELAIN DE SAINT-LOUIS DES FRANÇAIS.

LES ORIGINES.

TOME II.

A PARIS, chez WELTER, *Libraire*, Rue Bonaparte 59.
A FLORENCE, chez LOESCHER et SEEBER, *Libraires*.
A BERLIN, chez CALVARY et Comp^{ie}, *Libraires*.
1889.

Tous droits réservés.

LIVRE TROISIÈME

URBAIN VI.

Chapitre I.

URBAIN VI ET LES CARDINAUX.

1. Bruits contradictoires. — 2. Urbain VI dans le palais. — 3. Message invraisemblable du Cardinal de Luna. — 4. Premiers prélats arrivés au palais. — 5. *Cursore* envoyé à Saint-Ange. — 6. Arrivée des Bannerets. — 7. Les Cardinaux hésitèrent-ils à venir ? Contradictions. — 8. Les Bannerets chez le Cardinal de Marmoutier. — 9. Chez celui de Luna. — 10. Chez celui de Florence. — 11. Arrivée du Cardinal de Florence. — 12. Arrivée d'autres Cardinaux. — 13. Le Cardinal d'Aigrefeuille.

Bruits contradictoires.

1. Quand le peuple romain crut avoir enfin achevé son œuvre, il se retira. Le calme fut-il rétabli dans la Ville éternelle ? Non. Les protestations du cardinal de Saint-Pierre ramenèrent bien vite l'incertitude dans les esprits.

Tandis que, généralement, on croyait que le cardinal de Saint-Pierre était Pape, tout à coup, au diré de Ménendus, il se fit une grande rumeur dans la Ville, on criait à la trahison : " *Nous sommes trompés*, disait-on de toute part, *ce n'est pas le cardinal* „ *de Saint-Pierre qui est Pape, bien plus, c'est l'archevêque de* „ *Bari ! Ces traîtres français n'ont pas voulu nous plaire, nous* „ *donner la consolation d'avoir un Pape romain, et ils ont créé*

„ *Pape un . . . . . napolitain* „ (1). Plusieurs disaient : " *Ni l'un
„ ni l'autre n'est Pape; mais les Français nous trompent, ils
„ ne veulent rien faire ici* „ (2).

Que fit alors le peuple ? Nous allons entendre bientôt les Bannerets dire à Urbain : " qu'ils avaient été jusqu'à ce moment
„ occupés à calmer le peuple si courroucé la veille, et qui n'était
„ pas encore calmé „ (3).

C'est le Vendredi matin que, d'après Thomas de Amanatis, les Bannerets tinrent ce discours; la nuit fut donc loin d'être tranquille dans Rome, et l'élection d'Urbain VI ne fut pas acceptée avec enthousiasme par le peuple romain.

Il n'en fut pas de même pour les Ultramontains. Croyant, comme les Cardinaux, à la vertu et à la conscience de Barthélemy, la nouvelle de son élection les comblait de joie. Beaucoup pensaient comme Thomas des Amanatis : " Cette nouvelle me
„ fit plaisir, car je croyais sa probité telle, qu'il n'accepterait
„ jamais, à moins qu'il ne sût d'une manière certaine qu'il était
„ canoniquement élu. J'espérais qu'il ferait et je croyais qu'il
„ devait faire beaucoup de bien à l'Eglise, s'il était canonique-
„ ment élu Pape „ (4).

Les Bannerets étaient-ils mieux informés que le peuple ? C'est fort probable; l'évêque de Todi nous ayant déjà fait connaître qu'ils savaient à quoi s'en tenir sur l'élection. Urbain VI dans sa bulle au roi du Castille dit que : " Les Cardinaux avaient mani-

---

(1) Decepti sumus quia non est papa cardinalis Sancti Petri, ymo archiepiscopus Barensis, quare iste proditores galici noluerunt nobis facere ad placitum seu consolationem de Romano et fecerunt unum pixasango neapolitano.

(2) Aliqui dicebant non est verum, quia nec unus nec alter est Papa set isti galici discipiunt nos quia nollunt hic facere aliquid.

(3) P. J. XVIII. 27.

(4) P. J. XVIII. 26.

„ festé la vérité au sujet de l'élu, aux officiers et aux grands
„ de la Ville „.

L'évêque de Valva soutient que : " Le neuf Avril au matin,
„ quelques Romains lui rapportèrent, *qu'au Capitole, cette nuit
„ même, les Romains avaient délibéré que l'archevêque de Bari
„ était et demeurerait Pape* „ (1).

Les Bannerets n'étaient pas seuls à savoir ce qui s'était passé.
A deux heures de nuit, raconte Nicolas Eymeric, le maître du
Sacré-Palais : " vint à la maison du déposant lui apprendre que
„ certainement l'archevêque de Bari était pape „. Pierre de Nuce,
auditeur du cardinal d'Aragon, en fit autant (2).

**Urbain VI dans le palais. — Message invraisemblable du Cardinal
de Luna. — Premiers prélats arrivés au palais. —** *Cursore* **envoyé
à Saint-Ange.**

2. Barthélemy passa cette première nuit dans le palais apostolique et même dans les appartements du Pape. Selon Bernard de Verdun plusieurs Romains et officiers de la Ville lui
tinrent compagnie (3).

C'est là, nous l'avons vu au dernier chapitre du livre précédent, que les Cardinaux lui firent dire qu'il était Pape, selon
les uns, qu'il ne l'était pas, selon les autres ; et Jean de Lignano mentionne à ce propos plusieurs requêtes que lui adres-
sèrent les Cardinaux, pour qu'il eût à quitter le palais : " Le
„ lendemain, dit-il, le peuple s'étant apaisé, l'archevêque de
„ Bari était resté au palais (dans les appartements pontificaux) ;

---

(1) Quod consilium romanorum in capitolio ordinaverat illa nocte
quod ipse Barensis esset et remaneret Papa.
(2) P. J. XX. 30.
(3) Se posuit in cameris papalibus et stetit tota nocte et plures
Romani et officiales urbis secum.

„ plusieurs fois requis par quelques Cardinaux, d'avoir à en sortir,
„ il n'en voulut rien faire „ (1).

D'après plusieurs témoins, le Cardinal de Luna envoya plusieurs ambassadeurs à Urbain VI, dès le lendemain, de très bonne heure. La déposition d'un de ces témoins, Pierre d'Espagne, est rapportée par Raynaldi (2). Nous en avons une autre de Thomas Petra, chanoine de Patrasso. La confrontation de ces deux témoignages nous paraît instructive.

Pierre d'Espagne :

" Le lendemain, au point du
„ jour (*in ipsa aurora diei*), j'ap-
„ pelai le frère Alphonse du
„ Tiers-Ordre de Saint François,
„ alors mon commensal, qui est
„ aujourd'hui en Galice, dans un
„ pays appelés Mellum, près de
„ Saint-Jacques de Compostelle.

Thomas Petra :

" Le lendemain de grand matin, à l'aube du jour (*valde mane in crepuscula*), le Révérend Père et Seigneur Alphonse de Guadalfaria, jadis évêque de Jaen, m'envoya, de la part du cardinal de Luna, un messager secret et fidèle, frère Alphonse de Mérita, prêtre du Tiers-Ordre de Saint François :

Il est bien évident que, dans les deux dépositions, il s'agit du même personnage : même nom, même ordre, même nationalité.

„ Il était assez connu du Pontife, et je lui dis d'aller sur le champ à la maison dudit

„ celui-ci m'ordonna, de la part du seigneur autrefois cardinal de Luna, d'aller sur le champ

---

(1) P. J. XXVIII. 80.
(2) Anno 1379. n° XVI.

„ Archevêque, de s'informer au-
„ près de ses familiers de l'en-
„ droit où il se tenait caché........
„ J'ordonnai au même frère Al-
„ phonse de dire, de ma part, à
„ l'archevêque de Bari de me
„ faire connaître le lieu de sa
„ retraite, que je l'en tirerai se-
„ crètement, au moment oppor-
„ tun, et que, sous un déguise-
„ ment, je le mettrai en lieu
„ sûr dans la Ville, et que je
„ pourvoirai à sa subsistance,
„ jusqu'à ce que le Seigneur en
„ dispose autrement „.

„ trouver notre Seigneur Ur-
„ bain, pour lui annoncer de la
„ part de ce Cardinal qu'il était
„ aussi bien le vrai pape que
„ Saint Pierre ; qu'il avait été
„ unanimement et canonique-
„ ment élu, et pour lui dire
„ qu'il ne devait avoir aucun
„ doute, parce que le Cardinal
„ avait parlé avec certaines per-
„ sonnes puissantes, en qui il a-
„ vait pleine confiance „.

Voilà donc *le même personnage*, frère Alphonse, qui est envoyé, *à la même heure*, par Pierre d'Espagne auprès de Barthélemy, et par l'évêque de Jaen à la demeure de Thomas Petra. La déposition de ce dernier porte que frère Alphonse s'acquitta de la commission de l'évêque de Jaen ; Pierre d'Espagne insinue que le même messager exécuta ses ordres et très promptement, car, après le lever du soleil, Pierre d'Espagne reçoit du même cardinal de Luna une commission analogue à celle qu'a reçue Thomas Petra, et sur le champ il s'en acquitte. " *Tunc autem ego ivi* „, dit-il. D'une part, Thomas Petra reçoit une mission du cardinal de Luna pour Barthélemy, *de très grand matin*. D'autre part, Pierre d'Espagne en reçoit une presque semblable et presque en même temps. Bien plus, le rusé Aragonais, Pierre de Luna, dans une circonstance aussi critique, trouve le moyen de mettre trois personnes dans ses confidences : il donne une mission à l'évêque de Jaen ; celui-ci l'envoie, par le frère Alphonse, à Thomas Petra, pour Barthélemy. Que le cardinal de Luna ait envoyé deux messagers à Barthélemy, c'est déjà difficile à admettre, mais que, pour la même commission, il ait employé cinq personnes, c'est inadmissible, et d'ailleurs contraire à ses dépositions et à celles de plusieurs de ses amis, ainsi que nous le verrons bientôt.

Nous n'avons aucun détail sur la manière dont Barthélemy passa la première nuit au palais. Lui-même, dans les différents *casus* qu'il a composés, ne dit rien des ambassades qui lui aurait été transmises, de la part des Cardinaux.

4. Un des premiers témoins qui serait allé au palais le lendemain de l'élection, Vendredi 9 Août au matin, est Thomas des Amanatis. Nous lui cédons la parole : " Le lendemain, Vendredi 9 Avril, „ Boniface, mon cousin, et moi nous allâmes au palais visiter l'Ar„ chevêque de Bari, qu'on nous assurait être élu Pape. Nous y „ arrivâmes vers le milieu de tierce, les portes étaient encore fer„ mées. Nous ne pénétrâmes qu'avec difficulté, nous entrâmes ce„ pendant, grâce à l'intervention et avec l'aide de quelques Ro„ mains dont nous étions connus. Nous vîmes les portes et les „ fenêtres brisées, on eut dit que l'ennemi s'était emparé du palais „ par la force. Arrivés où était l'archevêque de Bari, nous le trou„ vâmes seul avec l'evêque de Sinigaglia, il récitait matines et „ n'avait que le manteau qu'il portait ordinairement dans sa cham„ bre. Nous vîmes que personne n'était encore venu auprès de lui. „ Il était alors dans le promenoir, qui est au-dessus du jardin ou „ de la vigne. Quand il nous aperçut, il vint à nous, et fit quel„ ques pas entre nous deux. Je lui dis alors à peu près ces courtes „ paroles: On nous a raconté quelques choses de votre élévation: „ si ce qu'on nous a dit est vrai, nous en sommes très heureux „ et nous prions Dieu pour que cela, comme nous l'espérons, „ soit utile à toute l'Eglise, au monde entier et au salut de votre „ âme. — Vous êtes mes amis, nous répondit-il, priez Dieu pour „ le bien de l'Eglise. Veuillez cependant me permettre d'achever

„ mon office. A ces mots, nous nous retirâmes et nous vînmes
„ dans la pièce qui précède le promenoir. Tandis qu'il disait ses
„ heures, nous attendions dans cet appartement. Arrivèrent cepen-
„ dant plusieurs autres personnages, pour saluer l'Archevêque de
„ Bari: dès qu'ils l'avaient vu, ils venaient attendre dans la même
„ pièce que nous.

5. " Il y avait avec nous un *cursore* du pape nommé Pla-
„ centius, que je connaissais beaucoup et qui était assez familier
„ avec moi; il fut appelé dans le promenoir; il y alla et revint
„ bientôt. Je causais en ce moment avec un serviteur d'armes,
„ Antoine Luc de Abbatibus, et je crois que le Seigneur Bo-
„ niface, mon cousin, était là et entendit notre conversation.
„ Voici ce que me dit ce *cursore*: Le Seigneur de Bari m'envoie
„ aux Cardinaux qui sont au fort Saint-Ange, pour leur dire de
„ venir. Comment vous semble-t-il que je doive m'exprimer au-
„ près des Seigneurs Cardinaux? Dois-je dire que le Pape m'en-
„ voie vers eux, ou simplement que c'est l'Archevêque de Bari?
„ Je réfléchis sérieusement et je lui dis: Assurément, en ordon-
„ nant aux Cardinaux de venir, cela signifie qu'il est Pape. Dites
„ donc que le Pape vous envoie, et vous verrez ce que vous ré-
„ pondront les Cardinaux. Le *cursore* partit. Il ne mit que le
„ temps nécessaire et revint. J'étais encore dans le même ap-
„ partement; avant d'entrer dans le promenoir, il m'aborda: Je
„ viens du château, me dit-il, j'ai fait ma commission aux Car-
„ dinaux, de la part du Pape. Ils ont été fort peinés que je l'aie
„ appelé Pape; le plus peiné de tous a été le Camerlingue; il m'a
„ dit, devant tous les Cardinaux: Il n'est pas et ne sera pas Pape.
„ Autant que je puis en juger, ajouta le *cursore*, ils ne sont pas
„ empressés pour venir, ils donnent de bonnes raisons, ils disent
„ qu'ils redoutent le tumulte des Romains. Je crois que le *cursore*
„ rapporta cela à l'archevêque de Bari, mais je n'étais pas là „ (1).

(1) P. J. XVIII. 27-28.

Thomas de Amanatis est le seul qui parle de cette première ambassade. Nous n'hésitons pas cependant à la croire véritable, parce que, comme nous l'allons voir bientôt, dans les instructions qu'il donne à d'autres envoyés, Urbain VI tient compte déjà de la répugnance des Cardinaux à venir au palais; ce qu'il ne pouvait connaître que par le rapport d'un messager, envoyé antérieurement.

Thomas de Amanatis continue: " Il y avait bien environ deux „ heures que j'étais au palais et aucun Cardinal n'était encore „ venu „.

Il est arrivé au palais vers le milieu de tierce, c'est à dire vers sept heures et demie; deux heures après, c'est à dire vers neuf heures et demie aucun, Cardinal n'était encore arrivé. Notons bien cette heure, nous reconnaîtrons bientôt l'importance du détail.

Arrivée des Bannerets.
Les Cardinaux hésitaient-ils à venir? — Contradiction.

6. " Les portes du promenoir s'ouvrirent alors, nous entrâ„ mes (1). L'archevêque était là; je le vis clairement, on pouvait „ difficilement s'y méprendre, il était fort soucieux de ne voir „ venir aucun Cardinal auprès de lui; il cherchait tous les moyens „ possibles, pour faire venir les Cardinaux, envoyant vers eux „ toutes sortes de personnes, surtout vers ceux qui étaient dans „ la Ville. Ce qui nous étonnait le plus, lui et nous tous qui étions „ là, c'était de voir que même les Cardinaux italiens ne venaient „ pas. Beaucoup de prélats italiens, alors de séjour à Rome, „ étaient venus au palais et attendaient, pour voir comment cela „ allait finir. Il était l'heure de tierce et même plus tard, quand

(1) C'est Thomas de Amanatis qui parle.

„ arrivèrent les Bannerets et les autres principaux officiers de la
„ Ville. Dès qu'ils furent dans le promenoir et qu'ils virent
„ l'archevêque, ils se mirent à fléchir le genoux et voulurent
„ lui faire la révérence d'usage devant le Pape. Ils s'excusaient,
„ entre autres choses, d'être venus si tard le saluer, disant qu'ils
„ avaient été jusqu'à ce moment occupés à calmer le peuple, si
„ courroucé hier et qui n'était pas encore calmé. L'archevêque
„ leur répondit: Ce que je crois, c'est que lorsque le peuple a
„ entendu prononcer le nom de Bari, il a cru que l'élu était Jean
„ de Baro, qui est ultramontain, voilà ce qui l'a empêché de
„ s'apaiser; mais quand vous lui avez dit que j'étais l'élu, il
„ s'est apaisé aussitôt, parce qu'il sait bien que je suis italien.
„ Les Bannerets fléchissaient le genoux et continuaient leurs ré-
„ vérences; alors je vis l'archevêque, je l'entendis et tous ceux
„ qui étaient là et qui le voulurent, purent le voir et l'entendre.
„ Ses mains disaient non et sa bouche prononçait à peu près ces
„ paroles en langue vulgaire: Levez-vous, ne faites pas cela,
„ car rien n'est fait, tant que le Cardinaux n'arrivent pas. A ces
„ mots, sans rien répondre, les Bannerets, comme s'ils avaient
„ prévu cela, se retirèrent anxieux: on disait publiquement, et
„ la suite en démontra l'exactitude, qu'ils allèrent d'abord à la
„ maison des Cardinaux qui étaient en ville, puis au fort Saint-
„ Ange, pour appeler les Cardinaux et les engager à venir intro-
„ niser le susdit archevêque „ (1).

7. Le peu d'empressement des Cardinaux à venir rendre leurs devoirs à l'élu de la veille; la pression que, d'après Thomas de Amanatis, Urbain VI exerça pour les amener auprès de lui, prouvent trop que les Cardinaux avaient au moins des doutes sur la validité de l'élection. Aussi les Urbanistes s'efforcent de nier ou d'atténuer les deux faits.

(1) P. J. XVIII. 29.

Un témoignage qui nous dispensera de beaucoup de citations, est celui du cardinal de Ravenne, avocat d'Urbain VI: " Le lendemain matin, le peuple étant tout à fait apaisé, les Officiers de la Ville montèrent au palais pontifical, pour faire leurs révérences au cardinal de Saint-Pierre, comme au souverain pontife. Lorsque le Cardinal, de vénérable mémoire, les vit, il les gourmanda vertement, leur disant qu'il n'avait absolument aucun titre à la papauté, mais que le véritable vicaire de J.-C. était dans un appartement du palais, où la peur qu'il avait d'eux le retenait caché. Il leur conseilla donc de mettre de côté leurs vues mesquines et d'aller rendre leurs devoirs au Seigneur de Bari, qui était le vrai Pape. En entendant ces paroles, sans le moindre retard, ils allèrent trouver le Seigneur de Bari et voulaient lui rendre les honneurs dus au Souverain Pontife. L'archevêque le leur défendit absolument, leur disant qu'il ne savait rien de positif sur son élection, qu'il voulait savoir de la bouche des Cardinaux si elle était canonique, libre et solennelle; il ajouta qu'il ne leur permettrait pas de lui rendre leurs devoirs, avant d'être informé sur ce point " (1).

Il est bien évident que les Cardinaux n'étaient pas là en ce moment, c'est à dire dans la matinée du Vendredi, vers les neuf heures.

Ici, remarquons-le, c'est plus que le témoignage d'un témoin, c'est l'aveu même de la partie intéressée, fait par son représentant officiel. Cet aveu, conforme aux dépositions des témoins de la partie adverse, enlève toute valeur à l'assertion de l'abbé de Sistre, un autre avocat d'Urbain VI.

38. " Le lendemain, *au lever du soleil*, allèrent au palais les seigneurs Cardinaux de Porto, de Milan, de Marmoutier et de Luna, pour y tenir compagnie au nouveau pontife qu'ils y

---

(1) Rayn. 1879. n° LI.

„ avaient laissé seul. Ce qu'apprenant les grands de la Ville, le
„ Sénateur, les Bannerets et les autres officiers y vinrent aussi
„ à l'instant, et avec beaucoup de prélats, tant italiens que fran-
„ çais, ils firent au nouveau et vrai pontife les révérences d'u-
„ sage (1).

Impossible de trouver une contradiction plus choquante que celle que nous rencontrons ici, sous la plume des deux avocats d'Urbain VI.

La suite démontrera l'exactitude du récit de Thomas des Amanatis et la fausseté des assertions de l'abbé de Sistre.

Les Bannerets
chez les Cardinaux De Marmoutier — De Luna — De Florence.

8. Nous savons ce qui s'est passé, dès le matin du Vendredi à la maison de plusieurs Cardinaux. Voici ce que rapporte l'évêque d'Assise, alors familier du cardinal de Marmoutier.

" Le lendemain de la fuite des Cardinaux, j'allai chez le
„ cardinal de Marmoutier; j'étais devant son hôtel avec ses fa-
„ miliers, quand nous vîmes venir un romain nommé Laurent, qui
„ était domestique chez le Cardinal; il marchait très vite. Les
„ familiers le voyant venir si précipitemment allèrent à sa ren-
„ contre, et lui demandèrent quelle bonne nouvelle il apportait.
„ Celui-ci, pour les réconforter, leur répondit: De bien bonnes
„ nouvelles; *les Seigneurs Bannerets vont venir voir votre maî-*
„ *tre et le mien, et il ne faut pas qu'il balance; avertissez le*
„ *donc de leur arrivée, car ils seront là bientôt.* En effet, un
„ moment après, les Bannerets avec Jean Cenci, le chancelier
„ de la Ville, arrivèrent à l'hôtel du cardinal de Marmoutier.
„ Après l'avoir salué, le chancelier lui fit une longue harangue,

(1) P. J. XIX. 88.

„ *dans laquelle il se plaignait de la conduite des montagnards;*
„ *il conclut en disant que les Officiers étaient venus le prier de*
„ *vouloir bien monter au palais, pour achever ce que les Cardi-*
„ *naux avaient commencé, au sujet de l'archevêque de Bari; puis*
„ *il ajouta que s'il ne venait, ils le croyaient lui et les autres*
„ *absolument perdus, la cause de leur crainte était dans ce qu'ils*
„ *entendaient dire par le peuple romain, qui était décidé à en*
„ *venir là. En entendant ces paroles, le Cardinal leur répondit*
„ *favorablement au sujet de sa venue au palais et leur promit*
„ *de faire tout ce qui leur plairait* „ (1).

9. Nous avons plus de détails sur la pression exercée par les Bannerets, à la requête de Barthélemy, sur le cardinal de Luna. Malgré ce que nous avons entendu dire à Pierre d'Espagne et à Thomas de Petra, au commencement de ce chapitre, le Cardinal ne nous parait pas avoir été dans des sentiments bien favorables à Barthélemy. En effet, voici ce qui se passa dans l'hôtel de l'Apollinaire, demeure du cardinal de Luna, d'après un témoin oculaire, l'évêque d'Assise: " Le Vendredi à l'heure de
„ prime, ou peu après, le cardinal de Luna n'avait pas encore
„ quitté sa couche, lorsque vinrent deux soldats, un napolitain,
„ dont il a oublié le nom, et un autre romain appelé Laurent de
„ Sangrenis, celui-ci avait éte gardien du Conclave; ils venaient,

(1) Domini Bandarenses venient ad videndum D. Nostrum et meum, nec expedit ipsum dubitare; intimetis igitur domino adventum ipsorum quia statim erunt hic. Et modico transacto tempore ecce bandarenses una cum cancellario urbis Johanne Cenci venerunt ad hospitium card. Majorismonasterii et reverentia facta, cancellarius ipse Urbis fecit magnam arrengam condolendo de modis rusticorum et finaliter conclusit quod illi officiales iverant ut vellet palatium ipse dominus ascendere, ut perficeret quod inceptum erat de Barensi, quod ni hoc fieret, qui videbant ipsum et alios per omnimodo perditos, propter voces que senciebant in populo ad hoc ducentes. Quibus auditis, dictus D. card. eis grate respondit de eundo ad palatium et de faciendo eis queque grata.

„ disaient-ils, de la part de l'archevêque de Bari, pour parler au
„ Cardinal. Celui-ci fit appeler le témoin et lui dit d'aller auprès
„ d'eux, pour l'excuser, alléguant qu'il se sentait mal, qu'il était
„ encore au lit et qu'il ne pouvait converser avec eux. Ils furent
„ si importuns, que le Cardinal fut obligé de se lever et de les
„ recevoir. Un moment après le lever du Cardinal, ils lui dirent
„ à peu près ce que le cardinal a rapporté au témoin, dès qu'ils
„ furent sortis, à savoir: que l'archevêque le priait de vouloir
„ bien aller au palais pontifical près Saint-Pierre, où était l'ar-
„ chevêque, pour l'introniser et achever ce que le Cardinal et les
„ autres avaient commencé, au sujet dudit archevêque; ils ajou-
„ tèrent beaucoup de choses, à ce sujet, disant combien il avait
„ confiance en lui et enfin qu'il le croyait son ami, plus que tous
„ les autres Cardinaux. Le Cardinal répondit, s'excusant de ne
„ pouvoir y aller, parce qu'il était indisposé, il allégua d'autres
„ excuses que le témoin a oubliées. Il lui semble que le Seigneur
„ Alfonse, autrefois évêque de Jaen, vint trouver ce même jour
„ au matin ledit Cardinal, de la part de l'archevêque, pour lui
„ faire maintes supplications afin qu'il allât au palais, mais le
„ Cardinal s'excusa. Après cela, vers la fin de la demi-heure (1),
„ le témoin vit venir vers le Cardinal, de la part des officiers de
„ la Ville, deux romains, il ignorent s'ils étaient officiers ou ban-
„ nerets, ils le prièrent et lui enjoignirent, de la part des officiers
„ et du peuple romain, de venir au palais introniser l'archevêque
„ avec les autres Cardinaux qui devaient venir. Le Cardinal ré-
„ pondit qu'il ne le pouvait pas, alléguant les raisons susdites.
„ Le témoin était présent à cette entrevue. Un moment après que
„ ceux-ci se furent retirés, arrivèrent deux ou trois romains, ils

---

(1) Que signifie cette expression: « ad finem medie hore »? Nous
croyons que cela veut dire vers le milieu de l'heure de prime, c'est
à dire vers sept heures et demi.

„ venaient de la part des officiers et du peuple romain, il croit que
„ un d'entre eux était banneret. Ils avaient avec eux douze ou
„ quinze hommes environ. Ils firent les mêmes instances que
„ les autres, requérant ledit Cardinal de venir à l'instant au palais,
„ pour faire ce qui est dit plus haut. Le Cardinal renouvelant
„ ses excuses dit qu'il ne pouvait y aller. Alors lesdits romains
„ lui dirent à peu près ceci: Seigneur il faut que vous veniez,
„ les officiers romains nous ont ordonné de ne pas vous quitter
„ que vous ne soyez dans le palais. En entendant ces paroles,
„ le cardinal fut troublé, et leur dit entre autres choses: que
„ signifiait ceci, s'ils devaient le conduire par force, ni eux ni
„ tous les Romains ensemble n'en avaient pas le pouvoir „ (1).

Il est difficile de nier, après une telle déposition, que les Bannerets n'aient reçu mission de Barthélemy et que pression n'ait été exercée sur les Cardinaux. Que serait-il arrivé, en ce moment, si le Cardinal de Luna eût voulu résister? Tout donne lieu de penser que les actes violents eussent succédé aux injonctions impertinentes. L'évêque d'Assise ne s'y trompa point: " Voyant le trou-
„ ble de son maître, le témoin le tira un peu à l'écart et lui dit:
„ Qu'est ceci, mon Seigneur? Pourquoi vous exposez-vous et ex-
„ posez-vous aussi vos serviteurs au danger? Il vaut mieux que
„ vous alliez finir très mal ce que vous avez mal commencé, que
„ de vous exposer avec nous au péril de mort. Cependant, Sei-
„ gneur, si cela vous semble bon, retenez ici ces Romains, faites
„ sonner la cloche pour qu'on selle les chevaux, j'irai dans l'in-
„ tervalle au château Saint-Ange savoir l'intention de ceux qui
„ y sont. Ces paroles plurent au Cardinal qui lui ordonna d'aller
„ au château „ (2).

Nous arrêtons ici cette déposition dont la suite nous ferait

---

(1) **Baluze**, I. 1188.
(2) Baluze, ibidem.

anticiper sur les évènements; qu'il nous suffise de dire que ce messager trouva au château Saint-Ange les Cardinaux vaincus par les obsessions des envoyés de Barthélemy et n'ayant plus qu'une objection à faire, pour retarder leur départ: ils craignaient le peuple. La réponse qu'il apporta à son maître le décida: le peuple n'ayant jamais effrayé l'Aragonais Pierre de Luna, cet obstacle n'existait pas pour lui; il vint au palais, mais soit pour la sureté de sa personne, soit pour tout autre motif, il ne consentit à partir qu'en compagnie d'Agapit Colonna, comme nous l'apprend l'évêque de Todi (1).

Enfin il était fort tard, au dire de l'évêque de Cordoue, quand il prit son parti.

Que devient après ce récit d'un témoin ayant pris part aux incidents qu'il raconte, que devient la narration de Thomas Petra et de Pierre d'Espagne?

10. Du palais de l'Apollinaire, passons au Transtévère dans l'hôtel des Corsini: voyons comment les Bannerets se conduisirent vis-à-vis du Cardinal de Florence. Nous avons sur ce point bon nombre de témoignages, mais nous avons surtout les réponses du Cardinal lui-même aux questions qu'on lui posa. D'après Bindus, Barthélemy lui envoya d'abord un messager officieux pour le prier de venir; c'était Thomas de Acerno, qui ne rapporta au palais que de bonnes paroles: " *Le lendemain*, dit-il, *l'archevêque* " *de Bari envoya Thomas de Acerno chez le cardinal de Flo-* " *rence, le prier de venir, parce que les autres Cardinaux al-* " *laient venir eux aussi. Mon maître, le renvoya avec de bonnes* " *paroles* " (2).

---

(1) « Agapit Colonna amena au palais le cardinal de Luna qui ne voulut venir qu'en sa compagnie ».

(2) Sequenti die Barensis misit ad dominum meum Florentinum, dominum Thomam de Acerno quod yret ad eum quia alii domini statim venirent. Tunc dominus meus cum bonis verbis dimisit eum.

Thomas de Acerno a raconté quelque part sa visite matinale au cardinal de Florence et, d'après cette déposition, les ambassadeurs ont posé une longue question à laquelle le Cardinal a répondu catégoriquement. Voici la question et la réponse: " Le seigneur
„ Thomas de Acerno, docteur en droit et évêque de Lucera, avance
„ que le Vendredi matin il alla chez le Cardinal de Florence qui
„ le reçut avec joie, l'embrassa et lui dit: Nous avons l'archevêque
„ de Bari pour pape. Apprenant alors par lui, Thomas, que le
„ Seigneur de Bari était au palais avec le cardinal de Saint-Pierre,
„ il ajouta: Je veux vivre et mourir avec lui parce qu'il est
„ notre maître, parce qu'il est pape. S'étant en suite concertés
„ entre eux sur ce qu'il y avait à faire, le Cardinal envoya en
„ secret un de ses familiers vers les Officiers du Capitole, connus
„ de lui et assez bien avec lui, pour prier deux d'entre eux de
„ venir le trouver. Quand ils furent arrivés, il leur dit que presque
„ tous les Cardinaux avaient fui loin de Rome, parce qu'ils n'a-
„ vaient pas élu un romain, et qu'ils avaient élu le Seigneur
„ de Bari. Il leur recommanda beaucoup l'archevêque, les priant,
„ puisque Dieu avait inspiré aux Cardinaux de l'élire, de vouloir
„ bien le reconnaître. Lesdits Officiers allèrent conférer sur ce
„ point avec les autres, et revinrent, disant que puisque Barthé-
„ lemy était élu, quoique ce fût contre le gré des Romains,
„ ceux-ci l'acceptaient pour pape. Comblé de joie par cette ré-
„ ponse, le Cardinal partit à cheval pour le palais, et y trouva
„ le Seigneur de Bari, qu'il embrassa avec transport et lui ra-
„ conta en secret comment il avait été élu. Il n'y avait en ce
„ moment au palais rien pour manger, car les Romains avaient
„ tout achevé, le Cardinal fit apporter de chez lui tout ce qu'il
„ fallait pour dîner. Dans l'intervalle et avant le repas, quelques
„ Cardinaux vinrent sans être appelés.

„ Que le cardinal de Florence réponde et dise si tout cela

„ est vrai, et au cas ou cela serait vrai, qu'il dise pourquoi il
„ a agi ainsi „.

Réponse du Cardinal:

" Je réponds et je dis que tout cela est totalement faux,
„ mensonger et inventé. Bien plus, quelques unes de ces allé-
„ gations sont impossibles, surtout si on considère le grand éloi-
„ gnement des lieux; et vu que les Officiers ne m'ont point
„ quitté jusqu'à ce que je fusse au palais, où ils me conduisirent
„ immédiatement. Ils ne me permirent même pas d'achever mon
„ office, que je fus obligé de terminer au palais.

" Je dois dire cependant que le Seigneur Thomas vint à moi
„ et que je l'abordai avec calme, en lui disant: Vous êtes bien
„ content. Je savais en effet qu'il était tout à fait partisan de
„ Barthélemy. Je savais qu'il n'était pas étranger à la violence,
„ il s'en flattait publiquement „ (1).

Il y a encore un autre témoin, l'évêque de Cassano, qui s'est
flatté d'être, lui aussi, venu, dès le matin, prier le Cardinal de se
rendre au palais et d'avoir réussi dans sa mission: " Le lende-
„ main, de grand matin, il se présenta au palais du T. R. P.
„ le seigneur de Florence, il n'était pas encore levé. Ledit Car-
„ dinal le fit introduire dans sa chambre et l'évêque rapporta
„ ce qu'il avait à lui communiquer, de la part de Barthélemy:
„ T. R. Père, lui dit-il, veuillez monter au palais et y achever
„ ce que vous avez commencé. — Seigneur évêque, répondit le
„ Cardinal, recommandez moi à mon seigneur de Bari, car il est
„ mon Seigneur, et faites sonner la cloche pour avertir que je
„ je vais partir à cheval. Je vais me lever et aller au palais à
„ cheval, pour achever ce qui est commencé et faire tout ce qui
„ sera expédient. Ledit évêque sonna la cloche et revint au pa-

(1) P. J. XXXX. 2.

« lais annoncer à l'archevêque ce qui s'était passé chez le Cardinal de Florence » (1).

La dénégation opposée à la déposition de Thomas de Acerno s'applique également à la présente déposition.

La visite menaçante des Bannerets chez le cardinal de Florence est indubitable : elle est attestée par le familier Bindus : " *Peu après, les Officiers romains vinrent de nouveau, menaçant mon maître et les autres Cardinaux, et leur disant que s'ils n'allaient au palais, le danger serait plus grand que la veille* " (2).

Jean de Narbonne, autre familier et socius du même Cardinal, dit à son tour : " L'archevêque de Bari fit appeler les Cardinaux, (*En note*) : *Les Bannerets vinrent à la maison de mon maître et le conduisirent au palais* " (3).

Un des Bannerets que nous connaissons si bien, Nardus, a, dans une déposition, insinué que le cardinal de Florence ne se fit pas prier pour venir au palais : cette insinuation provoqua la question suivante adressée au Cardinal : " L'apothicaire Nardus de Rome affirme ce qui suit : Le Vendredi jour de l'intronisation, ledit Cardinal prié par Nardus et ses compagnons vint volontiers dès le matin trouver Barthélemy ; qu'a à répondre le Cardinal ? "

Sa réponse la voici : " Ce jour là, au matin, Nardus n'est pas venu me trouver. Je sais et je me souviens que ce matin là, quelques officiers de la Ville vinrent chez moi, ils me prièrent instamment d'aller au palais annoncer au peuple ce qui avait été fait la veille. Ils me disaient : N'attendez pas que le peuple boive ou mange avant que vous soyez venu publier

---

(1) Rayn. 1878, XII.
(2) Post parum iterum officiales romani venerunt... minando eum et alios dominos cardinales quod si non irent ad palatium erant in majori periculo quam heri.
(3) Barensis fecit vocare cardinales (*En note* : banderenses venerunt ad domum domini mei et duxerunt ipsum ad palatium).

„ ce que vous avez fait hier, . . . nous sommes vous et nous plus
„ en danger qu'hier. Sur cette parole, pour éviter un plus grand
„ scandale, j'allai à cheval au palais avec eux „ (1).

Arrivée au palais du Cardinal de Florence
Arrivée des autres Cardinaux. — Le Cardinal d'Aigrefeuille.

11. Nous ne saurions mieux faire que de nous arrêter sur cette parole du Cardinal. Voyons-le donc arriver au palais. Ici encore ses ennemis vont le forcer à établir la vérité. Voici comment l'évêque de Récanati nous raconte son arrivée : " Le len-
„ demain, Vendredi, j'allai au palais voir si le cardinal de Saint-
„ Pierre y était ou non. Le cardinal s'était retiré y laissant notre
„ Seigneur. Celui-ci se tenait dans la partie haute du palais.
„ Tandis qu'il disait son bréviaire dans le promenoir, avec l'évê-
„ que de Sinigaglia, qui avait été le confesseur de Grégoire,
„ j'étais avec eux lorsque quelqu'un vint dire: Le Cardinal de
„ Florence est ici. En effet, le Cardinal entra peu après, non
„ seulement nous le vîmes, mais encore nous l'entendîmes; il
„ fléchit le genoux, il voulut baiser notre Seigneur, il l'embrassa
„ avec beaucoup d'affection, lui disant si haut que tous l'enten-
„ daient: Vous êtes vraiment Pape, et Seigneur, élu saintement
„ et canoniquement. Je veux, ajouta-t-il, envoyer chercher le Car-
„ dinal de Saint-Pierre et les autres qui sont dans la Ville, pour
„ vous introniser comme les autres nous y ont autorisés. Il le
„ tira alors à part et lui présenta un rouleau de parchemin.
„ J'ai entendu lire une partie de ce qui y était contenu; entre
„ autres choses il y était question de la paix des Florentins. Un
„ instant après le seigneur de Florence et notre Seigneur me di-
„ rent: Allez vers le seigneur de Vernhio. J'y allai „ (2).

(1) P. J. XXX. 1.
(2) P. J. XIX. 17.

A ceux qui lui objectent cette déposition, le Cardinal dit : " Je réponds que tout cela est absolument plein de fausseté, et „ ne contient la vérité qu'en ceci : je suis allé ce matin là au „ palais où était Barthélemy, j'étais requis et conduit par les „ Officiers de la Ville, comme je l'ai déjà dit en répondant à „ une autre imputation. (La fausseté de ceci est évidente, puisque „ le Cardinal de Saint-Pierre était dans le palais et n'en était „ pas sorti...) Je n'ai donné ni offert aucun rotulum, aucun écrit. „ Je n'ai rien offert au sujet des Florentins ; Barthélemy ne vou- „ lait même pas entendre parler d'eux, avant de savoir si les „ Cardinaux le reconnaissaient pour Pape „ (1).

Pour le cardinal de Florence, comme pour celui de Luna la vérité est donc : qu'il est venu au palais comme forcé par les Bannerets et pour éviter de graves inconvénients.

L'évêque de Récanati, dans la déposition précédente, vient de parler de l'arrivée du cardinal de Florence au palais. Le Cardinal donne un démenti formel à toutes ses assertions ; bien mieux un compagnon de l'évêque de Récanati, évêque comme lui, et comme lui présent quand le Cardinal arriva au palais, corrobore les dénégations du Cardinal. C'est l'évêque de Cassano : " Ils étaient „ là avec le cardinal de Saint-Pierre qui avait passé la nuit au „ palais, lorsqu'arriva incontinent le cardinal de Florence. Tous „ trois réunis, le cardinal de Florence, celui de Saint-Pierre et „ l'archevêque de Bari, ils se consultèrent et ils firent dire aux „ Cardinaux qui n'avaient point fui, mais qui étaient dans leurs „ maisons, de vouloir bien venir au palais achever ce qu'ils avaient „ commencé. Vinrent aussitôt les cardinaux de Milan, de Mar- „ moutier et de Luna „ (2).

Nous rencontrons trop fréquemment de semblables contradic-

---

(1) P. J. XXX. 7.
(2) Rayn. 1378, n. XII.

tions dans certaines dépositions, pour n'être pas mis en défiance contre leurs auteurs.

12. Nous n'avons parlé que de ce qui se passa chez trois Cardinaux, c'en est assez pour présumer ce qui se passa chez les autres. Toutes ces négociations occupèrent une bonne partie de la matinée, sinon la matinée toute entière, s'il en faut croire Thomas des Amanatis, qui nous dit: " Les autres Cardinaux (1) arrivèrent pendant ces négociations, mais non cependant tous à la fois, ils mirent au contraire longtemps à arriver. Vint d'abord le cardinal de Marmoutier, puis celui de Milan, enfin celui de Glandève; mais malgré les ambassades fréquentes envoyées à ceux du château il ne vinrent pas dans la matinée. Il était plus de midi, quand l'archevêque nous envoya prendre notre repas, et retint avec lui les Cardinaux. L'évêque de Pensaro, me retint par ma chape et dit à l'archevêque: Que voulez-vous que nous fassions? — Allez dîner, répondit-il, et revenez à l'heure de vêpres. Nous nous retirâmes, mais au moment où nous allions sortir de palais nous rencontrâmes le Seigneur de Luna qui venait auprès de l'archevêque. Il semblait que les Cardinaux arrivaient dans l'ordre où les Bannerets étaient allé les requérir „ (2).

13. Que se passa-t-il entre Barthélemy et les Cardinaux, au moment où chacun d'eux arriva au palais? Nous manquons de détails sur un point aussi intéressant que celui-là; et le peu que nous en savons, nous ne pouvons le contrôler, car il n'y avait en ce moment au palais que des partisans de Barthélemy (3). Les

---

(1) Il a déjà parlé de l'arrivée du card. de Florence.
(2) P. J. XVIII. 31.
(3) L'inquisiteur d'Aragon nous fait une courte mais éloquente description de ce qui passait alors. « Cernens autem hic deponens quod nec ipse Barensis nec ipsi (Cardinales quatuor) ei loquebantur, sed stabant quasi attoniti   . . . »

Ultramontains, encore sous l'influence des scènes violentes de la veille, se tenaient cachés dans leurs maisons. Thomas des Amanatis est un des rares partisans de Clément VII que nous trouvons ce jour là au palais.

L'arrivée du cardinal d'Aigrefeuille est celle qui est le mieux connue, nous avons les réponses du Cardinal lui-même à tout ce qu'on l'accuse d'avoir fait ou dit, en faveur de Barthélemy. Voici d'abord comment il nous a décrit lui-même son arrivée: " Le „ Vendredi en arrivant au palais, je fis à Barthélemy un salut „ tel que je le lui faisais avant son élection. Je lui dis qu'il fai- „ sait mal de recevoir quelques personnages au baiser de paix. „ Il ne fit aucun cas de ce que je lui dis „ (1). L'évêque de Récanati, qui dit avoir été présent, dépose plus longuement: " Ar- „ rivé au palais, le seigneur d'Aigrefeuille se rendit à l'apparte- „ ment où était notre seigneur, le seigneur de Vernhio l'y suivit, „ tous deux fléchirent le genou, le cardinal d'Aigrefeuille lui parla „ avec la révérence qu'il avait coutume d'apporter au pontife ro- „ main: après lui, le cardinal de Vernhio fit de même; quand ce- „ lui-ci eut fini, il vint à moi et me dit: Ce cardinal d'Aigrefeuille „ sera élevé bien haut, car c'est lui certainement qui l'a fait ce qu'il „ est. Les actes de notre seigneur me montrèrent que lui aussi „ reconnaissait la même chose. Après cette conversation, nous allâ- „ mes à la chapelle privée, notre seigneur demeura dans sa cham- „ bre „ (2). Relatons les observations du Cardinal sur les paroles de l'évêque de Récanati: " Ce qui est vrai, c'est que, ayant été ap- „ pelé, je montai seul dans l'appartement où était Barthélemy, je „ n'osais m'abstenir de le saluer, il fit de même et me demanda „ comment il fallait procéder, et ce qu'il y avait alors à faire. Le „ Cardinal, lui rappelant ce qui s'était passé à son élection lui

(1) P. J. XXXI.
(2) Rayn. 1378. XIII.

„ conseilla de sortir de Rome avec les Cardinaux, ajoutant que
„ tout se réparerait. Barthélemy lui coupa la parole et lui dit:
„ Je veux que vous me gouverniez, je veux vous montrer la plus
„ tendre amitié, et autres paroles semblables „ (1).

Celui qui a le plus chargé le cardinal d'Aigrefeuille est l'anglais Adam de Eston, qui devint plus tard cardinal d'Urbain VI. Sur ses dépositions, on questionna le cardinal et celui-ci répondit ce que suit: " Est-il vrai que le lendemain de l'élection, dans la
„ conversation qui suivit le dîner, il dit de lui-même au moine
„ anglais Adam, qui ne le lui demandait pas, combien cette élec-
„ tion lui était agréable? Et comme le susdit semblait douter
„ de sa canonicité, il ajouta: Que depuis le jour où le Christ de
„ sa propre bouche avait fait Saint Pierre pape, nul n'avait été
„ élu plus saintement que lui, et que le Saint Esprit était en
„ eux, quand ils choisirent un homme si saint. Ayant ensuite
„ appris dudit Adam qu'il n'avait pas encore rendu ses respects
„ à l'archevêque de Bari, il le fit ce jour là coucher dans sa
„ maison, le lendemain il l'introduisit auprès de l'archevêque de
„ Bari et le lui recommanda.

„ A cela le Cardinal répond, qu'il connaissait bien ledit maî-
„ tre Adam, qu'il était assez bien avec lui, mais qu'il ne lui a
„ jamais tenu ce langage. Il ne se souvient pas de l'avoir intro-
„ duit auprès de Barthélemy pour le saluer; si cependant il l'a
„ fait, c'est sur ses propres instances. Il dit de plus, qu'il n'est
„ point vrai qu'il l'ait retenu ce jour là pour coucher chez lui,
„ car il n'avait pas l'habitude de retenir les gens pour coucher
„ dans sa maison. „

Autre objection et autre réponse motivée par la déposition d'Adam d'Eston: " Est-il vrai que le lendemain ou le surlende-
„ main de l'élection il demanda audit Adam si l'élection de l'ar-

---

(1) P. J. XXX, 12.

„ chevêque de Bari plaisait au roi d'Angleterre et aux seigneurs
„ anglais? Et que celui-ci lui répondit que l'élection était très ac-
„ ceptable pour tout le royaume, ajoutant que tous les seigneurs
„ anglais voyaient dans les Papes et les Cardinaux français des
„ ennemis plus redoutables pour eux et pour le royaume que le
„ roi de France, et que s'ils s'étaient obstinés (*à nommer encore
„ un Pape français*), la paix était à jamais finie entre les rois.
„ A cause de cela, ordre avait été donné en Angleterre de retirer
„ à tous les Cardinaux français leurs bénéfices. Au Cardinal, qui
„ lui demandait le remède à opposer à cette ordonnance, maître
„ Adam répondit, que si Urbain VI écrivait en leur faveur en
„ Angleterre, leurs bénéfices demeureraient en leur pleine pos-
„ session. Et le Cardinal de répondre: A la bonne heure, nous
„ avons élu Urbain VI, c'est le Saint Esprit qui l'a élu par nous „.

Le Cardinal répond: " que jamais il n'a dit ces paroles ni à
„ maître Adam ni à personne; il ajoute qu'il est très faux qu'or-
„ dre ait été donné alors en Angleterre de retirer les bénéfices
„ des Cardinaux français; pour lui il jouissait paisiblement et
„ tranquillement de ses bénéfices, il avait environ trois mille flo-
„ rins de rente, le seigneur de Poitiers en avait deux mille, le
„ seigneur d'Albano cinq mille, le seigneur de Vernhio environ
„ deux mille, le seigneur de Saint-Eustache retirait une forte
„ somme d'argent, et beaucoup d'autres Cardinaux français aussi „.

Enfin, nous avons le récit de Barthélemy lui-même sur ce qui
se passa à l'arrivée des Cardinaux. Le cardinal de Florence, auquel les ambassadeurs espagnols ont opposé ce récit, lui donne
sur toute la ligne le plus formel démenti: " Dans l'exposé en-
„ voyé par Barthélemy lui-même avec bulle, se trouve ceci: Le
„ Vendredi de l'intronisation, au matin, les Seigneurs de Flo-
„ rence, de Glandève, de Milan, de Marmoutier et de Luna
„ vinrent au palais auprès du Seigneur de Bari, chacun lui of-
„ frit ses félicitations, pour son heureuse promotion à la Pa-

« pauté; après bien des paroles pleines d'affection et de respect,
« ils le prièrent avec instance d'accepter l'élection unanime et ca-
« nonique qu'ils avaient faite. Ils l'engagèrent ensuite à envoyer
« sur le champ dire aux six Cardinaux qui étaient à Saint-Ange
« qu'il les priait et les requérait de venir (ce qui fut fait) afin
« de présenter tous ensemble l'élection à l'élu, pour qu'ayant ac-
« cepté il pussent l'introniser. En entendant ces paroles persua-
« sives, il voulut éclairer sa conscience, et leur demanda à cha-
« cun en particulier s'il était vrai qu'il eut été élu sincèrement,
« purement, librement et canoniquement par tous les Cardinaux,
« disant, que si son élection n'était pas libre et canonique, il n'y
« consentirait aucunement. Les six Cardinaux répondirent et af-
« firmèrent que Barthélemy avait été élu pape purement, libre-
« ment et canoniquement par le Sacré-Collége, qu'une élection
« de Pape ne pouvait être plus libre et plus canonique. Chacun
« l'engagea à ne pas différer d'y consentir, et quelques uns lui
« dirent même, que s'il ne consentait, il pécherait gravement, car
« de son refus pourrait résulter une longue vacance du Saint-
« Siège à cause de la difficulté qu'auraient les Cardinaux pour
« se réunir de nouveau et nommer un autre Pape.

« Que le cardinal de Florence dise si ce qui précède est vrai
« et si c'est vrai, pourquoi tout cela? »

Le cardinal de Florence répond:

" Ce matin là, j'ai été au palais, requis par les officiers, comme
« je l'ai dit plus haut; les autres Cardinaux vinrent successive-
« ment et, je crois, requis par les mêmes officiers. Quand au
« reste en tout ce qui me concerne et en tout ce que j'ai pu voir et
« entendre au sujet des autres, c'est absolument faux et mensonger.
« Je suis absolument certain de n'avoir pas dit ce qu'on me fait
« dire; j'ai vu qu'il parlait à chaque Cardinal à son arrivée,
« mais il lui disait bien peu de chose; il ne fit que solliciter les
« Romains pour qu'ils allassent ou qu'ils envoyassent quelqu'un

„ dire aux Cardinaux qui étaient au château Saint-Ange de venir,
„ leur alléguant, que s'ils ne venaient pas, il n'y avait rien de
„ fait. Je dis en outre et j'affirme, qu'ils n'a jamais réuni les
„ Cardinaux dont il est question ici; les paroles contenues dans
„ son *casus* sont manifestement mensongères, car il ne nous a
„ jamais dit ce qu'il contient, et nous ne lui avons pas répondu
„ ce qu'il nous fait répondre „ (1).

Le premier acte du pontificat de Barthélemy, avant même qu'il sût d'une manière positive qu'il était pape, fut donc d'user de son influence sur les Bannerets pour les engager, si non pour les contraindre, à exercer une pression sur les Cardinaux, afin de les forcer à venir l'introniser.

Les avocats de Barthélemy auront beau faire, ils ne laveront pas leur client de cette accusation; car si les dépositions laissent planer quelques doutes sur sa conduite vis-à-vis des Cardinaux restés dans leurs demeures, il est indéniable qu'il a employé les menaces et le ministère des Bannerets, pour amener au palais ceux qui s'étaient retirés au château Saint-Ange: c'est ce que nous allons voir.

(1) P. J. XXX. 9.

Chapitre II.

LES CARDINAUX DU CHATEAU SAINT-ANGE.

1. Qui les a engagés à venir? — 2. Les Cardinaux protestent n'y être pour rien. — 3. L'abbé de Sistre et l'évêque de Récanati envoyés à Saint-Ange. — 4. Les Cardinaux leur donnent une cédule. Pourquoi? — 5. Retour des Ambassadeurs au palais. — 6. Ambassade de l'évêque de Cassano. — 7. Mécontement d'Urbain. — 8. Les Bannerets. Urbain reconnait qu'il leur doit son élection. — 9. Il envoit les Bannerets à Saint-Ange. — 10. Les Cardinaux allèguent qu'ils n'ont pas de chapes, Urbain leur en envoie. — 11. Les Bannerets au château Saint-Ange. — 12. Les Cardinaux qui étaient au palais sont-ils pour quelque chose dans la venue de leurs collègues qui étaient à Saint-Ange? — 13. Pourquoi ceux-ci sont ils venus? — 14. Ils allèguent la crainte de pire. — 15. Cette crainte est-elle justifiée.

Qui les a engagés à venir au palais?
Les Cardinaux protestent n'y être pour rien.

1. Si les menaces des Bannerets avaient déterminé les Cardinaux, qui étaient en ville, à venir au palais, elles ne pouvaient avoir la même influence sur les six Cardinaux qui étaient en sureté derrière les solides murailles du fort Saint-Ange. Urbain VI savait déjà par le *cursore* qu'il leur avait envoyé, la répugnance des Six à reconnaître son élection; il savait en outre, que loin de vouloir venir auprès de lui, les Cardinaux désiraient que lui-même allât les rejoindre : " Le lendemain de sa prétendue „ élection, dit le Cardinal d'Aigrefeuille, étant encore au châ-„ teau Saint-Ange, j'envoyai auprès de lui un de mes bons amis, „ lui dire que je lui conseillais de quitter absolument et de suite „ le palais et de venir audit château. Mon intention en agissant „ ainsi était de faire mon possible, afin de pouvoir nous réunir

„ tous avec lui dans un lieu sûr et de trouver un arrangement „ opportun pour l'Eglise et pour lui „ (1).

Pressentant la résistance qu'opposeraient les Six, Barthélemy chercha d'abord à les attirer par la persuasion. Quelques Cardinaux étant déjà au palais en ce moment, les Urbanistes leur attribuent la convocation de ceux qui étaient au château : " Quand les Cardinaux furent tous dans le palais, dit l'évêque de Todi, ils „ firent prier ceux du château de venir les rejoindre „.

Barthélemy, dans la relation qui accompagne la bulle qu'il envoie au roi de Castille, soutient que c'est sur l'avis des autres Cardinaux qu'il envoya chercher ceux qui étaient au château Saint- Ange (2).

Alvarez Gonsalve dit bien la même chose, mais il ne la sait que par ouï dire (3).

Barthélemy sachant bien que peut-être il n'aboutirait pas dans sa demande, donna à ses ambassadeurs la mission de solliciter une cédule dans laquelle les Six donneraient plein pouvoir aux autres Cardinaux d'agir en leur nom, pour l'intronisation et pour tous les autres actes à faire en pareil cas. Les mêmes témoins ne manquent pas de faire encore intervenir les Cardinaux présents au palais (4).

2. Les Cardinaux ont protesté énergiquement contre ces im-

---

(1) P. J. XXXV. 14.

(2) De quorum (cardinalium) consilio missum extitit per dictum dominum electum ad castrum sancti angeli ad illos sex dominos cardinales.

(3) Non fuerunt vocati, nec eis mine illate ex parte electi, ymo audivit quod cardinales qui erant cum electo, eis miserunt dicere quod venirent.

(4) Barthélemy, pièce déjà citée: Aut vel venirent ad eum intronizandum una cum aliis, vel saltem committerent vices eorum illis presentibus, de quibus etiam illi domini presentes eosdem absentes strictissime rogaverunt. — Alvarez Gonsalve, ibidem: Aut mitterent suas cedulas ut ipsi intronizarent eum.

putations. Voici ce qu'on demande au Cardinal de Florence et ce qu'il répond.

Nardus le Banneret soutient être allé deux fois de la part du Cardinal de Florence au château Saint-Ange, et, sur le refus des Cardinaux, avoir porté une cédule du même Cardinal, pour les engager à venir au palais. A cette déposition de Nardus qu'on lui objecte, le Cardinal de Florence répond : " Je dis et j'affirme, „ que je n'ai donné ni à ces officiers ni à d'autres, aucune am- „ bassade à porter de ma part aux Seigneurs qui étaient à Saint- „ Ange. Je dis et j'affirme que je n'ai fait aucune cédule, aucun „ écrit à cette occasion „ (1).

Barthélemy, dans la pièce citée plus haut, ayant dit qu'il suivait en cela le conseil des Cardinaux, on demande au Cardinal de Florence ce qu'il a à répondre, sur ce point. La réponse du Cardinal est catégorique,: " Ce qui me concerne, et ce qu'on „ dit que j'ai pu voir et entendre au sujet des autres est abso- „ lument faux. Je suis absolument certain de n'avoir pas dit ce „ qu'il me fait dire ; j'ai vu que Barthélemy parlait à chaque „ Cardinal à son arrivée, mais il lui disait bien peu de chose „ (2).

Devant cette dénégation formelle, l'accusation portée contre les Cardinaux perd beaucoup de sa force. D'ailleurs, il ne faut pas oublier les protestations de ces derniers contre les discours et les sentiments que leur prêtent les témoins Urbanistes.

L'abbé de Sistre et l'évêque de Récanati envoyés à Saint-Ange. Les Cardinaux leur donnent une cédule. Pourquoi ?

3. Les ambassadeurs choisis par Barthélemy, pour aller au château Saint-Ange, furent l'abbé de Sistre et l'évêque de Récanati. Ce

---

(1) P. J. XXX. 1.
(2) P. J. XXX. 9.

sont du moins les deux personnages dont nous parlent plusieurs dépositions ; et nous sommes fort étonnés d'entendre l'abbé de Sistre lui-même se donner un autre compagnon. Voici ses propres paroles : " Les Cardinaux prirent l'abbé de Sistre qui était italien, „ de la maison des Malatestes de Rimini, et Pierre de Muris, noble „ écuyer français. Ils les envoyèrent aux Seigneurs Cardinaux qui „ étaient au château Saint-Ange, leur donnant commission de les „ faire venir pour introniser par eux-mêmes et avec les autres „ le nouveau pontife, ou au moins pour leur faire donner leur „ procuration pour les autres Cardinaux „ (1).

L'abbé de Sistre nous a laissé la relation succincte de son ambassade et l'évêque de Récanati aussi. Or, ce dernier nous dit en toutes lettres : " J'allai au château Saint-Ange .... „ l'abbé de Sistre y vint aussi „. De plus, le châtelain du château Saint-Ange, qui lui aussi nous a laissé le récit de cette négociation, nous parle de l'abbé de Sistre et de l'évêque de Récanati. Pourquoi donc l'abbé de Sistre se donne-t-il un autre compagnon ?

Celui qui nous donne le plus de détails sur cette ambassade est le châtelain de Saint-Ange. Laissons-lui raconter ce qui se passa : " Le samedi suivant, bien avant dans la nuit, les Romains „ s'arrêtèrent à reconnaître Barthélemy pour pape. Celui-ci, dès „ le lendemain, manda auprès de lui les Cardinaux de Florence, „ de Milan, de Luna, d'Ostie et de Marmoutier, qui étaient dans „ la Ville ; puis quand il les vit à ses cotés, il envoya l'évêque „ de Récanati et l'abbé de Sistre au château Saint-Ange, pour „ faire venir les autres Cardinaux qui s'y étaient retirés (2). Quand

---

(1) P. J. XXIX. 40.

(2) Cette déposition, en ce qui concerne ce qui se passait au palais, ne peut être prise en considération, car l'auteur étant demeuré longtemps enfermé dans la forteresse, ne connaissait du dehors que ce qu'on lui en rapportait.

„ ils furent arrivés à la porte du château, le gardien refusa de
„ les laisser entrer sans mon autorisation. L'évêque de Récanati
„ se laissa aller à dire qu'avant peu de temps il me pousserait
„ dehors, moi et mes compagnons (et qu'on saurait qu'il était le
„ maître). Le gardien de la porte me rapporta ce propos, et
„ parce que cet évêque parlait d'une manière si peu courtoise,
„ je ne le laissai pas entrer, car il menaçait les Cardinaux aussi
„ bien que moi et le Camerlingue. Je laissai entrer l'abbé de
„ Sistre; arrivé en haut, celui-ci me dit qu'il voulait parler aux
„ Cardinaux. Châtelain, ajouta-t-il, je te promets que tu seras
„ un plus grand seigneur que tu n'as jamais été, car nous avons
„ le pape que nous voulions. Je lui demandai, qui était ce pape.
„ Il me répondit, que c'était l'archevêque de Bari. Je répliquai:
„ Comment peut-il avoir été élu au milieu d'une si grande con-
„ fusion? M'est avis qu'il convient qu'il soit réélu. Il me répondit,
„ qu'il n'était par besoin d'une réélection, car il était le vrai pape
„ et que si les Cardinaux qui étaient dans le château n'allaient
„ par l'introniser, il leur arriverait malheur. Sur ce, il se laissa
„ aller à proférer beaucoup de menaces. Je lui répondis, de bien
„ se garder de faire des menaces à aucun Cardinal, car j'étais
„ là, pour les défendre contre qui que ce fût. J'ajoutai qu'il me
„ semblait que le pape ne devait pas se faire de cette manière
„ là, et que s'il en était ainsi je ne serais, ni son ami ni son cour-
„ tisan, et enfin, qu'il voulût bien ne jamais parler de la manière
„ qu'il venait de le faire. Pour lors il me dit: Châtelain, je t'en
„ prie, fais en sorte que les Cardinaux aillent l'introniser; si tu
„ y parviens, je te promets que tu seras un grand seigneur, car
„ tu tireras plus de profit de cet italien, que tu n'en tirerais
„ d'un ultramontain; tu as été si longtemps dans ce pays, que
„ nous te tenons pour un italien. Il me dit bien d'autres choses.
„ Enfin il me pria de le laisser entrer, pour parler aux Cardinaux.
„ Sur cette demande, je montai au-dessus de la cour basse où nous

« étions et je trouvai là le cardinal de Bretagne ; je lui dis que
« l'abbé de Sistre était venu de la part de l'archevêque de Bari,
« qu'il voulait parler aux Cardinaux pour qu'ils allassent l'in-
« troniser. — Allons donc, me dit le Cardinal, comment veut-il
« être pape ? Il ne l'est pas et il ne le sera pas, par mon conseil
« et ma volonté ; jamais je ne lui donnerai ma voix qu'il m'avait
« pourtant demandée. Quant à son envoyé, il n'avait nul souci
« de lui parler. J'allai ensuite trouver le Camerlingue et lui
« rapportai les paroles que l'évêque de Récanati et l'abbé de
« Sistre m'avaient chargé de lui dire. Les ayant entendues, il en
« augura mal. Il m'envoya les rapporter aux autres Cardinaux.
« J'y allai et je les rapportai d'abord aux Cardinaux de Poitiers,
« d'Aigrefeuille et de Limoges. Le cardinal d'Aigrefeuille me
« demanda ce que ces envoyés désiraient. Je lui répondis qu'ils
« voulaient que les Cardinaux allassent introniser l'archevêque de
« Bari. — Allons donc, répondit-il, et comment veut-il être Pa-
« pe ? Lui et les autres Cardinaux de Viviers, de Bretagne et de
« Vernhio se consultèrent entre eux, pour savoir s'ils devaient re-
« cevoir l'abbé de Sistre. Ayant tenu conseil, le cardinal de Li-
« moges me dit de le laisser entrer et qu'ils verraient le langage
« qu'il leur tiendrait. Je descendis pour aller dire à l'abbé qu'il
« pouvait monter, pour parler aux Cardinaux. Celui-ci était fort en
« colère de ce qu'il n'avait pas été admis plus tôt, il dit de gros mots
« et ajouta, que malgré eux, qu'ils le voulussent ou non, Barthé-
« lemy serait pape. Parlant ensuite avec les Cardinaux il leur dit
« d'aller introniser Barthélemy. Les Cardinaux lui répondirent,
« qu'ils ne quitteraient par le château et qu'ils n'iraient pas, car
« ils avaient trop grande peur ; que les Cardinaux qui étaient
« avec lui pouvaient l'introniser et qu'ils tiendraient pour fait
« ce qu'ils feraient. L'abbé recommença alors ses menaces et ses
« paroles grossières, et dit, entre autres choses, que s'ils n'y al-
« laient pas, l'archevêque de Bari les priverait de leurs chapeaux

„ et les ferait disparaître. Ceci m'a été raconté par les Cardi-
„ naux „.

4. " L'abbé parla tant et les menaça tellement, que, poussés
„ par la peur qu'ils avaient, ils allèrent écrire aux Cardinaux qui
„ étaient avec Barthélemy, une lettre dans laquelle ils leur don-
„ naient plein pouvoir, pour l'introniser et faire ce qu'ils vou-
„ draient. Cette lettre était scellée de leurs sceaux. Dès que l'abbé
„ eut cette lettre, il me dit qu'il avait obtenu des Cardinaux une
„ chose, qu'ils ne pourraient contredire. Dans son excessive gaîté
„ il disait que les Cardinaux pouvaient aller au diable s'ils vou-
„ laient, qu'il ne se souciait nullement d'eux; enfin, que ce qu'ils
„ avaient fait, ils l'avaient fait bien malgré eux „ (1).

On comprend la joie de l'abbé de Sistre. Bien que sa mission n'ait réussi qu'à demi, il a cependant ce qu'il désire, ce que Barthélemy l'a chargé d'obtenir: les Cardinaux qui sont au palais n'auront rien à répondre, si Barthélemy leur ordonne de l'introniser. Si cependant l'abbé de Sistre avait bien réfléchi, il eut compris le peu de valeur de la pièce qu'il tenait en main ; car les Cardinaux du château Saint-Ange pouvaient alléguer la nullité par défaut de liberté. C'est un urbaniste très en vue, l'évêque de Todi, qui nous apprend pourquoi les Cardinaux se résolurent à donner cette procuration à leurs collègues : " Ceux-ci
„ voyant la grande foule qui était là et le tumulte du peuple,
„ firent répondre qu'ils hésitaient à venir, ils écrivirent leur as-
„ sentiment et l'envoyèrent aux autres Seigneurs „ (2).

Ces paroles de l'évêque de Todi, en même temps qu'elles corroborent ce que vient de raconter le châtelain, sont un démenti donné aux deux ambassadeurs, qui insistent tous deux dans leurs

(1) P. J. XXVI. 7.
(2) P. J. XVII. 34.

dépositions, sur le peu de répugnance qu'éprouvaient les Cardinaux à venir au palais (1).

Raynaldi donne en entier le texte de la cédule adressée par les Cardinaux qui était au château, à leurs collègues qui étaient au palais (2).

Les Cardinaux ne paraissent pas avoir donné une grande importance à cette cédule. Le cardinal d'Aigrefeuille ne se rappelle pas l'avoir seulement lue. L'abbé de Sistre la leur apporta pendant qu'ils étaient à table et tous la signèrent: " Il „ dit, ne pas se souvenir d'avoir lu cette cédule; pendant qu'il „ était à table avec quelques autres Cardinaux, un certain abbé, „ qui les engageait à aller trouver l'archevêque de Bari, la leur „ apporta toute écrite, lui et les autres Cardinaux la signèrent „ (3).

Le même Cardinal soutient qu'il y avait du danger pour lui de ne pas la signer, et il ajoute, que malgré cela, il fallut aller au palais, toujours pour le même motif: " Je n'étais pas en lieu „ sûr, dit-il, je ne pouvais donc sans danger refuser ou de partir „ ou d'envoyer la cédule. Nonobstant l'envoi de cette pièce, „ je fus forcé de partir pour éviter le danger de mort, mais cela „ me déplaisait beaucoup „ (4).

(1) P. J. XXIX. 41 et 42. — P. J. XIX. 17.
(2) .... Cardinales, omni modo, via et forma quibus melius propria et libera voluntate tradiderunt omnes, et quilibet ipsorum insolidum potestates in intronizatione et quolibet alio actu faciendo in persona reverendi in Christo patri Domini Bartholomei archiepiscopi Barensis sancte romane et universalis Ecclesie summi Pontificis, reverendissimis in Christo patribus et dominis .... Promittentes dicti domini committentes ratum et gratum habere omne et totum quidquid per prefatos Dominos Cardinales fiet circa intronizatione predicti Domini Summi Pontificis electi .... Rayn. Anno 1378. n. XC.
(3) P. J. XXXI. 15.
(4) Ibidem.

Retour des ambassadeurs au palais.
Ambassade de l'évêque de Cassano. — Mécontentement d'Urbain.

5. Comment la procuration fut-elle reçue par Barthélemy et par les autres Cardinaux ? Nous n'avons aucun détail précis à cet égard.

Tout ce que nous savons par l'évêque de Todi, c'est que : " La „ réponse des Cardinaux du château ne satisfit pas les Cardinaux „ qui étaient au palais „ (1).

Ce qui est plus probable, c'est qu'elle satisfit moins encore Barthélemy. Il avait bien gagné quelque chose, en obtenant la cédule, mais lui fallait davantage.

6. Une troisième ambassade fut décidée et sur le champ envoyée. Thomas de Amanatis poursuit ainsi sa déposition : " Cepen- „ dant, de tous les prélats qui étaient là, l'évêque de Cassano, de „ son nom Maxime Judicis, en sa qualité de compatriote de l'ar- „ chevêque, était celui qui travaillait le plus, allant et venant, „ selon que le lui ordonnait l'archevêque, pour amener les Car- „ dinaux. Je l'ai vu ce matin même, député par l'archevêque, „ tantôt vers les Cardinaux de la Ville, tantôt vers ceux du „ château Saint-Ange „ (2).

D'après l'évêque de Cassano, la validité de l'élection d'Urbain VI n'était nullement révoquée en doute par les Cardinaux, le Camerlingue seul n'y croyait pas. Raynaldi (3) cite tout au long le récit qu'il nous a laissé de sa visite. Toutefois, s'il faut en croire Thomas de Amanatis, qui assista au retour de cet évêque au palais, ses réponses ne furent point agréables à Barthélemy.

7. " La première fois que l'évêque de Cassano revint de

---

(1) P. J. XVI. 36.
(2) P. J. XVIII. 30.
(3) Anno 1378. XII.

„ Saint-Ange, il tira l'archevêque à part, en présence du cardi-
„ dinal de Florence, auprès duquel nous étions, l'évêque de Pen-
„ sàro, le seigneur Bindus de Florence, aujourd'hui camérier du-
„ dit Cardinal, et moi. Les nouvelles sont mauvaises, lui dit-il,
„ car, au château, les Cardinaux et surtout le Camerlingue sou-
„ tiennent que vous n'êtes point pape. Ces paroles ne m'étonnè-
„ rent pas; j'avais entendu dire la même chose au *cursore;* mais
„ l'archevêque, autant que je pus en juger, me parut troublé, et
„ sans réflexion, il lui répondit: Ce que vous dites est faux, prenez
„ garde de ne jamais parler de cela, mais allez trouver les Ban-
„ nerets, dites leur: que les Cardinaux qui sont au château ne
„ veulent pas venir, et qu'il faut cependant absolument qu'ils
„ viennent „ (1).

Thomas de Amanatis cite, comme étant présent à la scène, Bindus de Florence; or celui-ci raconte presque dans les mêmes termes le retour de l'évêque de Cassano au palais (2).

Ces deux témoignages détruisent absolument celui de l'évêque de Cassano, qui prétend avoir reçu des Cardinaux du château Saint-Ange l'aveu que Barthélemy était vrai pape.

Les Bannerets. — Urbain reconnaît qu'il leur doit son élection. — Il les envoit à Saint-Ange. — Les Cardinaux allèguent qu'ils n'ont pas de chapes. Urbain leur en envoie.

8. Le récit de l'évêque de Cassano mit Barthélemy hors de lui. Bindus nous le représente le visage bouleversé par la colère, puis il continue: " *Il envoya alors vers les Bannerets le Seigneur*

(1) P. J. XVIII. 30.
(2) Ego reperi in castro mala nova, quia ibi dicunt ultramontani, maxime camerarius, quod vos non estis papa, nec eritis. Quibus verbis auditis, iste Barensis, me presente, dicto Cassanensi, turbata facie, dixit: Certe tu non dicis verum. Ego mando tibi quod nunquam sis ausus dicere talia verba; et ipsum multum reprehendit.

„ *Marin, évêque de Cassano, il lui ordonna d'aller vers eux et de*
„ *leur dire de venir et de faire venir les Cardinaux qui étaient*
„ *au château Saint-Ange, parce que, s'ils ne venaient pas, il n'y*
„ *avait rien de fait. J'étais là, ajoute Bindus, et je l'ai entendu*
„ *de mes propres oreilles* „ (1).

Si nous en croyons le supérieur des Carmes, Barthélemy Peyron, l'archevêque de Bari poussa plus loin son action personnelle, et pour engager encore davantage les Bannerets à travailler pour lui, il reconnut en ce moment que son élection était le fruit de leurs efforts: " Il ordonna expressément à un Banneret
„ de faire venir à tout prix les Cardinaux, qui étaient au châ-
„ teau Saint-Ange, autrement tout ce qu'ils avaient fait ne valait
„ rien. *Il tint plusieurs autres propos, dans lesquels il attribuait*
„ *son élection aux Romains, comme me l'ont rapporté quelques*
„ *prélats et particulièrement l'évêque de Bosa, qui était présent.*
„ *D'où je conclus, qu'il n'aurait pas du donner des ordres, qu'il*
„ *en a cependant donné, avant que son élection lui fut intimée, et*
„ *qu'il se proposait d'usurper la chaire de Saint Pierre, comme*
„ *il le fit en effet, par la violence et contre la volonté des Car-*
„ *dinaux, si ceux-ci y mettaient opposition... Il pensait bien et*
„ *il le savait, puisqu'il le disait, qu'il devait aux Romains son*
„ *élévation à la papauté; aussi, quand il vit que plusieurs dou-*
„ *taient de son état, il se recommandait souvent aux Romains,*
„ *comme un homme convaincu qu'il leur devait son élévation* „ (2).

(1) Misit ad bandarenses D. Marinum, episcopum Cassanensem, cui imposuit quod iret ad bandarenses et diceret eis: quod venirent et facerent venire cardinales, qui erant in castro S. Angeli, quia si illi non venissent nihil esset factum . . . . . fui presens et auribus meis audivi.
(2) Multa alia verba dixit, in quibus attribuebat suam electionem romanis prout ab aliquibus etiam prelatis audivi, precipue ab episcopo Bosanense, qui tunc erat praesens, ex quibus concludo quod mandare non debuit et mandavit antequam, ut premittitur, electio sibi intimata esset, per vim etiam et contra voluntatem card. usurpare intendebat

Ce témoignage, corroboré par ceux de Bindus et d'Amanatis, nous paraît fort important.

9. Urbain VI et ses partisans ont nié que mission ait été donnée aux Bannerets; d'autre part, les Clémencistes se sont appuyés sur cette mission des Bannerets, pour établir le consentement de Barthélemy à la violence faite la veille aux Cardinaux, et pour prouver que les Cardinaux ont continué à agir sous l'influence de la crainte. C'était un des plus forts arguments allégués par les Cardinaux. Le fait avait eu plusieurs témoins; l'archevêque de Tolède, dans les doutes qu'il soumet au cardinal de Saint-Eustache, le prie de s'expliquer sur ce point et de donner ses preuves: (1) " Mon révérendissime Père et Seigneur, dans
„ votre thema, question VII, vers le milieu du paragraphe : *Nunc*
„ *veniens ad secundum*, vous dites que l'archevêque de Bari s'est
„ clairement démasqué. Selon vous, en présence d'un cardinal
„ italien et de plusieurs autres prélats, alors que les Cardinaux,
„ qui étaient au château, ne voulaient ni en sortir ni venir l'introniser, et avant la publication de l'élection, l'archevêque ap-
„ pella un prélat très dévoué à ses intérêts, il lui ordonna d'aller
„ trouver les Bannerets et lui donna cet ordre : Dites aux Bannerets, qu'ils n'ont encore rien fait s'ils ne forcent ces Cardinaux à venir m'introniser. Il répéta deux fois cet ordre, et les
„ Bannerets par réquisitions et menaces etc. (sic). Mon révérendissime Père et Seigneur, je vous supplie, autant que je le puis,

---

si contradixissent DD. cardinales sicut et fecit . . . . . Secundum quod extimabat et sciebat se factum et asserebat ex suis vorbis a romanis papam; unde postquam sensiit aliquos de tractatu suo dubitare, se sepe romanis recommendabat in suis, si . . . . . sicut ille qui existimabat se per eos assumptum.

(1) Nous ne donnons pas ce travail en pièce justificative, parce qu'il touche plus à la question de droit qu'à la question de fait. Nous le publierons dans un autre travail sur les enquêtes faites pendant le schisme.

„ de vouloir bien nommer ce Cardinal, dire qui sont ces prélats
„ devant lesquels il dit ces paroles, et qui est le prélat si dévoué
„ à ses intérêts à qui il donna cet ordre. *Dites, je vous prie, s'il
„ est possible de prouver clairement ce fait et quels témoins on
„ peut invoquer. Car, de tout cœur, j'irai à pied, là où je pourrai
„ avec certitude (ou juridiquement) m'en informer. En effet, cela
„ prouvé, votre affaire devient plus claire, plus évidente, et en
„ moi cette preuve éteindra bien des points brûlants* „ (1).

Le Cardinal reprenant la question posée repond : " *Mon père,*
„ *l'archevêque de Bari dit alors ces paroles à Martin, évêque*
„ *de Cassano, qui s'appelle aujourd'hui et bien à tort Camer-*
„ *lingue du siège apostolique. Il dit cela, en présence du Car-*
„ *dinal de Florence, comme ce Cardinal l'a attesté au château*
„ *Saint-Jean, devant feu le Cardinal des Ursins, devant mon Sei-*
„ *gneur de Luna, et devant moi ; là aussi les mêmes Cardinaux*
„ *de Florence et des Ursins se déclarèrent pour le parti de Notre*
„ *Seigneur* (Clément VII) *et du Sacré-Collège . . . . Vous*
„ *pouvez vous informer de tout cela auprès du Cardinal de Luna.*
„ *Etait aussi présent quand Barthélemy donna cet ordre, le*
„ *seigneur Ange, évêque de Pensaro, il est près de vous en Espa-*
„ *gne, vous pouvez de suite l'interroger, il pourra vous nommer*
„ *les autres prélats qui étaient présents* „ (2).

(1) Supplico quantum possum, ut vellitis michi nominare quis fuit iste cardinalis et qui et quales fuerunt illi prelati coram quibus ista dixit, et quis fuit ille prelatus sibi domesticus cui hoc mandavit, et si posset hoc clare probari et per quos. Nam libenter, etiam peditando, yrem ad locum ubi de hoc possem veridice informari; nam, hoc probato multum lucidaretur et declararetur factum vestrum, et in conscientia mea multe scintille ardentes, per istam probationem extinguerentur.

(2) Mi Pater, respondeo quod Bartholomeus tunc dixit illa verba Martino episcopo Cassanensi, qui nunc se nominat, licet falso, camerarium apostolice sedis, et dixit eo presente domino met cardinale Florentinense, ut ipse Dominus Florentinensis attestatus est, presentibus Do-

L'évêque de Pensaro, dont le Cardinal de Saint-Eustache invoque le témoignage, soutient que, dans le principe, Barthélemy voulait que lui-même accompagnât l'évêque de Cassano auprès de Bannerets, mais qu'il s'y refusa. Barthélemy le fit appeler dans le promenoir en même temps que l'évêque de Cassano et leur dit : " Il serait bon que vous alliez trouver les Bannerets „ et que vous leur disiez, *que s'ils ne forcent les Cardinaux,* „ *qui sont au château Saint-Ange, à venir près de moi, c'est* „ *comme s'ils n'avaient rien fait. Ledit témoin ayant objecté,* „ *qu'il ne serait peut-être pas convenable de les forcer, ledit élu* „ *répondit : Bien, bien, nous y penserons, et lui tournant le dos,* „ *il prit son compagnon à part. Que lui dit-il ? il l'ignore*, mais „ aussitôt son compagnon quitta le palais „ (1).

Le cardinal de Saint-Eustache invoque en outre le témoignage du cardinal de Florence : il est conçu en ces termes : " Voici „ comment se fit cette réquisition. En présence de moi, évêque de „ Porto, du frère Ange, évêque de Pensaro, du seigneur Thomas „ alors élu évêque de . . . . . . aujourd'hui cardinal de Naples, „ et du Seigneur Guy de Fiesole, mon chapelain, Barthélemy „ donna au Seigneur Marin, évêque de Cassano, cet ordre : Allez „ trouver les Bannerets et dites leur de faire venir les Cardinaux „ qui sont au château Saint-Ange, car, s'ils ne viennent pas, il n'y „ a rien de fait. L'évêque de Cassano alla porter cet ordre aux „ Bannerets et avec eux il se rendit au château Saint-Ange. Après „ un assez long intervalle il revint au palais Saint-Pierre, où nous

---

mino quondam de Ursinis, Domino meo de Luna et me, in castro Sancti Johannis predicto, in quo iidem Domini Florentinensis et de Ursinis se declaraverunt pro parte Domini mei et sacri collegii . . . . Hec a Domino de Luna scire potestis. Erat etiam presens quum tunc Barensis fecit illud mandatum Dominus Angelus episcopus Pensariensis, quia penes vos Ipsa. . . . . est ad presens, interrogare potestis, et ille alios prelatos presentes vobis poterit nominare.

(1) Baluze, I. 1222

„ étions encore, et en présence des témoins ci-dessus nommés, il
„ rapporta à Barthélemy comment il avait rempli sa mission
„ auprès des Bannerets, ajoutant: qu'avec eux il était allé en per-
„ sonne au château Saint-Ange requérir les Cardinaux, qui étaient
„ là, de venir au palais. J'ai appris au château, dit l'évêque de
„ Cassano en notre présence, de mauvaises nouvelles, les Ultra-
„ montains et surtout le Camerlingue y disent que vous n'êtes
„ ni ne serez pape. En entendant ces paroles, Barthélemy irrité
„ répondit à l'évêque de Cassano: Pour sûr vous ne dites pas la
„ vérité! Je vous défends de jamais oser proférer de semblables
„ paroles. Il le réprimanda vivement „ (1).

10. Empruntons à Nicolas Eymeric un autre récit de ce qui se
passa au palais à l'arrivée de l'évêque de Cassano: " Tandis que
„ tous quatre (Barthélemy et trois Cardinaux) restaient là sans rien
„ dire, le seigneur de Marmoutier entra et dit à Barthélemy: Mes
„ Seigneurs ne peuvent venir. — Pourquoi non, lui demanda-t-il?
„ — Parce qu'ils n'ont pas de chapes. — S'ils n'ont pas de chapes,
„ qu'ils viennent, qu'ils viennent en rochet, il faut qu'ils viennent.
„ Personne ne répondit à ces paroles. Entra alors un banneret,
„ que le déposant connaissait de vue; il rapporta à Barthélemy à
„ peu près les mêmes nouvelles que le Cardinal. Barthélemy fit
„ appeler alors quelques familiers des Cardinaux, qui se tenaient
„ dans un angle du promenoir. Ceux-ci s'approchèrent. Barthé-
„ lemy prenant la chape d'un d'entre eux: Cette chape, dit-il, est
„ assez bonne pour un Cardinal. Il en dit autant en prenant la
„ chape de trois ou quatre autres; puis il ajouta: Quittez, quittez
„ ces chapes. Se tournant alors vers le banneret: Portez leur ces
„ chapes, lui dit-il, qu'ils viennent, qu'ils viennent, il faut qu'ils
„ viennent. Personne ne lui répondit, personne ne quitta sa chape;
„ chacun paraissait frappé d'étonnement et considérait la chose

(1) P. J. XXVII. 9: *note*.

„ sans mot dire. Cela fait : Y-a-t-il là un *cursore*, demanda Bar-
„ thélemy, qu'il vienne ici. Un *cursore* s'approcha. Allez, ajouta-
„ t-il, vers les gardiens de la porte, ordonnez leur de ma part
„ de ne laisser entrer personne, mais seulement les Cardinaux.
„ Le déposant voyant que personne ne répondait, qu'aucun des
„ assistants ne parlait à son voisin, surpris de plus en plus des pa-
„ roles de Barthélemy et craignant d'entendre pire, se retira „ (1).

Thomas de Amanatis raconte le même fait avec un peu moins de détails (2).

Les Bannerets au château Saint-Ange.

11. Il est temps que nous retournions au château Saint-Ange. Qu'y faisaient les Bannerets. C'est encore au châtelain que nous emprunterons notre récit : " L'abbé de Sistre ayant porté cette
„ lettre à l'archevêque de Bari, celui-ci ne s'en contenta pas, il
„ envoya au château les Bannerets, entre autres, l'apothicaire
„ Nardus (3) et les conservateurs, pour faire venir les Cardinaux.
„ Ils vinrent à la porte du château et je fus le premier à leur
„ parler. Ils me chargèrent de dire aux Cardinaux d'aller l'in-
„ troniser, puisqu'ils l'avaient nommé, sinon, il y aurait un sou-
„ lèvement inévitable dans le peuple. De plus, les autres Cardi-
„ naux qui étaient dans Rome et tous les Citramontains cour-
„ raient un grave danger. Pour éviter ce grand scandale, ils les
„ priaient de vouloir bien venir l'introniser. D'ailleurs, ils ne de-
„ vaient pas révoquer en doute qu'ils pourvoiraient à leur sureté.

(1) P. J. XX. 31.
(2) P. J. XVIII. 50. 51.
(3) Jean Rame lui adjoint Jean Cenci: « Vidit et propriis auribus audivit predictum Joannem Sanzio capitaneum romanum.... requirendo Dominos Cardinales infra predictum castrum Sancti Angeli ut venirent ad Barensem ».

„ Je leur répondis: Comment les Cardinaux peuvent-ils se fier à
„ vous, qui n'avez rien tenu de ce que vous leur aviez promis?
„ Vous leur aviez promis qu'ils éliraient qui ils voudraient, et que
„ vous, les tiendriez en sureté, et puis vous leur avez fait faire ce
„ qu'ils n'auraient pas du. Ils me répondirent: que depuis très
„ longtemps le roi de France leur avait fait faire pape qui il vou-
„ lait, qu'il avait même employé la force, que c'était pour cela que
„ la cour était restée si longtemps hors de Rome, et qu'à leur tour,
„ ils voulaient faire faire un pape à leur volonté; car le siège de
„ Saint Pierre étant à Rome, c'est à Rome que doit être le pape.
„ Les Bannerets s'excusaient ensuite, disant qu'ils regrettaient
„ la violence, mais que le peuple voulait avoir un pape romain
„ ou italien et qu'ils n'avaient pu le contenir. Puisque les Car-
„ dinaux l'avaient nommé, ils ne devaient pas douter que le peu-
„ ple en fût content. Après bien d'autres paroles, qu'il serait trop
„ long de répéter, ils s'égratignaient le visage pour montrer leur
„ déplaisir. Je les quittai donc, et j'allai dire aux Cardinaux que
„ les Bannerets voulaient leur parler. Je leur répétai ce qu'ils
„ venaient de me dire. Ils me répondirent alors: qu'ils ne se sou-
„ ciaient pas de leurs paroles, qu'ils ne se fieraient jamais à eux,
„ et que pour rien au monde ils n'iraient. Je portai cette ré-
„ ponse aux Romains. Ils me dirent, que si les Cardinaux ne ve-
„ naient, ils étaient tous morts, et se mettant à genoux devant
„ moi, ils me conjuraient, au nom de Dieu, de faire en sorte
„ qu'ils vinssent. Je leur dis que je ne voyais aucun moyen pour
„ cela, je leur conseillai de bien considérer ce qu'ils faisaient,
„ de ne pas se charger de cette besogne, de laisser les Cardinaux
„ faire ce qu'ils voulaient; car, eux-mêmes en avaient assez fait
„ comme cela. Ils me répondirent qu'il n'y avait pas d'autre
„ moyen, qu'il fallait qu'il en fût ainsi. Ils me prièrent de leur
„ faire avoir un entretien avec messire Pierre Rostaing et messire
„ Bertrand Raffin. Ceux-ci vinrent et allèrent parler de leur part

„ aux Cardinaux ; ils firent tant auprès d'eux, que les Romains
„ purent monter leur parler. Quand ils furent en leur présence,
„ ils se mirent à genoux, se déchirèrent le visage, les suppliant,
„ pour l'amour de Dieu, de vouloir bien aller au palais, leur di-
„ sant, que s'ils n'y allaient, tout le monde était perdu, qu'ils ne
„ pouvaient apporter aucun remède ; (ils les menacèrent même de
„ les y faire aller); ils insistèrent tellement, que les Cardinaux
„ recevant aussi l'ordre de ceux qui étaient au palais, se décidè-
„ rent à partir, et ils intronisèrent et couronnèrent Barthélemy.
„ . . . .
„ Quand les Cardinaux sortirent du château, je leur dis: Pour-
„ quoi vous en aller? J'ai grand peur que mal vous en prenne. —
„ Eh ! me répondirent-ils, que voulez-vous que nous fassions? Vous
„ voyez bien que c'est par force. Et c'est ainsi qu'ils s'en allè-
„ rent „ (1).

Quelle scène misérable! Que dire de ces grimaces et de ces menaces des Bannerets? Que penser des éternelles terreurs des Cardinaux? Comme le récit du châtelain de Saint-Ange, dans sa simplicité, éclaire l'hypocrisie des uns et la pusillanimité des autres !

Les Cardinaux qui étaient au palais sont-ils pour quelque chose dans la venue de leurs collègues qui étaient au château Saint-Ange ? — Pourquoi ceux-ci sont-ils venus ? — Ils allèguent la crainte de pire. — Cette crainte est-elle justifiée ?

12. Nous avons vu au commencement de ce chapitre, le Cardinal de Florence protestant qu'il n'était pour rien dans l'appel des Cardinaux, qui étaient au château Saint-Ange. Peut-être, à la rigueur, pourrait-on admettre que les autres Cardinaux, alors

(1) P. J. XXVI. 7. 8.

présents au palais, fatigués de tout ce qu'ils voyaient, et comprenant qu'il fallait en finir au plus vite, sous peine de retomber dans le danger, qui les menaçait la veille, n'aient enfin prié leurs collègues du château de venir les rejoindre. Toutefois, si nous admettons cette condescendance de leur part, nous ne pouvons admettre qu'ils soient allés jusqu'à se transporter eux-mêmes au château Saint-Ange, comme le prétend Thomas Gonsalve, le seul à raconter ce détail : " Il vit, dit-il, le vendredi matin, à la porte du " château Saint-Ange, quelques hommes et des montures; il y avait „ entre autres deux pages à cheval, chacun tenait un chapeau de „ Cardinal. Il demanda quels étaient les Cardinaux qui étaient dans „ le château; il lui fut répondu, que c'étaient *les seigneurs de* „ *Florence et de Milan, venus avec quelques Bannerets romains,* „ *pour conférer avec les Cardinaux qui étaient là et avec le Ca-* „ *merlingue, afin que ceux-ci allassent au palais* „ (1).

Le déplacement de deux Cardinaux, en ce moment, ne pouvait passer inaperçu, surtout aux yeux de ceux dont l'intérêt était de les voir aller au château : personne ne le signalant, nous en concluons qu'il est tout de l'invention de l'urbaniste Thomas Gonsalve.

Nous n'admettons pas non plus, et pour la même raison, la vérité de ce qu'on disait dans Rome, au témoignage de l'abbé Jean de Saint-Ysidore, à savoir : qu'Urbain avait fait dire aux Cardinaux du château " *que s'ils ne voulaient pas venir, lui-même* „ *irait les trouver* „ (2).

---

(1) Vidit die veneris de mane.... ad portam sancti Angeli aliquos homines et bestias, inter quos erant duo pueri in duabus bestiis cum duobus capellis cardinalium. Et iste testis interrogavit qui Cardinales erant in dicto castro et dictum fuit sibi quod cardinales Florentinus et Mediolanensis cum aliquibus banderensibus romanis ad loquendum cum Dominis Cardinalibus qui erant in dicto castro et cum camerario ut yrent ad palatium.

(2) Ipse miserat eis dicere, quod si nolerent venire, ipse iret eis.

Si Barthélemy avait eu à son actif ce petit trait de condescendance pour les Cardinaux, il n'est pas un seul de ses partisans qui ne l'eût fait valoir. Or, l'abbé Jean est le seul à le rapporter.

13. C'est aux Cardinaux, qui étaient enfermés à Saint-Ange, que nous demanderons d'expliquer leur conduite. Le cardinal de Vernhio dit : " Le lendemain, Vendredi, nous fûmes requis, de la „ part de Barthélemy, de venir le trouver. Ledit Barthélemy et „ les Officiers de la Ville nous firent beaucoup d'instances et „ beaucoup de menaces. Voyant alors que la pression continuait, „ qu'elle était même plus grande, et que les Romains voulaient „ entourer le château de palissades, j'interrogeai le Camerlingue, „ aujourd'hui seigneur Cardinal d'Arles, et je lui demandai si „ le château était muni de victuailles. Celui-ci me répondit : qu'il „ en avait fort peu. Je compris alors que nous ne pouvions ni „ résister ni aller ailleurs, et, malgré moi, je quittai le château „ avec les autres, l'esprit fort troublé. Il n'y avait au monde „ aucun moyen pour m'empêcher d'assister à son intronisation, „ mais c'était bien à mon cœur défendant „ (1).

Le cardinal de Viviers nous donne exactement les mêmes raisons : " Nous quittâmes le château, dit-il, et la raison en fut „ qu'il n'était pas muni de victuailles, et que quelques Cardinaux „ étaient dans la Ville, leurs biens et nos biens étaient aussi dis„ séminés dans la Ville, il n'y avait donc pas moyen de les faire „ passer ailleurs. Le *casus* en dit plus long sur ce point „ (2).

Le cardinal de Poitiers soutient qu'il avait les mêmes motifs de quitter le château, et rapporte que : " Le cardinal de Breta„ gne, en montant sur sa mule, dit expressément, en langue vul„ gaire : qu'il s'en allait par force „ (3). Enfin le Camerlingue,

---

(1) P. J. XXXVII. 18.
(2) P. J. XXXII. 14.
(3) P. J. XXXIV. 21.

à son tour, corrobore le dire des Cardinaux sur ce point comme sur tout le reste (1).

Ce fut bien malgré le Camerlingue, que les Cardinaux prirent ce parti, au témoignage de l'évêque de Catane (2).

14. Enfin, d'après le *casus* des Cardinaux italiens, la raison de leur sortie a été la crainte des graves inconvénients qui pouvaient résulter pour eux, pour leurs collègues et pour leurs familles (3).

Les deux raisons principales alléguées par les Cardinaux ont été contestées par les Urbanistes. L'abbé de Sistre dit : " Que „ ce château (Saint-Ange) était inexpugnable, et muni de toutes „ sortes de victuailles, il avait une porte par laquelle on pouvait „ sortir de la ville comme on voulait (4) „. En note de ce passage nous trouvons cette rectification : " Ce qu'il dit ici n'est pas vrai, „ le château n'était pas muni de victuailles, bien plus, le châ- „ telain leur dit de chercher un autre lieu pour se mettre en „ sûreté, parce qu'il n'avait pas de vivres pour quinze jours „.

La seconde raison donnée par les Cardinaux, à savoir, qu'ils redoutaient de graves dangers en demeurant au château Saint-Ange, a été niée par les Urbanistes. Alvarez Gonsalve va jusqu'à leur prêter la joie et la gaité (5). D'après lui, les Cardinaux sont venus d'eux mêmes et, s'ils ont tardé, c'est que les Français les effrayaient sans motif (6).

(1) P. J. XXIII. 11.
(2) Demum dictum castrum exiverunt, quamvis dominus camerarius eis contrarium innuere videretur.
(3) P. J. XXVII. 9.
(4) P. J. XXIX. 36.
(5) Propter hoc quod sui familiares nec sua bona non fuerint male tractati et quod venerunt cum officialibus letis et bonis faciebus.
(6) Aliqui galici dixerant eis quod non existent castrum donec vidissent si populus elevabatur plus vel non..... dixit se non audivisse quod electus misisset pro illis sed ipsi miserunt cedulam et statim venerunt.

L'évêque de Catane qui était là, a cependant bien vu le contraire : " On vit bien sur le champ, dit-il, que ces paroles déplaisaient aux Cardinaux „ (1).

15. Si les Cardinaux craignaient, ils n'avaient pas tort, dit Ferrarius de Vernos : s'ils ne fussent venus, c'était le pillage de leurs maisons et peut-être la mort de leurs serviteurs (2).

Enfin, Jean de Lignano, dans son *casus* annoté par le cardinal de' Luna, soutient que les Cardinaux ont protesté, que c'était la seule crainte du danger qui les avait amenés au palais (3) ; et dans un exposé qui précède immédiatement il va jusqu'à dire : " il les fit requérir par les Bannerets et les autres officiers de „ la Ville de quitter le château et de venir au palais s'ils vou„ laient éviter un plus grand scandale „ (4).

Les Cardinaux sont donc admis à dire, qu'ils sont venus au palais à raison des deux graves motifs invoqués plus haut.

Toutes ces négociations avaient duré longtemps. En effet, dès que l'évêque d'Assise, que le cardinal de Luna avait envoyé au château Saint-Ange, fut de retour, le Cardinal monta à cheval et partit pour le palais. Or, Alfonse de Mélide (5) a vu arriver le Cardinal vers les trois heures. Ce qui va suivre se passa donc dans la soirée. D'ailleurs Thomas de Acerno, qui était présent au départ des Cardinaux et qui les accompagna, nous dit que ce fut après le dîner (6).

(1) Dixerunt quod dominus papa mandabat quod subito venirent ad ipsum, quod male libenter, ut prima facie apparebat, audiverunt.
(2) Interrogatus si venerunt gratis vel alias, dixit quod credit, per ea que audivit, quod venerunt propter metum. Interrogatus quare.....
dixit de auditu quod si non venerant quod fuerant deraubate sue domus et sui familiares in periculo.
(3) P. J. XXVIII. 32-33.
(4) P. J. XXVIII. 30.
(5) Baluze I. 1186.
(6) Vidit etiam et presens fuit in castro sancti Angeli eodem die (veneris) post prandium quando Cardinales..... iverunt castrum sancti Angeli.

Chapitre III.

L'INTRONISATION.

1. Barthélemy demande aux Cardinaux de refaire son élection. — 2. Ceux-ci se retirent dans la chapelle. Qu'y firent-ils? — 3. Barthélemy rejoint les Cardinaux; que se passa-t-il entre eux? — 4. Intronisation. — 5. Acceptation d'Urbain. — 6. Publication de l'élection. — 7. Premier acte de juridiction. — 8. Demandes des Cardinaux à Urbain. — 9. Erreurs de Théodoric de Niem.

Barthélemy demande aux Cardinaux de refaire son élection. Ceux-ci se retirent dans la chapelle. Qu'y firent ils?

1. Quand les Cardinaux furent tous réunis au palais, à l'exception des quatre qui avaient fui loin de Rome, leur intention était de publier l'élection, qu'ils avaient faite la veille; mais Barthélemy connaissait bien le peu de valeur de cette élection, il savait combien elle était attaquable, aussi, d'après son partisan Ménendus, se hâta-t-il de dissuader les Cardinaux de leur projet: " Ne publiez pas l'élection, leur dit-il, trop de temps „ s'est écoulé depuis, trop de choses se sont passées, la rupture „ du conclave avec tant de fureur, la feinte création du cardinal „ de Saint-Pierre, la fuite des Cardinaux au château Saint-Ange, „ hors la Ville, et dans leurs demeures. *Ce que vous avez de „ mieux à faire, c'est d'entrer dans la chapelle et de refaire l'élec-„ tion en tout recommençant.* Examinez bien ce que vous avez „ fait, ne vous inquiétez pas de moi, je resterai hors de la cha-„ pelle. Il ajoute avoir certainement appris que les choses se pas-„ sèrent ainsi „ (1).

(1) Non faciatis ita, sed quia tot hore sunt preterite, et tot modi habiti, scilicet, rupture cum tanto furore et fictio cardinalis S. Petri,

Nous surprenons ici une confession grave : on avoue que la violence de la veille a influé sur l'élection et l'aveu, c'est un des siens qui l'attribue à Barthélemy lui-même.

2. Les Cardinaux ont-ils voulu complaire à Barthélemy en faisant en apparence ce qu'il demandait ? Ou bien Ménendus a-t-il gratuitement supposé que ce fut sur l'avis de Barthélemy qu'ils se retirèrent seuls dans la chapelle ? Peu importe.

Thomas de Amanatis nous dit : " Ils entrèrent tous dans la chapelle privée du palais, il y avait là d'abord ceux qui étaient déjà venus, à savoir, les cardinaux de Florence, de Glandève, de Milan, de Marmoutier, de Luna et de Saint-Pierre, et ceux qui arrivaient du château : c'étaient les cardinaux de Limoges, d'Aigrefeuille, de Bretagne, de Poitiers, de Viviers et de Vernhio ; les quatre autres étaient encore hors de la Ville. Quand ils y furent depuis un moment, ils firent appeler l'archevêque de Bari „ (1).

Mais que firent les Cardinaux dans le temps qu'ils demeurèrent seuls dans la chapelle ? " Réunis au palais, dit l'évêque de Todi, ils m'ordonnèrent d'arranger toute chose avec les Officiers de la Ville, pour qu'il leur fût permis de demeurer seuls dans la chapelle avec Jean de Baro, sous-diacre du pape, et deux autres clercs de la chapelle. Tout fut ordonné comme ils le demandaient „ (2).

Il ajoute : " Les Cardinaux, étant dans la chapelle à huis clos, tinrent conseil, et, comme je l'ai appris, délibérèrent d'introniser comme vrai pape notre Seigneur. Quand ils furent

---

evasio cardinalium, aliqui ad castrum sancti Angeli, aliqui extra Romam, aliqui in suis hospitiis et forsam quod occurreret vobis melius intrare capellam et incipite a principio electionem et videte mature facta vestra et non respiciatis me et ego ero foris. Et dicit quod firmiter audivit quod ita transivit.

(1) P. J. XVIII. 32.
(2) P. J. XVII. 37.

„ demeurés là un moment, ils firent venir notre Seigneur auprès „ d'eux „ (1).

L'évêque de Todi parle avec réserve: il a vu ce que les Cardinaux firent un instant après, il en a conclu qu'étant seuls dans la chapelle, " ils délibérèrent de l'introniser „.

Barthélemy dans sa relation au roi de Castille, va un peu plus loin, mais il n'ose soutenir que les Cardinaux procédèrent à une réélection. " Ils confirmèrent *ad cautelam* l'élection qu'ils „ avaient déjà faite de sa personne „.

L'évêque de Récanati est tout à fait affirmatif; il y eut plus qu'une simple délibération, plus qu'une confirmation, il y eut réélection, et réélection par scrutin, c'est-à-dire, réélection faite de la manière la plus calme et la plus authentique qu'il soit possible: " Tout le monde étant sorti, ils refirent le scrutin „ (2). C'est aussi ce que dit Ménendus: " Il croit, qu'Urbain s'étant „ éloigné d'eux, ils le réélirent „ (3).

A la question que les enquêteurs posent au cardinal d'Aigrefeuille au sujet de ces allégations sur la réélection, ce Cardinal répond: " que tout cela est faux, sauf l'intronisation, qui „ fut faite de la manière que le dit le *casus* composé à Anagni „ par tous les Cardinaux „ (4).

N'est-il pas naturel de s'en rapporter plutôt au Cardinal qui était là, qu'aux témoins qui n'y étaient pas?

Urbain rejoint les Cardinaux; que se passa-t-il entre eux ?

3. Quand les Cardinaux furent demeurés seuls dans la chapelle pendant un moment: " ils envoyèrent chercher notre Sei-

---

(1) P. J. XVII. 38.
(2) Rayn. 1378. XIII.
(3) Credit quod ipso semoto ab eis et distincto, reelegerunt eum.
(4) P. J. XXXI. 16.

„ gneur dans ses appartements. Moi, dit l'évêque de Récanati, et
„ quelques autres, nous l'accompagnâmes à la chapelle; quand il
„ y fut entré, les Cardinaux *firent sortir tout le monde* et s'en-
„ fermèrent avec lui „ (1).

Que se passa-t-il dans ce tête-à-tête avec les Cardinaux ? Le cardinal de Ravenne qui n'était pas là, puisque l'évêque de Récanati vient de nous dire que les Cardinaux firent sortir tout le monde, raconte qu'Urbain conjura les Cardinaux d'élire quelqu'un de plus digne et de plus capable que lui ; les Cardinaux l'ayant assuré de la régularité de l'élection, Urbain persista dans son refus ; les Cardinaux furent obligés, pour le contraindre, de lui dire qu'il offensait Dieu en refusant cet honneur ! (2)

Pierre de Cordoue, d'après ce que lui rapporta l'évêque de Jaen (qui n'était pas présent) soutient que les Cardinaux l'ont supplié d'accepter, avant même qu'il ait manifesté sa répugnance à le faire (3), mais pour lui, cette scène se passa non dans la chapelle, mais dans une chambre du palais.

L'abbé de Sistre à son tour change notablement les circonstances; ce n'est pas dans la chapelle enfermé seul avec les Cardinaux, ni dans un autre appartement, que Barthélemy tint aux Cardinaux les discours qu'il lui prête, c'est au moment même de l'intronisation et alors qu'ils l'avaient déjà revêtu des ornements pontificaux.

" Ils revêtirent aussitôt le nouveau Pontife de la chape rouge,

(1) Rayn. 1378. n. XIV.
(2) Rayn. 1379. n. LI.
(3) Dixit quod audivit et est certus . . . . et separaverunt se dictus electus et cardinales soli in camera clausa porta et quod cardinalis Florentie proposuerat seu fecerat unum arenga et inter alia que dixerat dixit: Domine, nos eligimus te; et iste respondit : Elegistis me, licet sim indignus, tamen accepto electionem et flexis genibus coram dictis cardinalibus dixit: Timor et tremor venerunt super me . . . dictus episcopus (Giennensis) dixit isti testi.

„ et ils le conduisirent dans la petite chapelle à côté du palais;
„ il est d'usage de faire ainsi. Là, tandis qu'ils voulaient l'in-
„ troniser, celui-ci leur parla en ces termes: Vous voyez, Sei-
„ gneur, qu'hier vous m'avez dit que vous m'aviez élu d'une voix
„ unanime et conformément aux saints canons et vous m'avez
„ supplié d'accepter. La chose me parait assez étrange, surtout
„ alors que je ne suis le parent d'aucun d'entre vous, ni votre
„ compatriote. C'est pourquoi, si c'est par crainte que vous m'avez
„ élu, dites le moi, vous et moi nous tromperons le peuple,
„ jusqu'à ce que vous soyez à Anagni, ou ailleurs, où vous pour-
„ rez élire un autre sujet. Les susdits Cardinaux, au nombre de
„ onze, à savoir: de Porto, de Palestrine, d'Aigrefeuille, de Mi-
„ lan, de Saint-Pierre, de Bretagne, de Poitiers, de Viviers, de
„ Marmoutier, de Vernhio et de Luna, tous ensemble et avec
„ accord répondirent en jurant sur le saint autel, (*Note: il ment
„ dans tout ce que contient ce chapitre*) l'avoir élu librement, de
„ leur plein gré et unanimement, et, dirent-ils, ce qui les avait
„ surtout portés à le faire, c'était, qu'il ne leur semblait pas que
„ le patrimoine de l'Eglise, si dilapidé, pût être recouvré par un
„ autre que par un pontife italien et qu'ils l'avaient élu pour
„ la plus grande sureté de leurs personnes et de tout le monde.
„ Sur place même, ils refirent ce qu'ils avaient déjà fait, plusieurs
„ écrits publics font foi de cette seconde élection „ (1).

Aucun de ces écrits n'est parvenu jusqu'à nous, ce qui peut s'expliquer. Mais ce qui nous étonne, c'est qu'aucun témoin, autre que l'abbé de Sistre, ne nous en ait gardé même le souvenir.

" Notre Seigneur renouvela, alors, continue l'abbé, son consen-
„ tement, puis, revêtu par eux de la chape, de la mitre et des

---

(1) P. J. XXIX. 43-44.

„ autres insignes pontificaux, il se vit placer sur l'autel et in-
„ troniser par eux. Ils lui donnèrent le nom d'Urbain VI „ (1).

Dans son récit officiel, donné en forme de bulle au roi de Castille, Urbain VI raconte sa répugnance à consentir et les instances qu'il prétend lui avoir été faites par les Cardinaux. Interrogé sur les allégations d'Urbain et de ses partisans, le cardinal d'Aigrefeuille répond: " Il est certain que ce jour-là, Ven-
„ dredi, je suis allé au palais, requis par les Officiers romains qui
„ me firent des menaces; mais, que je l'aie félicité de sa malheu-
„ reuse élection, cela est faux! Il n'est pas vrai, que je lui ai dit
„ de consentir à son élection, parce qu'elle était bien faite, car
„ il est faux, qu'elle ait été bien faite. Je ne lui ai pas dit d'en-
„ voyer chercher les Cardinaux du fort Saint-Ange, je ne lui pas
„ dit non plus qu'il était canoniquement élu, car j'aurais menti.
„ .... Je ne me souviens pas si Barthélemy a demandé si son
„ élection était canonique. Je n'ai entendu aucun Cardinal lui
„ dire de consentir, je n'ai entendu personne lui dire qu'il pé-
„ cherait s'ils ne consentait pas à cette élection. Je prends Dieu
„ à témoin que tout cela, au moins en ce qui me concerne, est une
„ invention mensongère et m'est faussement attribué „ (2).

La vérité, où donc est-elle, au milieu de ces dépositions contraires? Qui saura ce qui s'est réellement passé dans le tête-à-tête d'Urbain et des Cardinaux?

Intronisation. — Acceptation d'Urbain VI.

4. Les portes de la chapelle ne tardèrent pas à s'ouvrir.

Thomas de Amanatis, qui était là, a remarqué la stupéfaction des Ultramontains tant Cardinaux que prélats: " Nous en-

(1) Ibidem.
(2) P. J. XXXIII. 20.

„ trâmes tous en ce moment, dit-il, nous le vîmes revêtu de
„ la chape rouge et des habits pontificaux et assis sur la chaire ;
„ à droite et à gauche, les cardinaux de Vernhio et de Luna
„ l'assistaient ; les autres Cardinaux étaient chacun à son rang,
„ mais on voyait bien que les Ultramontains, c'est à dire ceux
„ qui n'étaient pas italiens, étaient tous troublés et stupéfaits „ (1).

L'évêque de Todi contredit l'affirmation de Thomas de Amanatis : " Lorsqu'Urbain fut arrivé, dit-il, les portes se refer-
„ mèrent. Les Cardinaux l'intronisèrent et le mirent sur l'au-
„ tel, au chant du *Te Deum laudamus*. Tous, m'a-t-on raconté,
„ allèrent le saluer. Aussitôt les portes s'ouvrirent et tous ceux
„ qui voulurent purent aller le saluer. Quand tout fut fini et
„ que le peuple lui eut rendu ses devoirs, le pape, accompagné
„ des Cardinaux, revint dans sa chambre, on lui fit fête, on se
„ réjouit beaucoup. Le pape demeura là et les Cardinaux se
„ retirèrent „ (2).

L'évêque de Todi se contente de dire vaguement : " On se réjouit beaucoup „ le Cardinal de Ravenne, spécifie davantage ; d'après lui, les plus joyeux étaient les Cardinaux (3).

Alfonse de Mélide à son tour nous dit : que la gaîté et la joie présidèrent à l'intronisation : " L'élu baisa alors les mains et
„ le visage des Cardinaux, *ceux-ci le reconnurent et tout joyeux*
„ *le mirent sur son trône* „ (4).

Que les Cardinaux aient manifesté leur joie, il est difficile de l'admettre, malgré les témoignages précédents. Qu'ils aient vraiment été satisfaits, qui osera le soutenir ?

Si nous en croyons les témoins urbanistes, l'archevêque de Bari accepta d'être intronisé avec des sentiments qui l'honorent :

(1) P. J. XVIII. 32.
(2) P. J. XVII, 88.
(3) Rayn. 1378. n. XIV.
(4) Baluze, I. 1186.

" Alors notre Seigneur, dit le Cardinal de Ravenne, en toute
„ humilité et les larmes aux yeux, accepta l'élection et se soumit
„ à la volonté de Dieu „ (1).

Ce n'est pas l'attitude que lui prêtent d'autres spectateurs de
la cérémonie : " Je le vis, dit Thomas de Amanatis ; son orgueil,
„ son arrogance, son audace me stupéfièrent ; je ne crois pas un
„ homme capable, dans cette circonstances, d'en avoir davantage,
„ jamais je ne l'eusse cru capable d'en avoir tant „ (2).

Le Cardinal de Glandève faisant un parallèle entre l'acceptation d'Urbain et celle de son rival Clément VII : " Barthélemy,
„ dit-il, sans excuse et sans humilité, s'écria à haute voix : J'y
„ consens. Le seigneur Clément, quoique canoniquement élu, ne
„ fit pas de même ; il se proclamait incapable et indigne, il ver-
„ sait des larmes, il se prosternait en terre, jusqu'à ce que, prié
„ et requis par nous, il finit par consentir. C'est lui qui est le
„ vrai Pape, le Pape canoniquement élu „ (3).

Toutefois, le cardinal de Glandève exagère quand il fait exprimer l'acceptation par ces seuls mots : " J'y consens „. Le cardinal de Luna rapporte que sa " réponse fut : qu'il n'en était pas
„ digne, que cependant il ne voulait pas aller contre la volonté
„ de Dieu et qu'il y consentait „ (4).

C'est une contradiction, l'impartialité nous fait un devoir de
la signaler.

Un mot, qui, peut-être, a échappé à Ménendus, nous dépeint
Barthélemy comme empressé d'accepter l'élection que lui proposaient les Cardinaux : *subito acceptavit* (5).

---

(1) Rayn. 1379. n. LI.
(2) P. J. XVIII. 82.
(3) P. J. XXXIII. 11.
(4) P. J. XXXVIII. 36.
(5) Statim fuit sibi presentata sua electio, nescit si prima vel secunda, sed credit quod ambe simul, et ipse *subito acceptavit* et ita fuit publicata dicta sua electio.

Or, l'empressement ne peut pas procéder des sentiments d'humilité, que le Cardinal de Ravenne prête à Urbain VI.

Publication de l'élection. — Premier acte de jurisdiction d'Urbain. Demandes des Cardinaux à Urbain.

6. L'élection ayant été proposée à Barthélemy et acceptée par lui, restait à en faire la publication ; c'est au Cardinal de Vernhio que fut confié ce soin.

Robert de Straton chanoine d'Evora, auditeur du sacré palais nous l'apprend (1). Ménendus nous cite les propres paroles du Cardinal, qu'on lui a rapportées : " Je vous annonce une grande „ joie, c'est que nous avons un pape et il s'appelle Urbain VI „ (2). Jean, abbé de Saint-Isidore de Séville " a ouï dire qu'il avait pris „ le nom d'Urbain, parce qu'il devait à la Ville d'avoir été élu „ Pape „ (3).

En latin le mot *Urbs* signifiant Ville, de là Urbain „.

7. A peine assis sur la chaire de Saint Pierre, Barthélemy exerça son souverain pouvoir, en donnant aux Cardinaux, sur leur demande, " l'absolution plénière de tous leurs péchés „ (4). C'est du moins ce que dit l'abbé de Sistre et ce qu'il est seul à dire. Le fait est invraisemblable. Est-ce bien une absolution qu'aurait accordé le nouveau pape ? Peut-être l'abbé de Sistre veut-il parler d'une indulgence, mais nous verrons que la demande d'une indulgence plénière pour les Cardinaux ne vint que plus tard.

8. Avant de se retirer, les Cardinaux, d'après les Urbanistes, firent bien d'autres demandes à Urbain VI. Les ambassadeurs

---

(1) Cujus electionem dominus de Vernhio populo congregato solenniter publicavit, ipsum dominum Urbanum papam VI nominando.
(2) Anuncio vobis gaudium magnum quia papam habemus et vocatus Urbanus VI.
(3) Bal. I. 1318.
(4) P. J. XXIX. 45.

aragonais ont résumé ces demandes et ils prient les Cardinaux de répondre aux allégations. Voici la question et la réponse qu'y fit le cardinal d'Aigrefeuille: " Est-il vrai que, le même jour,
„ après son intronisation, les Cardinaux de Limoges, d'Aigrefeuille
„ et de Poitiers le prirent à part dans son cabinet d'étude et
„ lui dirent: qu'ils étaient la cause de sa promotion. Ils le sup-
„ plièrent ensuite de prendre sous sa protection les frères et
„ les autres parents de Grégoire XI son prédécesseur, et de
„ veiller à l'exécution de son testament. Ils lui demandèrent un
„ certain subside pour le rachat de Roger, frère de Grégoire,
„ prisonnier en Angleterre. Ils le prièrent dans la première
„ création, de pourvoir d'un cardinalat le fils d'Hugo de Rupe
„ neveu de Grégoire et parent d'autres Cardinaux, alléguant que
„ telle était l'intention de Grégoire. Enfin, ils lui demandèrent
„ de prendre pour camérier le Seigneur Jean de Baro, leur parent.

„ Le cardinal d'Aigrefeuille répond d'abord au sujet de la
„ recommandations de l'âme et des parents de Grégoire, que ces
„ recommandations générales sont habituellement faites, lors de
„ la création d'un nouveau pape, par les Cardinaux de la famille
„ du défunt, pour toute sa parenté, mais spécialement pour les
„ neveux, s'il en est d'aptes aux dignités. Son sentiment est qu'ils
„ firent ces demandes, parce que, sous l'empire de la crainte et
„ de la peur, ils voulurent demander quelque chose, qui se de-
„ mande en cette occurence, de peur que l'omission de cette
„ demande, ne fût pour Barthélemy et les Romains un sujet de
„ suspicion et que le Sacré-Collège ne retombât dans le danger.
„ Au sujet de la demande du cardinalat pour le neveu de Grégoire,
„ il dit simplement, qu'il n'était pas là, qu'il ne l'a ni vu ni en-
„ tendu faire par les autres Cardinaux. Il n'y croit cependant pas,
„ parce qu'il n'a jamais ouï dire, que Grégoire eût manifesté son
„ intention sur ce point à personne.

" Au sujet des subsides demandés pour la rançon de Roger,

„ frère de Grégoire, voici la vérité. Du vivant de Grégoire un
„ arrangement avait été combiné pour cette rançon, afin de ra-
„ masser l'argent et de le lui porter. Roger avait envoyé à Rome
„ un écuyer. La somme demandée était grande et difficile à trou-
„ ver, surtout pour Grégoire, qui était écrasé de dépenses et criblé
„ de dettes. Il fut convenu entre les Cardinaux, que les prélats créés
„ par Grégoire, alors présents à Rome, seraient requis et priés
„ par ledit écuyer, de vouloir bien aider et contribuer à compléter
„ cette rançon. Au nombre de ceux qui furent ainsi priés était
„ Barthélemy, qui avait tant reçu de Grégoire. Il se tint pour
„ obligé envers lui et les siens, et promit de donner une bonne
„ somme. Il n'avait cependant rien donné encore lors de son in-
„ trusion. L'écuyer voulut poursuivre ses instances et vint le sup-
„ plier de vouloir bien donner au moins ce qu'il avait promis.
„ Il lui semble avoir été présent lorsque l'écuyer lui en parla,
„ et il croit, qu'à sa requête, Barthélemy demanda d'accomplir
„ ses engagements et promit de faire tout ce qu'il pourrait pour
„ cela. Il ne se souvient d'aucune autre demande faite par les
„ autres Cardinaux.

" Quant à la demande de prendre Jean de Baro pour son
„ camérier, il répond, que Barthélemy en a menti; c'est lui, de
„ son propre mouvement, alors qu'encore assis sur la chaire où
„ nous l'avions intronisé il reçut les hommages de Jean de Baro
„ et qui dit a celui-ci le vouloir pour son camérier et son familier
„ comme l'avait eu Grégoire „ (1).

D'après cette réponse, les Cardinaux se bornèrent a demander
ce qu'ils ne pouvaient s'empêcher de demander, sans manifester
hautement leurs sentiments à l'égard d'Urbain VI, manifestation
qui eut été très dangereuse pour eux comme nous le verrons dans
la suite.

(1) P. J. XXXI. 17.

Erreurs de Théodoric de Niem.

9. Ici devrait se terminer notre récit de l'intronisation ; nous croyons cependant utile de mettre sous les yeux du lecteur le récit fantaisiste et mensonger de l'historien officiel d'Urbain VI, Théodoric de Niem (1).

" Le lendemain, dit-il, les Cardinaux vinrent sans retard trou-" ver Urbain dans le palais apostolique. Celui qui vint de meil-" leure heure fut le cardinal de Luna ". Celui-ci ne vint qu'après l'heure du dîner, les cardinaux de Florence, de Marmoutier et de Milan arrivèrent bien avant lui. — " Peu après, arriva celui vul-" gairement nommé l'abbé de Marmoutier ; vint ensuite Robert " de Genève ". Nouvelle erreur, Théodoric n'aurait pas dû ignorer que le futur Clément VII avait fui à Zagarole. — " Puis succes-" sivement les autres cardinaux d'Aigrefeuille, de Viviers, de " Glandève, de Saint-Ange, de Saint-Eustache, avec ceux de Bre-" tagne et de Poitiers ; à ces Cardinaux, tous Français, se joignirent " les trois autres italiens ". Les deux Italiens qui étaient en ce moment dans Rome furent des premiers à venir : ils précédèrent donc les français et ne se joignirent pas à eux. — " De la sorte " tous les Cardinaux qui l'avaient élu se trouvèrent à l'heure " de vêpres au palais ". Et dire qu'en tête du paragraphe où nous avons pris cette assertion, se trouvent ces mots : " Le jour même " de l'élection.... quatre ou cinq Cardinaux.... quittèrent la Ville ! " Théodoric de Niem n'ignore donc pas que tous les Cardinaux qui étaient à l'élection n'étaient pas à l'intronisation. — " De leur " côté, les Romains apprenant d'une manière indubitable que le " camérier appelé Baro n'était pas élu Pape, se calmèrent abso-" lument, et ne se formalisèrent plus de l'élection d'Urbain ".

(1) Livre I. chapitre II.

Nous avons vu que les Romains ne furent pas si faciles à calmer. — " Tous les Cardinaux réunis au palais à l'heure de vê„ pres l'intronisèrent de la manière accoutumée. Cela fait, au milieu „ de tous les Cardinaux et d'une multitude d'autres prélats, il se „ rendit à l'endroit où le pape Grégoire avait coutume de donner „ la bénédiction et il y donna solennellement la bénédiction pa„ pale à une immense foule assemblée „. — Voilà un détail que nous ne connaissions pas, et nous sommes surpris qu'aucun témoin ne nous en ait conservé le souvenir.

Chapitre IV.

LA SEMAINE SAINTE — LE COURONNEMENT.

1. Retour des Cardinaux qui étaient hors de Rome. — 2. Dimanche des Rameaux. — 3. Lettre écrite ce jour là. — 4. Semaine Sainte. — 5. Doute sur l'élection exprimé publiquement. — 6. Couronnement. — 7. Les Cardinaux communièrent-ils ? — 8. Procession à Saint-Jean de Latran. — 9. Conduite des Cardinaux. — 10. Prise de possession de Saint-Jean de Latran. — 11. Festin dans le palais du Latran. — 12. Retour à Saint-Pierre. — 13. Aveux d'un Banneret.

Retour des Cardinaux qui étaient hors de Rome.

1. Le lendemain de l'intronisation était un samedi. Chacun sentait le besoin de se reposer, aussi les témoins ne nous transmettent que peu de détails sur ce qui se passa ce jour là. D'après l'évêque de Todi, Urbain VI assista à une messe chantée, il était entouré de tout le Sacré-Collège. Après la messe, il demeura une heure en conseil avec les Cardinaux et en retint plusieurs à déjeuner avec lui (1): " Le même jour, continue l'évê-

---

(1) P. J. XVII. 39.

„ que de Todi, Agapit revint de Zagarole, où était le Seigneur
„ de Genève; il rapporta au pape, que le Seigneur avait promis
„ de revenir sans manquer la nuit suivante, qu'il lui avait assuré
„ que l'archevêque de Bari était vrai pape, et qu'il se flattait
„ d'être la cause de sa création. Cette nuit là, Agapit resta au
„ palais „ (1).

Agapit Colonna était parti la veille, sur l'ordre de Barthélemy, pour accomplir la mission dont il vient de rendre compte C'est au même témoin que nous devons ce détail (2).

Le retour des Cardinaux, que la peur avait chassés de Rome, donne lieu à bien de contradictions, sans grande importance il est vrai, mais qui dénotent cependant le peu de sureté de mémoire des témoins, et surtout des témoins urbanistes.

Puisque nous avons commencé par le témoignage de l'évêque de Todi, continuons à citer sa déposition: " Le Dimanche
„ matin, le Seigneur de Genève retourna; il présenta ses salu-
„ tations au pape, après quoi, il descendit dans ma chambre: là,
„ tandis que le pape célébrait la messe dans sa chapelle privée,
„ il déjeuna et me montra, ainsi qu'au Seigneur Agapit, un an-
„ neau qu'il voulait donner à notre Seigneur.

" Après avoir célébré dans sa chapelle privée, le pape devait
„ aller entendre une messe chantée dans la chapelle. Le Seigneur
„ de Genève, le Seigneur Agapit, moi et d'autres nous descen-
„ dîmes pour attendre le pape à la sortie de sa chapelle. Tandis
„ qu'il se rendait à l'autre chapelle, le Seigneur de Genève le
„ pria de vouloir bien accepter cet anneau et le porter en sou-
„ venir de lui. Le pape ne voulait absolument pas l'accepter.
„ Comment, disait-il, accepterions nous un anneau d'un pauvre
„ noble à qui nous devrions au contraire donner tant de choses?

(1) P. J. XVII. 39-40.
(2) P. J. XVII. 34.

„ Nous fîmes tant, le seigneur Agapit et moi, qu'il l'accepta; le
„ Seigneur de Genève en fut bien content. Cet anneau, me dit
„ Agapit, valait quatre cents florins, il avait appartenu à la mère
„ du Cardinal.

" Dans la chapelle le pape assista à la messe, le Seigneur
„ de Genève et tous les Cardinaux l'entouraient. Après la messe,
„ il retourna dans son appartement, il y tint conseil pendant
„ une heure avec les Cardinaux. Le Seigneur de Genève et quel-
„ ques autres demeurèrent à dîner, les autres se retirèrent; mais
„ toujours, soit à la messe, soit au dîner, les Cardinaux rece-
„ vaient la bénédiction de notre Seigneur avec la révérence due
„ et rendue habituellement aux suprêmes pontifes.

" Les jours suivants, le seigneur de Saint-Ange revint, et après
„ lui les Seigneurs de Saint-Eustache et des Ursins. Ils rendirent
„ leurs hommages à notre Seigneur, assistèrent à la messe et
„ dînèrent avec lui; ils reçurent sa bénédiction avec la révérence
„ accoutumée. Tout cela je l'ai vu, car j'étais grand maître. Quand
„ au reste, *non novi hominem* „ (1).

L'assurance avec laquelle l'évêque nous dit: " Tout cela je
l'ai vu „ semble un garant sûr de la vérité de ses récits, et cependant, la plupart de ses assertions sont contredites par son
propre client et par d'autres urbanistes. Ainsi, Urbain VI, dans
son *casus*, déclare que le lendemain de son élection les Cardinaux
qui retournèrent à Rome furent celui des Ursins et celui de
Saint-Eustache (2). Le cardinal de Genève et celui de Saint-Ange
ne vinrent qu'ensuite (3).

---

(1) P. J. XVII. 41-44.

(2) Altera die sponte et libere redierunt duo ex quatuor qui exiverant Urbem, scilicet, domini des Ursinis et Sancti Eustachii et prae-
dictis omnibus cum gaudio consenserunt.

(3) Et post redierunt domini Gebennensis et Sancti Angeli omnia
etiam confirmantes.

L'abbé de Sistre, l'avocat d'Urbain VI, contredit et son client et son ami: il fait d'abord venir le cardinal de Saint-Ange le même jour que les Cardinaux des Ursins et de Saint-Eustache, puis il ne fait venir le cardinal de Genève que trois jours après: " Le jour suivant (le Samedi après le conclave) les Seigneurs „ des Ursins, de Saint-Eustache et de Saint-Ange retournèrent; „ le cardinal de Genève retourna trois jours après „ (1).

L'évêque de Todi raconte, nous venons de le voir, qu'Urbain VI envoya Agapit Colonna à Zagarole chercher le Cardinal de Genève; sur ce point encore il est contredit par l'abbé de Sistre: " Ils ne furent même, dit ce témoin, ni appellés, ni requis de venir „ (2). Nous trouvons en note de ce témoignage une protestation dont nous ignorons l'auteur: " Il ment, car, au contraire, „ tracassés et requis, ils ne purent faire autrement que de venir, „ pour ne pas tomber aux mains des Romains, car tous les pas- „ sages du pays, tant par mer que par terre, étaient munis de „ leurs soldats „ (3).

Voici encore une autre contradiction d'un urbaniste, Ménendus; celle-ci est à l'encontre de la disgracieuse réponse que l'évêque de Todi prête à Urbain VI, au sujet de la pauvreté du cardinal de Genève. " *Comment, disait Urbain, accepterions-nous „ un anneau d'un pauvre noble à qui nous devrions au contraire „ donner tant de choses?* „ Or, ce pauvre noble, au témoignage de Ménendus, venait de se faire fort de procurer au Pape cinquante à soixante mille florins (4).

D'après Ménendus le cardinal de Genève aurait écrit de Zagarole à Urbain, le priant de ne pas renoncer à la Papauté, de tenir ferme, quoique fissent les Romains, et il ajoutait: " *Qu'il ne*

(1) P. J. XXIX. 46.
(2) Ibidem.
(3) Ibidem.
(4) P. J. XVII. 41.

„ *fallait pas que sa pauvreté et celle de la chambre apostolique,* „ *si obéréc par les dettes et par la guerre, l'empêchât ou le dis-* „ *suadât d'accepter, car il se chargeait de lui trouver le moyen* „ *d'avoir à l'instant cinquante ou soixante mille florins* „ (1).

Nous n'avons quelques détails sur le séjour des Cardinaux hors de Rome, qu'en ce qui concerne le Cardinal de Saint-Ange. Il était à Ardéa, à vingt deux milles de Rome, dans une situation des plus précaires: " Je demeurai là quelques jours, dit-il, vêtu „ comme un simple clerc: on me croyait un clerc de l'abbé (de „ Saint-Paul) qui m'avait accompagné; aucun de mes serviteurs, „ sauf deux camériers qui m'avaient suivi de loin à pied, ne sa-„ vait où j'étais allé.

„ Après cela, Barthélemy sut où j'étais, il m'envoya un de „ mes serviteurs, pour me dire de retourner dans la Ville. Voyant „ alors que je n'avais ni vêtements, (je me servais du manteau „ d'un de mes camériers) ni argent, ni famille; que mes biens „ étaient dans Rome, et je ne pouvais les en sortir; ne sachant „ d'ailleurs ce que les seigneurs Cardinaux comptaient faire au „ sujet de Barthélemy, et enfin, me voyant dans une maison „ étrangère, dans un château où je ne pouvais demeurer toujours „ parce qu'il était sur le territoire de Rome, je retournai à Rome „ le jour des Rameaux „ (2).

Hélie Chambaudi, un des deux camériers dont parle le Cardinal, corrobore le dire de son maître, sur l'arrivée des envoyés d'Urbain (3).

---

(1). Et quod non impediret eum seu defideret acceptare honus (*sic*) papatus paupertas et magna indigentia sue persone, nec camere apostolice propter magna debita et propter magnam indigentiam in qua erat propter guerrias (*sic*) lige quia Dominus sibi ministraret vias et modos per quos posset cito habere quingenta seu sexaginta florenorum.

(2). P. J. XXXVI. 18-19.

(3). Et tunc ego primum audivi per illos qui venerant pro Domino meo quod archiepiscopus Barensis erat papa.

" Je retournai à Rome le jour des Rameaux „ par ces mots le cardinal de Saint-Ange contredit l'évêque de Todi, qui ne le fait arriver que plus tard, et l'abbé de Sistre qui le fait arriver avec les Cardinaux des Ursins et de Saint-Eustache, le lendemain de l'intronisation, c'est à dire le Samedi.

Ce qui a une autre importance que la question de jour, c'est de savoir si les Cardinaux sont venus d'eux-mêmes ou s'ils ont été requis de venir.

On a remarqué les contradictions du parti urbaniste à ce sujet. Les témoins du parti opposé insistent sur la pression exercée sur les Cardinaux. C'est d'abord le cardinal de Luna, dans la note qu'il joint au *casus* de Jean de Lignano: " Et lorsque ceux „ qui avaient quitté la Ville apprirent cela, ils revinrent. (Note). „ Ce fut avec un grand chagrin, mais ils craignaient que s'ils ne „ retournaient, les Romains, soupçonnant qu'ils voulaient attaquer „ l'élection, ne missent à mort les Cardinaux et leurs familles, „ et qu'ils ne détruisissent leurs biens „ (1). C'est ensuite le châtelain du château Saint-Ange, dans sa déposition en langue provençale: " Les Cardinaux qui étaient loin de Rome revinrent aussi, „ *les Romains leur avaient fait des menaces, ils avaient peur d'eux,* „ car ils étaient en leur pouvoir, et ils ne savaient où aller „ (2). Enfin, c'est Thomas des Amanatis, qui assure que cela ne faisait pas l'ombre d'un doute à Rome: " On disait publiquement et on „ racontait parmi les gens de la cour, *que les Cardinaux ne revin-* „ *rent qu'après avoir été appelés, et même requis avec menaces,* „ et lorsqu'ils surent que les autres Cardinaux, qui s'étaient en- „ fermés dans le château Saint-Ange, étaient venus „ (3).

Raynaldi ne cite aucune des dépositions qui précèdent, encore moins signale-t-il les contradictions que nous venons de

---

(1) P. J. XXVIII. 34.
(2) P. J. XXVI. 8° in fine.
(3) P. J. XVIII. 33.

relever, mais, par contre, il rapporte tout au long ce passage du cardinal de Ravenne, dont le lecteur saura maintenant que penser: " Sachant ce qui s'était passé, (de la manière qu'il l'a „ raconté), les autres Cardinaux, qui s'étaient réfugiés dans des „ châteaux hors de la Ville, sachant surtout que le cardinal de „ Saint-Pierre s'était désisté, sans être appelés, sans être requis „ par lettre, et aussi sans retard, retournèrent dans la Ville. „ Là, avant même d'aller chez eux, ils vinrent, pleins de joie, „ saluer sa Sainteté, se félicitant de ce que le cardinal de Saint- „ Pierre avait si saintement et si justement reconnu la vérité. „ Dès ce moment, tous pleinement d'accord ils commencèrent à „ organiser la cérémonie de son couronnement, qui devait avoir „ lieu le jour de Pâques „ (1).

Dimanche des Rameaux. — Lettre écrite ce jour-là.

2. L'évêque de Todi rapporte un fait qui se serait passé le matin du Dimanche des Rameaux; il est le seul à nous le signaler: " Le même jour au matin, le Seigneur Camerlingue lui „ présenta une cassette pleine d'anneaux, qu'il disait valoir vingt „ mille florins „ (2).

Les Urbanistes vont bientôt accuser ce personnage de n'avoir pas voulu, à la requête d'Urbain, rendre les joyaux appartenant à l'Eglise; est-il vraisemblable que le Camerlingue ait fait un tel cadeau au pape, alors qu'il refusait de restituer le trésor de l'Eglise?

3. Les témoignages, que nous avons donnés jusqu'ici sur les événements qui accompagnèrent ou suivirent l'élection d'Urbain VI, sont presque tous de plusieurs années postérieurs aux

---

(1) Rayn. 1879. LI.
(2) P. J. XVII. 45.

événements. La mémoire des témoins peut bien leur faire défaut souvent; de plus le temps modifie les impressions et les impressions d'un homme influent beaucoup sur ses récits. Aussi désirerait-on un récit qui eût été écrit sur les lieux et comme au fur et à mesure que les évènements s'accomplissaient. Ce précieux travail nous l'avons. C'est une lettre écrite de Rome par un *socius* du cardinal de Luna au Conclave; elle est écrite le jour des Rameaux, c'est-à-dire, trois jours seulement après l'élection, elle est adressée à Pierre Rubei, chanoine de Perpignan, en résidance à Avignon. Nous donnons en entier cette pièce importante (1). Tous les évènements que nous avons rapportés, depuis la mort de Grégoire XI, y sont racontés succinctement. A peine entré au Conclave avec son maître, l'auteur de la lettre a entendu les immenses clameurs de la foule; il signale les hésitations des Cardinaux, le choix de l'archevêque de Bari, l'appel des prélats et la peine qu'ils eurent pour traverser la multitude, qui avait envahi le palais. L'invasion du Conclave, le stratagème qu'employèrent les Cardinaux pour sauver leur vie, y sont racontés très clairement; ce sont bien, d'après lui, les serviteurs des Cardinaux, au nombre desquels il se trouvait, qui revêtirent le cardinal de Saint-Pierre des insignes pontificaux. Il raconte l'arrestation des Cardinaux ramenés de vive force dans la chapelle, leur fuite du palais, l'échauffourée qui eut lieu au pont Saint-Ange, lors du passage de son maître, le cardinal de Luna. Il mentionne la requête des Bannerets au même cardinal pour l'amener au palais; l'intronisation d'Urbain VI, le soir du Vendredi, enfin le retour des quatre Cardinaux qui s'étaient retirés hors de Rome. Cette lettre est datée de Rome, le 11 Avril 1378.

Ce témoin a écrit trop tôt pour avoir pu subir des influences étrangères, s'il en a subi une, ce ne peut être que celle du

(1) P. J. XXII. Tom. I, pag. 148.

maître qu'il servait. Or, son maître, le Cardinal de Luna, était en ce moment un des Cardinaux les moins hostiles à Urbain VI; il a bien fait quelques difficultés pour aller au palais le lendemain de l'élection, mais nous allons le voir dans la suite, il n'a point fait, jusqu'à Anagni, d'opposition bien marquée. Par conséquent, l'auteur de cette lettre ne se trouvait pas dans un milieu hostile à Urbain VI, et cependant son récit, quoique succinct, concorde de tous points avec les dépositions des Cardinaux et de leurs partisans. Ce témoignage est de quatre mois antérieur au *casus* des Cardinaux; on ne peut donc pas dire que le témoin cherche à corroborer les allégations des Cardinaux.

Au lecteur de tirer la conclusion.

Semaine Sainte.
Doute sur l'élection exprimé publiquement.

4. Les témoins nous ont laissé fort peu de détails sur les cérémonies de la grande semaine; les Urbanistes presque seuls en parlent et tous disent que les Cardinaux agirent avec Urbain VI, comme avec un pontife légitime.

Voici d'abord le récit du cardinal de Ravenne : " Pendant la
" semaine sainte, les Cardinaux l'assistèrent en habits pontifi-
" caux, comme c'est la coutume, dans les processions qui se font
" le Jeudi de cette grande semaine. Ils lui firent des présents
" superbes, et les Cardinaux d'Aigrefeuille et de Genève en par-
" ticulier lui donnèrent des anneaux. Dans cet intervalle, ils de-
" mandèrent à Sa Sainteté et obtinrent beaucoup de bénéfices.
" Mais ce qui est le plus fort, ce que ne peut excuser aucune
" crainte de violence, c'est que, tous ensemble, ils demandèrent
" à Sa Sainteté, ce qui s'est toujours fait, et ce qu'Elle accorda
" gracieusement, l'absolution *a culpa et a pena* " (1).

(1) Rayn. 1379. LI.

L'évêque de Todi ne parle que des trois derniers jours :
« Le jour de la Cène, tous les Cardinaux étaient là, ils reçurent
„ la sainte communion de ses mains, ils demeurèrent parés au
„ repas qu'ils prirent dans le palais, comme c'était l'usage au
„ temps des autres pontifes. Le Vendredi et le Samedi, le Pape
„ célébra l'office devant tous les Cardinaux, celui de Saint-Pierre
„ excepté, il ne put monter à cheval „ (1).

L'évêque de Récanati dit à peu près la même chose (2).

Tout ce que firent les Cardinaux pendant la semaine sainte,
se résume en ce simple mot : ils agirent vis-à-vis d'Urbain VI,
comme ils auraient agi vis-à-vis du vrai Pape.

François de Sienne rapporte que le Cardinal de Luna . . . .
« *le pria de demander pour lui à N. S. le Pape une audience*
„ *secrète et longue, parce qu'il voulait lui dire beaucoup de bonnes*
„ *choses. Il l'obtint et il sortit content de chez le Pape. Il me*
„ *dit ensuite, qu'il espérait qu'il mettrait tout dans l'Eglise dans*
„ *le meilleur état* „ (3).

Nous verrons bientôt ce que pensait le cardinal de Luna.
Cette visite n'a rien d'opposé à ses sentiments ; qu'il soit sorti
content, de cette première entrevue, c'est vraisemblable, il n'est
pas le seul auquel Urbain VI ait donné de bonnes paroles.

L'inquisiteur Nicolas Eymeric nous signale un détail, qui lui
donna quelques soupçons sur ce que pensait Urbain de sa propre élection : « Le Vendredi saint.... le déposant devait prêcher
„ devant lui, à l'heure ordinaire. Il s'approcha pour recevoir la
„ bénédiction, l'ayant reçue, il voulait, selon l'usage, lui baiser

(1) P. J. XVII. 46.
(2) P. J. XIX. 18.
(3) Cardinalis de Luna rogavit me quod supplicarem D. N. Pape
quod daret ei unam audientiam secretam longuam quia volebat sibi
multa bona dicere, et ita factum est et remansit contentus de Domino
nostro et dixit michi quia sperabat ecclesiam Dei poni in optimo statu
per D. N.

„ le pied, mais Barthélemy le retira et ne le lui permit pas, ce
„ qui fit hésiter son esprit „ (1). Toutefois il faut bien le reconnaître, l'incident est léger, et la conclusion est bien grosse.

5. Le doyen de Tarazona raconte un incident qui arriva le Mardi-Saint, à la porte du palais pontifical, et qui donna à réfléchir à ceux qui en furent témoins : " Le Mardi qui suivit l'é-
„ lection, après vêpres, tous les auditeurs du sacré palais (ils
„ étaient je crois une dizaine, et lui était du nombre), montaient au palais; sur l'escalier de Saint-Pierre qui conduit aux
„ appartements du premier palais, ils rencontrèrent le cardinal
„ de Milan qui leur dit: *Où allez-vous? — Robert de Stratton,*
„ *qui était le plus ancien auditeur, lui répondit: Nous allons*
„ *présenter nos devoirs au pape. Le visage du Cardinal pâlit à*
„ *ces mots; plein de trouble et d'étonnement, il s'écria: A qui*
„ *allez-vous? Puis levant les mains au ciel il dit: O Dieu, venez*
„ *au secours de votre Église! Ayant dit ces mots il descendit*
„ *tout troublé* (2). Les auditeurs ne furent pas peu étonnés d'entendre ces paroles, et ils se disaient entre eux: Que veut il
„ dire ? „

Ceci est le premier doute que nous trouvons exprimé quasi publiquement par un Cardinal; et, chose assez étonnante, c'est un des Cardinaux italiens qui émet le doute. " Antoine, *episcopus*
„ *Firmanus, a bien ouï dire au Seigneur de Milan que l'archevêque*
„ *de Bari n'était pas plus pape que lui qui dépose, mais que,*
„ *voulant être confesseur et non martyr, il dissimulait* „ (3), mais

---

(1) P. J. XX. 36.
(2) Quo itis vos alii? et Robertus de Stratton, prior auditor, respondit sibi : Ymus ad exhibendum reverentiam pape. Et dictus Cardinalis facie turbata, elevando manus et turbando se et mirando dixit: Cui? et elevatis oculis in celum dixit: O Deus adjuva ecclesiam tuam ; et dictis verbis turbatus descendit.
(3) Bal. I. 1185.

ce témoin ne dit pas à quelle époque le cardinal aurait tenu un tel langage.

Jean, évêque de Castro, signale encore un doute émis par un Cardinal italien, la veille même du couronnement: " Demain, lui „ dit le cardinal de Florence, nous ferons les sottises que nous de- „ vons faire. Comment se récria le témoin ? Oui, répondit le Car- „ dinal, tout ce que nous faisons n'est rien. „

Nicolas Eymeric rapporte que l'élection d'Urbain VI était le thème favori des conversations de table. Son commensal soutenait le oui et lui plaidait le non ; en d'autres circonstances il s'entretenait de cela avec ses amis, mais toujours en secret (1).

Il nous semble difficile d'admettre un fait rapporté par Pierre de Cordoue: " Il a entendu raconter, et il est certain du fait, „ que le lendemain ou le surlendemain de l'élection, un frère „ mineur prêcha dans l'église de son monastère, qui est Sainte- „ Marie de l'Araceli et dit entre autres choses : *que le pape Urbain* „ *n'était pas pape*. L'évêque (de Jaen) Alfonse, en apprenant cela „ fut très ennuyé et s'écria: Voyez quelle audace, si un de nous „ se fût permis de tenir ce langage, ils eussent tous dit qu'il „ méritait d'être brûlé „ (2).

Cette opposition publique est d'autant moins vraisemblable, que nous voyons les Ultramontains trembler de découvrir à d'autres ce qu'ils pensent: " Plusieurs, dit Jean Rame, cherchè- „ rent à savoir ce qu'il pensait, mais à cause de ce qu'il vient

---

(1) P. J. XXIV. 44-45.
(2) Dixit quod audivit et est certus quod post dictam electionem statim die sequenti nescit tamen si sequenti vel tertia, predicavit quidam Frater minor in ecclesia sancte Marie de Ara celi que est suum monasterium et inter cetera dixit: quod papa Urbanus non erat papa, et hoc scivit dictus dominus Alfonsus episcopus et habuit magnum tedium ex illo et dixit : Videte modo que audacia, nam si aliquis nostrum dixisset, omnes dixerant quod deberet cremari vel similia verba.

„ de dire, *il craignait d'être découvert et il n'osa s'ouvrir à per-*
„ *sonne*, tant qu'il fut dans la Ville „ (1).

Couronnement. — Les Cardinaux communièrent-ils ?
Procession à Saint-Jean de Latran. — Conduite des Cardinaux.

6. La cérémonie du couronnement devant commencer peu après minuit, les Cardinaux, qui habitaient un peu loin de Saint-Pierre, vinrent passer la première partie de la nuit chez des amis habitant tout près de cette église, où devait avoir lieu la cérémonie (2).

La cérémonie du couronnement eut lieu le saint jour de Pâques. Si nous en croyons l'évêque Thomas, jamais pape n'a été couronné plus solennellement (3).

Tous les Cardinaux, qui avaient pris part à l'élection, se réunirent à Saint-Pierre au milieu de la nuit, pour chanter l'office préparatoire (4). " La cérémonie du couronnement eut lieu „ au lever du soleil, sur les gradins de la basilique, comme le „ dit l'abbé de Sistre, par l'imposition de la mitre ronde ornée „ des trois couronnes „ (5).

7. Le cardinal de Ravenne décrit cet office, et il dit que tous les Cardinaux diacres communièrent de la main du pontife (6).

---

(1) Plures inquisierunt mentem suam sed ex causis proxime tactis tantum timebat detegi quod non fuit ausus in Urbe se alicui declarare.
(2) P. J. I. 8.
(3) Et omnes coronaverunt eum solempniter et cum tanta splenditate cum qua nunquam fuit aliquis coronatus.
(4) Robert de Stratton auditeur du sacré palais: « Tandem ordinatum fuit quod omnes in nocte pasche ad ecclesiam sancti Petri pro coronatione in die facienda convenirent et ita prefati domini XII et alii qui de Urbe recesserant, videlicet, domini Gebennensis, de Ursinis, de S. Eustacho et S. Angeli ipsa die Pasche intererant ibidem et sibi in coronatione assistebant ».
(5) P. J. XXIX. 47.
(6) Rayn. 1879. n° LI.

L'évêque de Todi constate que tout s'est passé avec beaucoup de solennité à la messe et au couronnement, mais il ne dit pas que les Cardinaux communièrent de la main du pape : " Le jour de Pâques, Urbain célébra la messe en grande solen„ nité, tous les Cardinaux y assistèrent. Ils le couronnèrent de „ la tiare, avec les cérémonies solennelles accoutumées „ (1). C'est qu'en réalité, d'après le cardinal de Saint-Ange, le cardinal des Ursins fut le seul à recevoir la sainte communion des mains du pontife : " La veille de Pâques, je dis à plusieurs Car„ dinaux qui se préparaient à assister au couronnement, que ce „ jour-là il ne pouvait y avoir communion générale, car, l'office „ commençant au milieu de la nuit, tous les Cardinaux ne pou„ vaient rester depuis lors dans l'état convenable pour commu„ nier. Je ne crois pas que ce jour là il y ait eu d'autre com„ munion, que celle du cardinal des Ursins, qui était diacre „ pour l'évangile „ (2).

Ce fut le cardinal des Ursins qui posa la tiare sur la tête de Barthélemy Prignano et voici, en résumé, comment ce fit cette cérémonie : " Là, devant la porte de Saint-Pierre, dit l'é„ vêque de Riéti, les Cardinaux montèrent avec Urbain sur „ une estrade dressée exprès, et devant une foule de peuple, ils „ lui firent mettre la couronne par le cardinal des Ursins, au„ quel, selon la coutume, cet office revenait de droit, parce qu'il „ était prieur des Cardinaux diacres et qu'il n'y avait pas d'évê„ que d'Ostie. La cérémonie du couronnement se fit avec toutes „ les cérémonies de la cour, par l'imposition sur sa tête de la „ tiare ou trirègne qu'avaient ceint les autres Pontifes romains „ (3).

8. Quand Urbain VI eut pris la tiare, les Cardinaux, les prélats et la foule lui firent cortège, pour se rendre à Saint-Jean

(1) P. J. XVII. 47.
(2) P. J. XXXVI. 27.
(3) Bal. I. 1095.

de Latran où il devait, selon l'usage, aller prendre possession de son siège: (1) " Après le couronnement, dit l'évêque de Todi, „ les Cardinaux et tous les prélats présents dans la Ville, montés „ sur des chevaux harnachés en blanc, l'accompagnèrent à Saint- „ Jean de Latran „ (2).

D'après le chantre de Plaisance, la foule se pressait autour du pontife, si bien que le cardinal de Genève, un bâton à la main, repoussait le peuple pour ouvrir un passage à Urbain, et, par derrière, le cardinal des Ursins empêchait l'envahissement des curieux (3).

Il était difficile dans ces conditions que le cortège marchât en bon ordre: aussi Bernard de Verdun, chanoine d'Alby, signale le désordre qui régna sur tout le parcours: " *Le cortège, dit-il, „ était mal organisé, les Cardinaux allaient en désordre, les uns „ d'ici, les autres de là, bien peu se tenaient auprès du pape* „ (4).

Il est à croire que lorsque le cortège arriva à Saint-Jean de Latran, la poussée fut considérable. Un accident survenu au cardinal de Marmoutier nous autorise à le penser (5).

9. Le rôle que le chantre de Plaisance fait jouer, ainsi que nous venons de le voir, aux Cardinaux de Genève et des Ursins, nous paraît exagérer la part qu'ils prirent à la joie commune. Il est vrai que Garsia, évêque élu d'Auria, les dépeint, ce jour là, comme des hommes au comble de leurs vœux (6).

---

(1) Rayn. 1379. n° LI.
(2) P. J. XVII. 47.
(3) Ibat ex una parte coram eo antipapa modernus cum uno baculo in manu et D. Jacobus de Ursinis ex altera cum alio, refrenando gentem ne accederet ad eum.
(4) Male fuit servatus ordo: nam domini Cardinales non bene incedebant ordinate, sed hinc inde quasi dispersi et non prope ipsum in papam nominatum nisi pauci.
(5) Il dit lui-même dans une lettre de supplique: quia graviter fui offensus in pede Sancto Johanne de Laterano inter pressuras.
(6) Die coronationis vidit Cardinales letos et non tristes.

Ce n'est pas cependant ce que crurent apercevoir la plupart des témoins; ainsi, Rodrigue Ferdinandi et ceux qui étaient avec lui, n'étaient pas de cet avis: "*.... Il lui semble, dit-il, que les Cardinaux allaient fort tristes et silencieux et quelques-uns regardaient le ciel en gémissant. Ceux à qui il disait: Que vous en semble, lui répondaient: Les Cardinaux paraissent bien tristes* „ (1).

Thomas de Amanatis n'assista pas au cortège, parce qu'il n'était pas encore sacré; mais il a vu le cortège passer sous ses fenêtres et il dit: " Quoique les Cardinaux l'accompagnassent à cheval, je vis bien les Ultramontains donner les marques de trouble et d'affliction. Je vis entre autres le cardinal d'Aigrefeuille; quand il fut devant ma maison, il avait une main appuyée sur l'avant de sa selle, et de l'autre il frappait à coups redoublés sur sa chasuble, comme un homme stupéfait qui oublie où il se trouve. J'appellai l'évêque de Pensaro, qui était venu pour voir passer le cortège, je lui montrai les actes et les gestes du cardinal d'Aigrefeuille, il en fut fort surpris „ (2).

Prise de possession de Saint-Jean de Latran.
Festin dans le palais du Latran.

10. " Arrivé à Saint-Jean de Latran, dit le cardinal de Ravenne, les Cardinaux intronisèrent Urbain. Des sièges avaient été préparés, comme le prescrivent les rubriques; tout ce que l'usage veut qu'on fasse en cette circonstance fut fait. Les Cardinaux reçurent dans l'église une certaine somme d'argent, que les pontifes romains ont coutume de leur donner le jour de leur couronnement „ (3).

(1) Baluz. I. 1231.
(2) P. J. XVIII. 34.
(3) Rayn. 1379. LI.

D'après l'abbé de Sistre, les prélats qui prirent part à la cérémonie étaient au nombre de deux cent; il y avait cependant un prélat très important qui manquait, c'était le Camerlingue. Il nous dit lui-même la raison pour laquelle il n'était pas là et le motif qu'il alléguait: il ne croyait pas que Barthélemy fut pape, et " il feignit d'être malade „ (1).

11. Quand Urbain VI eut pris possession de son siège à Saint-Jean de Latran, il prit possession du palais qui est à côté (2).

Dans le palais, Urbain fit servir un splendide festin. Le cardinal de Saint-Ange dit: qu' " après la cérémonie il monta „ dans la maison de l'archiprêtre; là avait été préparé pour boire. „ Barthélemy, ayant tous les ornements sacrés et la tiare sur la „ tête, se mit à table, mangea et but tant qu'il voulut „ (3).

Les Cardinaux et les prélats, en cérémonie depuis minuit, avaient besoin de se réconforter. Ils trouvèrent là ce dont ils avaient besoin. Aussi le cardinal de Glandève disait le lendemain à Garsia, évêque élu d'Auria: " *N'étaient les poules, le bon vin* „ *et le bon repas que N. S. le pape nous a servi à Saint-Jean* „ *de Latran, il nous fut arrivé mal* „ (4).

Quant à Urbain, il mangea peu, mais il ne s'épargna pas sur la boisson, s'il faut en croire le cardinal de Glandève. Il rapporte que le cardinal de Bretagne observant ce que faisait le nouveau pape, compta qu'il vida jusqu'à huit fois sa coupe. En racontant ce détail, le cardinal de Bretagne ajoutait: qu'un médecin présent disait: " que Barthélemy était menacé ou de devenir fou „ bientôt, ou de mourir, parce qu'il ne cessait de boire et ne

---

(1) P. J. XXIII. 12.
(2) P. J. XXIX. 48.
(3) P. J. XXXVI. 19.
(4) Si non fuissent galline et refectia et bonum vinum quod dedit nobis Dominus Noster Papa in Sancti Johanne Lateranensi male successisset nobis.

mangeait rien „ (1). Nous ne citons ce trait, que pour montrer à quel point, dès le premier instant, étaient vives les méfiances et les animosités contre Urbain VI.

Pendant le repas, le châtelain du château Saint-Ange, vint rendre ses devoirs au Pape: il raconte lui-même qu'il fut très bien reçu par Urbain et que celui-ci lui dit, " de se tenir bien tran-„ quille, car il avait souvenance de tous les services qu'il avait „ rendus. Quand je le vis à table, ajoute le châtelain, il me sem-„ bla que je voyais tous les diables de l'enfer. J'en fus si ébahi, „ dans mon intérieur, que je résolus aussitôt de retourner au „ château. Je me croyais fou d'être venu là; les Cardinaux assis „ à table me paraissaient aussi ébahis que moi. Je retournai „ donc au château „ (2).

Retour à Saint-Pierre. — Aveu d'un banneret.

12. Après ce repas, le cortège se reforma et accompagna Urbain VI à Saint-Pierre: c'est ce que disent tous les témoins, entre autres le cardinal de Ravenne, qui ajoute que les Cardinaux dînèrent au retour avec le Pape (3). Ce n'est pas toutefois ce que dit l'abbé de Sistre; selon lui, après avoir accompagné le Pontife, chacun se retira dans sa demeure: " Enfin, dit-il, „ chacun se retira dans sa maison pour dîner „ (4). Le cardinal de Saint-Ange dit expressément: " Après cela j'allai dîner chez „ moi „ (5).

13. En terminant le récit de cette journée, nous rapporterons une conversation tenue dans la soirée entre Gaillard Ronaceci et

---

(1) Bal. I. 1270.
(2) P. J. XXVI. 9.
(3) Rayn. 1379. LI.
(4) P. J. XXIX. 48.
(5) P. J. XXXVI. 19.

quelques Romains. C'est Gaillard qui parle, il dit : " que le soir du
„ couronnement, après l'heure de vêpres, il vint à la maison de
„ Paul de Jusso, le chef de quartier, dont il a déjà parlé ; il avait
„ assisté au couronnement, tout vêtu de.... il portait une bannière,
„ comme chef de quartier, il était au cortège parmi les Banne-
„ rets ; il lui dit à peu près ceci : N'avez vous pas vu la belle
„ fête d'aujourd'hui, Seigneur Gaillard ? Lui ayant répondu qu'il
„ l'avait vue, et qu'il aurait bien voulu que tout ce qui avait
„ précédé fût aussi beau, (car bien qu'ayant confiance en lui, il
„ n'osait pas parler plus clairement), celui-ci reprit : "*Je vous*
„ *avais bien tout prédit, et vous voyez que j'ai dit vrai en tout.*
„ *Dieu soit loué que tout ne soit pas allé plus mal, car sachez*
„ *bien que, au moment où ils ont voulu prendre leur repas, les*
„ *Cardinaux couraient le plus grand danger ; il avait été réglé*
„ *qu'il nous fallait un pape romain ou italien. Quand le peuple*
„ *a vu que les Cardinaux ne lui donnaient pas satisfaction aussi*
„ *vite qu'il le désirait, il aurait voulu les tuer, et il l'eût fait,*
„ *si nous Bannerets et Jean Cenci, chancelier de la Ville, nous*
„ *ne l'eussions retenu et empêché. Si donc les Cardinaux eussent*
„ *tardé encore, ils étaient tous morts. Le peuple, ainsi il était*
„ *arrêté, ne devait pas se retirer, que les Cardinaux n'eussent*
„ *élu un romain ou un italien. J'ajouterai ceci : c'est qu'aujour-*
„ *d'hui les Romains sont bien fâchés d'avoir demandé un romain*
„ *ou un italien, et non pas seulement un romain, car s'ils n'eus-*
„ *sent demandé qu'un romain, ils l'auraient eu. Les seigneurs*
„ *Cardinaux n'eussent pas osé faire autrement et aller contre la*
„ *volonté d'un peuple furieux. Nous voyons bien qu'il eût mieux*
„ *valu que les Romains fissent un pape romain, qu'un napoli-*
„ *tain, car il peut bien dire que c'est nous qui l'avons fait pape,*
„ *et que jamais il n'eût été pape si nous n'avions demandé un*
„ *romain ou un italien. Il le reconnaît d'ailleurs lui même, il*
„ *nous en remercie, il dit que c'est nous qui l'avons fait pape, et*

„ *il a raison. Je crains cependant qu'il ne soit hautain comme les*
„ *napolitains, car il commence à se montrer très orgueilleux* „ (1).

Redisons le, cette conversation est tenue le soir même du couronnement : déjà, les Romains commencent à n'être pas contents de lui. Que doit-ce être des Cardinaux ?

---

(1) Ego predixeram tibi omnia et tamen nunc vides quod veritatem in omnibus tibi dixi, et laudetur Deus quod non ivit pejus, nam scias quod dum Domini Cardinales voluerunt comedere in conclavi, tunc fuit eis pessimum mortis periculum, nam quia erat ordinatum ut haberemus romanum vel italicum, dum populo visum est quod non ita sito sicut ipsi volebant eis complacebant eligendo romanum vel italicum, voluit eos occidere, et fecisset nisi per nos bandarenses et Joannem Cencii cancellarium fuisset cohibitus et refrenatus, et si Domini tardassent, omnes erant mortui, nam expeditum erat quod nunquam ab inde populus recessisset, donec romanum vel italicum elegissent. Et dico tibi quod nunc multum penitet romanos, quod petierunt romanum vel italicum, sed quod solum et dumtaxat petivissent romanum, nam si precise petivissemus romanum et illum habuissemus, quia Domini Cardinales non fuissent ausi aliud facere contra furorem populi et ejus voluntatem et bene videmus quod fuisset melius quod populus romanus fecisset unum romanum papam quam unum neapolitanum, unde potest dicere quod nos eum fecimus et quod numquam fuisset papa nisi petivissemus romanum vel italicum et hoc ipse bene confitetur et regratiatur nobis, et bene dicit quia nos fecimus eum papam et verum dicit, sed dubito quod erit superbus sicut neapolitani, nam multum incepit superbire.

Chapitre V.

CONDUITE DES CARDINAUX.

1. Ce qu'ils ont fait a-t-il purgé le vice de l'élection ? — 2. Ils protestent qu'ils eussent agi autrement s'ils eussent été en lieu sûr. — 3. Protestation faite à Anagni. — 4. Y avait-il lieu de craindre ? — 5. Le danger pour les Cardinaux était plus grand après qu'avant l'élection. — 6. Les Urbanistes nient qu'il y eut danger pour les Cardinaux. — 7. Doute sur l'élection émis et chatié. — 8. Les Cardinaux ne pouvaient se réunir. Conséquences. — 9. Ils avaient l'intention de réélire Urbain ; pourquoi ne l'ont-il pas réélu ?

Ce qu'ils ont fait a-t-il purgé le vice de l'élection ? — Les Cardinaux protestent qu'ils eussent agi autrement s'ils eussent été en lieu sûr.

1. Les Cardinaux, on l'a vu, allèguent contre l'élection d'Urbain VI la violence que les Romains leur ont faite ; violence, disent-ils, qui en enlevant aux électeurs la liberté, viciait absolument l'élection.

Ces mêmes Cardinaux ayant ensuite intronisé et couronné Urbain VI, leurs adversaires voient dans ces deux actes et dans tous ceux qui les ont suivis, la ratification de l'élection, ratification qui " *purge le vice de nullité dont était entachée l'élection* ".

Les réponses des Cardinaux à cette grave objection sont très utiles à connaître et, cependant, sauf une, l'histoire les ignore complètement. La seule réponse connue se résume ainsi : *L'intronisation, le couronnement et tout ce que nous avons fait, après l'élection, étaient comme l'élection, absolument nuls, parce que la violence durait toujours.*

Suspendant ici la narration des faits, examinons les raisons que donnent les Cardinaux pour expliquer leur conduite.

2. Nous l'avons dit plus haut (Liv. II. ch. VI). Les cardinaux de Florence et de Milan ont envoyé des ambassadeurs à leurs collègues, pour leur poser une série de questions sur leur attitude et leurs intentions pendant le Conclave. Ces questions étaient suivies de deux autres sur l'intronisation, le couronnement, et sur leurs actes subséquents.

Voici ces deux questions, auxquelles les Cardinaux répondent sous la foi du serment.

Et d'abord: " Que les Seigneurs Cardinaux, qui l'ont intro-
„ nisé et couronné, jurent qu'ils ne l'ont intronisé et couronné
„ ni librement ni spontanément, et que, s'ils eussent été dans un
„ endroit sûr, ils ne l'eussent nullement intronisé ni couronné „.

Le cardinal de Limoges répond: " Tout ce que je fis à son
„ intronisation et à son couronnement, je ne l'eusse pas fait si
„ j'eusse été en pleine liberté, en pays libre et sûr „.

Le cardinal d'Ostie répond: .... " J'assistai au couronne-
„ ment, je chevauchai comme les autres, mais à contre cœur,
„ Dieu m'en est témoin, *car si j'eusse été en lieu sûr, ou si j'avais*
„ *pu fuir, je n'eusse assisté à aucune de ces cérémonies* „.

Le cardinal de Bretagne répond que: " *s'il eut été en lieu*
„ *sûr, il n'eût jamais consenti à cette intronisation et à ce cou-*
„ *ronnement* .... „

Le cardinal de Viviers dit à son tour que: " Ce qu'il a fait
„ à l'intronisation et au couronnement, *il ne l'eut pas fait s'il*
„ *eut été en pays libre et sûr* „.

Le cardinal de Marmoutier s'exprime ainsi: " *Si j'eusse été*
„ *en pays libre et sûr je n'eusse pas fait ce que j'ai fait*, mais,
„ étant encore là où la peur de la mort m'avait été inspirée, je
„ ne pouvais, sans danger de mort, m'empêcher d'agir comme je
„ l'ai fait „.

Le cardinal de Vernhio dit enfin: " Je soutiens en mon âme
„ et conscience, que c'est malgré moi que je suis sorti du fort

„ Saint-Ange pour l'introniser; *si j'eusse été libre, je n'eusse pas
„ été là et je n'eusse pas consenti à son intronisation „*.

Voici la seconde question, la quatrième que posent les Cardinaux italiens: " Que les Cardinaux jurent en outre, au sujet
„ de leurs autres actes, qu'ils ont agi sans intention, soit de ra-
„ tifier ou d'approuver l'élection, soit de lui conférer un droit
„ nouveau „ (1).

A cette question les mêmes Cardinaux répondent dans le
même sens qu'à la précédente; ils n'ont rien voulu ratifier, ils
n'ont point voulu conférer à Urbain un droit nouveau. En lieu
sûr, ils n'eussent point fait ce qu'ils ont fait. La peur de la
mort, qui les menaçait, a été le mobile de leur conduite.

Protestation faite à Anagni. — Y avait-il lieu de craindre ?

3. Cette protestation n'est que le développement de celle que
les Cardinaux firent tous ensemble à Anagni, et dont parle Jean
de Lignano: " Dès ce moment, dit-il, les Cardinaux le saluèrent
„ comme étant le pape, mais jamais, affirment-ils, ils n'eurent
„ l'intention de lui conférer par là un droit autre que celui qu'ils
„ lui avaient conféré par l'élection „ (2).

Le cardinal de Saint-Ange se porte garant, que cette protestation a été faite à Anagni par les douze Cardinaux ultramontains: " Je les ai entendus, dit-il, tous les douze, à Anagni, *jurer*
„ *que tout ce qu'ils avaient fait, pour élever Barthélemy à la pa-*
„ *pauté, ils l'avaient fait par peur de la mort et par force; et*
„ *que s'ils avaient été en pays libre et sûr, jamais ils ne l'au-*
„ *raient nommé pape et n'auraient fait pour lui ce qu'ils firent*

---

(1) Baluze. II. 936.
(2) P. J. XXVIII. 85.

„ ensuite ; enfin, que par ces actes ils ne voulaient pas lui donner
„ à la papauté un droit plus grand que celui qu'il avait aupara-
„ vant „ (1).

Dans la lettre par laquelle ils annoncent l'élection de Clément VII, les Cardinaux parlent dans le même sens (2).

Les Cardinaux italiens dans leur *casus* disent la même chose (3).

A cette protestation commune des Cardinaux, affirmant qu'ils n'ont agi que par crainte du péril qui les menaçait, ajoutons quelques dépositions particulières.

Le cardinal de Vernhio, dans sa déposition, explique ainsi les motifs de sa conduite: " Le jour de Pâques, j'assistai au couron-
„ nement dudit Barthélemy et je chevauchai par la ville avec
„ les autres Cardinaux, parce que je ne pouvais faire autrement,
„ et je craignais que, si je montrais de la répugnance à le faire,
„ les Romains ne me missent à mort. *Et ainsi, tout ce que j'ai
„ fait à son sujet dans le Conclave et après, je l'ai fait par peur
„ de la mort; je ne l'eusse point fait sans cela. Jamais je n'ai
„ eu l'intention de ratifier ce qui a été fait pour lui; ni de lui
„ conférer le moindre droit à la papauté* „ (4).

A la question que les Ambassadeurs espagnols lui adressent pour savoir: " si, après la sortie du Conclave, il s'est cru en sureté, le cardinal de Saint-Ange répond que non, et il ajoute:
" Je n'osais pas attaquer le titre que Barthélemy croyait avoir
„ à la papauté, ni le contredire par quelque acte, ni montrer directement ou indirectement que je ne le croyais pas pape. Je
„ pensais bien, que les Romains, qui avaient obtenu par la force
„ son élection, soutiendraient aussi par la force son intrusion,

(1) P. J. XXXVI. 29.
(2) Baluze. II. 887.
(3) Baluze. II. 887.
(4) P. J. XXXVII. 19.

„ contre quiconque voudrait la combattre; et que Barthélemy
„ ferait de même „ (1).

Un peu avant, dans la même déposition, il dit à propos du couronnement: " Ce que je fis là, je le fis avec grand déplaisir
„ et grande anxiété d'esprit; si je l'avais pu, je m'en serais vo-
„ lontiers dispensé, mais je n'osais dire un mot, pour les raisons
„ susdites. *En tout cela cependant, je n'entendais lui reconnaî-*
„ *tre aucun droit à la papauté, ni lui en donner de nou-*
„ *veaux* „ (2).

La crainte que ressentaient les Cardinaux est attestée par leurs propres serviteurs. Jean, évêque de Castro, rapporte que le cardinal de Viviers, son maître, lui dit: " *que tout ce qu'ils avaient*
„ *fait, c'était par force qu'ils l'avaient fait et contre leur gré,*
„ *dans le but de sauver leurs personnes, leurs familles et leurs*
„ *biens* „ (3).

4. Cette crainte des Cardinaux était-elle bien justifiée? Y avait-il pour eux quelque danger sérieux à redouter?

L'évêque d'Assise dit " tenir des officiers de Rome et des
„ autres Romains, *que s'ils eussent voulu attaquer l'élection, eux*
„ *et leurs serviteurs eussent été mis à mort.* C'était, ajoute-t-il,
„ le bruit public. A Rome, la chose était notoire „ (4).

Gaillard Ronaceci eut avec Paul de Jusso une conversation semblable à celle que nous avons rapportée à la fin du chapitre précédent, dans laquelle ce banneret reconnait qu'il y avait grand danger pour les Ultramontains, à dire la moindre chose contre Urbain VI: " *Qu'il ait été élu et couronné, soit par force,*

---

(1) P. J. XXXVI. 28.
(2) Ibidem. 19.
(3) P. J. I. 10.
(4) Et pro certo, Domini mei, per illa que audivi ab officialibus et ab aliis romanis si Domini Cardinales voluissent electionem impugnare fuissent omnes mortui cum eorum servitoribus, de hoc in ipsa civitate romana erat publica vox et fama.

„ *soit par violence, dit ce banneret, il est pape, tous le tiennent*
„ *pour tel et lui obéissent, cela nous suffit. Il est pape, on n'en*
„ *doit pas douter, car si quelqu'un s'avisait d'émettre un doute,*
„ *certainement les Romains le mettraient en pièce, et son oreille*
„ *serait peut-être le plus gros morceau qui resterait de lui. Le*
„ *témoin lui dit alors, qu'il ne parlerait de cela à personne,*
„ *qu'il ne lui en parlait à lui, qu'en plaisantant, mais qu'il*
„ *pouvait bien plaisanter avec lui et lui dire cela par plaisan-*
„ *terie. Son interlocuteur l'approuva, mais il le pria beaucoup et*
„ *lui conseilla, à l'avenir, de ne parler de la sorte à personne,*
„ *même en plaisantant* „ (1). — On comprend dès lors que le sentiment de ce témoin était, que les Cardinaux couraient un réel danger, comme il le dit peu après.

Le *casus* de Lignano constate aussi l'existence du danger: " Les
„ Cardinaux firent tout cela dans la ville, où, comme le disent
„ du moins les Ultramontains, ils ne se crurent jamais en sureté;
„ *bien plus, il croit qu'il est vraisemblable, que s'ils eussent ré-*
„ *voqué en doute son élection, étant dans la ville, ils eussent*
„ *couru un grand danger* „ (2).

L'opinion de ceux qui étaient à Rome était donc, que les Cardinaux couraient le plus grand danger, s'ils faisaient la moindre opposition. Ainsi parle Bindus: " il jure qu'il croit que si les
„ Cardinaux ne fussent venus le couronner, ou, si, dans la suite,

---

(1) Sive vi, sive potentia electus fuit et coronatus, papa est, et omnis habent eum pro papa, et sibi obediunt, et sufficit nobis, et papa est, nec debet facere dubium, nam in veritate romani quemcumque facientem dubium ponerent in peciis talibus, quod major pars esset auricula. Et tunc ipse deponens dixit: Quod hoc non dixisset alicui alteri, nec sibi nisi pro truffa, sed secum bene poterat truffari, et talia dicere cum truffa. Qui dixit quod verum erat, sed multum eum rogavit et consuluit quod amodo nulli alteri etiam cum truffa sic loqueretur.
(2) P. J. XXVIII. 27.

„ ils lui eussent fait opposition, *ils eussent couru beaucoup de*
„ *danger* „ (1).

Thomas de Amanatis s'exprime ainsi sur le même sujet: " Si
„ les Cardinaux étrangers à Rome, ne se fussent conduits sage-
„ ment vis-à-vis de lui, *sans nul doute, eux et les gens de leur*
„ *pays eussent été en péril évident* „ (2).

L'évêque Thomas (3), Jean de Narbonne (4), Pierre Alfonse,
et bien d'autres soutiennent la même opinion (5).

Le danger était plus grand après qu'avant l'élection.

5. Thomas de Amanatis va même jusqu'à soutenir, que le
danger était plus grand après qu'avant l'élection, et il explique
pourquoi: " J'atteste en toute vérité, qu'une veritable et très
„ juste frayeur s'empara des Cardinaux. Ils ne voulaient rien
„ dire de ce qu'ils voulaient faire en secret, au sujet de Barthé-
„ lemy; car, bien certainement, s'ils eussent manifesté par paroles

---

(1) Interrogatus .... dixit sub juramento quod credebat quod si ipsi non venissent ad coronandum eum, vel post quam venerunt si contradixissent quod fuissent in magno periculo.

(2) P. J. XVIII. 41.

(3) Interrogatus an sciebat vel credebat quod ipsi cardinales si libenter, sine aliqua timore faciebant illos actus. Qui dixit quod ipse nescit de suis cogitationibus, tamen quod bene credebat quod si illud noluissent facere quod omnes erant in magno periculo.

(4) Interrogatur dixit .... quod bene credebat quod si aliquis eorum contradixisset illo tempore, quod omnes fuissent interfecti et quod credit quod si aliqui eorum recessissent tunc de Roma, quod omnes alii fuissent in magno periculo qui remansissent.

(5) Dixit quod per ea que vidit et audivit tempore electionis et post, cardinales semper fuerunt in magno timore et periculo mortis et quod etiam ipse et alii multum timuerunt et credit quod iste metus fuerit talis qui potuit cadere in constantem .... Dixit quod credit si cardinales in dubium revocassent electionem utrum esset vera vel canonica vel non vel eam voluissent impugnare, quod fuerant in magno periculo personarum.

„ ou par signes, que leur sentiment était que Barthélemy n'était
„ point pape, indubitablement, eux, toutes leurs familles et leurs
„ suites eussent été égorgés et pillés par les Romains. Ceux-ci
„ auraient prétendu qu'ils pouvaient se porter à ces violences
„ contre les Cardinaux, parce que ces derniers voulaient se sous-
„ traire à l'obéissance du pontife romain. *Il y avait certainement*
„ *plus de danger pour eux alors, qu'avant la nomination de*
„ *Barthélemy, parce que, avant cette nomination, le peuple n'avait*
„ *pas vu ses vœux exaucés* „ (1).

Jean Rame est aussi du même avis, et il donne les très fortes
raisons qu'il avait pour croire au danger : " Il croit fermement,
„ en son âme et conscience, que pendant tout le temps que les
„ Cardinaux ultramontains demeurèrent dans la Ville, après le
„ Conclave, *ils eussent été beaucoup plus en danger que jamais,*
„ *s'ils eussent voulu manifester leur volonté, au sujet de l'intru-*
„ *sion de Barthélemy* (2).

„ Interrogé par les ambassadeurs, sur les motifs de sa per-
„ suasion sur ce point, il répond : D'abord, il est certain pour lui
„ que, ce qui, dès le principe, porta les Romains à arracher aux
„ Cardinaux un pape romain ou italien, *était le désir inique qu'ils*
„ *avaient d'avoir un pape de leur nation, et de retenir à perpé-*
„ *tuité chez eux, la cour, et les avantages de la cour, pour sub-*
„ *venir à leur indigence* (3). Cette raison de sa persuasion a
„ toujours duré et dure encore. Outre celle-là, voici une autre

---

(1) P. J. XVIII. 36.

(2) Credit firmiter quod .... ipsi fuissent in multo majori periculo quam unquam fuerant si suam voluntatem super intrusionem predicti Bartholomei declarassent.

(3) Primo, ei certum est quod sola mala voluntas quam romani habebant de habendo papam de propria natione et de curia et curie commodis apud eos qui pauperrimi sunt perpetuo retinendis. eos induxerat a principio ad romanum vel italicum papam a Dominis Cardinalibus extorquendum, que causa ex tunc semper duravit et durat ....

„ raison: depuis l'intrusion de Barthélemy, tout ce que l'Italie
„ a d'hommes habiles est autour de lui, le Seigneur Comte de
„ Nole, Hugue et Thomas de Saint-Sévérino, Nicolas de Na-
„ ples et André de Caresso, voilà pour le parti militaire; dans
„ le clergé beaucoup d'hommes rusés sont aussi rangés autour
„ de Barthélemy. *L'ambition des Romains secondée par la four-*
„ *berie et l'astuce de ceux qui sont autour de Barthélemy et de*
„ *ses autres partisans, pouvait vraisemblablement être mieux di-*
„ *rigée, augmentée et enflammée, au point de produire des maux*
„ *encore plus grands* (1).

„ De plus, *dans le principe, sans aucune apparence de raison,*
„ *les Romains furent portés par leur seule ambition à extorquer*
„ *aux Cardinaux un pape romain ou italien; si, plus tard, les*
„ *Cardinaux eussent déclaré vouloir chasser Barthélemy, outre*
„ *leur ambition, les Romains auraient eu une raison sérieuse: à*
„ *première vue, ils auraient dit qu'ils voulaient défendre le pon-*
„ *tife romain dans la possession de son droit, et qu'ils voulaient*
„ *le protéger les armes à la main, contre la rébellion des Car-*
„ *dinaux; ils auraient dit, qu'en cherchant querelle à celui qu'ils*
„ *avaient proclamé pontife véritable, les Cardinaux se rendaient*
„ *coupables du crime de lèse-majesté, qu'ils étaient schismatiques,*
„ *ennemis publics et rebelles, et comme tels ils leur eussent déclaré*
„ *la guerre* (2).

(1) Per cujus Bartholomei tanquam capitis et dictorum assistentium ac aliorum ejusdem Bartholomei fautorum multiplices astucias et cautelas, dicta mala voluntas romanorum poterit verisimiliter dirigi et augeri et etiam ad malum vehementius inflammari.

(2) Item quia absque occasione colorata romani, ex sola mala voluntate eorum, fuerunt inducti ab initio ad romanum vel italicum exextorquendum, tunc autem si cardinales declarassent se velle a Bartholomeo resiliri, ultra malam voluntatem, magnum colorem prima facie habuissent, dixissent et eum se deffendere in sua possessione possessorem et romanum pontificem adversus rebellionem Dominorum Cardinalium manu militari protegere, ipsosque Dominos Cardinales, tan-

„ *Autre raison: d'après cet adage, qu'il est plus pénible de*
„ *chasser un hôte, que de ne pas le recevoir, n'est-il pas vraisem-*
„ *blable de croire, qu'alors que dans le principe leur seule am-*
„ *bition les a portés à de tels excès, pour arracher aux Cardinaux*
„ *un pape romain ou italien, si les Cardinaux eussent voulu leur*
„ *enlever ce qu'ils avaient demandé avec tant d'instances et ce qu'ils*
„ *croyaient posséder, le trouble des Romains eut été plus grand*
„ *et aussi plus grande leur révolte contre les Cardinaux* „ (1).

Les Urbanistes nient qu'il y eut danger pour les Cardinaux.

6. Ce danger, que les Cardinaux affirment avoir été le principe de leur crainte, que les témoins attestent avoir été connu de Rome entière, et qu'ils prouvent par des raisons sérieuses, a été nié par les Urbanistes.

C'est d'abord Urbain lui-même, dans son mémoire au roi de Castille; il soutient qu'il n'y a pas eu plus de danger pour les Cardinaux après, qu'avant l'élection.

Alvarez Gonsalve est du même avis que son maître, et de plus, il donne pour raison, que les Romains étant mécontents de l'élection de Barthélemy, les Cardinaux n'avaient rien à craindre d'eux en attaquant son élection (2).

quam lesæ majestatis reos et scismaticos ac hostes publicos et rebelles ex .... illius quem dixissent esse verum pontificem sibi litem persequi et bellum movere contra eos.

(1) Item quia, juxta illud : turpius ejicitur quam non recipitur hospes, verisimiliter est credendum, quod postquam ab initio pro papa Romano vel italico extorquendo, sola eorum mala voluntas in tantum excessit, ut colligitur ex premissis, si, ad quod tam instanter petierant et secundum eorum exstimationem per perpetuo se possidere credebant, Domini Cardinales eis auferre voluisent, plus turbati fuissent et commoti contra eos, quam si ab initio eorum petitionem denegassent, quia quis naturaliter magis turbatur de perdendo quod habet, quam de non acquirendo quod non habet.

(2) Dixit quod credit quod si domini cardinales voluerant postmodum dubitare vel illam electionem impugnare docendo de jure, quod non supervenerat eis propter hoc malum nec dampnum.

Le frère Barthélemy Ferrarius nie aussi tout danger, mais il constate que les Cardinaux avaient peur (1).

Il est difficile d'admettre que les Cardinaux eussent peur, comme le dit ce témoin, et qu'ils fussent en même temps joyeux et contents, comme le dit Jean Rodrigue, évêque de Népi, urbaniste comme lui (2).

Ce qui paraît plus admissible, c'est la parole du cardinal de Poitiers au roi de France, à savoir: " Que tous et chacun des „ actes faits par eux comme conséquence de cette nomination, a „ été fait sous l'empire de cette même crainte, qui durait encore, „ crainte capable d'impressionner un homme sérieux (3).

Aussi entendons-nous le cardinal d'Ostie imposant silence à l'évêque de Viterbe, qui semble émettre un doute sur l'élection. Cet évêque lui dit un jour: " Seigneur, si un abbé était élu „ comme l'a été Barthélemy, diriez-vous que son élection est va-„ lide? Taisez-vous, taisez-vous, lui répondit le cardinal, voulez-„ vous faire mettre à mort tous les Ultramontains? Ce n'est pas „ encore le moment de parler, et l'endroit où nous sommes n'est „ pas sûr, pour y tenir ce langage „ (4).

Dixit quod credebat quod dum cardinales steterunt Roma quod potuerant loqui super electionem in secreto seu alias, quia certum est quod romani fuerant male contenti de illo et placuisset eis citius romanum quam italicum.

(1) Interrogatus dixit quod cardinales potuerunt loqui inter se particulariter et sine metu. Interrogatus si omnes simul, credit quod non, nam non credit quod auderent simul congregari propter metum romanorum. Interrogatus si fuerint ausi vel potuerunt loqui aliis prelatis seu amicis credit quod non, timentes revelari.

(2) Audivit quod dicti cardinales erant in hospitiis suis et ostendebant se publice cum letis gestibus et faciebus et quod nunquam ita magne letitie fuerunt facte Rome a Sancto Petro . . . . . sicut pro dicto electo.

(3) Déclaration du roi de France. — Arch. Vaucl. Série H, Celestins. Carton. 64.

(4) P. J. XXXIII. 16.

Le cardinal de Viviers n'osait pas davantage répondre à son ami, Thomas de Amanatis, qui le questionnait sur ce sujet.

Doute sur l'élection émis et châtié.
Les Cardinaux ne pouvaient se réunir. Conséquences.

7. Comment les Cardinaux auraient-ils pu manifester leur pensée, alors que leurs partisans, pour un doute émis, étaient emprisonnés et menacés du dernier supplice?

Jean Rodrigue, évêque de Népi, dit en effet, " avoir appris
" à Rome, qu'un français, docteur en théologie, de l'ordre des
" Carmes, ayant dit qu'Urbain n'était point pape, *fut condamné*
" *au supplice de l'échelle, puis à une prison perpétuelle.* Le même
" témoin, dans le couvent de Saint-Augustin, dit en présence de
" trois frères italiens, au procureur de l'ordre, Pierre, docteur en
" théologie, que ledit Urbain n'était point pape. Les frères ita-
" liens n'ayant pas bien compris, demandèrent ce qu'il venait de
" dire. Le procureur leur répondit: Il me parle de notre pro-
" vince. Puis le prenant à part il lui dit: " *Malheureux, qu'allez-*
" *vous dire? Si ceux-ci vous eussent compris, rien au monde*
" *ne les eut empêchés de vous jeter dans le Tibre* " (1).

Le doute cependant était si raisonnable, que les Romains eux-mêmes avouent ne pas en croire à ceux qui ne doutent pas: " Deux
" Romains mes amis, dit Guillaume Bie, me demandèrent en se-
" cret, si je croyais que l'archevêque de Bari fut le vrai pape.
" Je leur répondis, avec une certaine crainte, que je ne le croyais
" pas. *Bien, me dirent-ils aussitôt, si vous nous aviez dit le con-*
" *traire, nous ne l'eussions pas cru.* Il ne l'est pas, car le pape

---

(1) Fuit positus in scala et condemnatus ad carcerem perpetuum..... Maledicte, quid dixisti? Quia si isti audivissent non evasisses per quantum sunt in mundo quod te non projecissent in fluvio tiberis.

„ ne peut-être élu comme l'a été celui-ci, avec tant de violence „ et de pression „ (1).

8. S'il y avait grave danger pour les Cardinaux à manifester leur pensée, " à dire ce qu'ils croyaient vrai „ il y en avait encore davantage à se réunir, pour examiner ensemble la situation. Comme le dit le cardinal de Viviers: " ce qui est certain, „ c'est qu'au sujet de ce que pensaient les Cardinaux dans leur „ intérieur, *ils ne pouvaient, ni n'osaient en parler entre eux,* „ *à cause du danger qu'il y avait à le faire.* Ni eux ni moi, „ nous ne pûmes, sans péril de mort, attaquer ce qui avait été „ fait au sujet de Barthélemy, ni manifester l'intention de l'atta„ quer, ni délibérer mûrement sur ce qu'il y avait à faire. Et „ cependant l'importance de la chose le demandait „ (2).

L'impossibilité où étaient les Cardinaux de se réunir, pour examiner ensemble où ils en étaient, ce qu'ils avaient fait, quelle avait été l'intention de la majorité d'entre eux, les mettait chacun dans une grande perplexité. Pour tous la violence avait été manifeste, pour tous aussi Barthélemy avait obtenu le concours presque unanime du Sacré-Collège; mais restait à savoir, si ceux qui lui avaient donné extérieurement leur suffrage, avaient assez de liberté, pour que ce suffrage fût valide. Pour le savoir, il eut fallut se réunir, s'interroger, se manifester réciproquement ce qu'on avait voulu faire, et enfin se compter; alors seulement on eût pu dire: la majorité est ou n'est pas acquise à Barthélemy, et, par conséquent, l'élection est ou n'est pas valide.

Mais les cardinaux ne purent se réunir et par conséquent, eux-mêmes, quoique auteurs de l'élection, étaient dans le doute sur sa validité. Aussi, ce dont chacun se plaint le plus, c'est de n'avoir pu conférer avec ses collègues. Les ambassadeurs

(1) Et vere bene Guillelme si aliud dixissetis non vobis credidissemus.
(2) P. J. XXXII. 19.

d'Aragon demandent au cardinal d'Aigrefeuille, s'il a jamais tenu Barthélemy pour vrai pape; voici la réponse du Cardinal: " On me demande, si je ne l'ai jamais tenu pour pape;
„ je réponds, que son élection prétendue étant le résultat de la
„ violence manifeste, que nous avaient faite les Romains, et n'y
„ ayant moi-même prêté la main, que par peur de la mort, ce
„ que je n'eusse pas fait s'il en eût été autrement, je n'ai jamais
„ pu ni du le tenir pour pape dans mon esprit. Cependant, d'une
„ part je ne pouvais, seul, ni empêcher, ni attaquer, ni faire cette
„ élection; d'autre part, je voyais les autres Cardinaux le traiter
„ et l'honorer comme pape dans les actes extérieurs. J'aurais
„ bien désiré et souhaité connaître leurs intentions, et savoir
„ pourquoi, dans ces circonstances, ils tenaient cette conduite vis-
„ à-vis de lui; mais ce n'était pas possible. Tant que nous étions
„ à Rome, il eut été très dangereux pour nous, comme le dit
„ le *casus*, de nous entretenir ou de parler entre nous de cette
„ affaire. C'est pourquoi, sans vouloir par mes paroles ou par mes
„ actions lui conférer aucun droit nouveau à la papauté, ou ra-
„ tifier en quoique ce soit ce qui avait été fait à son sujet, j'ai
„ fait comme les autres Cardinaux: je lui ai rendu mes devoirs,
„ et je l'ai traité comme pape, jusqu'au jour où, à Anagni, nous
„ avons délibéré sur tout cela avec les autres Cardinaux, et j'y ai
„ connu leurs intentions. Ayant alors reconnu qu'ils étaient dans
„ le même cas que moi, qu'eux aussi ne l'avaient élu ou nommé
„ que par peur de la mort, ce qu'ils n'eussent pas fait sans cela,
„ je ne l'ai plus traité en pape, ni salué comme tel. Bien plus,
„ après mûre délibération, les hommes d'armes, dont parle le *casus*
„ et dont je parle moi-même dans la XXᵉ question, étant arrivés,
„ pour veiller à notre sureté, j'ai dit publiquement, de concert
„ avec les autres Cardinaux, qu'il n'était pas Pape „ (1).

(1) P. J. XXXV. 16.

Le cardinal de Viviers était dans le même cas : " Dans mon „ esprit, dit-il, je ne le croyais point pape, mais j'avais quelques „ doutes, car je ne m'étais pas entretenu de cela avec les Car- „ dinaux, et je ne pouvais le faire étant à Rome, par conséquent, „ j'ignorais ce qu'ils pensaient „ (1).

Le cardinal de Saint-Ange se plaint aussi de n'avoir pu conférer avec ses collègues, et il ajoute, qu'en tout, il a agi par peur de la mort et pour ne pas se singulariser (2).

Tous les Cardinaux, à qui la violence paraissait avoir vicié complètement l'élection, pouvaient faire le même raisonnement, et donner le même motif, pour expliquer pourquoi, sans croire qu'Urbain VI fut réellement pape, ils le traitaient comme tel. Cela revenait à dire: il n'a pas eu mon suffrage, il n'a pas mon acquiescement, mais, rien ne me prouvant qu'il n'a pas celui des autres, mon sentiment personnel ne l'empêche pas d'être pape.

Quant aux Cardinaux sur le suffrage desquels la violence n'avait pas influé, ceux-ci pouvaient, bien mieux que les premiers, agir vis-à-vis de lui, comme vis-à-vis du vrai pape. Ainsi en pleine table, le cardinal de Poitiers avoue qu'il croyait Urbain pape légitime, tant que son intrusion ne lui fut pas démontrée par les autres Cardinaux. Jean de Crémone lui prête ces paroles: " *Certainement moi aussi je croyais de même, mais je ne* „ *m'étais pas encore entretenu de cela avec les autres Cardi-* „ *naux* „ (3).

Le cardinal de Luna à son tour allègue la même excuse, pour tout ce qu'il a fait vis-à-vis d'Urbain: " Etant à Anagni, dit „ Jean de Crémone, j'ai entendu le cardinal de Luna dire: que „ pour sûr, lui avait voté librement et spontanément, et non par

(1) P. J. XXXII. 19.
(2) P. J. XXXVI. 21.
(3) Certe et ego credebam idem sed non dum fueram locutus cum aliis dominis meis.

„ peur ou sous la pression, mais qu'il ne pouvait porter un ju-
„ gement sur ce qu'avaient fait les autres „ (1).

Nous avons vu ce Cardinal hésiter beaucoup, le lendemain de l'élection, pour aller assister à l'intronisation d'Urbain. En ce moment, encore sous l'influence des scènes violentes de la veille, il doutait; mais quand il vit la conduite de ses collègues, il se demanda, si comme lui, les autres Cardinaux n'avaient pas élu librement Barthélemy, malgré la violence; et comme, d'autre part, Barthélemy avait eu jusque là ses sympathies, il se persuada que son élection était valide. Il l'avoue au grand pénitencier Gonsalve, et il affirme que ce n'a été qu'en conférant avec les autre Cardinaux qu'il a appris la vérité: " Je suis venu „ ici, lui dit-il à Anagni, avec l'intention de ramener les autres „ Cardinaux à Urbain, car je sais que, pour ma part, je lui ai „ donné librement et dévotement ma voix; mais depuis que je „ suis arrivé, et que j'ai entendu mes Seigneurs les Cardinaux, „ je vois qu'il n'est point pape et je ne le crois point pape; „ bien plus, je soutiens et je soutiendrai toujours le contraire „ (2).

Pour le cardinal Saint-Ange, c'est encore l'ignorance de l'intention de ses collègues, qui l'a fait agir comme si Urbain était le vrai pape (3).

Le cardinal des Ursins, qui, nous l'avons vu, refusa obstinément d'émettre son suffrage dans le Conclave, avoue, la veille de sa mort, à François de la Fora, de qui nous tenons ce détail, qu'il n'a abandonné Urbain VI, que convaincu par les autres Cardinaux, que son élection était nulle. Le Cardinal lui dit:

---

(1) Sed de aliis Dominis Cardinalibus, dicebat, se non posse judicare.

(2) In veritate ego cum illa intentione veni ut reducerem istos ad illum, quia scio quod ex parte mea et pro libere et devote dedi sibi voce meam, sed postquam veni et audivi Dominos meos cardinales, video quod ipse non est papa, neque ipsum credo papam, ymo teneo et teneam semper contrarium.

(3) P. J. XXXVI. 24.

qu' " avant de connaître ce que pensaient les Cardinaux, tant
„ qu'il fut avec Urbain, il le croyait vraiment pape ; mais quand
„ il fut à Fondi et qu'il connut la pensée des Cardinaux, il eut
„ des doutes sur la canonicité de son élection. S'il avait su ce-
„ pendant d'une manière certaine, qu'il était le vrai pape, quoi-
„ qu'il eût pu arriver, il fut demeuré avec lui „ (1).

Jean de Crémone raconte : qu' " à Tivoli, il a entendu le
„ cardinal de Milan dire : qu'il avait voté pour Urbain librement
„ et spontanément et non par peur, et qu'il lui semblait que les
„ autres Ultramontains avaient voté avec l'intention qu'il fût le
„ vrai pape. Il disait cela avec un air tout joyeux, et sans penser
„ qu'un jour il dirait le contraire „.

Le jour où le cardinal de Milan dit le contraire, fut le jour
où, à Anagni, il entendit les Cardinaux dire chacun ce qu'il avait
eu l'intention de faire ; il en conclut alors, que Barthélemy n'avait
pas été validement élu. Et, en effet, jusqu'à son voyage à Anagni,
ce cardinal a tenu pour Urbain VI.

Le frère Henri de Buda raconte, qu'à Anagni, les Cardinaux
de Bretagne, de Florence, de Vernhio et de Luna lui donnèrent
commission de dire à Urbain qu'ils travaillaient pour lui, et qu'ils
étaient à ses ordres. Il fit cette commission et revint ; les Cardinaux avaient changé d'avis.

Que s'était-il passé dans l'intervalle ? Le Cardinaux, comme
nous le verrons en son lieu, s'étaient concertés et avaient conclu
à la nullité de l'élection.

Cette excuse que les Cardinaux donnent de leur conduite
vis-à-vis d'Urbain VI, aucun historien ne l'a signalée. Quelle
en est la valeur ?......... Repose-t-elle sur un fondement
solide ? Est-il vrai, comme ils le prétendent, qu'ils n'ont pas pu
se réunir et se concerter ? Nous avons vu que les Romains exer-

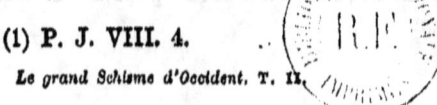

(1) P. J. VIII. 4.

çaient, avant le Conclave, une surveillance spéciale sur chaque Cardinal; continuèrent-ils leur surveillance après l'élection? Les Romains eux-mêmes reconnaissent, nous venons de le voir, que les Cardinaux auraient été en danger s'ils eussent émis un doute sur la validité de l'élection. Ne semble-t-il pas, que, ce danger admis, l'impossibilité, pour les Cardinaux, de se réunir, en découle, et que dès lors, leur conduite est explicable? Dès lors aussi, les partisans d'Urbain VI ne peuvent plus se prévaloir de cette conduite et dire: que si l'élection a été nulle, vu la violence, la conduite des Cardinaux, qui l'ont reconnu comme vrai pape, a racheté le vice de l'élection. Ce qui est certain, c'est que les avocats d'Urbain n'ont plus insisté sur ce point après la réponse des Cardinaux.

Les Cardinaux avaient l'Intention de réélire Urbain. Pourquoi ne l'ont-ils pas réélu?

9. Il est un autre motif que le Sacré-Collège alléguait, pour expliquer sa conduite, surtout dans les premières semaines qui suivirent l'élection. Au Conclave plusieurs émirent l'idée de refaire l'élection en lieu sûr. Si nous en croyons Saint Antonin, ce fut Barthélemy lui-même, qui suggéra cette idée au cardinal de Viviers, et ce fut probablement parce que cette idée venait de lui, et parce que les Cardinaux, confiant en son honnêteté, et espérant qu'il renoncerait, si besoin en était, à une élection qu'il savait être nulle, pensèrent à lui et l'élurent.

Bien que Barthélemy, dès les premiers jour de son pontificat, ne se fût pas montré vis-à-vis de ceux qui l'avaient élu tel qu'ils s'y attendaient, les Cardinaux n'avaient pas pour cela abandonné l'idée d'une réélection, à laquelle ils espéraient le voir se soumettre; et voilà pourquoi certains d'entre eux excusent leur conduite, en disant, comme le cardinal de Poitiers, à qui on reprochait de lui avoir donné un anneau: " *J'espérais qu'il*

„ *serait réélu* „ (1); ou comme répondait le même Cardinal, quand on lui objectait les bénéfices qu'il avait demandés à Urbain : „ *j'espérais alors, que lorsque nous serions en lieu sûr, il serait* „ *peut-être réélu, et je craignais qu'un autre, ou que d'autres* „ *fussent promus avant moi à ces bénéfices* (2) „; et plus loin : " Nous lui avons recommandé quelques personnes, mais tout „ ce qu'on écrit sur ce sujet n'est pas vrai. Pour moi, je croyais „ alors que peut-être il serait réélu, quand nous serions en lieu „ sûr „ (3).

Le cardinal de Viviers donne exactement la même raison, pour excuser une demande qu'il a faite à Urbain (4).

Ce désir de réélire Barthélemy, plusieurs Cardinaux l'ont entretenu longtemps, car ils prévoyaient bien que c'était le moyen de prévenir le schisme et de tout arranger : " Ils avaient l'in- „ tention de l'élire à nouveau et canoniquement, pour épargner „ un schisme à l'église militante „ (5).

Le frère Ange, supérieur des Franciscains, rapporte ce que disaient certains Cardinaux et d'autres personnages : " Il dit avoir „ entendu dire que les Seigneurs d'Ostie, de Saint-Eustache, de „ Luna et de Genève, aujourd'hui Clément VII, avaient des atten- „ tions spéciales pour l'archevêque de Bari, parce qu'ils voulaient „ refaire son élection en lieu sûr. Il a aussi entendu dire à beau- „ coup de gens, que les Cardinaux l'avaient élu dans le dessein „ qu'il les ramenât à Avignon, où il renoncerait à la papauté, „ et où il serait fait lui-même cardinal. Ils agissaient ainsi, parce „ qu'ils avaient pleine confiance en lui.

„ Malgré cela, quoique après leur départ, ils lui eussent

(1) P. J. XXXIV. 85.
(2) P. J. XXXIV. 28.
(3) P. J. XXXIV. 40.
(4) P. J. XXXII. 16.
(5) Rayn. 1378. XXVI.

„ intimé l'ordre de quitter le palais, il ne voulut jamais en „ en sortir et y demeura toujours „.

A Anagni, le Cardinal de Vernhio disait : " Si notre Sei- „ gneur voulait croire ce que je lui dirais, il serait vrai pape „ (1). Que voulait dire le cardinal de Vernhio à Urbain ? Probablement ce qu'il lui avait déjà dit une fois, à ce qu'il rapporte lui-même : " Un jour, il dit à Barthélemy, qu'il n'était pas pape, „ à cause des circonstances qui avaient accompagné son élec- „ tion, et qu'il serait bon que les Cardinaux l'élisent de nou- „ veau en lieu sûr. En ce cas, il lui promettait son suffrage. Ce- „ lui-ci lui répondit : Ne vous inquiétez pas de cela ; si les „ Cardinaux me réélisent, cela va bien ; si non, ce que j'ai me „ suffit „ (2).

Pourquoi les Cardinaux ne donnèrent-ils pas suite à ce projet, qui eut évité tant de maux à l'Eglise ? Nous le verrons dans la suite ; mais nous pouvons dès maintenant citer la réponse que fit le cardinal de Glandève à cette question que lui posait Jean, évêque de Castro ; c'est ce dernier qui la rapporte : " Il „ est vrai, lui dit ce Cardinal, que les Seigneurs Cardinaux „ avaient l'intention, pour éviter un scandale, de le réélire, quand „ ils seraient à Anagni, mais quand ils le connurent tel qu'il „ était, ils le tinrent pour un fou, nullement propre à gouverner „ l'Eglise, et ils dirent qu'il n'était point pape „ (3).

Ce jugement était-il équitable ? La suite nous le dira. Mais, les Cardinaux ayant cette intention, on comprend qu'ils traitassent Barthélemy comme le vrai pape. Chacun voulait capter ses bonnes grâces.

Il était évident pour eux, que si Urbain était réélu, il ratifierait, après son élection, tout ce qu'il aurait fait avant, et

(1) Baluze. I. 1119.
(²) Baluze. I. 1120.
(3) P. J. I. 9.

que ceux qui auraient déjà les bénéfices les garderaient, comme le dit le cardinal d'Aigrefeuille. Voilà pourquoi ils demandaient des grâces et des bénéfices. Ce motif en lui-même est tout humain et jusqu'à un certain point indigne de princes de l'Eglise ; mais s'il n'excuse pas les Cardinaux, il explique leur conduite. Ils ne reconnaissaient pas intérieurement, bien plus, ils méconnaissaient intérieurement la validité de l'élection.

Chapitre VI.

CE QU'ON DISAIT DE L'ÉLECTION D'URBAIN

1. Conseils des Cardinaux à Urbain. — 2. Urbain change de conduite après son élection. — 3. Question adressées au Cardinaux au sujet de l'élection. — 4. Réponses attribuées aux Cardinaux. — 5. Ceux-ci expliquent ou rectifient leurs paroles. — 6. Réponses évasives ou négatives. — 7. Doutes sur l'élection. — 8. Raisons de ces doutes. — 9. Ordre aux pillards de restituer. — 10. Urbain les excommunie. — 11. Il absout les Romains. — 12. Il relève Rome de l'interdit. — 13. Il témoigne sa reconnaissance aux Romains. — 14. Les Romains s'attribuent son élection. — 15. Ils eussent préféré un Pape romain. — 16. Leur repentir. — 17. Leurs excuses.

Conseils des Cardinaux à Urbain.

1. Les Cardinaux, qui avaient élu Urbain VI, parce qu'ils avaient confiance en lui, lui témoignèrent cette confiance dès les premiers jours de son règne, par les sages conseils qu'ils se permirent de lui donner. S'il eût écouté le cardinal de Florence, il eût mis les Cardinaux dans l'impossibilité d'agir, et le scandale eût été évité. Garsias, évêque élu d'Auria, raconte : " qu'à Tivoli, il a entendu dire au cardinal de Florence : Notre „ Seigneur pape n'a pas voulu me croire ; *je lui conseillais, im-* „ *médiatement après son élection, d'envoyer plusieurs Cardinaux*

„ *en divers endroits, pour la notifier ;* mais parce qu'il n'a pas „ voulu m'en croire, il lui arrivera malheur „ (1).

En effet, si Urbain avait dispersé les Cardinaux, peut-être ne lui serait-il pas arrivé malheur.

Un autre conseil, que lui donnait le plus grand nombre des Cardinaux, était: de se soustraire à l'influence des Romains en quittant le palais : " Le lendemain de son élection, disent les Cardinaux italiens dans leur *casus*, le peuple étant apaisé, „ Barthélemy, qui était demeuré au palais, fut requis, dans son „ intérêt, par les Cardinaux, de quitter le palais, mais il ne le „ voulut pas (2).

Le cardinal d'Aigrefeuille fut celui qui insista le plus, pour amener Urbain à suivre ce conseil. En arrivant du château Saint-Ange: " il monta seul dans l'appartement où était Barthélemy, „ il le salua, n'osant s'en abstenir; Barthélemy, ayant fait de „ même, lui demanda quelle conduite il devait tenir dans les „ circonstances présentes. Le cardinal, ayant rappelé ce qui „ avait accompagné son élection, lui conseilla d'aller hors de „ Rome avec les Cardinaux ; là, tout pourrait s'arranger. Alors „ Barthélemy l'interrompant lui dit : Je veux que vous me gou- „ verniez, je veux vous témoigner une affection toute spéciale, „ et autres paroles semblables „ (3).

Malheureusement, les actes de Barthélemy ne correspondaient pas à ses paroles, et tout en protestant qu'il voulait suivre leurs conseils, il forçait les Cardinaux à agir contre leur propre gré. Nicolas Eymeric dit ceci: " Il a entendu raconter à maître Bar- „ thélemy Peyron, procureur des Carmes, que le vendredi, jour „ de l'intronisation, Barthélemy et les Bannerets conduisirent

---

(1) Ego sibi consului, statim ut fuit factus papa quod mitteret plures cardinales ad diversas partes ad notificandum electionem suam.
(2) P. J. XXVII. 9.
(3) P. J. XXXI. 12.

„ les Cardinaux à Saint-Pierre, pour le faire introniser. En che-
„ min, le Seigneur d'Aigrefeuille lui disait secrètement et à voix
„ basse: Attention a ce que vous faites, attention. Malgré ces
„ paroles, Barthélemy leur extorqua l'intronisation „ (1).

Le roi de France, dans sa lettre d'adhésion à Clément VII, rapporte ce que le cardinal d'Aigrefeuille avait déposé devant lui: " Lorsque, avec une téméraire audace, Barthélemy demanda
„ aux Cardinaux de lui conférer les honneurs du siège et des
„ insignes pontificaux, lui, qui avant sa nomination était l'ami
„ particulier de Barthélemy, lui dit: qu'il n'était, ni ne pouvait
„ être pape, que la susdite violence l'en empêchait et que tout
„ ce qui s'en suivrait serait censé nul, et aurait besoin d'être
„ refait. Cela, tous les Cardinaux le tenaient pour indubitable.
„ Mais Barthélemy méprisa ces avis, et aspirant honteusement
„ au souverain pontificat, il se fit introniser et couronner „ (2).

Les Cardinaux ne tardèrent donc pas à s'apercevoir qu'Urbain VI n'était plus pour eux ce qu'avait été Barthélemy Prignano, et dès les premiers jours, ils pressentirent qu'ils n'obtiendraient pas de lui ce qu'ils en attendaient.

Urbain change de conduite après son élection.
Questions sur l'élection adressées aux Cardinaux.

C'est qu'en effet, un grand changement s'était opéré en lui. Répondant à l'évêque de Tolède, le cardinal de Saint-Eustache lui dit: " Plût à Dieu que vous eussiez vu comment, dès qu'il
„ eut consenti, il perdit tout ce qu'il y avait eu en lui jusque
„ là de bon et de juste. Ce fut prodigieux et indubitable! Ce
„ changement subit survenu en lui n'est pas l'œuvre de la droite

---

(1) P. J. XX. 85.
(2) Arch. de Vaucl. Fonds des Célestins. Cart. 64 I°.

„ du Très-Haut, mais de celui qui, en secret, lui avait préparé la
„ voie, pour occuper le palais apostolique, du démon „ (1).

Ses propres amis reconnaissent, qu'il répondait fort mal à tout ce que les Cardinaux faisaient pour lui.

Buchius Petri du Transtévère (c'est un Urbaniste) dit de lui : " Les Cardinaux l'intronisèrent et le couronnèrent avec une pompe „ inouïe, ils lui demandèrent des faveurs, le saluèrent comme „ pape, mais lui, n'eut pas de bons égards pour eux, il leur „ disait sans motif des paroles injurieuses, il les maltraitait „ (2).

Gonsalve, son grand pénitencier, qu'il avait envoyé annoncer son exaltation aux Napolitains, ses compatriotes, raconte son retour et dit: " Nous passâmes par Gaëte et nous y trouvâmes „ plusieurs de ceux qui, de Naples, étaient venus auprès du pape „ solliciter des faveurs. Ils retournaient fort scandalisés, disant „ entre autres choses: *que le nouveau pape était si infatué, qu'il* „ *chassait honteusement de sa présence tous ceux qui l'appro-* „ *chaient, nobles, grands personnages, vénérables clercs, religieux.* „ *Il n'avait pas même égard aux suppliques de ses parents, il* „ *leur jetait publiquement à la face tout ce qu'il savait ou avait* „ *appris d'humiliant pour eux. Il leur disait, qu'ils devraient* „ *rougir de venir lui demander des faveurs, alors qu'ils savaient* „ *bien ne mériter que la confusion.* En plusieurs endroits où ils „ passèrent, ils entendirent beaucoup de gens parler de cela, et „ faire bien d'autres réflexions „ (3).

Sa conduite, alors si différente de celle d'autrefois, étonnait

---

(1) Baluze. II, 1185.
(2) P. J. XII. 6.
(3) Quod papa noviter creatus erat infatuatus sic quod confusibiliter expellebat a se omnes accedentes ad eum nobiles et magnos et venerabiles clericos, et religiosos non parcens etiam scriptis consanguineis projiciendo publice in facies eorum omnia confusibilia que sciebat vel audierat de eis, propter quod dicebat quod deberent confundi venire ad eum pro gratiis cum magis ipse sciebat eos dignos confusionis.

tous ceux qui l'avaient connu: " Je voyais en outre en ceci un
„ signe du temps, dit Thomas de Amanatis; cet archevêque de
„ Bari, que je croyais un homme prudent et modeste, je le voyais
„ si orgueilleux et si insensé, qu'il n'y avait en lui aucune me-
„ sure. Il tenait chaque jour des propos vides de sens, au point
„ que je ne pouvais m'en étonner davantage. Tous ceux qui l'a-
„ vaient connu en étaient là, et ce qui étonnait le plus, c'était qu'il
„ eût su cacher si longtemps ses défauts, ou qu'il fût devenu de
„ prudent qu'il était, si arrogant, si fat, si insensé „ (1).

Ce changement subit ne tarda pas à fermer la bouche aux Cardinaux, et Urbain VI n'obtint plus d'eux, que des paroles obséquieuses, des demandes, des prières, mais plus de conseils. Si les Cardinaux avaient pu au moins trouver dans le palais pontifical un abri sûr contre le danger qui les menaçait chez eux, sans doute, vu les bonnes dispositions qu'ils ont manifestées tant de fois pour Barthélemy, tout se fut arrangé à la gloire d'Urbain VI et pour le plus grand bien de l'Eglise. Malheureusement il n'en fut pas ainsi, et les Cardinaux durent alors s'observer davantage, pour ne pas exciter l'animosité déjà si grande des Urbanistes contre eux.

3. Si l'élection n'eut été en rien douteuse, les Cardinaux n'eussent pas été obsédés par ceux qui désiraient connaître leur sentiment. Les Urbanistes paraissent même plus empressés que leurs adversaires à savoir ce que pensaient les Cardinaux. Bien plus, nous ne trouvons chez eux que des prélats, allant d'un cardinal à l'autre, pour scruter leurs pensées, et apprendre d'eux ce qu'ils ont eu l'intention de faire et ce qu'ils croient avoir fait en réalité. Ne pourrait-on pas voir dans cette empressement une des meilleurs preuves que l'élection était fort douteuse? Jamais la pensée de sonder ainsi les intentions des Cardinaux ne serait venue à ces

(1) P. J. XVIII. 85.

prélats, si cette élection avait ressemblé à tant d'autres, après lesquelles personne n'a pris ces précautions.

Réponses attribuées aux Cardinaux.

4. A ces questions si intempestives et si embarrassantes pour eux, les Cardinaux répondaient de différentes manières, mais le plus souvent et presque toujours, ils répondaient affirmativement. Nous connaissons les raisons d'un tel langage ; ils se seraient trop exposés, en manifestant leur opposition et même en exprimant un simple doute.

L'histoire connaît la réponse que donnèrent la plupart des Cardinaux à Nicolas, évêque de Viterbe ; ce prélat était malade au moment du Conclave ; une fois remis, il alla questionner plusieurs Cardinaux. Voici, d'après lui, ce qu'ils lui répondirent. Le cardinal de Florence lui dit : " Qu'il avait donné sa voix à Bar„thélemy, son élection avait été conclue la veille dans l'église „du Saint-Esprit. „

Le cardinal de Saint-Ange " me répondit que l'archevêque „de Bari était élu, leurs misérables discordes et celles des Li„mousins en étaient la cause. Il ne voulut rien dire de plus. „

Le cardinal d'Aigrefeuille : " Voyez-vous, il est certain que „depuis Saint Pierre nul ne s'est assis sur le trône avec un „droit plus évident que le sien . . . . . „

Le cardinal de Viviers : " Seigneur de Viterbe, ne vous éton„nez pas que l'archevêque de Bari soit pape, il était élu avant „même notre entrée au Conclave. „

Le cardinal de Glandève : " Pour sûr, il est aussi bien pape „que le fut Saint-Pierre (1).

Raynaldi mentionne, sans le citer, le témoignage de cet évê-

---

(1) Voir : Pastor. Tom. I. Liv. I. ch. II. *note.*

que, qui ne parle que de cinq Cardinaux; il eût bien pu mentionner aussi, puisqu'il l'avait sous la main, la déposition de Guillaume d'Angleterre, évêque d'Achonry? et maître du Sacré-Palais, qui en cite douze.

Il a ouï dire au cardinal de Limoges: " Qu'il était très cer-
„ tainement l'élu, le vrai pape. „ — " Le cardinal de Luna lui
„ a répondu . . . . . que le Seigneur Urbain était le vrai pape,
„ canoniquement élu. „ — " Le cardinal d'Aigrefeuille lui a ré-
„ pondu sous serment, qu'il attestait qu'il avait été élu sous l'ins-
„ piration du Saint Esprit, jamais personne ne fut mieux élu
„ que lui. „ — Le cardinal de Saint-Ange, lui a assuré . . . . . sur
„ sa conscience, qu'il était justement, saintement et canonique-
„ ment élu „. — Le cardinal de Genève, l'antipape, lui a dit qu'Ur-
„ bain était le vrai pape, justement et canoniquement élu, que
„ quiconque dirait le contraire serait un menteur, il lui a assuré
„ tout cela avec serment. „ — " Le cardinal de Verncho (Ver-
„ nhio) . . . . . a juré que N. S. était justement et canoniquement
„ élu, qu'il était le vrai pape . . . . . „ — " Le cardinal de Glan-
„ dève . . . . . lui a répondu: que, s'il n'eût su que l'élection avait
„ été faite justement et canoniquement, et que N. S. était sou-
„ verain pontife, il n'eût pas accepté l'évêché d'Ostie, ni con-
„ féré les saints ordres . . . . . „ — " Le Seigneur de Milan, jura
„ par le nom de Dieu, que notre dit Seigneur était saintement
„ et légitimement élu . . . . . „ — Le cardinal de Viviers lui ré-
„ pondit, en jurant sur son âme: Bannissez tout scrupule de vo-
„ tre conscience, car le pape Urbain VI a été canoniquement et
„ justement élu, et il est le vrai pape . . . . . „ — " Le cardinal
„ de Bretagne répondit: N. S. Urbain est canoniquement et sain-
„ tement élu, et il est le vrai pape . . . . . „ — " Le cardinal de
„ Saint-Eustache lui répondit d'une manière si ambigue, qu'il ne
„ comprit rien à sa réponse . . . . . „ — " Le cardinal de Flo-
„ rence lui répondit, qu'en conscience, il croyait le pape Urbain

„ vrai pape, justement et canoniquement élu, mais que ce pape
„ était un démon ; ce qui lui dicta cette parole, c'était le dépit
„ de s'être vu enlever une commission, que le pape avait donnée
„ au cardinal de Milan „ (1).

Peut-être ce qui a empêché Raynaldi de citer ce témoignage
c'est la réponse ambigue du Cardinal de Saint-Eustache, et celle
du cardinal de Florence, qui ne sont pas tout à fait favorables
à Urbain VI?

Ces réponses, les Cardinaux les faisaient surtout à ceux qu'ils
soupçonnaient être les partisans d'Urbain VI et les amis du
peuple romain.

D'après l'évêque de Jaen, dès le lendemain de l'élection, le
cardinal de Luna lui dit que le vrai pape était Barthélemy (2).

D'après Pierre Rodrigue, le même cardinal et l'évêque de

---

(1) Est certissimum electus et verus papa ..... — Quod erat verus papa dictus dominus Urbanus et canonice electus. .... — Certe per impressionem Spiritus Sancti et ita testificat nunquam fuit alius electus..... — In conscientia sua idem Dominus Urbanus erat rite et sancte et canonice electus..... Quod mentitur quicumque diceret contrarium de domino nostro Urbano, asserens quod erat verus papa rite et canonice electus et hoc juramento firmavit..... Juravit quod dictus dominus noster Urbanus erat rite et canonice electus et esset verus papa. ..... Quia nisi sciret electionem predictam fuisse rite et canonice factam et dominum nostrum predictum esse summum pontificem non recepisset episcopatum Ostiensem ab eo nec celebrasset sacros ordines. ..... Quod in conscientia sua papa Urbanus estet verus papa et rite et canonice electus, sed dixit, verum est quod ipse papa est diabolus, sed hoc dixit in sua turbatione pro eo videlicet quod dominus noster abstulerat sibi quamdam commissionem quod dederat domino Mediolanensi. ..... Jurando per Deum quod dictus dominus noster papa est sancte et legitime electus et ..... Jurans in conscientia sua, dicens non habeas scrupulum conscientie quia promitto vobis quod canonice et rite est electus dominus noster Urbanus VI et est verus papa. ..... Dominus noster Urbanus est canonice et sancte electus et est verus papa ..... Cardinalis Sancti Eustachii sibi tam ambigue respondit quod non intellexit eum.

(2) Rayn. 1879. XV.

Pampelune dirent à un de leurs compatriotes : " *Qu'Urbain était aussi vrai pape qu'aucun de ses prédécesseurs* " (1).

L'évêque de Récanati soutient que le cardinal de Vernhio lui a affirmé " plus de vingt fois qu'Urbain était légitimement élu " (3).

" J'ai entendu, dit Thomas, chanoine de Patrasso, souvent et en divers temps, les Cardinaux de Florence et Milan dire que notre Seigneur était le vrai pape, unanimement élu et qu'ils espéraient qu'il serait le réformateur de l'Eglise de Dieu " (3).

François de Sienne, médecin, dit tenir ces paroles d'Agapit Colonna : " Nul ne m'a parlé plus clairement de l'élection de notre Seigneur, que le cardinal de Genève, dans mon château de Zagarole : *Je lui dis : Révérendissime Seigneur, vous êtes en ce moment en lieu sûr, car mon château est à vous, je vous prie donc de me dire, si je dois rendre mes hommages à l'archevêque de Bari et le reconnaître pour pape. Le Seigneur de Genève lui répondit : Infailliblement et sans aucun doute : Oui* " (4).

Le même François de Sienne met dans la bouche du Cardinal des Ursins cette paroles : " *Va diavol, va, chil dice questa et mente per la cane dela gola, che li e cossi papa come tu se doctor in medecina* ".

Nous pourrions ajouter à tous ces témoignages bien d'autres dépositions dans le même sens.

---

(1) Dixerunt sibi quod dictus Urbanus ita verus papa, sicut quilibet predecessorum suorum.

(2) Rayn. 1378. XXVIII.

(3) Ibid. XV.

(4) Domine reverendissime vos estis modo in loco tuto, quia castrum meum est vestrum. Ego rogo vos, dicatis michi si debeo receptum Barensem adorare pro papa. Qui respondit sibi infallibiliter et indubie quod sic.

Les Cardinaux expliquent ou rectifient leurs paroles.

5. Il parait fort probable que les Cardinaux, pour ne point s'exposer, répondirent aux questions dans le sens que le disent tant de témoins ; cependant, bien des fois les témoins peuvant avoir exagéré leur pensée, ou donné à leurs paroles un sens qu'elles n'avaient pas. Le cardinal d'Ostie se plaint de cela : " L'évêque de Viterbe a rapporté au médecin Barthélemy,
„ qu'après le dîner, je lui avais dit que l'archevêque de Bari
„ distribuait des évêchés et des abbayes, que tous lui rendaient
„ hommage, que personne ne le contredisait et que je concluais
„ de là qu'il était aussi bien pape que Saint Pierre.

„ Je réponds à cela, que je crois avoir dit, que Barthélemy
„ avait des partisans puissants et nombreux, qui l'applaudis-
„ saient, l'honoraient et le croyaient pape, *mais je n'ai jamais*
„ *affirmé qu'il était vrai pape.* Je nie donc la fin de cette ar-
„ ticle, je la nie, comme ayant été affirmée par moi: *Tout ce*
„ *que j'ai dit, je l'ai dit des partisans de Barthélemy, mais de*
„ *moi-même je n'ai rien affirmé.* Je n'osais pas dire à ce méde-
„ cin ce que j'avais dans ma pensée, de peur qu'il ne redit mes
„ paroles aux Romains; pendant que j'étais à Rome, il y avait
„ un grand danger pour moi à le dire, je me taisais sur ce
„ qui me concernait, je parlais des autres, comme il le voyait
„ bien „ (1).

Ménendus parait aussi exagérer outre mesure les affirmations du cardinal de Luna (2).

---

(1) P. J. XXXIII. 28.
(2) Cardinalis revelavit supradicta secreto de persona ad personam consulendo eum, et dictus cardinalis cum magna assertione et detestatione illorum, qui talia verba proferebant, dicendo quod male succedisset talibus et quod erant homines carnales et affectuosi, nollentes bo-

Thomas Petra, celui que nous avons surpris en contradiction avec Pierre d'Espagne, raconte que, venant de faire auprès de Barthélemy la prétendue commission dont l'aurait chargé le cardinal de Luna, de retour auprès de ce dernier il lui aurait demandé si Barthélemy était pape : " Par Moyse, répondit le car-
„ dinal (c'était son juron ordinaire) je crois que depuis Saint-
„ Pierre, l'Eglise n'a pas eu de pape plus vrai. Il a été élu
„ d'un commun accord et canoniquement, avant et après l'entrée
„ au Conclave „.

Malgré l'exagération de ces deux témoins, l'évêque de Récanati à trouvé le moyen d'exagérer encore d'avantage au sujet du cardinal de Vernhio, auquel il prête ces paroles: " Mon
„ bien cher frère, de ma vie je n'ai été si joyeux, de voir qu'au-
„ jourd'hui nous avons fait la chose si tranquillement. Je crai-
„ gnais que nous ne pussions contenter les Romains. „ Et plus loin : " Savez-vous en outre ce qui me réjouit le plus? C'est
„ de voir que l'Eglise sera réformée par lui ; c'est un homme
„ sage et saint, assurément le Saint-Esprit a agi miraculeuse-
„ ment dans son élection (1), car, ceux qui entrèrent au Con-
„ clave disposés à n'avoir pas un italien, ceux qui s'étaient
„ confessés et avaient reçu le corps de J. C. disant qu'ils voulaient
„ le martyre dans le Conclave, ceux-là furent les premiers qui
„ le nommèrent, parce qu'il était de leur famille et de leur

---

num nec habentes affectionem nisi ad homines gentis sue, et multa similia verba vituperando conditiones ultramontanorum et monendo istum testem quod quando tales ad eum venirent similia verba proferentes quod deberet eos bene informare et multum increpare, affirmando et sibi asserendo quod Urbanus erat verus papa, ymo verissimus et canonicus papa sicut nunquam fuit in ecclesia Dei et sicut beatus Petrus et similia verba plus vel minus, sed videtur sibi quod ista fuissent propria. Et de aliis ipse nesciebat quid facerent, sed de seipso tantum dicebat sibi quod nunquam alium papam adoraret, dum iste viveret, etiamsi scivisset sectari per medium et hoc sibi dicit bis vel ter.

(1) Rayn. 1378. n. XV.

„ parti. Je suis persuadé qu'il n'aura d'autre souci que le bien
„ de l'Eglise. Désormais, l'Eglise ne sera ni pour le roi de France
„ ni pour le duc d'Anjou. Le Seigneur de Vernhio, fut tou-
„ jours aussi content de notre Seigneur que de Dieu même, et
„ cette joie dura plusieurs jours, jusqu'à son départ pour Ana-
„ gni. Le même cardinal m'a prié plusieurs fois d'engager notre
„ Seigneur à expédier aux rois les lettres sur son couron-
„ nement „ (1).

Comment allier de pareils sentiments chez le Cardinal de Vernhio avec les paroles que lui attribue Barthélemy Peyron ?
" *Bien plus, soutient ce témoin, le Cardinal de Vernhio di-*
„ *sait qu'ils l'avaient élu, ayant le glaive sur la gorge* „.

Réponses évasives ou négatives.

6. Si les Cardinaux répondaient comme nous venons de le voir à ceux qui auraient pu les trahir, dans bien des circonstances cependant ils donnèrent à entendre ce qu'ils pensaient ; et ce fut surtout lorsqu'ils parlaient à ceux qui avaient leur confiance et dont ils ne redoutaient pas les indiscrétions : " Que pensaient alors les
„ Cardinaux ? dit Barthélemy Peyron ; j'ai appris plus tard, de
„ la bouche de quelques uns et, en particulier, par les Cardinaux
„ d'Ostie et de Vernhio, qu'ils ne *regardaient pas sa situation*
„ *comme bien établie. Le cardinal Pierre de Vernhio allait jus-*
„ *qu'à dire, que les Cardinaux l'avaient élu, ayant le glaive sur*
„ *le gorge*, et le cardinal de Milan, d'après ce que me rapporta
„ maître Nicolas de Luca, dit un jour : *qu'Urbain n'était point*
„ *pape, qu'au contraire, il était antipape, et antéchrist.* On voit
„ *par là ce que pensaient les Cardinaux* (2).

(1) P. J. XIX. 18.
(2) Ejus statum non reputabant solidum. Ymo Dominus Petrus de Vernhio ipsum asserebat factum gladio in gutture..... dixit quod ipse

Rarement cependant les Cardinaux révoquaient ouvertement en doute la validité de l'élection; souvent ils parlaient d'une maniere évasive. L'inquisiteur d'Aragon, Nicolas Eymeric, causant un jour avec Capecus, auditeur du cardinal d'Aigrefeuille, celui-ci lui dit. " J'ai interrogé le cardinal mon maître, pour „ savoir si Barthélemy était pape. Il m'a repris en me disant : „ Tu es bien bête de m'interroger là-dessus. L'opinion du dépo-„ sant (c'est à dire la sienne), ajoute l'inquisiteur, fut que le car-„ dinal lui avait répondu si durement, pour que Capedecus rap-„ portât cette parole à Barthélemy; et parce qu'il voulait encore „ cacher sa pensée, pour ne pas s'exposer lui et les autres au „ danger „ (1).

Urbain avait confié au cardinal de Milan l'expédition d'une affaire dans laquelle Nicolas Eymeric était intéressé. Malgré les instances de ce dernier, le cardinal ne s'en occupa point, c'est pourquoi Nicolas Eymeric pensait: " que le cardinal, en con-„ science, doutait qu'il fût pape et que sa commission fût va-„ lide „ (2).

" Un autre jour, Barthélemy venait de pourvoir aux deux „ églises vacantes de Cuença et Jaen en Castille. Ce jour-là, le „ cardinal de Genève, aujourd'hui Clément VII, vrai pape, dînait „ chez le cardinal de Luna. Dans la conversation, il fut question „ des provisions faites ce jour-là; le cardinal de Genève dit à „ haute voix en branlant la tête: Provisions, provisions ! tous „ l'entendirent. Les Seigneurs Pierre de Nuce et Michel de „ Saint-Jean s'entretenaient souvent avec le déposant de ces pa-„ roles, et leur sentiment était, que le cardinal de Genève ne „ croyait pas que Barthélemy fût pape, ou qu'il en doutait „ (3).

non erat papa, ymo erat antipapa et antichristus; et sic patet quid Domini extimabant.

(1) P. J. XX. 38.
(2) P. J. XX. 41.
(3) P. J. XX. 42.

D'autres fois les Cardinaux donnaient à entendre plus clairement ce qu'ils pensaient d'Urbain. C'est ainsi que Pierre Alfonse rapporte: " Que trois ou quatre jours après l'élection, étant à
„ Rome dans la maison de Gonsalve, évêque de Cordoue, il en-
„ tendit un cardinal, il ne sait plus lequel, *dire: que cent florins
„ de bénéfice donnés par Grégoire, valaient mieux que mille donnés
„ par le premier élu* (1). Quelques un de ceux qui étaient là
„ dirent qu'il donnait à entendre par ces mots, que le premier
„ élu (c'est à dire le Pape Urbain), ne pouvait pas conférer de
„ bénéfices.

„ Un autre jour, Bernard de Virididuno présenta un rotulum
„ de suppliques à Barthélemy, qui le remit au Cardinal de Milan.
„ Le témoin suivit le cardinal pour presser l'expédition de ses
„ suppliques; celui-ci lui dit: *Retirez-vous, à quoi ceci vous ser-
„ virait-il ? A rien. Allez-vous en donc, ne pensez plus à vos
„ suppliques, vous ferez bien* (2).

„ Je me souviens d'avoir entendu dire à mon maître, dit Ripert de Siscaneo, camérier du cardinal de Marmoutier, quand
„ je lui dis que Barthélemy m'avait donné deux prébendes, par
„ un *motu proprio: Ne vous occupez pas de ces prébendes; comme
„ s'il voulait faire comprendre par là, qu'il ne le croyait point
„ pape* „ (3).

Enfin, poussés à bout, ils étaient quelques fois forcés d'avouer leurs véritables sentimens. Le doyen de Tarasona nous cite un fait qui lui est arrivé: " C'était au mois d'Avril, il ne se souvient
„ pas du jour. Le cardinal (de Saint-Eustache) mon maître, dit-il,

---

(1) Quod plus vallet (*sic*) centum floreni de beneficis pape Gregorii, quam mille istius primi electi; et per aliquos fuit sibi dictum, dabatur intelligi quod non poterat conferri beneficia ipse primus electus.

(2) Vade, quid valeret tibi? Nichil. Sed dimitte et accede ex toto et eris sapiens.

(3) Non cures de suis prebendis, quasi vellet innuere quod non tenebat eum pro papa.

„ était seul dans son cabinet, je le vis tenant le *decretum* ouvert
„ et écrivant sur un papirus. Dès qu'il m'apperçut, il cessa dé-
„ crire et cacha son papier. Le témoin lui dit alors: Pourquoi
„ cacher ce que vous écrivez ? Je crois fort que je devine ce que
„ vous écrivez, c'est au sujet de l'élection du pape. — *Au nom*
„ *de Dieu, s'écria alors le cardinal, n'en dites rien, vous avez*
„ *deviné, mais que personne n'en sache rien, car si lui ou les*
„ *Romains savaient que moi ou un autre cardinal nous doutons*
„ *de son élection, aucun de nous n'échapperait. Il recommanda*
„ *alors au témoin de n'en parler à âme qui vive, car seul il*
„ *savait cette chose là* „ (1).

Si, comme le cardinal de Saint-Eustache le dit ici à son interlocuteur, ce dernier, seul, savait l'opinion des Cardinaux sur l'élection, beaucoup, à Rome, la soupçonnaient et beaucoup aussi étaient du même sentiment qu'eux.

Doutes sur l'élection. — Raison de ces doutes.

7. L'évêque de Valva raconte que: " après le conclave, tandis
„ qu'il obéissait à Barthélemy comme au vrai pape, un Car-
„ dinal, un prélat instruit, un docteur très connu, plusieurs
„ autres moins connus et de moindre condition lui exposèrent
„ secrètement à Rome ce qu'ils pensaient. Ils ne croyaient pas,
„ disaient-ils, que Barthélemy fut pape, mais qu'il était un in-
„ trus. Plusieurs avocats italiens du palais et quelques autres
„ lui demandèrent son sentiment, mais il craignait tellement d'être
„ découvert, qu'il n'osa pas le manifester à Rome. „

---

(1) Amore Dei, non dicatis, quia licet ita sit, ut dicitis, tamen oportet quod non sciatur pro eo quod si ipse et alii romani scivissent quod ego vel alius dominorum meorum dubitamus de sua electione, nullus nostrum evaderet. Et mandavit dicto testi quod de hoc non faceret verbum alicui personæ viventi, pro eo quod solus ipse sciebat et non alius.

D'après le doyen de Tarasona: " Un jour du même mois
„ d'Avril, à ce qu'il croit, il sortait du palais avec son maître.
„ Le Seigneur Nicolas lui dit à peu près ces paroles: Doyen,
„ que vous semble-t-il de tout ce qui se fait au sujet du pape?
„ Le vague de cette question lui donna des doutes sur l'inten-
„ tion de celui qui l'interpellait. Tout me paraît bien, répondit-il.
„ *Doyen, répliqua Nicolas, ne vous cachez pas de moi, croyez*
„ *que je comprends bien, et je ne suis pas le seul, que tout ce*
„ *qui se passe finira mal et ne peut demeurer dans cet état* (1).
„ Il a également entendu quelques fois parler en ce sens les ser-
„ viteurs de son maître, mais bien peu, parce que chacun se con-
„ traignait en parlant de cela. „

Diègue Martin dit tenir de cinq ou six personnes: " que dans
„ un dîner chez lui le cardinal de Genève avait demandé à un
„ frère mineur pénitencier, s'il entendait les confessions; celui-ci
„ répondit: Oui. S'il absolvait, il répondit: Oui. *Il lui demanda*
„ *encore par quelle autorité. Celui-ci de répondre: par l'autorité*
„ *de l'Eglise. Le Cardinal insista: Mais où réside cette auto-*
„ *rité? En Dieu, répondit l'autre* „ (2).

Hélie Chambaudi, familier du cardinal de Saint-Ange, s'exprime
ainsi: " Quand mon maître fut retourné (d'Ardea) à sa maison,
„ Guillaume Boilève, son écuyer, vint me trouver et me dit: *Cer-*
„ *tainement, seigneur Hélie, notre maître n'a point fait à Bar-*
„ *thélemy le salut qu'il a coutume de faire au pape. Pour moi,*
„ *je ne crois pas que celui-ci soit pape; je ne crois même pas*
„ *que quelqu'un soit élu.* Je lui répondis: *En vérité je n'ai ja-*

---

(1) Decano, a me non oportet vos celare, et credatis quod ego et plures alii romani de istius civitatis bene intelligunt quod ista facta non fuerunt bene nec possunt habere bonam conclusionem et non possunt remanere in hoc statu.

(2) Et interrogavit cum qua auctoritate, et ille dixit auctoritate ecclesie, et cardinalis dixit in quo erat ista auctoritas, et alter respondit: In Deo!

„ *mais ouï dire pendant le Conclave que quelqu'un ait été élu* …
„ Il ne pouvait entrer dans ma tête qu'il fut pape; aussi, ne lui
„ ai-je jamais rendu le moindre honneur, quoique je le connusse
„ tout spécialement et que je lui fusse bien dévoué. Je n'ai point
„ voulu profiter des indulgences qu'il accordait pendant la se-
„ maine Sainte ,, (1).

A ces témoignages déjà nombreux, nous pourrions en ajouter bien d'autres, établissant que le doute était général dans Rome.

Pierre Alfonse (2), Boniface de Pistoie (3), Barthélemy Peyron (4), Thomas de Amanatis (5), attestent tous ce fait.

Si on en croit Alfonse de Mélide, les plus ardents partisans d'Urbain VI étaient eux mêmes embarrassés pour donner les raisons de leur adhésion: " *Alfonse, jadis évêque de Jaen, soute-*
„ *nait qu'Urbain était pape, parce que c'était un fait sur le-*
„ *quel on ne pouvait revenir* (6). De plus, après l'élection de Clé-
„ ment, voulant quitter Rome pour aller en Espagne, il demanda
„ à cet évêque de lui dire, pour l'amour de Dieu, s'il était cer-
„ tain que le premier élu, Urbain, fût le vrai pape. Celui-ci lui
„ dit, qu'il lui donnerait sa réponse le lendemain. *Sa réponse fut:*

---

(1) Certe, Helia, D. meus non fecit reverentiam isti sicut est consuetus facere pape, ego non credo quod sit papa, nec credo quod sit aliquis electus. Tunc ego dixi sibi: Certe ego nunquam audivi in conclavi quod aliquis esset electus . . . . Non cadebat in mente mea quod esset papa, nec unquam feci sibi reverentiam aliqualem, licet haberem notitiam ipsius et erat dominus meus specialis, nec volui ad indulgentiam quam ipse dabat in septemana sancta.

(2) Semper vidit curiales cum quibus conversabatur dubitare si ista electio valeret aut non.

(3) In Roma plures . . . . . reputaverunt dictam electionem nullam et dixerunt sed non publice quod non erat papa.

(4) Necesse fuit concludere inanem fuisse electionem et per impressionem fuisse factam et ipsum indiscrete acceptasse.

(5) P. J. XVIII. 84 et 89.

(6) Frater Alfonsus olim episcopus Gebennensis dicebat eis quod sic, quia factum erat et non poterat incisi?

„ *que s'il y avait au monde un vrai pape, c'était lui. Il voulut*
„ *savoir la raison de cette réponse, l'évêque le pria de ne pas*
„ *insister davantage, mais que sur sa tête, il dirait toujours et*
„ *publierait partout qu'il était le vrai pape* „ (1).

Le doute avait même pénétré chez les Romains et chez les étrangers. D'après le frère Ferrier de Vernos: " Le Samedi, le
„ dimanche des Rameaux et les jours suivants, *hommes et femmes*
„ *de Rome émettaient des doutes sur la validité, ou la nullité*
„ *de l'élection. Les conversations roulaient sur ce sujet* „ (2).

Interrogé par qui il a entendu émettre ces doutes, il répond:
„ *par plusieurs familiers des Cardinaux, et par beaucoup d'au-*
„ *tres de différentes nations. Les plus hésitants étaient des Alle-*
„ *mans* „ (3).

" On lui demande: quand ces doutes cessèrent-ils ? Il répond,
„ que pendant la semaine sainte, alors qu'il donnait la bénédiction,
„ le plus grand nombre, parmi les Romains, et, croit-il, quelques
„ uns des autres nations disaient, qu'il était vrai pape. „

" *On lui demande si ces doutes cessèrent complètement, il*
„ *répond que non, car tant qu'il fut là, il en connut toujours*
„ *qui doutaient* „ (4).

8. Ce n'était pas seulement ce qu'avaient pu dire, ou donner à entendre les Cardinaux qui faisait hésiter un grand nombre de Romains, la violence avait été si évidente, que plusieurs croyaient que Barthélemy n'en profiterait pas: " Guillaume Bie

---

(1) Dixit sibi quod erat verus papa si in mundo erat aliquis, et quesivit ab eo rationem quare, et respondit sibi quod non petteret amplius ab eo sed quod super caput suum diceret quod erat verus papa et ita diceret et predicaret omnibus.

(2) Dubitabatur inter homines et feminas romanos utrum ista electio valeret vel non et quod confabulabatur super hoc.

(3) Audivit dici a pluribus familiaribus Card. et multis aliis diversorum nationum et inter ceteros natione Alamanorum.

(4) Dixit quod non, quia semper videbat aliquos dubitare dum ipse stetit.

„ disait un jour en dînant à son voisin, Jacques de Joygneyo, „ camérier du Seigneur de Poitiers: Je crois que nous n'avons „ pas de pape. Celui-ci lui répondit: Je ne le crois pas non plus, „ quoique nous disions que l'archevêque de Bari le soit, il ne „ peut l'être. Je lui répondis: *A quoi cela peut-il bien lui ser-* „ *vir? Il sait que la violence et la crainte sont toujours là, je* „ *crois qu'il n'acceptera pas,* car il sait qu'il ne peut-être pape „ *de cette manière* „ (1).

Urbain lui-même sembla parfois douter de son droit, et plusieurs l'ayant remarqué, doutèrent à leur tour. Ainsi Nicolas Eymeric dit: " Le Samedi-Saint, veille de Pâques, le Seigneur „ Dominique Pontius, procureur dans l'église de..... s'entre- „ nait avec le déposant de l'élection ou de la nomination de „ Barthélemy, ils cherchaient la raison pour laquelle il avait „ refusé de se laisser baiser le pied „ (2).

Bernard de Virididuno dit à son tour: " Un jour, dans un „ discours qu'il fit en ma présence, Barthélemy excusa la vio- „ lence faite aux Cardinaux. Alors Robert Raffini, qui était pré- „ sent, lui jeta un coup d'œil et le poussant vers les Seigneurs „ de Limoges et d'Aigrefeuille, il leur dit: Que signifient les „ paroles de cet homme? Bernard lui répondit: *Il me semble* „ *qu'il doute de son fait. Les deux Cardinaux branlèrent la* „ *tête, et le cardinal de Limoges répondit: Il n'a pas tort* „ (3).

Nous disions tout à l'heure que l'empressement des Urbanistes à questionner les Cardinaux était une preuve de leur état de doute. L'inquisiteur d'Aragon fait une réflexion analogue: " *Sou-*

(1) Et quid valebit sibi hoc? ipse scit quod semper habuimus rumorem et timorem quare credo quod non acceptaret cum sciat bene se non posse sic esse papam.
(2) P. J. XX. 37.
(3) Videtur quod dubitet de facto suo. Tunc aliqua commotione capitis facta per ipsos DD. Lemovicensem et de Agrifolio, D. Lemovicensis respondit: Non immerito!

„ *vent Urbain disait lui-même, qu'il était bien le vrai pape. Les*
„ *Pontifes Romains n'avaient par l'habitude de dire cela. C'est*
„ *ce qui lui donna à penser, qu'il agissait ainsi, parce qu'il croyait*
„ *que l'on avait des doutes à ce sujet.*

„ Tant que Barthélemy fut à Rome avec le collège des Car-
„ dinaux, dit le même témoin, malgré les nombreuses suppli-
„ ques qu'il reçut, d'après ce qu'on disait communément, *il*
„ *n'en signa aucune. Plusieurs pensaient, qu'il agissait ainsi, parce*
„ *que sa conscience l'y engageait* „ (1).

Tous ceux qui doutaient de la validité de l'élection d'Urbain, le traitaient cependant comme s'il eût été pape. Eux aussi redoutaient le même danger que les Cardinaux, et de plus, leurs consciences étaient en sureté, car ils imitaient leurs maîtres.

Dans un entretien sur la validité de l'élection, Nicolas Eymeric dit : " Nous conclûmes entre nous, qu'à raison de la vio-
„ lence de l'élection, il n'était point pape, mais que *les Cardi-*
„ *naux semblant le traiter comme tel, il était à présumer qu'ils*
„ *le rééliraient en secret, et par conséquent, nous devions nous taire*
„ *car nous ne péchions pas en imitant le Sacré-Collège* „ (2).

Thomas de Amanatis avait reçu d'Urbain la charge d'examinateur pour la nomination des Allemands. L'élection lui paraissant douteuse, il ne voulait pas remplir cet emploi et il le disait au Cardinal de Viviers, qui lui répondit : " *Assurément*
„ *vous faites mal de dire et de penser cela, ne voyez-vous pas*
„ *ce que font les Cardinaux ? Vous devez faire de même, et ne*
„ *pas chercher ou penser autre chose* „ (3).

(1) P. J. XX. 39. 40.
(2) P. J. XX. 37.
(3) P. J. XVIII. 37.

Ordre aux pillards de restituer. Urbain les excommunie. — Il absout les Romains. — Il relève Rome de l'interdit. — L'absolution sans satisfaction. Principe du désaccord.

9. Les officiers de Rome et Urbain VI, quoique ayant profité de la violence du peuple pendant le Conclave, ne pouvaient cependant pas laisser passer tout désordre sans réparation et sans châtiment, sous peine d'en paraître complices; et d'autre part, ils ne pouvaient guère châtier les coupables, sans admettre qu'il y eût beaucoup à redire sur l'élection. Ils furent donc cléments. Les officiers de Rome se contentèrent de faire publier par la ville, que tout ce qui avait été dérobé aux Cardinaux devait leur être restitué (1).

Urbain VI, de son côté, lança l'excommunication contre les pillards, c'est Ménendus qui nous l'apprend (2).

10. Quant aux autres coupables, le même témoin raconte, que le Pape leur donna l'absolution, mais sans leur imposer de donner satisfaction aux Cardinaux.

Ménendus rapporte que, dans le premier ou dans le second consistoire, Urbain " *reprit durement et gourmanda beaucoup les*
„ *auteurs de cette entreprise, et ceux qui l'avaient approuvée. Il*
„ *répéta plusieurs fois ces reproches et cette réprimande. Ur-*
„ *bain VI engagea de toutes manières les Cardinaux à leur*
„ *pardonner, leur disant, en particulier, qu'ils avaient agi sous*
„ *l'influence de l'ivresse. Les Romains eux-mêmes avouèrent leurs*

---

(7) Dixit quod audivit quod officiales mandaverunt preconizari, quod quicquid fuerat deraubatum seu occupatum a Cardinalibus, quod sibi restituerent. — Rodrigue Bernard.

(8) Audivit dici et quia papa Urbanus post aliquos dies fecit fluminari (*sic*) sententiam excommunicationis in omnibus illis qui receperant, bevaverant (?), deraubaverant aliqua de dictis locis et domus cardinalis Sancti Petri.

„ torts aux Cardinaux; ils se frappaient la poitrine et plusieurs
„ avaient la corde au cou en demandant pardon. Le Pape leur
„ donna l'absolution. Cette absolution sans satisfaction, fut, le
„ jour même, et le témoin l'entendit, la cause de murmures et
„ de reproches de la part des Ultramontains. Ceux-ci, dans l'é-
„ glise de Saint-Pierre, disaient: qu'on voyait bien que le Pape
„ était italien, puisque l'injure faite aux Ultramontains le tou-
„ chait si peu et lui allait si peu au cœur. C'était un mauvais
„ commencement. Entendez, disaient-ils, comme il sied bien au
„ Pape d'attribuer cela à l'ivresse ! Quelle parole insensée! et
„ autres paroles également aigres. Ce que le témoin croit en con-
„ science, c'est que cette absolution, sans autre correction ou sa-
„ tisfaction de l'offense faite au Cardinaux, fut le principe et
„ la racine de l'inimitié et de la malveillance des Cardinaux
„ contre Urbain „ (1).

11. Le sentiment de la plupart des Romains était, que non
seulement ils étaient excommuniés, mais encore que leur ville
était frappée d'interdit. Quelques uns cependant niaient le fait,
parce que, disaient-ils, Rome jouit du privilège de ne pouvoir

(1) Dictus Urbanus multum dure increpavit et reprehendit eos de
dicto insumpto, fautores ipsius seu consentientes, Minando eos et reprehendendo pluries et inducendo multi mode Card. ut eis parcerent,
speciali dicendo quod parcededum erat ebrietati; et dicti Romani confitendo suum reatum Card. pectora sua cum manibus percutiendo, et
aliqui eorum portando zonas ad colla confitendo suum reatum, et Papa
absolvit eos; super qua absolotione quam fecerat Papa sine satifac-
tione, audivit statim illa die iste testis multas murmurationes et de-
tructiones per Ultramontanos in ecclesia S. Petri, contra dictum Papam
asserendo quod bene videbatur quod erat italicus, quia modicum cu-
rabat de injuria ultramontanorum et pro modicum eam tenebat, et quod
male inceperat et dicebant: Audite quam bonum est pape dicere: par-
cendum est ebriis, certe stulte locutus est, et alia similia verba amara,
et credit iste testis in fide, quod ista solutio sine alia correctione et
satisfactione cardinalibus de dicto insumptu facta, fuerit principium et
radix inimicitie et malevolentie cardinalium contra dictum papam Urbanum.

être interdite. C'est encore Ménendus, témoin peu suspect, qui nous renseigne à cet égard.

"On lui demande, ce qui le portait à dire aux Romains qu'ils
"étaient excommuniés, et que leur ville était sous l'interdit. Il
"répond, que deux choses l'y portaient. La première c'est qu'il
"ne savait pas pourquoi les Romains avaient exercé cette vio-
"lence contre le Conclave, et qu'il savait qu'ils l'avaient brisé,
"qu'ils avaient levé la main contre les Cardinaux en fuite, et
"qu'ils leur avaient fait violence avec leurs cris et leur tumulte,
"comme il est dit plus haut. La seconde c'est que . . . .
"(*ceci est illisible dans le manuscrit*) ils lui semblait que tout
"cela, ils l'avaient fait par malice. A cela *les Romains répon-*
"*daient en disant: que Rome ne pouvait être excommuniée ni*
"*interdite, qu'elle avait ce privilège* (1).

"Le témoin ajoute que, d'après ce qu'on disait, les Cardi-
"naux, après la rupture du Conclave, étaient très indignés contre
"les pillards et contre tous les Romains; contre les uns à cause
"de ce qu'ils avaient fait, et contre les autres parce qu'ils ne les
"en avaient pas empêchés. *Les Cardinaux pensaient et croyaient,*
"*qu'à cause de tout ce qui vient d'être dit, les Romains étaient*
"*excommuniés et Rome était soumise à l'interdit* " (2).

Si on en croit Boniface de Pistoie, c'était l'opinion d'Urbain VI lui-même; aussi, le jour même de son intronisation, ou le lendemain, leva-t-il l'interdit qui pesait sur Rome: Ce témoin dit tenir du cardinal de Florence, qu'il croit avoir été présent, et de plusieurs autres: "que l'intrus, le jour même de son introni-
"sation, sur le soir, ou au plus tard le lendemain, sachant, *comme*
"*il l'avouait lui-même*, que la Ville de Rome était tombée en

---

(1) Predicti romani respondebant et dicebant quod Roma non potest interdici nec excommunicari quia habet ita de privilegio.

(2) Card . . . . . . tenebant et reputabant propter premissa romanos excommunicatos et civitatem suppositam interdicto.

„ interdit, et que chaque romain était lié par l'excommunication,
„ à cause de la violence et des injures faites aux Cardinaux pen-
„ dant le Conclave, *autant que cela fut en son pouvoir, il leva*
„ *l'interdit et leur donna à tous l'absolution, sans imposer au-*
„ *cune satisfaction à l'église romaine, pour ces outrages et ces*
„ *violences.* Ce qu'il avait entendu dire au cardinal de Florence,
„ et l'entendit bientôt dire dans toute la Ville „ (1).

Jean, abbé de Saint-Isidore, a entendu dire la même chose dans Rome (2).

Urbain témoigne aux Romains sa reconnaissance. — Les Romains s'attribuent son élection. — Ils eussent préféré un Pape romain. — Leur repentir. — Leurs excuses.

12. Cette absolution sans satisfation préalable avait bien l'air d'être une compensation ou une récompense pour ce que les Romains avaient fait pour Urbain. Mais, s'il faut en croire certain témoin, Urbain VI ne se borna pas à laisser deviner sa reconnaissance, il exprima à haute voix sa gratitude aux Romains et convint devant eux qu'il leur devait la Papauté.

„ Un jour, dit le cardinal d'Ostie, en ma présence, quelques
„ romains lui demandaient quelque chose : Barthélemy les ac-
„ cueillit fort bien en leur disant : *Je dois bien faire quelque*

(1) Ipsemet intrusus etiam asserebat civitatem romanam esse suppositam interdicto ecclesiastico et singulas personas romanas fore sententia excommunicationis lata ligatos propter violentias et injurias illatas dominis cardinalibus dum fuerunt in conclavi et loco conclavis. Quantum in se fuit rellaxavit dictum interdictum et singulares absolvit nulla satisfactione imposita romane ecclesie et dictis romanis de dictis injuriis et viollentiis et postquam audivit a domino Florentino predicta, ipse aliquos dies ex post in publice dicit audivit in Urbe.

(2) Dixit quod audivit dum erat Rome quod absolverat romanos ab injuriis illatis cardinalibus sed nescit utrum proprio motu, aut cum satisfactioni vel sine.

„ *chose pour vous, oui, je dois bien le faire, puisque vous m'avez* „ *fait Pape*. Dans mon cœur je pensais : il eut bien mieux valu „ que ce fussent les Cardinaux qui vous eussent fait Pape „ (1).

D'après Rodrigue Bernard, enquêteur de Castille, il souriait quand les Romains, lui montrant leurs glaives, disaient : " Voyez-„ vous ce glaive ? C'est lui qui vous a fait Pape ; et Barthélemy „ souriait ! „ (2).

13. Aussi les Romains ne se gênaient-ils pas pour dire publiquement " que c'étaient eux qui l'avaient fait élire „. On demande à Barthélemy Peyron " ce que disaient et pensaient les „ Romains, de ce qui venait de se passer. On le savait, répond-il, „ par leurs paroles. Ils disaient publiquement et ils affirmaient, „ qu'ils avaient le Pape de leur choix et de leur volonté, en „ dépit de tous les Ultramontains ; *ils se glorifiaient de l'avoir* „ *fait élire*. J'ai entendu dire cela publiquement, par beaucoup „ de Romains, le Jeudi saint, sur les gradins de Saint-Pierre, „ pendant qu'il donnait la bénédiction. J'en conclus, qu'ils s'a-„ tribuaient à eux mêmes l'élection, et qu'en effet, elle avait été „ faite par eux et par leur ministère „ (3).

Le Camerlingue, à bout de ressources, répondit à l'un d'eux, qui lui demandait de l'argent : " *Allez en demander à votre pape* „ (4).

14. Malgré l'empressement d'Urbain VI à décharger les Romains, et à leur témoigner sa reconnaissance, tous, paraît-il,

---

(1) P. J. XXXIII. 16.
(2) P. J. XXI. 20.
(3) Et hoc gloriabantur se fecisse fieri, ut publice a multis romanis audivi in diversis locis in Roma . . . . . Ex quibus duo concludo quod ipsi sibi electionem attribuebant et per eos fuisse et eorum ministerio factam.
(4) Unus petebat pecuniam a camerario et ipse respondit quod non habebat et romanus dixit quod a quo peteret et camerarius respondit et dixit quod iret ad suum papam quem fecerant. Jean de Saint-Isidore.

n'étaient pas contents de lui; beaucoup auraient préféré un pape romain de naissance (1).

Gaillard de Noves met dans la bouche de plusieurs romains ces paroles: " Ce qui nous afflige, c'est de ne pas avoir demandé „ un romain et non un italien. Si nous l'eussions fait, nous aurions „ un pape romain „ (2).

Peut-être est-ce de ce repentir que parle le frère Ferrarius quand il dit, que chez un barbier, plusieurs romains avouaient être fâchés de ce qu'ils avaient fait (3).

Nous avons vu à la fin du chapitre précédent qu'un banneret donnait pour cause de ce regret, l'orgueil qu'Urbain commençait à manifester.

Cependant Urbain VI avait déjà des partisans très attachés à sa personne, puisque, au sentiment de Marc Ferdinand, chantre de Plaisance, plusieurs lui seraient demeurés fidèles, même s'ils avaient su qu'il ne fût point pape: " Il y en avait plusieurs à „ Rome, dit-il, qui l'eussent tenu pour pape même, en sachant qu'il „ ne l'était pas. Quand le vrai pape était à Avignon, au temps de „ Jean XXII, ne firent ils pas un antipape dans la personne de „ Jean de Corbario? C'était un romain . . . . . (4).

15. Le plus grand nombre toutefois, déplorait ce qui était arrivé, et redoutait que cela ne portât malheur à la Ville. Rodrigue Ferdinandi, bénéficier de Seville: " a appris de plusieurs

---

(1) Rayn. 1379. XVI.

(2) . . . . . Sed certe hoc est quod nobis nunc displicet quia tamen non petivimus romanum et non ytalicum et tunc habuissemus romanum.

(3) Dixit quod audivit a quodam barbitonsore et ille sibi exposuit quod multi alii romani sibi dixerunt quod penitebat eos eorum que fecerant.

(4) Dixit quod erant Rome aliqui qui etiamsi scivissent quod non erat papa tenuissent eum ut papam; aliqui alii non, quia jam alio tempore cum esset papa verus Avignone fecerunt antipapam Rome tempore pape Johannis et nominabatur Johannis de Corbario et erat romanus.

„ Cardinaux, que les Romains se repentaient du tumulte qu'ils
„ avaient fait; il en a entendu plusieurs s'écrier: Malheur à moi,
„ nous avons fait injure aux Cardinaux, c'est pourquoi nous serons
„ détruits! (1) Si nous leur avions laissé faire ce qu'ils voulaient,
„ nous serions heureux! Et, disaient-ils encore, ce sont les mon-
„ tagnards qui nous ont occasionné tout cela. Elle va s'accom-
„ plir la prophétie qui dit que Rome sera détuite, et la cause
„ de tout cela, c'est l'or que l'abbé du Mont-Cassin a donné aux
„ Romains, ce sont les pièces et les objets que les hommes ivres
„ de sang leur ont distribués „ (2).

Les femmes à leur tour accablaient de reproches leurs maris
et leurs parents. " Méchants traîtres, leur disaient-elles, que de
„ maux vous avez faits! Vous avez insulté les Cardinaux, l'Eglise
„ et Saint Pierre! Plus de bonheur à l'avenir pour nous! Nos
„ fils et nos filles et nous serons désormais excommuniés et jamais
„ Dieu ne nous fera plus de bien! „ (3).

Le chanoine de Tolède, Diègue Martin, a saisi une conversation de deux femmes du peuple, dans laquelle, l'une se plaint
des Cardinaux et l'autre des Romains : " Un jour, il promenait
„ du côté de la porte Portèse, il vit deux femmes d'une qua-
„ rantaine d'années, qui marchaient en causant, devant lui. Elles
„ s'entretenaient des affaires du pape et elles ne le voyaient
„ pas. Quel mal affreux, disait une d'elles, font à Rome ces mau-
„ dits Cardinaux! chaque jour ils sortent du château et font
„ la guerre! — L'autre lui répondait : Que vaut un pape élu

(1) Ve michi, quia fecimus verecundiam card. propter quod erimus destructi.
(2) Dixit quod audivit ab aliquibus Ispanis quod audiverant a pluribus romanis quod penitebat eos injuriasse cardinales, adserendo quod dubitabant quod Roma esset propter hoc iterum destructa. Jean, abbé.
(3) Bal. I. 1214.

„ par force? Les capitaines romains auraient du laisser les „ Cardinaux faire Pape qui ils voulaient „ (1).

17. Les coupables s'excusaient en rejetant le tort sur les Cardinaux. Le frère Ménendus nous a laissé quelques unes de leurs excuses ; " Nous avons agi de la sorte, disaient les Ro-„ mains, parce que les Cardinaux voulaient nous faire la plus „ grande des trahisons et une plus grande injustice. Ils voulaient „ nous infliger le plus grand affront que Rome ait jamais reçu. „ Nous avions en eux toute confiance, eux voulaient nous trom-„ per. Le droit et la raison voulaient que l'élection se fît à „ Rome, ils n'en voulaient rien faire. Bien plus, on nous rap-„ porta, et nous découvrîmes qu'il en était bien ainsi, qu'ils vou-„ laient s'en aller et fuir. Nous étions députés pour les sur-„ veiller et nous courions un grand danger, nous encourions „ une grande honte, s'ils fussent partis. C'est pourquoi, Seigneur, „ nous nous sommes joints au peuple qui était là, nous avons „ ramené à la chapelle ceux qui s'étaient enfuis, et nous avons „ crié et vociféré contre eux, leur demandant de s'exécuter sur „ le champ, de faire l'élection et de nous donner pour Pape un „ Romain „.

Urbain VI lui aussi les excusa plusieurs fois publiquement, mais ses excuses ne lavèrent par les coupables aux yeux de ceux qui l'entendirent : " Chaque jour, dit Thomas de Amanatis, il „ travaillait, même dans ses discours publics, à excuser la vio-„ lence et la pression exercées pas les Romains. On voyait bien „ qu'il voulait à toute force demeurer sur le siège papal „ (2).

Nous ne disons rien ici des excuses alléguées par les Cardinaux. Ce qu'ils disaient pour expliquer leur conduite vis-à-vis d'Urbain, qu'ils traitaient comme le vrai pape, ils le disent en-

---

(1) Quid valet facere papam per vim? capitanei romani debuissent permittere card. facere papam ad eorum placitum.
(2) P. J. XVIII. 96.

core pour expliquer pourquoi ils répondaient affirmativement quand on leur demandait si son élection était valide. Tout cela nous l'avons développé au chapitre précédent, nous y renvoyons le lecteur.

Chapitre VII.

DEMANDES ET LETTRES DES CARDINAUX.

1. Demandes des Cardinaux. — 2. Bénéfices demandés. — 3. Utilité de leurs recommandations. — 4. Le cardinal de Glandève promu à l'évêché d'Ostie. — 5. Explication des Cardinaux au sujet des demandes de bénéfices. — 6. Demande d'absolution. — 7. En ont-ils fait usage ? — 8. Les Cardinaux disaient-ils les oraisons *Pro Papa ?* — 9. Présents qu'ils ont faits à Urbain. — 10. Indulgences. — 11. Lettres collectives des Cardinaux annonçant l'élection d'Urbain. — 12. Elles ont été écrites par son ordre. — 13. Résistance des Cardinaux. — 14. Lettres particulières des Cardinaux. — 15. Urbain veut les voir. — 16. Le roi de France informé. — 17. L'Empereur informé. — 18. Billet du cardinal de Florence glissé dans une lettre à l'Empereur. — 19. Les Cardinaux demandent que les ambassadeurs soient choisis parmi leurs amis. — 20. Le roi de Castille informé. — 21. Ambassade au roi de Portugal. — 22. Les Cardinaux d'Avignon furent informés les premiers.

Demandes des Cardinaux. — Bénéfices demandés.

1. Les Cardinaux agissaient vis-à-vis d'Urbain, comme s'il eût été réellement pape ; nous avons vu les raisons qu'ils allèguent pour expliquer leur conduite. La plupart d'entre eux doutaient, mais quelques uns le croyaient validement élu. Il n'est pas sans intérêt de connaître plus en détail leur conduite vis-à-vis d'Urbain et de les entendre se disculper de bien des faits, qu'allèguent contre eux les Urbanistes.

Ce qu'on leur reproche, l'évêque de Todi va nous le dire : " J'ai vu le cardinal d'Amiens faire à Urbain les révérences d'usage, „ j'ai vu notre Seigneur tenant des consistoires secrets et publics.

„ Les Cardinaux lui rendaient les honneurs accoutumés; je les
„ ai vus lui remettant des rouleaux de suppliques pour leurs
„ familiers et pour d'autres; je les ai vus demander des bénéfices
„ et des promotions pour eux-mêmes et pour les leurs; j'ai vu
„ un familier du cardinal d'Amiens et un autre du cardinal de
„ Genève exercer la charge de maître portier de notre Seigneur.
„ J'ai su que le Seigneur de Bretagne avait obtenu une église
„ dans la Provence; que le Seigneur de Saint-Eustache en avait
„ obtenu une autre pour quelqu'un, et que, presque tous les Car-
„ dinaux avaient obtenu des promotions et des bénéfices. Le Sei-
„ gneur de Milan entre autres, obtint l'abbaye de Saint-Pierre
„ de Pérouse et il la possède encore en commande. J'ai assisté
„ aux consistoires secrets et publics, dans lesquels notre Seigneur
„ promut le cardinal de Glandève à l'évêché d'Ostie..... J'ai
„ entendu les Cardinaux récitant à leurs messes les collectes pour
„ notre Seigneur Urbain, plusieurs m'ont dit qu'ils le nommaient
„ très heureux pape. „

" J'ai vu les Cardinaux, tandis qu'ils étaient à Anagni, écrire
„ à notre Seigneur pour des bénéfices, grâces, promotions et
„ autres affaires les concernant ou concernant leurs serviteurs „ (1).

2. Au sujet des bénéfices qu'ils ont demandés à Urbain, François de Sienne, médecin du pape, va jusqu'à dire; " Qu'il fut
„ requis et supplié par le cardinal de Genève, de vouloir bien,
„ dans l'intimité, insinuer au pape, qu'il était le principal auteur
„ de son élection, et qu'en considération de cela, comme aussi
„ en considération de la noblesse de sa famille, il voulût bien
„ le traiter avec plus d'honneur qu'il ne traitait les autres Car-
„ dinaux „ (2).

---

(1) P. J. XVII. 48-50.
(2) Fortiter requisitus et rogatus quod quum essem in secretis colloquiis cum Domino nostro Urbano imprimerem in mentem suam quod prefatus antipapa fuerat principalissimus in capite dicte electionis ut

Utilité de leurs recommandations.
Le cardinal de Glandève promu à l'évêché d'Ostie.

3. L'évêque de Léon soutient que, quant à lui, c'est sur la recommandation des Cardinaux, qu'il a obtenu son évêché, et il ajoute: " Il en arriva de même à plusieurs autres, qui, sur la pré-
„ sentation de lettres des Cardinaux, obtinrent, en leur considé-
„ ration, ce qu'ils demandaient „ (1).

4. De tous les Cardinaux, celui qui reçut le bénéfice le plus en vue, fut le cardinal de Glandève, qui devint évêque suburbicaire d'Ostie. D'après plusieurs témoins, il obtint ce bénéfice sur sa propre demande: " Le Seigneur de Glandève, dit Nicolas de
„ Crémone, ... demanda et obtint l'évêché d'Ostie „ (2). Non seulement il l'obtint, mais il en exerça même les fonctions épiscopales, d'après l'évêque de Todi, et fit des ordinations (3), et d'après l'évêque de Récanati, outre les ordinations, il bénit le saint-chrême (4). D'après Jean, évêque de Castro, ce n'est pas à Ostie, mais à Rome même, que ce Cardinal devait faire une ordination, et précisément, pour ne pas exercer des pouvoirs qu'il tenait d'Urbain, il alla à Ostie, et ce fut un évêque franciscain, qui fit l'ordination à sa place (5).

Quelques jours plus tard, d'après le même témoin, ce Cardinal fut obligé, bien malgré lui, d'exercer ses pouvoirs à Rome:

et quod supplicarem sibi quod tum hac consideratione, tum propter nobilitatem generis sui dignaretur dominus papa eum singularius honorare quam alios cardinales.

(1) Ita acciderat pluribus aliis qui similes litteras cardinalium reportaverant quod habuerant effectum ad preces eorum.
(2) Dominus Glandatensis . . . . . petivit ab isto Domino nostro et obtinuit ecclesiam Ostiensem.
(3) P. J. XVII. 48.
(4) P. J. XIX. 20.
(5) P. J. I. 9; Baluze, I. 1179.

" Quelques jours après son retour d'Ostie à Rome, il fallut que
„ le cardinal procédât au sacre de plusieurs prélats, il aurait
„ bien voulu s'en dispenser, mais il ne le put „ (1).

Le cardinal lui-même convient qu'il a sacré quelques évêques : il donne pour raison la crainte du danger et les autres raisons habituelles. Notons en passant, comme il l'observe lui-même, qu'il était déjà évêque et que, par conséquent, la consécration était, en tous cas, au moins valide.

Ce cardinal nous a raconté lui-même l'histoire de sa promotion ; la voici : " On me demande, dit-il, si j'ai prié Barthélemy de me
„ créer évêque d'Ostie. Je réponds en conscience, que je ne l'ai ni
„ prié, ni fait prier par personne, que je me souvienne. Si quelqu'un
„ a intercédé pour moi, je l'ignore. Un jour, je demandai une
„ audience à Barthélemy. Je sais ce que vous voulez, me dit-il.
„ Lui ayant demandé ce qu'il croyait que je voulais ; il me ré-
„ pondit : Vous désirez que je vous donne l'église d'Ostie. — Je ne
„ vous demande pas cela, répliquai-je, et certainement je n'y
„ pensais pas, mais je viens, parce que vous retenez ici sur parole
„ Raymond de Casilhac et plusieurs autres nobles religieux de
„ Saint-Jean, ce qui est un très grand danger pour l'ordre et
„ pour le grand-maître. Voilà pourquoi je suis venu, je crains
„ un grand scandale, si vous ne les relachez. J'avais raison, la
„ prise du grand maître et bien d'autres maux s'en suivirent.

„ On me demande, pourquoi j'acceptai de sa main l'évêché
„ d'Ostie ; je réponds : que l'évêché d'Ostie vaquait du vivant de
„ Grégoire, il me revenait d'après la coutume, parce que j'étais
„ le plus ancien évêque du Sacré-Collège ; Grégoire se préparait
„ à faire cet arrangement, avec les cérémonies d'usage, quand
„ la mort vint l'en empêcher. Barthélemy, qui désirait faire tout
„ ce qui était d'un souverain pontife, et, par là, prouver et mani-

(1) Ibidem.

„ fester son élection, me proclama évêque d'Ostie, avec toutes les
„ solennités d'usage. Si je n'eusse pas accepté cette promotion,
„ j'eusse fait une chose inouïe, et j'aurais montré que je ne le
„ croyais point pape. Je n'osai donc refuser. La nécessité s'im-
„ posait à moi d'accepter, de dissimuler et de paraître le tenir pour
„ pape. Il est certain, que si, étant à Rome, j'avais émis un doute
„ sur son élection, ou si je n'avais pas accepté simplement et
„ même joyeusement, il m'aurait fait tuer ou incarcérer, car les
„ Romains et d'autres le tenaient pour le vrai pape, et les Sei-
„ gneurs Cardinaux en ce moment se taisaient et dissimulaient.
„ De plus, à la même époque, pour mieux établir son élection
„ ou son intrusion, il m'ordonna de consacrer quelques évêques,
„ qu'il venait de nommer et je n'osai refuser, pour la même
„ raison: mais, comme j'étais moi-même légitimement consacré,
„ la consécration que je donnai était valide, quoique je n'eusse
„ pas l'évêché d'Ostie. Lorsque plus tard je fus hors de son atteinte,
„ en sureté à Anagni, sous la protection des hommes d'armes, qui
„ nous y gardaient, je ne fis plus aucun acte épiscopal.

„ Lorsque au mois d'Août, le Sacré-Collège eut déclaré qu'il
„ n'était point pape, et l'eut requis de céder la papauté, je ne
„ pris plus que le titre de cardinal prêtre de Saint-Cécile, comme
„ on m'appelait vulgairement à Rome, et je repris mon rang
„ auprès du cardinal d'Aigrefeuille que je précédais alors „ (1).

Thomas de Acerno rapporte que: " le cardinal de Glandève
„ se plaignait beaucoup de Barthélemy; il lui dit un jour à lui
„ même: Seigneur Thomas, je vous ai dit souvent que j'étais un
„ de ceux qui avaient mis en avant l'élection du pape, et cepen-
„ dant il ne veut pas donner un bénéfice à mon neveu „ (2).

Questionné sur cette allégation, le cardinal de Glandève dit:
" Je réponds, que cela est de tous points un mensonge; car je

(1) P. J. XXXII1. 18.
(2) Baluze, I. 1077.

„ ne me suis jamais plaint, ni à lui ni à personne, du refus d'un
„ bénéfice pour mon neveu Jamais je n'ai soutenu à personne
„ qu'il fût pape, conformément à ma protestation du contraire,
„ que les ambassadeurs ont en mains. Je ne puis me souvenir
„ d'avoir vu Thomas de Acerno à Anagni, bien plus, j'ai ici avec
„ moi seize familiers, qui ne m'ont pas quitté à Anagni, ils sou-
„ tiennent tous ne pas l'y avoir vu, ni chez moi, ni en ville. Je
„ ne puis avoir souvenance, et mes serviteurs non plus, que jamais,
„ soit là, soit ailleurs, il m'ait assisté à ma messe, ou qu'il ait
„ mangé à ma table, et cependant il se dit, mais c'est un men-
„ songe, très lié avec moi. Il s'est trouvé, c'est là tout, comme
„ plusieurs autres, sur le navire qui m'a amené. D'ailleurs, étant
„ à Anagni, nous nous déterminâmes à déclarer que Barthélemy
„ n'était point pape. Qu'avais je donc besoin de m'inquiéter de
„ ses bénéfices ? „ (1).

Explications des Cardinaux au sujet des demandes de bénéfices. Demandes d'absolution. — En ont-ils fait usage ?

5. Tout ce que le cardinal de Glandève concède, c'est qu'il a laissé ses familiers offrir un cahier de suppliques à Urbain, et cela, à cause du danger qu'il y avait pour lui de manifester ses sentiments en s'opposant à cette requête (2).

D'après Guillaume Bie, le cardinal de Genève fit de même, il laissa faire ses amis " pour ne pas leur déplaire „ et il ne leur permit de faire parvenir leurs suppliques " que le plus tard possible „ (3).

D'après le cardinal d'Aigrefeuille lui-même, lui n'a rien de-

---

(1) P. J. XXXIII. 19.
(2) P. J. XXXIII. 15.
(3) Sed solum ad contentandum suos familiares permisit et hoc ut tardius potuit.

mandé à Urbain, mais ses familiers l'ont fait en son nom. " Au
„ sujet des bénéfices ou choses semblables, je ne lui ai ni donné
„ ni offert aucune supplique, ni pour moi-même, ni pour d'autres,
„ ni pour qui que ce soit. . . . . Je dis de plus, que
„ si j'avais refusé à mes familiers de leur laisser faire ce rouleau
„ de suppliques en mon nom, j'aurais laissé transpirer quelque
„ chose de mes intentions, ce qui eût été très dangereux pour
„ moi, j'en ai dit ailleurs la raison „ (1).

Le cardinal de Saint-Ange avoue que, vaincu par les supplications de ses amis, il a présenté leurs requêtes, non pas en les offrant à Urbain, mais en les laissant sur une fenêtre de ses appartements:

" Je ne lui ai jamais demandé ni indulgence ni bénéfice, dit ce
„ Cardinal, pour moi ou pour d'autres. Je ne lui ai présenté
„ qu'un rouleau, contenant des grâces expectatives pour mes
„ familiers; je le déposai sur une fenêtre de son appartement
„ au moment de mon départ. J'ai fait cela, sur les instances importunes de mes familiers, qui ne pensaient probablement pas
„ que Barthélemy était un intrus. Je n'osais pas en ce moment
„ leur dire ce que j'en pensais „ (2).

Le cardinal de Vernhio fait le même aveu; lui aussi ne céda qu'aux instances de ses amis (3).

Nous verrons la même repoche adressé aux Cardinaux, quand ils seront à Anagni. Il est cependant un Cardinal dont on a censuré une supplique adressée à Urbain et lui demandant deux bénéfices pour lui-même, bénéfices qui lui furent accordés. Ce Cardinal est celui de Marmoutier. Raynaldi cite tout au long cette pièce, la demande d'un bénéfice pour le Cardinal y est clairement exprimée; Raynaldi regarde cette lettre comme inatta-

(1) P. J. XXXV. 19.
(2) P. J. XXXVI. 23.
(3) P. J. XXXVII. 20.

quable, parce qu'elle est parmi les documents, venus d'Avignon ; mais il ne dit pas qu'il la copie dans la déposition de l'Urbaniste évêque de Jaen, ce qui lui enlève le caractère d'authenticité incontestable dont il parle. D'ailleurs, le Cardinal y exprime la raison de sa demande: " J'aurais bien attendu . . . . mais „ je craignais d'être devancé „.

La concession de ces deux bénéfices fut faite en ces termes: " *Motu proprio*, nous accordons a Gérard, cardinal prêtre du titre „ de Saint-Clément, le prieuré... de l'ordre de Saint-Augustin „.

6. Une autre allégation contre les Cardinaux est celle-ci : ils ont demandé à Urbain une absolution générale, ou une indulgence plénière (les deux expressions sont employées équivalemment par les témoins).

Il paraît résulter du *casus* des Cardinaux italiens, qu'il y eut en effet une demande analogue faite à Urbain, le lendemain de son couronnement : " Le doyen des Cardinaux prêtres, disent-ils, „ lui demanda pour les Cardinaux la faveur de pouvoir choisir „ un confesseur, qui pût leur donner *l'absolution plénière*. Il la „ leur accorda „ (1).

Le cardinal de Florence, dans les notes qu'il ajoute à ce *casus*, explique comment les Cardinaux furent amenés à faire cette demande :

" La verité, dit-il, est que Barthélemy demanda ce qu'il était „ d'usage de faire au commencement d'un pontificat ; il lui fut „ répondu : qu'il était d'usage, que le nouveau Pape accordât des „ grâces spirituelles et temporelles etc. „ (2).

D'après le cardinal de Poitiers, cette demande aurait été faite par quelques Cardinaux seulement ; il dit ceci, à l'encontre de ce qu'affirme Urbain lui-même, à savoir, que cette demande lui a été faite par douze Cardinaux : " Autant qu'il me semble,

---

(1) P. J. XXVII. 11.
(2) Ibidem en note.

„ dit-il, quelqu'un ou quelques uns, mais fort peu nombreux, lui
„ firent cette demande verbalement. Pour moi, je sais que je n'ai
„ fait aucune demande à ce sujet, et que je n'ai pas usé de son
„ indulgence „ (1).

Le cardinal d'Ostie parle dans le même sens: " Jamais, dit-il,
„ je n'ai demandé ni absolution, ni dispense, ni indulgence d'au-
„ cune sorte, ni pour moi, ni pour d'autres, au moins à mon sou-
„ venir. S'il en a concédé, soit par *motu proprio*, soit à la sol-
„ licitation de quelqu'un, je l'ignore absolument. Mais en ma
„ présence, ou à ma connaissance, je le nie absolument „ (2).

7. Les Cardinaux ont-ils usé de cette concession? Voici la
réponse de la plupart d'entre eux à cette question;

Le cardinal d'Aigrefeuille n'en a pas usé: " *Je ne me suis
„ point fait absoudre, dit-il, en vertu de cette concession* „ (3).

Le Cardinal de Poitiers, à la demande qu'on lui fait pour
savoir: " *s'il a usé de l'absolution plénière accordée par lui à
„ tous les Cardinaux, répond: Non* „ (4).

Le cardinal de Viviers en a usé: " *Non pas simplement,*
" *dit-il, mais sous la condition qu'il fût en son pouvoir de me
„ l'accorder.* Je n'avais nullement l'intention de lui conférer par
„ là un droit nouveau „ (5).

Voici ce que raconte Henri de Buda, augustin hongrois,
pénitencier d'Urbain VI: " Peu de jours après l'élection, il en-
„ tendit la confession d'un Cardinal, qui lui demanda l'absolu-
„ tion générale. Le pénitencier lui ayant dit, qu'il la lui don-
„ nait au nom et par l'autorité du Pape Urbain, *le Cardinal
„ lui répondit: de ne pas dire cela, mais de l'absoudre par l'au-*

---

(1) P. J. XXXIV. 41.
(2) P. J. XXXIII. 21.
(3) P. J. XXXV. 18.
(4) P. J. XXXIV. 22.
(5) P. J. XXXII. 15.

„ *torité de l'Eglise*. Celui-ci lui ayant répliqué, que le lende-
„ main il communierait de sa main, le Cardinal lui répondit :
„ qu'il recevrait l'Eucharistie des mains de l'archevêque de
„ Bari.

„ Interrogé qui était ce Cardinal. Après quelques hésitations
„ il dit : que c'était le Cardinal de Vernhio „ (1).

Notons en passant, que ce témoin est un partisan d'Urbain VI.

Un autre augustin urbaniste, François d'Orvieto, rapporte :
" que le Cardinal de Florence, dont il était le confesseur, le
„ fit un jour appeler et lui dit : qu'il voulait se confesser et
„ entrer dans le détail des fautes qu'il avait commises depuis
„ sa naissance. Notre Seigneur le Pape, lui dit-il, m'a accordé,
„ comme à tous les Cardinaux, l'indulgence plénière et l'abso-
„ lution générale, pour cette circonstance seulement. Je veux
„ en bien profiter, et faire une confession détaillée. S'étant con-
„ fessé, il ajouta : Je veux que vous me donniez l'absolution
„ au nom de N. S. Urbain, avec cette indulgence et la remis-
„ sion de tous mes péchés. Il fut fait comme il le demandait,
„ dans la chambre intérieure de son hôtel à saint . . . . où il
„ habitait. Il fit sa confession à genoux aux pieds du religieux,
„ il fit paraître une grande contrition de cœur et ayant reçu
„ l'absolution au nom d'Urbain VI, il descendit dans sa chapelle
„ et célébra très dévotement la messe, son confesseur l'assi-
„ sta „ (2).

La conduite du Cardinal de Florence, en cette circonstance,
était trop en opposition avec ce qu'il avait dit et écrit, pour
que les enquêteurs ne lui aient pas demandé des explications
à ce sujet, et voici ses explications : " Je réponds : que Fran-
„ çois d'Orvieto était en effet mon familier et mon chapelain,

---

(1) P. J. XII. 2.
(2) P. J. XXX. 10.

„ et qu'à l'occasion, je me confessais à lui comme aux autres.
„ Je soutiens que ses paroles ne méritent aucune créance, parce
„ qu'il avoue savoir ce qu'il dit par la confession sacramentelle,
„ où il tenait la place de Dieu ; c'est une grande faute. De plus,
„ maître François m'était très suspect ; je savais, à n'en pouvoir
„ douter, qu'il était l'espion de Barthélemy dans ma maison et
„ auprès de ma famille ; plusieurs personnes dignes de foi me
„ l'avaient dit déjà ; et en particulier Bonaventure de Padoue,
„ supérieur général des Augustins, m'avait plusieurs fois donné
„ avis de me méfier de lui, parce qu'il le savait envoyé par
„ Barthélemy, pour surveiller ce qui se passait chez moi et le
„ lui rapporter. Ce qu'il dit de l'indulgence et des paroles
„ que j'aurais dites selon lui, est faux. Ce qui est cependant
„ vrai, c'est que, en parlant de l'indulgence, les soupçons que
„ j'avais contre lui me firent lui répondre : *Qu'elle me profite
„ autant qu'elle peut me profiter*. Je ne voulais pas découvrir
„ autrement ma pensée. Enfin, un jour, voulant me confesser
„ pour célébrer ensuite, avant de commencer ma confession je
„ lui dis : Je veux d'abord vous dire vos propres péchés. Je
„ sais que vous êtes un espion dans cette maison ; en cela vous
„ agissez mal, voyez si c'est convenable pour un religieux et un
„ familier ! Et j'ajoutai, je ne veux pas que vous me répondiez
„ là dessus, car je sais parfaitement la vérité. Cela dit, je me
„ confessai comme à l'ordinaire „ (1).

Les Cardinaux disaient-ils les oraisons *Pro Papa* ? Présents qu'ils ont faits à Urbain.

8. Pierre de Loqueriis, évêque dominicain, rapporte, au sujet de la collecte *pro papa*, ce qui suit : " Le seigneur Christo-

---

(1) P. J. XXX. 10.

„ fore Galina de Venise, auditeur du sacré palais apostolique,
„ m'a dit, qu'il pouvait testifier en conscience, qu'étant à Ana-
„ gni avec le cardinal d'Aigrefeuille, son maître, il assistait
„ chaque jour à la messe avec lui, et chaque jour, en sa pré-
„ sence, on disait la messe pour le Seigneur Urbain. Il pouvait
„ en dire autant du Seigneur de Luna „ (1).

Ces deux Cardinaux laissaient dire devant eux les prières pour le pape, même à Anagni; nous entendrons bientôt l'excuse qu'ils apportent pour justifier leur conduite dans les premiers jours de leur résidence à Anagni. Ils n'étaient pas en sûreté.

Qu'à Rome les Cardinaux aient dit cette prière pour Urbain, bien des insinuations de témoins semblent l'établir, l'évêque d'Assise entre autres n'ose se prononcer, il lui semble qu'il en est ainsi; mais à Anagni, d'après ce qu'on disait à Rome, les Cardinaux ne dirent plus l'oraison " *Deus omnium* „.

Toutefois, même à Rome, tous les Cardinaux ne priaient pas à la messe pour Urbain. Jean Rame, qui assistait habituellement à la messe de son maître, le cardinal de Viviers, et qui de plus " servait au missel „ comme il s'exprime, ne l'a jamais entendu nommer Urbain ni dans le canon, ni dans les collectes (2).

9. Nous avons appris de l'évêque de Todi, que le cardinal de Genève avait donné un anneau de grande valeur à Urbain, le jour même de son retour de Zagarole. Le même évêque soutient que le Camerlingue offrit à Urbain une boîte de bijoux: ce dernier cadeau est peu vraisemblable, nous l'avons dit. Etienne de Ni-

(7) Cotidie ipso Domino presente dicebatur Missa pro Domino Urbano. Item quod audiverat id multotiens . . . . . in missis D. RR. D. de Luna.

(8) Dominum suum cardinalem Penestrinum... presbyterum cardinalem, se sopissime celebrantem et nullum papam in orationibus suis neque in Te igitur quod est in canone minime nominasse cum ipsemet attestans continuo in libro missali servierit.

golo rapporte le même fait au sujet du cardinal de Genève; d'après lui, l'anneau valait l'importante somme de " cinq cents florins d'or „ (1).

L'évêque élu d'Auria ajoute, que le cardinal de Poitiers donna à Urbain des rochets (2). Jean Rame, qui était le familier intime de ce cardinal, relate le même fait, et il en donne la raison, " c'é-„ tait, dit-il, pour capter sa bienveillance et obtenir la permission „ de quitter Rome un des premiers „ (3): Le cardinal de Poitiers convient lui-même du fait et donne pour excuse, " qu'il espérait, que peut-être il serait réélu „ (4).

Indulgences.

10. Nous avons dit que généralement les témoins confondent absolution générale et indulgence plénière. Voici cependant un fait, raconté par Guillaume d'Angleterre, évêque d'Achonry, où il est question d'indulgences proprement dites. Cet épisode ne manque pas d'intérêt. " Le jour de la fête des Apôtres Philippe et „ Jacques (1er Mai), le témoin assista aux offices dans la basi-„ lique des XII Apôtres, église titulaire de l'antipape Robert. „ Contrairement à l'usage, on ne publia pas l'indulgence. Le té-„ moin s'approcha de Robert, alors cardinal de Genève, et lui „ manifesta son étonnement, lui demandant, pourquoi, dans son „ titre, l'usage de la publication de cette indulgence n'était pas „ observé; il le supplia ensuite, au nom de Dieu, de l'éclairer „ au sujet de notre Seigneur Urbain, et de lui dire s'il était ca-

(1) Item cardinalis modo antipapa presentavit Domino nostro pape unum annulum ad valorem V^c (500) florenorum auri in signum quod erat verus papa.

(2) Cardinalis Pictavensis sibi dederat roquetos.

(3) Captando benevolentiam cum eodem ut primus cum domino de Agrifolio Urbem posset exire ......

(4) P. J. XXXIV. 35.

„ noniquement élu. Il lui dit cela en secret et à voix basse, pour
„ ne pas être entendu. L'antipape Robert lui répondit tout haut,
„ que c'était seulement par distraction, que l'indulgence n'avait
„ pas été publiée, que tous ceux qui parlaient contre notre Sei-
„ gneur Urbain mentaient, et qu'il était vrai pape, élu juridi-
„ quement et canoniquement. Il appuya ses paroles du serment,
„ et ajouta: qu'il avait demandé les indulgences et plusieurs au-
„ tres grâces, ce qu'il n'eût jamais fait, s'il eût su qu'il n'était
„ pas vraiment pape „ (1).

Lettres collectives des Cardinaux annonçant l'élection d'Urbain. — Elles ont été écrites par ordre d'Urbain. — Résistance des Cardinaux.

11. De toutes les allégations des Urbanistes, pour prouver que les Cardinaux reconnaissaient Urbain VI comme étant le vrai pape, aucune n'a l'importance de celle que nous allons rapporter. Les Cardinaux, disent-ils, ont écrit à tous les princes chrétiens, que Urbain VI était le pontife élu canoniquement, après le décès de Grégoire XI. Il est bien évident, que si les Cardinaux eussent écrit spontanément à tous les princes, que l'élection d'Urbain VI était canonique, leurs allégations subséquentes ne détruiraient pas cette première assertion; mais ces lettres, les Cardinaux les ont écrites sous l'influence de la même crainte, qui a dominé leurs actes précédents, et de plus, tout en écrivant ostensiblement, qu'Urbain était le vrai pape, sous main et en secret, ils faisaient savoir aux destinataires de leurs lettres, qu'ils étaient forcés de

---

(1) Robertus antipapa alta voce respondit, quod solum ex distractione evenerat quod indulgentia predicta pronunciata non erat et quod mentiretur quicumque diceret contrarium de D. N. Urbano, asserens quod erat verus papa, rite et canonice electus et hoc juramento fermavit et adidit se petivisse indulgentias et plures alias gratias que nunquam petivisset nisi sciret eum verum papam.

leur dire cela, et ils les priaient d'attendre d'autres missives, avant de se prononcer.

12. Et d'abord, les lettres furent écrites à la requête d'Urbain, et sous sa dictée. Boniface de Amanatis raconte " que les „ dites lettres furent écrites sous la dictée de Barthélemy, il „ voulut en voir les minutes, avant que les lettres fussent expé-„ diées. On y inséra que tous les Cardinaux sans exception l'a-„ vaient élu, et pourtant ce n'était pas vrai, puisque le cardinal „ des Ursins ne lui avait jamais donné sa voix „ (1).

Il y avait grand danger pour les Cardinaux à refuser de faire ce qu'exigeait le pape, la peur les fit obéir: " Oui, dit le „ cardinal de Viviers, les Cardinaux ont cédé à ses instances réi-„ térées, et ils ont notifié son élection. A mon sentiment, ils l'ont „ fait, parce qu'ils ne pouvaient s'en dispenser, sans s'exposer au „ danger „ (2).

Ripert de Siscaneo a ouï dire: " qu'Urbain força quelques „ Cardinaux à écrire aux rois et aux princes séculiers, leur di-„ sant: qu'ils couraient encore beaucoup de danger, et qu'ils „ n'avaient pas d'autre moyen pour s'en tirer honorablement „.

13. Cependant, les Cardinaux ne se plièrent pas absolument aux exigences du nouveau pontife. Voici en effet l'opposition que deux ultramontains firent à sa volonté. Le cardinal d'Aigrefeuille raconte, que Barthélemy voulut que les prieurs de chaque ordre signassent ces missives. Le cardinal de Florence était le prieur des Cardinaux évêques, et celui des Ursins des Cardinaux diacres. " Mais, ajoute-t-il, comme ils étaient italiens, il était à craindre „ qu'à cause de cela, ceux à qui ces missives étaient adressées „ ne les tinssent pour suspectes et ne crussent que, favorables à „ leur nation, ces Cardinaux racontaient les événements autrement

---

(1) Baluze I, 1095.
(2) P. J. XXXII. 18.

„ qu'ils ne s'étaient passés. Urbain voulait, qu'à la place de ces
„ deux Cardinaux, les deux qui venaient après, c'est à dire celui
„ de Limoges, et celui de Saint-Eustache, qui n'étaient pas italiens,
„ posassent avec moi leurs sceaux à ces lettres „. Les deux Cardinaux français refusèrent (1).

L'évêque de Valva nous a conservé les deux raisons qu'allégua le cardinal de Saint-Eustache, pour expliquer son refus : " La
„ première, c'est qu'il n'était pas d'usage, dans l'église romaine,
„ que les Cardinaux annonçassent l'élection du pontife romain;
„ la coutume veut, que l'élu lui-même notifie par lettres son
„ élection. La seconde, c'est que, d'après l'usage de l'église ro-
„ maine, les lettres collectives des Cardinaux sont scellées du sceau
„ du plus ancien Cardinal évêque, du plus ancien prêtre et du
„ plus ancien diacre; or, lui n'était pas le plus ancien de son
„ ordre „.

Urbain VI chercha cependant à imposer sa volonté : " Il de-
„ manda aux Cardinaux, dit Jean Rame, et il voulut absolument,
„ que leurs lettres testimoniales, envoyées aux princes, portas-
„ sent le sceau des trois ordres . . . . . . On lui répondit que ce
„ n'était pas conforme à l'usage; malgré cela, il le voulut abso-
„ lument „.

Il n'obtint pas cependant tout ce qu'il désirait, il eut bien la signature des trois cardinaux prieurs, mais il n'eut pas celles des deux Cardinaux français, qu'il demandait avec tant d'instance. Nous en avons une preuve évidente. C'est la lettre écrite par le Sacré-Collège aux Cardinaux alors à Avignon. Elle est datée du 18 Avril, elle est signée par les trois Cardinaux prieurs, Pierre évêque de Porto, doyen des Cardinaux évêques, c'est le cardinal de Florence, un italien; Guillaume, du titre de Saint-Etienne, doyen des Cardinaux prêtres, c'est le cardinal d'Aigrefeuille; et

(1) P. J. XXXV. 22.

Jacques, du titre de Saint-Georges du Vélabre, doyen des Cardinaux diacres, encore un italien.

Lettres particulières des Cardinaux sur l'élection. Urbain veut les voir.

14. Les Cardinaux ont écrit quelques lettres particulières, dans lesquelles il était question de l'élection d'Urbain VI. Le cardinal d'Aigrefeuille en fait l'aveu, et il explique pourquoi il a agi ainsi: " Ignorant encore l'intention des autres Cardinaux, dit-il, et étant „ à Rome, j'ai écrit, mais à bien peu de personnes, que Barthé- „ lemy avait été élu. Je n'ai cependant pas dit ce qu'il fallait, „ ni la manière dont les choses s'étaient passées, parce qu'il y „ aurait eu du danger pour moi, si mes lettres eussent été ouver- „ tes dans le district de Rome, dont les ports et les passages „ étaient encore fermés et gardés par les soldats de ses ministres. „ Dans la plupart des cas, je m'en remettais à la relation des „ porteurs, qui avaient été personnellement présents à Rome, „ lorsque ces choses avaient eu lieu „ (1).

15. Ce qui empêchait aussi les Cardinaux de dire leur pensée à ceux à qui ils écrivaient, c'est qu'Urbain voulait voir leurs lettres et en faisait effacer ce qui n'était pas à sa convenance: " Une fois, dit le cardinal d'Aigrefeuille, je fus spécialement et „ strictement requis par Barthélemy, d'écrire a mon Seigneur de „ Pampelune, de sainte mémoire. Barthélemy voulut voir ma „ lettre, j'y avais sciemment inséré quelques mots, qui pouvaient „ faire conjecturer au cardinal ce que valait cette élection, et la „ lui faire justement regarder comme douteuse. Barthélemy, ayant „ vu et lu ces mots, en fut un peu troublé. Il m'ordonna sur „ le champ de les effacer, et de mettre autre chose à leur place.

(1) P. J. XXXV. 21.

„ Je n'osai le lui refuser : mais à la fin de ma lettre, afin que
„ que le cardinal ne pensât pas que ce que je lui écrivais, je le
„ lui écrivais de moi même et librement, j'ajoutai et j'écrivis
„ de ma main : *Je vous écris ceci par ordre de mon dit Sei-*
„ *gneur* „ (1).

Le roi de France informé — L'Empereur informé. — Un billet du cardinal de Florence glissé par lui dans sa lettre à l'Empereur.

16. Quelque précaution que prit Urbain pour faire connaître au loin son élection, et empêcher les Cardinaux de lui nuire, la nouvelle de tout ce qui s'était passé à Rome, ne tarda pas à parvenir dans les principales cours de l'Europe.

Le roi de France, dans sa lettre d'adhésion à Clément VII, témoigne qu'il sut bien vite ce qui s'était passé à l'élection d'Urbain VI :

" Le roi apprit quelque chose de cette nomination peu après
„ l'évènement, et même avant qu'on lui eût écrit et que le bruit
„ s'en fût répandu dans le vulgaire. Il apprit ensuite, par les
„ rapports de personnes notables, qui disaient avoir été à Rome
„ au moment de cette nomination, que Barthélemy avait été élu
„ par force et par violence manifeste. Il reçut plus tard, au
„ sujet de la canonicité de cette élection ou nomination, des
„ lettres de Barthélemy et des Cardinaux réunis, mais amenés
„ là peut-être par la peur de la mort. Malgré cela, il reçut de
„ plusieurs Cardinaux, particulièrement des Citramontains, des
„ assertions et des dépositions envoyées par écrits et documents
„ publics, ou par des messagers fidèles, munis de lettres de
„ créance et envoyés expressément au Roi, par lesquelles asser-
„ tions ou dépositions les mêmes Cardinaux, en conscience et sous

(1) P. J. XXXV. 21.

„ serment, soutenaient, que ladite nomination avait été faite par
„ impression violente, et par peur d'une morte alors imminente
„ pour eux, et que ledit Barthélemy devait être tenu pour in-
„ trus à la Papauté, son élection n'étant pas canonique, pour
„ téméraire envahisseur et injuste possesseur du siège apostoli-
„ que „ (1).

On le voit, quelqu'empressement qu'Urbain ait mis à faire connaître son élection, il avait été devancé à la cour de France (2). Etait-ce par les envoyés des Cardinaux, ou par d'autres? En tout cas, le Camerlingue dit que, de son côté, il a mandé au roi de France ce qui s'était passé. "Tandis qu'on écrivait pour no-
„ tifier partout le couronnement de Barthélemy, il dit avoir écrit
„ de sa propre main au roi de France, en présence du cardinal
„ de Saint-Eustache, pour lui dire de bien se garder de croire ce
„ qu'on lui écrivait, car les évènements ne s'étaient pas passés
„ comme on le lui mandait. C'est Pierre de Murlis qui porta sa
„ lettre „ (3).

Raynulphe, plus tard cardinal de Sisteron, neveu du cardinal de Pampelune, raconte, qu'en venant à Rome, envoyé par son oncle, il rencontra, à Saint-Cannat, Pierre de Murlis et son compagnon " qui allaient porter des nouvelles de la création d'Urbain au roi de France et au duc d'Anjou. „ Il avait commission, s'il le rencontrait, de lui demander des nouvelles de l'élection, contre laquelle certains parlaient. Pierre lui répondit: " qu'Urbain était le vrai Pape et que les Cardinaux le tenaient pour tel „. Le même messager, qui portait la lettre des Cardinaux, portait aussi celle du Camerlingue, qui en contredisait le contenu.

(1) Arch. de Vaucl. Fonds des Célestins. Cart. 64.
(2) Paulus Emilius: « De rebus gestis Francorum. Carolus V sapiens » Page 485 « Purpuratos quamplurimos post electum Urbanum, extemplo ad Francum Regem misisse ne fidem ullam haberet litteris, nuntiis... Urbani, Pontificem maximum creatum predicantis ».
(3) Baluze I. 1226.

Peut-être l'envoyé ignorait-il lui-même ce que disait au roi le Camerlingue, ou plus probablement, ne voulut-il rien dire. Nous verrons un fait analogue se produire en Portugal, où l'un des envoyés d'Urbain aura des messages contradictoires à transmettre.

17. L'Empereur de son côté ne tarda pas a être informé de ce qui était arrivé. Voici la narration des faits que nous a laissée Conrade Henri, doyen de Vissegrade, et ambassadeur de l'Empereur et du roi de Bohême, auprès de Grégoire XI.

Il était présent, dit-il, lorsqu'Urbain ordonna aux Cardinaux de Genève et de Florence, en particulier, d'écrire à l'Empereur, ajoutant : J'écrirai de mon côté et je verrai si vous êtes d'ac- „ cord avec moi, car, avant que vous scelliez vos lettres, je veux „ voir si elles concordent avec les miennes. J'expédirai moi- „ même celles de l'Empereur, et je les enverrai avec les vôtres „ par mes messagers. J'enverrai mes présents à l'Empereur, au „ roi de Bohême et aux autres princes. . . . „

Certains Cardinaux lui ayant représenté que cela ne s'était jamais fait, Urbain leur répondit : " Si jamais cela ne s'est „ fait, je veux que cela se fasse. Après quelques altercations, „ les Cardinaux se retirèrent „.

Peu de jours après, Conrade vint chez le Cardinal de Marmoutier. Celui-ci, ayant pris toutes les précautions pour être seul avec lui dans son appartement, lui-dit : " Conrade, ne vous en „ formalisez pas, mais je veux que vous me juriez de ne redire „ à personne, tant que nous serons ici, ce que vous allez en- „ tendre. Les Cardinaux et moi nous avons une telle peur des „ Romains, qu'il nous semble souvent qu'il y en a un aux quatre „ coins de notre appartement „.

Ayant ensuite lu à haute voix les décrets que les Romains avaient violés pendant le Conclave, et rappelé à Conrade ce qu'il avait vu lui-même, il ajouta : " Aujourd'hui, vous voyez comment „ Barthélemy lui-même force les Cardinaux à écrire à l'Empereur,

„ au roi, aux autres princes et à tous nos amis, que son élection
„ et son couronnement sont conformes aux saints canons, ce
„ qui est contre la vérité, contre nos consciences et contre le
„ droit. Si nous refusons de lui obéir sur ce point, nous som-
„ mes en danger de mort. Je vous prie donc de vous préparer
„ à partir, pour aller vers l'Empereur, l'informer de la vérité
„ des violences, impressions, et outrages qui ont été faits aux
„ Cardinaux. Il s'en rapportera à vous et ne s'arrêtera pas à
„ ce que je lui ai écrit, ni à ce que lui ont écrit les Cardi-
„ naux, ni même aux envoyés de Barthélemy. Ne craignez pas de
„ lui dire, car la chose est sûre, que dès que nous aurons quitté
„ la Ville et retrouvé notre liberté, nous procèderons à l'élec-
„ tion canonique du futur Pontife Romain ; nous expédierons
„ ensuite l'affaire de son fils, et nous enverrons, par des mes-
„ sagers solennels, le récit de tout ce qui s'est passé. Alors nous
„ dirons la vérité, que nous n'osons dire tant que nous sommes
„ à Rome „.

Conrade s'excusa, disant, qu'il lui était impossible de se présenter devant l'Empereur, sans avoir un reçu en règle des quarante mille florins qu'il avait remis à Grégoire XI, et dont il avait été empêché par la mort de donner quittance. — Que faire alors, lui dit le Cardinal : " Je lui répondis, que je n'en sa-
„ vais rien. — Il nous faut, reprit le Cardinal, une personne con-
„ nue de l'Empereur, dans laquelle il ait confiance, car il est
„ impossible de lui écrire la vérité. Si de telles lettres étaient
„ saisies, nous serions tous perdus. Que vous semble-t-il, de
„ votre compagnon Conrade de Vesenhem ? Puis-je me confier
„ à lui ? Je lui répondis, que oui.

Celui-ci refusa la commission, alléguant la même raison que Conrade, dont il était le compagnon d'ambassade. Le cardinal choisit alors Venceslas Stirnandus, clerc attaché à l'ambassade : " Il reçut son serment, et lui enjoignit de dire à l'Empereur : de

„ ne point faire cas des lettres de Barthélemy, ni de celles des
„ Cardinaux; de ne point croire les lettres ni les messagers qui lui
„ parleraient de la canonicité de l'élection de Barthélemy, car tout
„ avait été extorqué par la crainte de la mort; enfin, qu'une fois
„ en pleine liberté, ils lui enverraient leurs messagers, pour lui
„ annoncer ce qui aurait été fait, et terminer l'affaire de son fils „.

Conrade de son côté écrivit à son maître, " au sujet de ladite
„ violence. L'empereur, dit-il, reçut avec bonté mon clerc, avec
„ les lettres et les informations qu'il portait de la part du car-
„ dinal de Genève, ainsi que les lettres venant de moi. Il dit au
„ même Venceslas, qu'il voulait demeurer avec le Sacré-Collège.
„ Ceci, je le tiens de mon clerc et d'autres personnes dignes de
„ foi, qui l'entendirent de la bouche de l'Empereur, et me le redi-
„ rent à mon retour „ (1).

18. L'empereur reçut non seulement cet envoyé secret, mais,
dans la lettre du cardinal de Florence, il trouva un billet qui dut
le mettre en garde. C'est le cardinal lui-même qui nous l'apprend : " Il est vrai que j'ai fait écrire une lettre à l'Empereur ;
„ Barthélemy, qui savait que j'étais bien connu de lui, m'en
„ donna l'ordre; mais il est vrai aussi que j'écrivis de ma main
„ une cédule que je glissai secrètement dans cette lettre, j'y
„ disais à l'Empereur, de ne pas croire à ce qui avait été fait,
„ car les choses n'étaient point ainsi, et que bientôt je l'infor-
„ merais mieux „.

Les Cardinaux
demandent que les ambassadeurs soient choisis parmi leurs amis.

19. Pour arriver à faire connaître la vérité aux princes, les
Cardinaux eurent recours à un autre moyen. Ils firent instance
auprès d'Urbain, pour que les ambassadeurs qu'il envoyait fussent

---

(1) P. J. XLI.

choisis parmi leurs parents et leurs amis; de cette manière, les ambassadeurs pouvaient, après avoir remis les lettres du Pape, demander une seconde audience, et secrètement informer les princes, de la part des Cardinaux, de ce qui s'était passé. Adam de Eston et l'évêque de Récanati reprochent cette conduite aux Cardinaux, et ceux-ci n'en disconviennent pas devant les enquêteurs: " Je sais, dit l'évêque de Récanati, que le cardinal d'Ai-
„ grefeuille sollicita avec instance et demanda comme une grâce
„ à N. S. de prendre Bertrand de Veyraco et Pierre de Murlis,
„ ses parents, pour porter au roi de Hongrie et à l'Empereur
„ les lettres sur son couronnement. Le cardinal de Vernhio de-
„ manda qu'un certain Jean de Roquefeuille (1) portât les mêmes
„ lettres aux rois d'Espagne, de Navarre et de Portugal, j'ai
„ moi-même sollicité N. S. plusieurs fois, de la part de mon
„ maître, le cardinal de Vernhio. Il fut fait comme ils le de-
„ mandaient (2) „.

A la suite d'une déposition d'Adam de Eston, les ambassadeurs posent au cardinal d'Aigrefeuille cette question: " Est-il vrai,
„ qu'étant à Rome et tenant Barthélemy pour vrai pape, il s'est
„ arrangé de tel sorte, qu'un écuyer, époux de sa sœur, fut envoyé
„ à l'Empereur, pour lui annoncer l'heureux avènement du Sei-
„ gneur de Bari ? „

Le Cardinal répond: " qu'il n'a rien fait pour que son beau-
„ frère, Bertrand de Veyraco, fut envoyé à l'Empereur pour an-
„ noncer l'élection dudit Barthélemy. Voici la vérité sur ce point.
„ Sous Grégoire XI de sainte mémoire, l'Empereur poursuivait par
„ ses ambassadeurs, auprès de la cour romaine, la confirmation de
„ son fils, le roi de Bohème, comme roi des Romains. Grégoire XI
„ avait confié cette cause au cardinal d'Aigrefeuille ; au moment

(1) Voir N. 21. Comment il s'aquitta de la commission auprès du roi du Portugal.
(2) P. J. XIX. 20.

„ de sa mort, bien que la chose fut conclue, la confirmation
„ n'était pas encore faite ; Grégoire XI se disposait à la faire.
„ Il fut rapporté au cardinal d'Aigrefeuille, qu'on avait suggéré
„ à l'Empereur, que, si cette confirmation était en retard, la
„ faute en était au Seigneur d'Aigrefeuille. C'est pourquoi ce
„ Cardinal fit en sorte que ledit Bertrand, tout dévoué à ses
„ intérêts, accompagnât un soldat napolitain, qui portait, par ordre
„ de Barthélemy, la nouvelle de son élection audit Empereur.
„ Dans la lettre de créance, que le Cardinal donna à Bertrand
„ de Veyraco, sur l'expédition de cette affaire, il informait l'Em-
„ pereur de la direction qu'il lui avait donnée et de la diligence
„ qu'il avait faite. Il ordonna de plus à Bertrand, d'informer
„ l'Empereur, s'il pouvait le voir sans que le soldat napolitain
„ fût là, de la violence qu'avaient soufferte les Cardinaux dans
„ l'élection de Barthélemy. Il apprit plus tard, par le rapport
„ dudit Bertrand, que le soldat napolitain avait su s'arranger
„ de manière à ce que son envoyé ne pût parler en secret à
„ l'Empereur, et que, par conséquent, il n'avait pu l'informer de
„ la violence „ (1).

L'Empereur, en recevant les lettres des Cardinaux, savait donc à quoi s'en tenir sur ce qui s'était passé à Rome, le jour de l'élection

Le roi de Castille informé. — Ambassade d'Urbain au roi de Portugal.

20. Le roi de Castille de son côté fut informé à la fin du mois de Mai, sinon avant, et nous tenons le fait de celui-là même qui lui a fait parvenir une lettre à ce sujet: c'est Alvarez Martin :

(1) P. J. XXXI. 5.

" Vers la fin du mois de Mai, ou au commencement du mois
„ de Juin, le cardinal de Genève étant à Rome, lui dit secrè-
„ tement: que les Cardinaux avaient tous la même intention,
„ excepté le cardinal de Saint-Pierre, qui était idiot, lequel
„ voulait que tous les princes chrétiens envoyassent leurs am-
„ bassadeurs à Barthélemy et se soumissent à lui; il lui dit
„ d'autres paroles de ce genre, puis il ajouta, qu'il devrait dé-
„ pêcher à son maître, le roi (de Castille), un envoyé de confiance
„ très discret, ou, s'il n'en avait pas, il devrait lui expédier
„ une cédule sans date et sans nom, pour lui dire, de ne pas
„ envoyer d'ambassadeur, avant d'en avoir délibéré avec son cousin
„ le roi de France . . . . . Il dit, qu'il envoya une cédule à son
„ maître, le roi de Castille, comme le lui avait ordonné le car-
„ dinal de Genève „ (1).

21. Le roi de Portugal fut également instruit de ce qui se passait, par un des ambassadeurs qu'Urbain lui avait envoyés, et qui
avait une mission secrète de la part des Cardinaux. Nous tenons ce
détail de Martin, évêque de Lisbonne, que le roi de Portugal envoya plus tard au roi de France. Il raconte, qu'il vint deux ambassadeurs offrir des présents au roi Ferdinand, de la part d'Urbain. Quand le premier se fut acquitté de sa mission, " le roi
„ prit à part l'autre ambassadeur, le Seigneur Jean (2), écuyer
„ du cardinal de Barrère, ils conférèrent ensemble sur le même
„ sujet. Cet ambassadeur dit au roi: qu'il avait à lui découvrir
„ certaines choses, mais sous le secret le plus inviolable et avec
„ la promesse, que le roi lui fit, de ne révéler ce secret qu'à un
„ homme très connu de lui, dans lequel il avait absolument con-
„ fiance; puis il ajouta, de la part de certains Cardinaux, que
„ ceux-ci ne tenaient pas ce Barthélemy pour pape, que leur in-

(1) Ipse misit unam cedulam D. suo regi Castelle ut sibi manda-
verat D. Gebennensis.
(2) C'est Jean de Roquefeuille, dont parle l'évêque de Récanati, n. 19.

„ tention était de fuir Rome, dès qu'ils le pourraient commodé-
„ ment, d'élire ailleurs le vrai vicaire de J. C., et de ne pas laisser
„ séduire le peuple de Dieu..... Le roi en entendant ces paroles
„ fut troublé ; j'ignore et je ne crois pas, qu'il ait dit ceci à un
„ autre, mais j'atteste qu'il me le dit à moi, à Molida au diocèse
„ de Lisbonne, où il était malade, en présence de la reine sa
„ femme et en m'enjoignant de tenir cela très secret, en vertu de
„ la fidélité que je lui devais. Il me dit donc, que les Cardinaux
„ étaient dans un grand péril de mort, que la foi catholique
„ souffrait beaucoup, que le Seigneur Jean lui avait dit, qu'il
„ espérait, qu'avant son départ d'Espagne, il y aurait un nouveau
„ pape. Ceci eut lieu en effet, ce qui prouva, que l'ambassadeur
„ Jean avait réellement un mandat des Cardinaux. L'ambassadeur
„ dit encore au roi, que les Cardinaux avaient fait connaître en
„ secret ce qu'il venait de lui dire, aux autres princes catholi-
„ ques, dans lesquels ils avaient confiance „.

Ce dernier mot de l'ambassadeur Jean nous a fait penser que le roi de Castille fut informé avant la fin du mois de Mai.

D'ailleurs, l'évêque de Récanati nous dit expressément, n° 19, que Jean de Roquefeuille fut envoyé aux rois d'Espagne, de Navarre et de Portugal. Nous venons de voir cet ambassadeur dévoilant tout au roi de Portugal, de la part des Cardinaux. N'est-il pas à croire qu'il en fit autant en Aragon et en Castille ?

Les Cardinaux qui étaient à Avignon furent informés les premiers.

22. Nulle part cependant on ne fut informé de ce qui s'était passé à Rome, plus tôt qu'à Avignon. Avant même l'élection, Nicolas Clément, sur le point de partir pour cette ville, avait reçu mission de dire au cardinal de Pampelune ce que redoutaient les Cardinaux de Rome. Il avait demandé au cardinal de Genève des lettres pour son maître, le cardinal de Pampelune, avant le Con-

clave; nous avons raconté le danger que couraient les messagers. Le Cardinal ne lui en donna pas, mais il lui dit: " J'espère, que „ mon Seigneur de Pampelune voudra bien s'en rapporter à vous, „ ..... vous lui direz que je le supplie de prendre mon âme „ et mes parents sous sa protection. Puis, après une pause et „ les larmes aux yeux, il ajouta: Dites lui aussi, que mes Sei-„ gneurs les Cardinaux qui sont ici et moi nous avons grande „ confiance en lui et dans les Cardinaux qui sont à Avignon. „ Mardi, nous devons entrer en Conclave, et au cas où, par vio-„ lence ou autrement, nous ferions ce que nous ne devrions pas „ faire, que mes Seigneurs y avisent entre eux et prennent soin „ de la sainte mère l'Eglise „. Arrivé à Avignon, il raconte les choses à son maître, puis il lui dit qu'il a un secret à lui communiquer. " Il m'entraîna alors secrètement à l'écart et me de-„ manda ce que j'avais à lui dire; quand je lui eus répété les „ paroles du cardinal de Genève, presque en larmes et le visage „ bouleversé, il me dit avec étonnement: Ah! je crois fort que „ tout ce qui a été fait au sujet de Barthélemy est de nulle va-„ leur. Les Cardinaux ont feint de l'introniser, mais parce que „ je connais la grandeur de son cœur, je doute qu'il accepte, et „ parce que je l'aime, je le plains. S'il accepte, il est excommunié, „ antipape et anathématisé; il énuméra devant moi toutes les pei-„ nes, que les saints canons dictent en ce cas, et tout pensif il „ entra dans son cabinet „ (1).

Ce fut donc vraisemblablement par Nicolas Clément, que les Cardinaux eurent connaissance à Avignon de ce qui se passait à Rome, et qu'ils conçurent les premiers doutes sur la validité

(1) O! credo quod, quidquid factum est de ipso Barense, nichil valet, simulate intronizaverunt eum, sed quia ego cognosco altitudinem cordis sui, dubito quod ipse acceptabit; et quia deligo eum, plango eum, nam, si ipse acceptet, ipse erit excommunicatus, antipapa, anathematizatus, et alias penas que in processibus continentur, narravit michi ....

de l'élection, comme le dit le cardinal de Pampelune à cet envoyé. La lettre, que le 11 Avril, trois jours après l'élection, le *socius* du cardinal de Luna écrivit à un de ses amis, vint confirmer la mission verbale de Nicolas Clément. Les Cardinaux italiens ignoraient sans doute cette ambassade et cette lettre, quand ils disaient: " Le Sacré-Collège écrivit aux cardinaux d'A-
„ vignon, et dans sa lettre il disait: que les Cardinaux l'avaient
„ élu librement et unanimement; quelques uns écrivirent plus
„ tard au sujet de la même élection „ (1).

Une des lettres dont ils parlent, est probablement celle que le cardinal d'Ostie dit avoir écrite à deux cardinaux d'Avignon, pour les mettre en garde contre les lettres favorables à Urbain, qu'ils pourraient recevoir. Encore cette lettre parait-elle avoir été écrite avant la lettre collective du Sacré-Collège, puisqu'elle parlait de " ceux qui leur écriraient le contraire. A la demande
„ qu'on me fait, dit le cardinal d'Ostie, pour savoir si j'ai écrit
„ à quelque roi, prince, comte ou prélat, pour dire que Barthé-
„ lemy était pape légitimement élu, je dis que non; bien plus
„ j'ai écrit le contraire aux Seigneurs d'Albano et de Boulogne,
„ leur racontant la violente pression exercée sur nous, à notre
„ entrée au Conclave, et les terribles menaces de mort qui nous
„ furent faites. Je prévenais le Seigneur de Boulogne de ne point
„ croire *ceux qui lui écriraient le contraire*, car, quelques autres
„ Cardinaux écrivaient pour apaiser Barthélemy et pour passer le
„ temps. Les jours étaient bien mauvais. Dans une autre lettre
„ écrite d'Anagni, je lui disais, au sujet de la papauté de Bar-
„ thélemy, de ne pas croire aux lettres écrites de Rome, car
„ c'était lui qui les faisait faire à sa guise, et sceller sur place, de
„ sorte que personne n'osait s'y opposer. Quand aux lettres écri-
„ tes à Anagni contre son élection, il pouvait s'y rapporter. Le

---

(1) P. J. XXVII. 18.

„ cardinal d'Embrun, l'évêque d'Apt, le religieux Bertrand Bé-
„ ralhi, le Seigneur Guy de Museto, chanoine et sacriste du car-
„ dinal de Glandève, savent les détails de tout cela „ (1).

Nous avons deux faits, qui prouvent qu'à Avignon on doutait de la légitimité de l'élection d'Urbain.

Le premier, c'est l'arrivée à Rome d'un Ambassadeur envoyé par les cardinaux d'Avignon, pour savoir ce qui s'y passait. Nous tenons ce fait d'Alvarez Martin (2). L'ambassadeur était ce neveu du Cardinal de Pampelune que nous avons vu, sur la route de Rome, rencontrant, à Saint-Cannat, Pierre de Murlis, et lui demandant des nouvelles de l'élection, " contre laquelle on parlait à Avignon „. On y savait donc quelque chose de ce qui s'était passé à Rome.

Le second fait, c'est que, lorsque le châtelain du fort Saint-Ange écrit aux Cardinaux d'Avignon, pour leur demander leur avis sur la reddition du château, à la fin du mois de Mai, deux seulement sur six lui répondent ; puis, quelques temps après, les deux mêmes Cardinaux, écrivant sur le même sujet à Urbain, lui disent : " que les autres Cardinaux on voulu différer de ma-
„ nifester leur intention à ce sujet, et qu'ils ont renvoyé à plus
„ tard d'écrire, disant, qu'ils voulaient auparavant être mieux
„ informés sur cela, par les autres Cardinaux présents sur les
„ lieux ou par leurs lettres „.

Ce passage de la lettre des deux Cardinaux serait inexplicable, s'ils n'avaient rien connu de ce qui s'était passé.

Il semble donc ressortir de tout ce qui précède, que les Car-

---

(1) P. J. XXXIII. 14.

(2) Semel quasi immediate mensis Maii vel ante, Cardinalis Gebennensis existens Rome dixerat sibi secrete quod sciret ab aliquibus qui venerant Avenione, pro eo quod sibi dictum fuerat quod dubitabatur Avenione de statu istius, quod si eos invenirent, quod facerent sibi eos videre secrete et caverent sibi a romanis, quia alias poterat periculum imminere.

dinaux, il est vrai, ont informé toutes les cours chrétiennes et leurs confrères d'Avignon, qu'ils avaient élu Urbain VI. Le danger qui les menaçait leur a fait dire, que l'élection était canonique. Mais ils ont pris leurs précautions, pour faire connaître partout ce qui s'était passé lors de l'élection, et ce qui les empêchait de dire ouvertement la vérité.

Chapitre VIII.

LE CARDINAL D'AMIENS.

1. Son arrivée à Rome. — 2. Mécontentement des Cardinaux. — 3. Altercation en consistoire. — 4. Influence du Cardinal d'Amiens sur le Sacré-Collège. — 5. Inimitié d'Urbain pour lui. — Autres altercations. — 6. Conspiration du Cardinal d'Amiens. — 7. Il dit publiquement ce qu'il pense. — 8. Son audace en impose aux Romains. — 9. Ses amis. — 10. Urbain s'élève contre la Simonie. — 11. Il reproche aux Cardinaux le luxe de leurs tables. — 12. Il leur ordonne de réparer les églises cardinalices. — 13. Raisons des Urbanistes pour expliquer le désaccord. — 14. C'est l'amour des Cardinaux pour la France, et leur crainte de son roi. — 15. C'est parce qu'Urbain refusa d'aller à Avignon. — 16. Paroles désobligeantes d'Urbain au chapitre de Saint-Pierre. — 17. Ces reproches étaient-ils mérités ?

Son arrivée à Rome. — Mécontentement des Cardinaux.

1. Le Cardinal Jean de la Grange, vulgairement appelé le cardinal d'Amiens, parce qu'il avait été évêque de cette ville avant sa promotion, était à Pise, lorsqu'il apprit la mort de Grégoire XI. Il était légat en Etrurie et travaillait à réconcilier Florence avec Rome. Il ne quitta Pise que le Mercredi sept Avril, le jour même où ses collègues entraient en Conclave. Il se dirigea vers Rome, dit la chronique Pisane de Ramieri Sardo, "*per la via di Maremma*„ et arriva à Piombino, où il fut rejoint le lendemain par Othon de Brunswik. Bientôt

avec deux autres personnages, André de Jambecourte, et l'évêque de Pampelune, il prit la mer pour venir à Rome.

Il apprit en route l'élection de l'archevêque de Bari et il dépêcha aussitôt un courrier vers les Cardinaux, pour leur reprocher d'avoir élu un italien. C'était au moins ce qu'on disait à Rome (1).

2. Il arriva à Saint-Paul-hors-les-murs, et il y passa la nuit ; là, peut-être apprit-il que les Cardinaux, ses collègues, avaient déjà à se plaindre de leur élu, car, au rapport du grand pénitencier Gonsalve, le pape n'avait pas tardé à donner aux Cardinaux occasion d'être mécontents : " *Peu après* (*le couronnement*) „ *les Cardinaux commencèrent à être mécontents de notre Seigneur* „ *le Pape* (2). *Je crois que ce mécontentement funeste eut plu-* „ *sieurs causes ; voici, à ce sujet, ce que j'ai vu et entendu, et* „ *les conjectures que j'en ai faites. Une de ces causes fut que* „ *N. S. le Pape, soit en paroles, soit en actions, n'honorait pas* „ *les Cardinaux et autres personnages, comme le faisaient ses pré-* „ *décesseurs. Une autre cause fut, que les Cardinaux obtenaient* „ *fort peu de ce qu'ils demandaient pour eux et les leurs* „ (3).

Théodoric de Niem (3) dit, que dans un consistoire tenu le Lundi de Pâques, le lendemain de son couronnement, Urbain s'attira une réplique fort sévère de Martin de Salva, évêque de Pampelune ; c'est inexact, puisque cet évêque n'arriva à Rome que le Samedi suivant, avec le cardinal d'Amiens.

---

(1) Verum quod audivi de isto cardinale (Ambianense) quod de via a qua revertebatur Romam per suas litteras increpaverat cardinales non modicum de hoc quod non elegerunt ultramontanum dicendo: Bene non timidi estis ut pueri.

(2) Paululum post inceperunt cardinales esse male contenti... de Domino papa.

(3) Dominus papa verbis et gestibus non honorabat cardinales et alios, more precedentium pontificum, item alia causa, quia pauca potuerunt ab eo de hiis, que pro se et suis petebant, obtinere.

Altercation en consistoire
Influence du Cardinal d'Amiens sur le Sacré-Collège.

3. Est-ce avant l'arrivée de ce Cardinal, est-ce après, que se passa ce que raconte le frère Ange ? Toujours est-il que le cardinal d'Amiens n'intervint pas : " Dans un consistoire privé, „ dit-il, Barthélemy quitta son siège avec rage, pour frapper le „ Cardinal de Limoges ; il ignore à propos de quoi. Le seigneur „ de Genève, aujourd'hui Clément VII, se jeta entre le Cardi- „ nal et Barthélemy, et s'adressant avec calme à celui-ci, il lui „ dit : O Saint-Père, Saint-Père, que faites-vous ? En ce disant „ il le fit asseoir de nouveau „ (1).

Dans plusieurs circonstances analogues, nous voyons intervenir le cardinal d'Amiens ; c'est ce qui nous fait douter qu'il fût arrivé quand se passa cette première scène de violence.

4. Quelle fut la conduite des Cardinaux avant l'arrivée de Jean de la Grange ? Encore sous l'influence de la peur, qu'ils avaient eue pendant le Conclave, et de la crainte du danger, qui les menaçait encore, peut-être se comportèrent-ils comme l'insinue Rodrigue Bernard : " Au commencement, alors que les „ Cardinaux étaient à Rome, ils disaient, qu'Urbain était le vrai „ pape, et volontiers ils lui rendaient leurs respectueux hommages, „ mais plus tard, obéissant aux instantes suggestions du cardinal „ d'Amiens, ils devinrent pervers „ (2).

" Pervers „ n'est peut-être pas le mot exact ; mais la vérité est que, ayant à leur tête un homme du caractère du cardinal d'Amiens, ils reprirent courage et se montrèrent moins timides.

---

(1) Baluze I. 1067.
(2) Baluze I. 1160.

Inimitié d'Urbain pour le cardinal d'Amiens. — Altercations.

5. Jean de la Grange avait-il fait quelque chose pour s'attirer l'inimitié d'Urbain? Nul ne nous le dit; mais, dès son arrivée, le Pape se laissa aller à lui dire des paroles irritantes. La chose n'est pas douteuse, puisque nous la tenons de l'évêque de Jaen: " Le Pape furieux, dit-il, tint beaucoup de propos très aigres et „ très piquants contre le cardinal d'Amiens „ (1).

Ce fut, d'après Pierre d'Espagne, le cardinal de Genève qui admonesta Urbain pour cette première fois: " Le cardinal de Ge„ nève s'approcha alors du Pape, et lui dit à peu près ces pa„ roles: Bienheureux Père, vous ne traitez pas les Cardinaux avec „ les égards qui leur sont dus, vos prédécesseurs n'agissaient pas „ ainsi; vous abaissez les Cardinaux, eh bien, sachez-le, à leur „ tour, les Cardinaux feront tous leurs efforts pour vous abais„ ser „ (2).

Une autre fois, les rôles furent changés, ce ne fut pas contre le cardinal d'Amiens que le Pape s'emporta, mais contre le cardinal de Genève, et ce fut Jean de la Grange qui répliqua. Nicolas Martin, archidiacre de Salamanque, dit: " (Barthélemy) „ adressa au cardinal de Genève des paroles inconvenantes; le „ cardinal d'Amiens lui répliqua. Aussitôt le Pape dit à ce Car„ dinal, qu'il était un homme méchant, car il avait semé la dis„ corde entre les rois de Castille, d'Aragon et de Navarre, et qu'il „ avait été l'occasion de la mort d'un grand nombre d'hommes. „ Le cardinal lui répondit: qu'il mentait. Le Pape fort mécontent „ s'écria: Voilà ce qu'il dit au vicaire du Christ. — Ce n'est pas „ vrai, répartit le cardinal, car vous n'êtes point Pape; vous n'êtes

---

(1) Baluze I. 1158.
(2) Rayn. 1379. XVI.

Le grand Schisme d'Occident. T. II.

„ pas entré par la porte, ce que prescrit le droit n'a pas été ob-
„ servé . . . . . „ (1).

Si les paroles que ce témoin prête à Jean de la Grange sont exactes, on comprend qu'elles durent faire naître dans le cœur d'Urbain VI une vive animosité. Aussi, ne pouvait-il le voir, sans laisser paraître ses sentiments à son égard. Martin d'Udine, chanoine de Tolède, raconte que: " le cardinal d'Amiens vint un „ jour parler avec Urbain: le Pape était sur son siège: tandis „ que le Cardinal parlait, Urbain mit la main sur sa chape et „ lui dit: Cet habit noir (2) a causé tous les maux du monde. „ Alors le Cardinal s'approcha plus près de lui et lui dit: Comme „ archevêque de Bari vous en avez menti. L'élu dit aux Cardi- „ naux qui étaient là: Approchez, approchez. Ils s'approchèrent. „ S'adressant alors au Cardinal d'Amiens: Que croyez-vous? lui „ dit-il. Je crois, répondit le cardinal, tout ce que croit notre „ Sainte Mère l'Eglise „ (3).

Le frère Ménendus reproduit la réponse du Cardinal à Urbain d'une manière un peu différente. D'après lui, le Cardinal aurait répondu: " A vous, qui aujourd'hui êtes Pape, je ne puis „ répondre, mais si vous étiez, comme il y a peu de jours, petit „ archevêque de Bari (archiepiscopellus) je dirais à ce petit arche- „ vêque, qu'il ment par sa gueule „ (4).

Conspiration du cardinal d'Amiens. — Il dit publiquement ce qu'il pense. — Son audace en impose aux Romains. — Ses amis.

6. S'il faut en croire le grand pénitencier, Gonsalve, le cardinal d'Amiens, ayant jeté bas toute crainte, se mit à conspirer

---

(1) Baluze I. 1158.
(2) Ce cardinal était bénédictin et, comme tel, était vêtu de noir.
(3) Baluze I. 1159.
(4) Baluze I. 1158.

ouvertement contre Urbain. " C'était, dit-il, un homme tout
„ d'action, et plût à Dieu qu'il eût mis sa prudence au service
„ du bien! Quand il eut vu la tournure que prenaient les évè-
„ nements, et le mécontentement d'un grand nombre, au sujet
„ de ce qui venait de se passer, il laissa voir clairement que cela
„ lui déplaisait à lui aussi. Bien plus, il s'entendit reprocher par
„ le pape, d'avoir troublé plusieurs puissances d'outre-mer, par
„ ses menées et ses œuvres; et il reçut ordre de cesser d'inquié-
„ ter les provinces citramontaines. Sa réponse à ces paroles fut
„ dure et peu respectueuse; que dis-je, elle fut menaçante (1).
„ *Il appela d'abord auprès de lui, dans sa maison du Transté-*
„ *vère les ambassadeurs, qui étaient venus avec lui de Viterbe.*
„ *Ceux-ci étaient déjà indignés, car ils comprenaient que la*
„ *paix, que ce cardinal avait faite avec ladite Eglise, ne plai-*
„ *sait pas au pape. Celui-ci aurait voulu en outre satisfaction*
„ *des dommages et réparation des injures faites à l'Eglise et*
„ *à Rome. Le cardinal appela aussi à lui le comte de Fondi,*
„ *très irrité contre le pape, parce qu'il lui avait enlevé son gou-*
„ *vernement du comté de Campanie, qui appartient à l'Eglise.*
„ *Il manda enfin les capitaines des Bretons et des Gascons,*
„ *qui étaient en ce moment à Rome. Pendant huit jours il de-*

(1) Vocatis ad se in domum suam in Transtiberim primo nuntiis prefecti qui tunc venerant de Viterbio cum ipso et jam erant indignati eo quod sustinebant quod pape non placebat pacem factam cum prefata ecclesia per dictum cardinalem, eo quod intendebat quod amplius satisfacerent de iniuriis et damnis ecclesie et Rome factis; et vocato etiam comite Fundorum qui multum erat contra papam scandalizatus propter hoc quod auferebat ei tunc regimen comitatus Campanie, qui est ecclesie; et vocatis capitaneis britanorum et vasconum qui tunc erant Rome et cum istis et aliis paucis similibus fere per octo dies reclusit se in eadem domo sua in quibus quasi semper erat cum iisdem in consiliis non pacificis, imo in ministerio iniquitatis, ut jam clare apparet, et ex tunc ceperunt cardinales omnis, et maxime isti qui conscii erant hujusmodi ministerii, ad eundem Anagniam sub pretextu mutandi aerem festinare; . . . .

„ *meura enfermé chez lui avec ces gens et autres de même espèce.*
„ *Presque sans cesse il était en conférence avec eux. Que se*
„ *traitait-il là? Rien de pacifique; c'était un ministère d'ini-*
„ *quité, comme on le voit clairement aujourd'hui. Dès ce moment,*
„ *tous les Cardinaux, et ceux-là surtout, qui étaient au courant*
„ *de cette inique entreprise, se préparèrent à partir pour Anagni*
„ *sous prétexte de changer d'air. En peu de jours, avec ou sans*
„ *l'autorisation du pape, tous quittèrent Rome, sauf le cardinal*
„ *de Saint-Pierre. Les Ultramontains allèrent à Anagni, et les*
„ *Italiens dans des châteaux entre Rome, Tivoli et Anagni* „.

Ce témoin est seul à nous parler des menées séditieuses du cardinal d'Amiens. Nous connaissons la susceptibilité des Romains, et la surveillance vigilante qu'ils excerçaient sur tous les Cardinaux; il paraît difficile, que le cardinal d'Amiens ait pu se tant remuer, sans que les Romains ne soient intervenus, et sans que d'autres témoins n'aient fait allusion à ces menées; à moins toutefois, que les choses ne se soit passées fort secrètement, et que celui qui les raconte, n'en ait eu connaissance par quelque indiscrétion. C'est en effet ce qui semble être le cas du grand pénitencier. Voici, d'après lui, comment il eut connaissance de ce qui se passait chez le cardinal d'Amiens: " Quant à moi, je le
„ vis et je le compris, car presque chaque jour, comme prieur de
„ mon couvent, j'allais remercier le cardinal d'Amiens de l'au-
„ mône de quatre florins, qu'il nous avait partagé entre les reli-
„ gieux de la Ville. Le but du cardinal, en faisant cette aumône
„ générale, était, je crois, d'obtenir la réussite de l'œuvre entre-
„ prise. Il me semble qu'il nous recommanda de prier, sans nous
„ dire pourquoi. Priez, me semble-t-il qu'il nous dit, pour que
„ le Seigneur soit propice à ce que désire le cardinal . . . . „

Ce serait donc, en allant recevoir l'aumône des mains du cardinal d'Amiens, que le grand pénitencier, Gonzalve, aurait surpris les secrets qu'il dévoile.

7. Il parait toutefois que ce cardinal ne se gênait pas de dire publiquement ce qu'il pensait d'Urbain; et ses amis, loin de le contredire, l'approuvaient, au moins par gestes et par rire. Nicolas Eymeric raconte ce qui suit: " La fête des SS. Apô-
„ tres Philippe et Jacques était la fête du titre du cardinal de
„ Genève. Celui-ci assista à la messe dans la basilique des XII Apô-
„ tres, et avec lui, les Seigneurs Cardinaux d'Amiens et d'Aragon.
„ Après la messe, le déposant vint les trouver tous trois, pour les
„ prier de parler à Barthélemy d'une affaire le concernant. Aussi-
„ tôt, le cardinal d'Amiens tout en feu lui répondit à haute voix:
„ Bien sûr, tant que je verrai la lumière du jour, ni pour moi, ni
„ pour vous, ni pour qui que ce soit, jamais je ne lui parlerai pour
„ lui demander cela. Les deux autres Cardinaux se mirent à rire.
„ Le déposant réfléchit en silence, et dans son cœur il conclut,
„ que les Cardinaux se disposaient à faire quelque chose contre
„ Barthélemy „ (1).

8. La fermeté de Jean de la Grange commençait à faire une certaine impression sur les Romains, et voyant un cardinal à leur tête, les hommes énergiques du parti ultramontain commençaient à se montrer et à agir. On reconnaît l'inquiétude des Romains à un passage de la déposition de l'évêque de Récanati. Il prête au cardinal de Vernhio certaines paroles, qui semblent mieux dire les craintes des Urbanistes, que les sentiments vrais du cardinal: " Après l'arrivée du cardinal d'Amiens à la cour, le
„ Seigneur de Vernhio me dit: Mon bien cher frère, dites de ma
„ part à notre Seigneur, qu'il ne permette à aucun cardinal de
„ quitter Rome, et lui-même, qu'il ne s'en aille pas, car je connais
„ le cardinal d'Amiens et le Camerlingue, mon frère, ils sont
„ hommes à ne pas craindre, pour plaire au roi de France et au
„ duc d'Anjou, de lui donner la mort, en l'empoisonnant. Dites

(1) P. J. XX. 43.

„ lui donc de bien prendre garde. Dites aussi de ma part à Fran-
„ çois de Sienne, de se méfier de mon parent, Jean de Baro, il
„ n'a pas plus de conscience qu'un chien. Je fis la commission
„ à notre Seigneur, à maître François et à Frédus. Le cardinal
„ de Vernhio me dit aussi : Si le Camerlingue va à Anagni, il
„ y fera venir les compagnies, et il s'arrangera, de concert avec
„ le cardinal d'Amiens et avec sa suite, de manière à forcer Bar-
„ thélemy de renoncer. Voilà ce que je redoute, parce qu'Urbain
„ leur a dit quelques paroles injurieuses, et que ce sont des hom-
„ mes sans sentiment et sans conscience „ (1).

9. Au nombre des fidèles amis du cardinal d'Amiens, on peut ajouter Martin de Salva, qui seul, d'après Théodoric de Niem, eut le courage de tenir tête à Urbain dans un consistoire.

C'était le Lundi de Pâques, d'après Théodoric de Niem, ou mieux, quelques jours plus tard, car de Salva n'arriva à Rome qu'après ce jour-là ; Urbain reprochait aux évêques de la cour d'être des parjures, parce qu'ils ne résidaient pas dans leurs églises : " Tous les prélats gardèrent le silence. Le catalan Martin, évêque
„ de Pampelune, son référendaire, fut le seul à répondre au pape
„ et assez vertement . . . . . Il lui dit, qu'il ne se croyait pas
„ parjure ; que s'il suivait la cour, ce n'était pas pour son plaisir,
„ mais pour l'utilité publique ; qu'il était prêt à se retirer et à re-
„ tourner vers son église „ (2).

Les sentiments de crainte, qui commençaient à se faire jour, et l'inaction des Romains à l'égard du cardinal d'Amiens, s'il est vrai qu'il ait fait tout ce qu'on lui attribue, amènent naturellement à l'esprit cette réflexion : *Que serait-il arrivé, si, dès le principe, les Romains se fussent trouvés en face d'hommes de cette trempe ?* Peut-être, ce que Ménendus dit de la suite des évène-

(1) P. J. XIX. 21.
(2) Theod. de Niens. I. ch. 4,

ments serait aussi vrai de ce qui précède: " *Sans le cardinal d'Amiens, rien de tout cela ne serait arrivé* „ (1).

Urbain s'élève contre la Simonie. — Il reproche aux Cardinaux le luxe de leurs tables. — Il leur ordonne de réparer les églises cardinalices.

10. Le cardinal d'Amiens n'était cependant pas le seul qu'Urbain contrista par ses paroles. Les Cardinaux en général avaient beaucoup à se plaindre de lui, et ses propres partisans ne démentent pas tout ce que les Cardinaux lui reprochent. La premier chose qu'Urbain attaqua, ce fut *la Simonie*; il se mit à reprocher aux Cardinaux les pensions que leur servaient plusieurs princes chrétiens (2).

Dans son mémoire au roi de Castille, Urbain blâme les Cardinaux de recevoir ces pensions des princes, il est donc admissible qu'il le leur ait reproché ouvertement (3).

Il parait que le Pape n'hésita pas à intervenir dans un sermon contre la Simonie prêché à Saint-Pierre. L'évêque de Léon raconte que, sur l'ordre d'Urbain, un prédicateur dénonça à Saint-Pierre l'excommunication encourue par les simoniaques. " Le cardinal de Luna lui demanda, *s'il englobait dans cette sentence les Cardinaux comme les autres. Le pape éleva alors la voix et lui répondit: Les Cardinaux plutôt que tous les autres* „ (4).

Au rapport de Ménendus, évêque de Cordoue, l'incident ne

---

(1) Rayn. 1878. XLV.
(2) Dixit publice quod intentio sua erat quod aliqui eorum non haberent pensiones a regibus, quia volebat eos secum habere in judices et non in advocatos. (L'évêque de Léon.)
(3) Rayn. 1878. n. C.
(4) Audivit quod interrogatus fuerat tunc eum Cardinalis De Luna, si includebantur sub ista sententia Cardinales sicut et ceteri. Et tunc ipse elevavit vocem et dixit: Ymo multo fortius de eis.

finit pas si simplement. Urbain interrompit soudain l'orateur tandis qu'il parlait contre la Simonie : " Ajoutez, s'écria-t-il, au châ-
" timent de la simonie, que, dès ce moment, j'excommunie tous
" les simoniaques, de quelque état, de quelque condition qu'ils
" soient *et même les Cardinaux !* Les personnes qui racontaient
" ceci au témoin ajoutaient : que le cardinal de Milan lui répon-
" dit aussitôt : Saint Père, d'après le droit, l'excommunication
" ne peut être lancée qu'après trois monitions. A quoi le pape
" répondit : Je puis tout, et je veux qu'il en soit ainsi " (1).

Frédus de Cavalli ne trouve pas d'autre expression pour peindre l'état des Cardinaux que celle " *d'exaspération* " et pour qualifier la conduite d'Urbain à leur égard que celle " *d'insulte* " (2).

11. Un autre reproche, qu'Urbain adressa aux Cardinaux, avait pour objet leur luxe de table et leurs grandes dépenses. D'après Alvarez Gonsalve " aucun doute, aucun murmure ne
" s'éleva contre son élection, jusqu'au moment où *il fit aux Car-
" dinaux des observations et des reproches sur leur service de
" table, et sur leurs grandes dépenses* " (3).

Le grand pénitencier Gonzalve, en énumérant les causes du désaccord survenu entre le Pape et le Sacré-Collège, donne ce reproche comme une des principales ; son témoignage sur les faits qu'il apporte à l'appui n'est pas suspect. " Une autre
" cause de leur désaccord fut que, dans les dîners et les soupers,
" il n'envoyait aux prélats invités qu'un peu de poisson et de
" viande, leur disant : que chez eux, dans leurs repas, ils ne de-
" vaient pas servir davantage et qu'ils devaient retrancher le

---

(1) Baluze I. 1189.
(2) Eo quod ipse (Urbanus VI) *exasperabat* eos, ... et reprehendebat et *vituperabat* eos coram aliis.
(3) Usque ipse incipit monere et reprehendere cardinales de multo cibo et multis expensis.

„ superflu. Une autre cause fut que, dans les mêmes repas, en
„ envoyant aux invités des plats de chair, de poissons ou de lé-
„ gumes, il faisait dire certaines paroles, dont le sens échappait
„ aux autres convives, mais qui étaient bien comprises de ceux
„ auxquels on les disait de sa part. Dans ces paroles, le pape
„ faisait comprendre qu'il savait quelque chose de leurs secrets,
„ ou il les reprenait de quelque chose de caché, il les confon-
„ dait d'une manière honnête. Voici ce que m'a raconté l'arche-
„ vêque de Naples, au sujet de la quantité de nourriture. Le
„ pape lui envoya une portion fort petite de poisson ou de viande,
„ avec les paroles susdites, au sujet du superflu; mais il ne prit
„ pas la chose en mauvaise part, et avec la plus grande joie il
„ nous disait: que le pape lui avait dit, qu'il le voulait auprès
„ de lui. Nous comprîmes qu'ils voulait en faire un cardinal „.

12. Autre mesure du Pape. Les Cardinaux n'aimaient pas Rome, par conséquent tout ce qui tenait au bon état de Rome leur était pour le moins indifférent. Urbain VI le savait; aussi, comprenant que les églises cardinalices de Rome ne recevraient rien de ceux qui étaient leurs protecteurs nés, il résolut d'obliger les Cardinaux à faire, chacun à son église titulaire, les réparations dont elle pouvait avoir besoin. L'évêque de Léon: " *a vu une*
„ *bulle de lui affichée à la porte de Saint-Pierre, dans laquelle*
„ *il ordonnait aux Cardinaux et à chacun d'eux, de réparer leur*
„ *église titulaire* „ (1).

Pour forcer les récalcitrants à obéir, la même bulle: " or-
„ donnait au cardinal d'Aigrefeuille, collecteur des services com-
„ muns des Cardinaux, de ne répondre ni à ceux-ci, ni à ceux-là,
„ jusqu'à ce qu'ils eussent fait ces réparations à leurs églises „ (2).

---

(1) Vidit unam suam bullam positam ad portas S. Petri, in qua mandabat cardinalibus quod repararent suos titulos.
(2) Baluze I. 998.

Thomas, évêque de Nocéra, voit dans cet ordre une des raisons pour lesquelles les Cardinaux abandonnèrent Urbain VI (1).

Raisons des Urbanistes pour expliquer le désaccord. — C'est l'amour des Cardinaux pour la France et leur crainte de son roi. — C'est parce qu'Urbain refusa d'aller à Avignon.

13. Urbain VI, dans son mémoire au roi de Castille, donne une autre raison de la défection des Cardinaux. Après avoir mentionné la réforme qu'il voulait établir dans la cour romaine, le Pape affirme que les Cardinaux surent, qu'il voulait créer des Cardinaux italiens en nombre supérieur au leur (2). D'où une nouvelle cause de mécontentement.

On a opposé ce passage du mémoire au Cardinal d'Ostie, et voici sa réponse : " Quant à la création des nouveaux Cardinaux, „ je sus, par le Seigneur de Saint-Pierre, qu'il devait en faire „ une au temps ordinaire, mais plusieurs Cardinaux l'ayant prié „ de surseoir pour le moment, il y consentit, et nul de s'in„ quiéta de savoir qui ils seraient, ni à quels pays ils appartien„ draient. On ne parla plus de cela; ce qu'il rapporte est donc „ une fiction mensongère „ (3).

14. Une autre raison de la discorde, d'après Urbain et les Urbanistes, c'est le trop grand amour des Cardinaux pour la France leur patrie, ou bien, comme le dit l'évêque de Récanati, la peur qu'ils avaient du roi de France et du duc d'Anjou : " Cette crainte, dit-il, faisait trembler les Seigneurs d'Aigrefeuille „ et de Poitiers et les autres, qui préféraient leurs frères et leurs „ neveux au salut de leurs âmes. Je sais, que s'ils n'eussent re-

---

(1) Rayn. 1378. m. XXV.
(2) Rayn. 1378. n. CI.
(3) P. J. XXXIII. 22.

„douté le Roi de France, ils n'eussent absolument rien entre-
„ pris „ (1).

15. Proposer à Urbain VI de quitter Rome, alors qu'il publiait hautement que son élévation était due aux Romains, c'était lui demander plus qu'il ne voulait et même qu'il ne pouvait accorder.

Si nous en croyons l'évêque élu d'Auria, cette demande lui aurait cependant été faite, et Urbain aurait répondu : " que ses „ prédécesseurs étaient revenus en Italie, pour reconquérir le pa-„ trimoine de Saint-Pierre, et que, dès que la conquête en serait „ achevée, on reparlerait du retour à Avignon „ (2).

Thomas Petra, chantre de Patrasso, soutient qu'Urbain alléguait aux Cardinaux sa pauvreté et disait que, le voudrait-il, il n'aurait pas les ressources nécessaires pour entreprendre le voyage (3).

Les Cardinaux lui conseillèrent alors, toujours d'après le même témoin, de vendre les biens des chevaliers de Saint-Jean pour se procurer ces ressources. Raynaldi reproduit tout au long cette accusation contre le Sacré-Collège ; mais il n'a garde d'en signaler l'invraisemblance, puisque, comme nous l'avons déjà vu, un de ces Cardinaux, qui auraient sollicité la suppression des chevaliers de Saint-Jean, était venu naguère implorer la clémence d'Urbain pour le grand maître et les chevaliers détenus en prison.

Quoiqu'il en soit, de chacun des faits qui précèdent, une chose ressort bien clairement, c'est qu'Urbain VI ne sut pas se concilier l'affection de ceux qui l'avaient élu, et que, au contraire, sa conduite était de nature à se les aliéner. C'est ce que soutient

---

(1) Rayn. 1878. LXVI.
(2) Dixit quod audivit quod cardinales sibi dixerunt quod venisset Avinionem et ipse respondit quod predecessor suus venerat ad recuperandam terram ecclesie perditam, et ex quo non erant recuperate non poterat bene redire, sed quod poneret ordinem in recuperationem earum, et post locutus esset reversionum.
(3) Rayn. 1878 n. XXV.

Bulcherius de Strasbourg, un de ses partisans. " Il sait, dit-il,
„ d'une manière certaine, que le Pape eut des difficultés avec les
„ Cardinaux, qu'il leur dit des paroles dures et fort désagréables.
„ Guirald des Domnis lui dit, que les Cardinaux cherchaient à
„ le déposer, et qu'ils ne voulaient plus de lui pour Souverain
„ Pontife, précisément *parce qu'il leur refusait des faveurs, et
„ qu'il les insultait souvent* „ (1).

Le cardinal de Luna, au témoignage de Gonzalve, le grand
pénitencier, qui croit en rapportant ces paroles servir son maître,
et ne sert que la vérité, dit avec raison : " *Si le Pape n'eut pas
„ tenu la conduite qu'il a tenue, en vérité nous serions tous encore
„ avec lui ; mais sa manière de faire a tout gâté* „ (2).

Au temps de Saint-Antonin on n'attribuait pas à une autre
cause la défection des Cardinaux (3).

Paroles désobligeantes d'Urbain au chapitre de Saint-Pierre. Tous ces reproches étaient-ils mérités ?

16. Les emportements d'Urbain VI ne s'arrêtaient pas aux
Cardinaux ; presque tous ceux qui l'abordaient étaient maltraités
par lui. Il ne faisait d'exception que pour les Romains. Nous
avons vu plus haut comment ses parents et ses compatriotes furent reçus par lui. Les chanoines de Saint-Pierre eurent, à leur
tour, leur admonestation.

Jean de Paparonibus, un chanoine de Saint-Pierre, celui qui
refusa aux Romains les chefs du clocher, dit : " qu'il alla le saluer
„ avec les autres chanoines. Aussitôt qu'ils furent en sa présence,

---

(1) P. J. XI. 5.
(2) Si papa non tenuisset modos quos tenuit, in veritate omnis adhuc essemus cum eo, sed ipse modis suis totum deturpavit. Nous verrons plus loin que ce mot « adhuc essemus cum eo » s'explique en ce sens, que les Cardinaux l'auraient réélu en lieu sûr.
(3) Chron. Pars. III. Anno 1378.

„ Barthélemy leur adressa des paroles piquantes, et leur dit: que „ s'ils ne se corrigeaient, lui-même se chargeait de leur correc- „ tion. Ce qui étonna beaucoup ce témoin „ Cette déposition a encore deux lignes qui lui donnent une grande valeur. " Le té- „ moin le tient pour vrai Pape, mais tout ce qu'il dit, il le sait „ et il l'a vu „ (1)

16. A tout cela, les Urbanistes ont trouvé une explication et une excuse. On la devine. Urbain VI était emporté par son zèle, et ceux qu'il gourmandait méritaient ses reproches. C'est le sens de la défense du grand pénitencier, le dominicain Gonsalve. Dans un couvent de son ordre, s'élève à ce sujet une discussion, et voici la réponse faite à ceux qui se plaignaient d'Urbain: " De ce que des suppliants orgueilleux, ambitieux, „ luxurieux, lascifs, cupides, avares et autres de ce genre, s'in- „ quiètent de ces paroles du Pape, ce n'est pas une preuve que ce „ soit le diable qui ait fait cette élection; au contraire, c'est une „ preuve bien trouvée et suffisante, une preuve parfaite, que „ l'élection est utile et qu'elle est l'œuvre du Saint-Esprit. En „ effet, bien considéré quelles sont, dans chaque état, les mœurs „ des contemporains, si le Christ s'asseyait aujourd'hui sur le trône „ de son Vicaire, on peut croire, que bien peu oseraient paraître „ en la présence de celui qui voit l'extérieur et l'intérieur de „ ceux qui s'approchent de lui . . . . . „.

A la bonne heure: mais si le zèle est une vertu, la prudence, la justice et la charité sont aussi des vertus, et le zèle n'a pas le droit de n'en pas tenir compte.

Au surplus, ces accès de mauvaise humeur provenaient-ils de zèle pur? Est-il bien sûr que le Pape se fût montré aussi impétueux, s'il avait trouvé en face de lui des Cardinaux dociles et dévoués? Ne prenait-il pas ses dispositions contre des ennemis dont il pressentait une prochaine attaque?

(1) P. J. IV. 5.

Chapitre IX.

URBAIN VI ET LE CHATEAU SAINT-ANGE.

1. Pierre de Gandelin, châtelain, et Pierre Rostaing, son oncle, capitaine du château Saint-Ange. — 2. Les Romains sollicitent le châtelain pour qu'il soit avec eux. Leurs promesses. Refus du châtelain. — 3. Complot pour s'emparer du château. — 4. Pourparlers. — 5. Projets attribués à Urbain. — 6. Envoyés d'Urbain au château. — 7. Pierre Rostaing va consulter les Cardinaux. — 8. Harangue du châtelain à ses soldats. — 9. Nouvelle ambassade d'Urbain. — 10. Le châtelain oppose le serment prêté par lui à Grégoire XI. — 11. Les soldats l'approuvent. — 12 Les ambassadeurs se retirent. — 13. Urbain envoie des otages. — 14. Le châtelain au palais. — 15. Promesses magnifiques d'Urbain. — 16. Urbain redoute que les Romains ne fassent un mauvais parti aux Cardinaux. — 17. Réponse du châtelain. — 18. Fin de l'entretien. — 19. Accommodement provisoire. — 20. Envoyés des Cardinaux de Genève et d'Amiens. Promesses faites en leur nom. — 21. Envoyé d'Urbain, disant tout bas de ne pas accorder ce qu'il demandait tout haut. 22. Le Cardinal de Marmoutier vient demander au nom d'Urbain la reddition du château. — 23. Refus du châtelain. — 24. Le châtelain écrit aux Cardinaux d'Avignon. Urbain propose le jugement d'arbitres. — 25. Entrevue des arbitres et du châtelain. — 26. Ordre d'Urbain d'arrêter les Cardinaux; il révoque bientôt cet ordre — 27. Sentence des chevaliers italiens; elle est favorable à Urbain. Les arbitres ultramontains menacés de la potence. — 28. Rupture des négociations.

Pierre de Gaudelin, châtelain, et son oncle Pierre Rostaing, capitaine du château.

1. A la mort de Grégoire XI, le château Saint-Ange avait pour gouverneur un gentilhomme français, Pierre de Gaudelin, du diocèse d'Embrun; il s'appelle lui-même " châtelain du château Saint-Ange „; il avait avec lui son oncle, Pierre Rostaing, seigneur de Saint-Crispin en Dauphiné, au diocèse d'Embrun; ce dernier s'appelle lui-même " capitaine du château Saint-Ange „. Ce dernier était en Italie depuis trente-six ans, il s'y était

marié, ses enfants y étaient nés, il avait même choisi sa sépulture dans l'église de Saint-François à Assise. C'est donc, dit-il lui-même, " que j'ai été et que je suis italien d'affection „ (1). Comme tel, Pierre Rostaing avait beaucoup de connaissances et d'amis à Rome, par qui il a appris bien des choses, au sujet des évènements que nous avons racontés. Nous avons de lui une lettre, ou mieux, une partie de la lettre, qu'il écrivit au roi de Castille ; nous y avons puisé largement les détails très intéressants qu'on a lus au premier et au second livre de cette histoire.

Pierre de Gaudelin nous a laissé deux dépositions, sur ce qui se passa entre lui et Urbain, pendant les premiers temps de son pontificat. Nous dirions peut-être mieux, en disant, que nous avons de lui une déposition, dont la première partie est écrite en latin, et la seconde en langue provençale, ou patois du Dauphiné, car, cette dernière, bien que relatant certains faits déjà contenus par la déposition latine, va beaucoup plus loin que la précédente qu'elle complète. Nous ne saurions donc mieux faire, pour raconter ce qui se passa à propos du château Saint-Ange, que de citer ces deux dépositions, presque en entier, tout en y intercalant quelques passages, visant les événements qui y sont racontés.

Les Romains sollicitent le châtelain pour qu'il soit avec eux. Promesses qu'ils lui font. Refus du châtelain.

2. Le château Saint-Ange, par sa position avantageuse, par ses fortes murailles, qui le rendaient inexpugnable, fut de tout temps le point stratégique le plus important de Rome. Aussi, dès la mort de Grégoire, les Romains mirent-ils tout en œuvre pour s'en emparer, ou tout au moins, pour mettre de leur côté celui

(1) P. J. **XXIV**. 1.

qui en avait la garde. Mais laissons la parole à Pierre de Gaudelin lui-même. " Pendant la neuvaine des obsèques de Grégoire XI, quatre syndics de Rome, à savoir, Silvestre Mut et Lelus, (j'ai oublié le nom des autres), vinrent de la part de la Communauté; ils avaient des pouvoirs en bonne forme, pour traiter avec moi; ils me dirent, qu'ils voulaient que je fusse citoyen de Rome, et au cas où je voudrais être de leur parti, et garder le château en leur nom contre le Pape, l'Empereur, les Cardinaux et tous leurs ennemis, ils me promettaient de faire de moi un grand personnage. Ils me disaient: qu'ils avaient confiance en moi plus qu'en tout autre; qu'ils voulaient me donner, pour tenir mon rang, le tiers des biens du château, ou le port de la Ripa, ou les rentes du château de Barsano, en Campanie; de plus, de tout ce qui était dans le château, eux en auraient la moitié et moi l'autre. Ledit Silvestre me pria de vouloir bien faire cela, ajoutant, que, de son coté, il me donnerait la fille de son frère pour femme, et ferait donner à son propre fils la fille de messire Pierre Rostaing. Je refusai de rien faire de tout cela. Il serait long de raconter tout ce qui me fut dit alors . . . . . (1).

" Le Seigneur Radulphe de Camérino, dès le premier jour du Conclave, alors que le Camerlingue était dans le château, fit dire et promettre à Pierre Rostaing, oncle du châtelain, par un de ses secrétaires, que s'il voulait rendre le château, avec tout ce qu'il contenait, lui-même lui donnerait deux cent mille ducats. Le châtelain refusa cette offre " (2).

(1) P. J. XXV.
(2) P. J. XXVI. 3.

Complot pour s'emparer du fort Saint-Ange.

3. La veille même du Conclave, ne pouvant rien obtenir par la persuasion, les Romains tentèrent un coup de main contre le château. " Quelques capitaines des troupes qui étaient dans la Ville
„ et aux alentours, non moins que ceux qui étaient dans la partie
„ basse du château, firent dire, la veille du Conclave, au châ-
„ telain, et après avoir prêté serment: de vouloir bien consentir
„ au partage de tous les biens, qui étaient dans le château, et
„ que lui, le châtelain, aurait pour sa part le tiers de tous ces
„ biens. Ledit châtelain refusa tout cela. Les soldats qui étaient
„ dans la partie basse, voyant que le châtelain s'opposait à leurs
„ desseins, tinrent conseil entre eux, et résolurent d'escalader le
„ château, d'en chasser le châtelain, ou de le mettre à mort, et de
„ s'approprier les biens, qu'ils se partageraient ensuite. Mais le
„ châtelain sut si bien faire, qu'avec l'aide de Dieu, il déjoua
„ tous leurs artifices, et son honneur fut sauf „ (1).

Cette tentative contre le château excita les esprits des soldats de Gaudelin; aussi, après l'échauffourée, qui eut lieu au passage du Cardinal de Luna " les Seigneurs Hugues de Ruffe, de
„ Crinhaco, de Combellaco, de Portello, tous soldats, et plusieurs
„ autres capitaines et nobles, voulaient sortir avec lui en armes
„ pour battre les Romains „.

Pourparlers. — Projets attribués à Urbain.

4. Le châtelain aussi prudent que brave, contint leur ardeur martiale, et résolut de parlementer avec les Romains; mais, avant de partir, connaissant la mauvaise foi de ses adversaires,

_____
(1) P. J. XXVI. 4. et XXV.

il dit à ses soldats : " Si vous me voyez mis à mort ou déca-
„ pité, ne rendez point le château pour me sauver „. Le résultat des pourparlers fut : " que les Romains mettraient bas les
„ armes, et n'entreprendraient rien contre les Ultramontains ; le
„ châtelain de son côté promit, en son nom et au nom de ceux
„ du château, de ne rien faire contre les Romains et de *n'ad-*
„ *mettre personne dans le château qui pût les offenser* „ (1).

Lorsque le châtelain eut admis les Cardinaux dans le fort,
les Romains virent dans cet acte une violation de la parole
donnée, et recommencèrent leurs entreprises contre le château.
De nouveaux pourparlers eurent lieu, et de Gaudelin apaisa ses ennemis, en leur disant, ce qui était la vérité : " que les Cardi-
„ naux n'était pas gens à se battre, que de plus, ils étaient les
„ maîtres du château, et comme tels ils avaient le droit d'y être
„ admis ; enfin qu'il n'avait fait entrer aucun homme armé „ (2).

Quand les Cardinaux eurent quitté le château et intronisé
Urbain VI, il y eut quelques jours de trêve entre la garnison et
les Romains, puisque nous avons vu le châtelain, assistant au
repas qui suivit l'installation d'Urbain VI, à Saint-Jean de Latran.

5. Urbain et ses conseillers avaient cependant les yeux sur
le château, et voulaient s'en rendre maîtres, voici ce que des amis
vinrent raconter au châtelain. " Il me fut dit, par plusieurs de
„ mes amis, que, du consentement de Barthélemy, certains Romains
„ avaient décidé, que sitôt le château pris, ils feraient un sou-
„ lèvement dans Rome, qu'ils mettraient à mort tous les Cardi-
„ naux et tous les étrangers, à l'exception des Cardinaux de
„ Glandève et de Luna. Alors, Barthélemy devait s'enfuir au
„ château, aller à Tivoli, ou à Anagni, et y demeurer, feignant
„ et faisant comme s'il était mal avec les Romains. Il devait

(1) P. J. XXVI. 3.
(2) P. J. XXVI. 9.

„ alors faire venir auprès de lui les Cardinaux italiens, ceux de
„ Glandève et de Luna et ceux qui étaient à Avignon, faire en
„ suite un grand procès contre les Romains, puis, sur les instan-
„ ces d'un grand Seigneur Allemand, il devait leur pardonner.
„ Alors les Romains devaient accourir, la corde au cou, et les
„ pieds nus, pour demander miséricorde „.

Envoyés d'Urbain au château.
Pierre Rostaing va consulter les Cardinaux.

6. " Après cette réunion, continue Pierre de Gaudelin, vin-
„ rent au château le comte de Nole que Barthélemy avait fait
„ maréchal et messire Thomas de Saint-Séverin qui était séna-
„ teur. Ces deux envoyés furent seuls admis dans le fort, leur
„ suite demeura à la porte. La personne de notre Seigneur est
„ souffrante, dirent-ils, il veut venir dans ce château, pour y
„ respirer le bon air. Comme son neveu lui est très cher, et con-
„ naît bien ses dispositions, Barthélemy veut qu'il soit ici châ-
„ telain. Quant à vous, il vous donnera l'emploi que vous de-
„ manderez „.

Ils s'adressaient à Pierre Rostaing, celui-ci transmit leur
demande à son neveu, le châtelain, qui leur fit répondre: " Si
„ Barthélemy veut payer au châtelain ce qui lui est dû, peut-être
„ celui-ci rendra-t-il le château „. Les envoyés d'Urbain acceptè-
rent, promirent le payement, et demandèrent qu'on leur livrât
sur le champ la tour principale. Cette demande révolta le châtelain qui s'écria: " Certainement non, vous n'entrerez pas dans
„ la tour, ... Pour moi, je ne sortirai pas d'ici, sans avoir con-
„ sulté les Cardinaux, et deliberé avec eux, et sans que ce qui
„ m'est dû me soit remboursé jusqu'au dernier denier. Venez
„ donc, répondirent à cela le Comte et le Sénateur, venez donc
„ conférer avec Barthélemy, et vous verrez ce qu'il vous dira. —

„ L'ineptie de vos réponses, leur dit alors le châtelain, m'a donné
„ tout lieu de redouter un piège. Je n'irai, qu'à la condition,
„ que vous resterez ici en otages pour ma garantie. Ils répondi-
„ rent qu'ils ne resteraient pas, parce qu'ils n'avaient pas été
„ envoyés pour cela, et ils se retirèrent „.

7. Tandis que ceux-ci allaient rendre compte de leur mission, le châtelain, qui par prudence ne quittait pas le fort, envoya son oncle vers le Camerlingue et les Cardinaux, pour leur demander ce qu'ils pensaient: " Voyez-vous, Seigneur Pierre, répondit
„ le Camerlingue, je compte quitter la Ville demain. Confiden-
„ tiellement et sous secret, je vous dis ceci: Si votre neveu peut
„ garder le château, qu'il ne le rende pas, au moins pendant
„ quelque temps, vous et lui, vous en tirez grande gloire et très
„ grand profit. Pour le moment, je n'ose vous dire autre chose,
„ mais quand je serai en liberté, soit par lettre, soit par messa-
„ ger, je vous ferai connaître toutes mes intentions. Quelques
„ dépenses que vous fassiez pour la garde du château, je vous
„ les rembourserai. Le Seigneur Pierre visita ensuite séparé-
„ ment tous les Cardinaux, qui étaient dans la Ville. Tous, re-
„ tenus par la peur, lui répondirent: Si on donne à votre neveu
„ tout ce qui lui est dû pour ses dépenses, il peut librement et
„ sans injustice rendre le château. Les Seigneurs de Genève et
„ d'Amiens lui répondirent: Dites à votre neveu de retarder aussi
„ longtemps qu'il le pourra la reddition du château. Barthélemy
„ est certainement un intrus, certainement il n'est point pape.
„ Nous vous disons ceci confidentiellement et en secret. Dès que
„ nous aurons notre liberté, nous vous ferons connaître claire-
„ ment et en entier tout ce qui s'est passé. Nous vous promet-
„ tons à vous et à votre neveu, que tout ce que vous dépenserez
„ à l'avenir et tout ce que vous avez déjà dépensé, pour la garde
„ du château, sera à la charge de nous deux et de chacun de
„ nous; nous nous engageons à vous restituer dépenses et soldes

„ à vous dûes présentement, et celles qui vous seront dûes dans
„ l'avenir. Le Seigneur de Genève jura et promit à Pierre, pour
„ le châtelain: que si satisfaction ne lui était pas donnée avec
„ les biens de l'église romaine, il la lui donnerait avec ses biens
„ patrimoniaux. Le Seigneur d'Amiens fit la même promesse, de
„ rembourser le châtelain avec ses biens personnels, pourvu tou-
„ tefois, qu'il tint le château au moins pendant deux mois; il
„ le chargea de dire au châtelain, de ne pas hésiter, car, avant
„ peu de temps, il en tirerait grand honneur et très grand profit.

Harangue du châtelain à ses soldats. — Nouvelle ambassade d'Urbain au château Saint-Ange. — Le châtelain oppose son serment à Grégoire XI. — Ses soldats l'approuvent. — Les ambassadeurs se retirent.

8. " Le seigneur Pierre ayant fait à son neveu, le châtelain,
„ le récit de sa négociation, celui-ci réunit ses compagnons d'ar-
„ mes et leur dit : Vous voyez que Barthélemy veut que je rende
„ ce château. Grégoire XI, de sainte mémoire, dans ma dernière
„ audience, m'a ordonné, sous peine d'excommunication, de per-
„ dition et de malédiction, de ne le rendre à personne, sans le
„ consentement des Cardinaux qui sont au-delà des monts. Il avait
„ ses raisons pour le faire. Vous m'avez été fidèles jusqu'ici, je
„ l'ai été envers vous jusqu'à ce jour ; mon intention est de ne
„ pas rendre le château, sans le consentement desdits Cardinaux,
„ ainsi que j'ai juré de le faire. Si vous voulez m'aider à gar-
„ der le château contre ceux qui voudraient me faire trahir mon
„ serment, je vous payerai votre solde et chacun aura droit à
„ sa part dans tous mes biens. Tous, sans exception, répondirent,
„ en promettant sous serment au châtelain leur appui, pour la
„ garde du château contre quiconque voudrait le faire manquer
„ à sa parole ; il n'y eut qu'un aide cuisinier d'Autun, qui re-

„ fusa de jurer, le châtelain lui paya ses gages et le chassa du „ château „.

9. " Le lendemain matin se présentèrent les seigneurs évê„ ques de Catane, Camerlingue, Thomas de Saint-Séverin, Séna„ teur de la Ville, Bertrand Raffini, Jean Rousseti et plusieurs „ autres clercs de la chambre, avec une nombreuse suite, mais le „ châtelain n'admit à entrer que le Camerlingue et les susnom„ més seigneurs ayant chacun avec soi un de leurs compagnons „.

Dans cette entrevue avec les envoyés d'Urbain, les comptes du châtelain furent examinés et arrêtés, la somme dûe est en blanc dans le manuscrit.

10. Cela fait, le Camerlingue demanda qu'on lui livrât le château. Rien n'étant payé, de Gaudelin refusa: " Le Camerlingue „ le prévint alors que s'il ne livrait le château, il encourrait l'ex„ communication et la malédiction des Apôtres Pierre et Paul. „ Je ne puis livrer le château, lui fut-il répondu, sans trahir ma „ conscience et violer mon serment. Le Camerlingue lui demanda „ de quel serment il parlait. J'ai juré, répondit le châtelain, à „ mon seigneur Grégoire de bonne mémoire, de ne rendre le „ château à personne sans le consentement des Cardinaux qui „ sont au-delà des monts. Le Sénateur, Thomas de Saint-Séverin, „ dit alors: Assurément, châtelain, cette farine ne tombe pas de „ ton sac ! „

11. Le châtelain fit alors introduire une soixantaine de ses hommes, tous bien armés, et leur demanda " s'il pouvait violer „ le serment dont il leur avait parlé. Tous, d'une voix una„ nime, lui répondirent: Vous savez le serment que vous avez „ fait à Grégoire de sainte mémoire, et celui que nous vous avons „ fait en son nom; si vous voulez le violer, vous le pouvez, mais „ si vous le faites, vous ne resterez pas avec nous. Nous ferons „ plus, nous vous précipiterons du haut du château, comme un „ homme vil et méchant, comme un parjure, comme un homme

„ de la dernière condition. Que si, au contraire, vous voulez gar-
„ der votre serment, et ne pas le violer, nous serons avec vous,
„ tant que nous serons du nombre des humains, car nous, nous
„ entendons bien garder notre serment.

„ Je ne comprends rien a tout ceci, châtelain, dit alors le
„ Camerlingue, mais, m'est avis, que vous agissez mal „.

12. " Eh bien, dit le sénateur, puisque vous ne voulez pas agir
„ autrement avec le seigneur Camerlingue et avec nous, qui som-
„ mes serviteurs du Pape, venez au moins vous expliquer avec
„ lui. — Si vous voulez demeurer ici en otage, j'irai, répondit le
„ châtelain, autrement, non. Le Sénateur répondit, que cela n'était
„ pas dans son mandat et qu'il ne resterait pas ; mais l'évêque
„ de Catane s'offrit à demeurer en otage. J'aimerais mieux, dit
„ alors le châtelain à l'évêque, un sac de fèves dans le château,
„ que votre personne. Sur cette parole, les ambassadeurs se ré-
„ tirèrent „.

Urbain envoie des otages au château. — Le châtelain au palais. — Promesses magnifiques d'Urbain. — Refus du châtelain. — Urbain craint que les Romains ne fassent un mauvais parti aux Cardinaux. — Réponse du châtelain.

13. " Le même jour, poursuit de Gaudelin, vers l'heure de
„ vêpres, Barthélemy envoya en otage au château son propre
„ neveu, le neveu du comte de Nole et celui de Thomas de Saint-
„ Séverin ; dès qu'ils furent entrés, le châtelain monta sur un des
„ chevaux du Sénateur, et tous deux vinrent auprès de Barthé-
„ lemy „.

14. " Quand le châtelain fut en sa présence, Barthélemy
„ l'admit au baiser du pied, de la main et de la bouche, puis il
„ lui dit : Tu as bien fait de venir, mon châtelain. J'ai beaucoup de
„ plaisir à te voir, crois-le, je t'aime plus que je ne t'aurais jamais

„ aimé, si je n'avais vu ta grande prudence. Voilà les Romains
„ qui m'obsèdent de leurs supplications, pour que je donne à
„ notre château Saint-Ange un châtelain italien ; ils ne veulent
„ plus qu'aucun ultramontain soit pourvu d'une châtellenie sur
„ leur territoire. Je leur ai promis de nommer un châtelain ita-
„ lien, je l'ai promis bien à regret. Je te prie donc, de laisser de
„ toi-même le château. Je te ferai serviteur d'armes et *hostiarius* :
„ tu seras le gardien de ma personne et de ma chambre ; je te
„ donnerai 4000 florins d'or de rente annuelle et perpétuelle ;
„ dans les quatre ans qui vont suivre, je pourvoirai ta famille
„ de 10000 florins de bénéfice. Je donnerai à toi et aux tiens
„ une garantie de tout cela. Si tu fais ce que je te demande, tu
„ seras mon ami plus qu'auparavant, tu seras mon très cher ami.
„ Sois bien certain, que j'ai en toi une grande confiance, et que
„ je ne veux ce que je te demande, que parce que le peuple
„ Romain me l'a demandé maintes fois, que je le lui ai très sou-
„ vent promis, et que je rougis presque d'avoir tardé si long-
„ temps à le faire. De plus, dans quelque temps, nous pourrons
„ te rendre la garde du château. Nous te promettons en outre,
„ que nous ferons financer le marchand florentin, que tu détiens
„ dans le château, il te payera une rançon (1). Tout ce qui t'ap-
„ partient dans le château sera sauf, et si tu veux donner tout
„ ce qu'il y a, pour ce qui vaudra deux deniers, je t'en donnerai
„ quatre „.

15. " Le châtelain le remercia de ses offres, et lui dit : Sei-
„ gneur, si je faisais ce que vous me demandez, il semblerait
„ que je veux rendre le château pour de la monnaie, des dons
„ et des présents. Je sais bien que le château appartient à l'E-

---

(1) En note, le mot marchand est remplacé par celui de brigand.
A la marge, on lit ceci : « Ce marchand était venu à Rome pour prêter
» de l'argent aux Romains et pour les exciter à se soulever et à mettre
» à mort Grégoire et tous les Cardinaux ».

„ glise romaine, et que j'en ai la garde en son nom, mais j'ai
„ juré que je ne rendrai pas le château, sans l'ordre et le con-
„ sentement des Cardinaux qui sont à Avignon. — Tu prends
„ conseil, dit alors Barthélemy, de ces maudits traitres Limou-
„ sins. Sache donc que j'ai été auditeur du cardinal de Pampe-
„ lune, pendant quatorze ans, jamais je n'ai eu de lui une bonne
„ parole ; quand il me commandait quelque chose, il ne daignait
„ pas même me regarder, il me tournait le dos, et c'est en gro-
„ gnant comme un veau, qu'il me donnait ses ordres. Ah! je
„ crains bien qu'il ne t'arrive malheur.

16. " Peut-être un de ces jours les Romains vont-ils se saisir
„ de tous les Cardinaux, et surtout des Ultramontains, peut-être
„ les conduiront-ils devant le château, où ils les décapiteront. Tu
„ seras bien forcé alors de livrer le château „.

Ce qu'Urbain dit ici sous forme dubitative, il le fera exprimer au châtelain et à son oncle comme une menace positive.
" A cause de notre résistance, dit Pierre Rostaing, à lui céder
„ le château, malgré tout ce qu'il nous offrait, avant le départ
„ des Cardinaux, il me fit dire, à moi et à mon neveu, que si
„ nous ne rendions le château, nous verrions bientôt les Cardi-
„ naux enchaînés, amenés aux pieds des murailles par les Ro-
„ mains, et si nous ne nous exécutions pas, nous verrions le peu-
„ ple furieux les mettre en pièces . . . . . J'avertis promptement,
„ à cause de cela, les Cardinaux qui restaient encore dans la
„ Ville et ils partirent „ (1).

17. A ce qu'Urbain venait de lui dire, Pierre de Gaudelin
répondit : " J'en souffrirais beaucoup, Seigneur, pour votre hon-
„ neur, pour l'honneur de l'Eglise et pour les Cardinaux ; mais
„ quand je verrais tous les Ultramontains décapités devant le châ-
„ teau, je ne me rendrais pas, je ne trahirais pas mon serment. Si

---

(1) Baluze I. 1212.

„ vous voulez faire cela, si vous voulez envoyer mes Seigneurs à
„ la mort, je ferai ce que j'ai été requis bien souvent de faire.
„ Barthélemy demanda aussitôt au châtelain ce qu'il avait été re-
„ quis de faire. Celui-ci lui répondit: Voici la vérité, Seigneur,
„ j'ai été requis bien souvent par bon nombre de Barons et de
„ Seigneurs, de vous détruire et de détruire les Romains. C'est
„ pourquoi, changez de conduite, sans quoi, je serai leur allié,
„ pour vous détruire vous et tous les Romains „ (1).

Enfin nous entendons une parole virile! Que ce soldat fait plaisir à rencontrer!

Fin de l'entretien. — Accommodement provisoire.

18. A ces menaces de Pierre de Gaudelin, Thomas de Saint-Sévérin répondit: " Châtelain, notre Seigneur ici présent n'est nul-
„ lement disposé à faire cela, ce sont les Romains qui veulent
„ le faire, mais lui s'y oppose de tout son pouvoir. — Sauf tout
„ le respect et la soumission qui vous sont dus, reprit le châ-
„ telain, je n'oserai jamais faire ce que vous demandez. D'ailleurs,
„ je ne céderai pas le château à votre Sainteté, sans le consen-
„ tement des Cardinaux qui sont à Avignon, car, je l'avoue, beau-
„ coup parlent contre votre Sainteté. A ces mots, Barthélemy
„ pâlit et se tut. — O châtelain, s'écria alors Thomas de Saint-
„ Séverin, vous ne croyez donc pas que celui-ci soit pape? —
„ Je ne suis pas assez bon clerc pour pouvoir déterminer s'il
„ l'est, ou non; je dis ce que je pense en moi-même, d'après
„ les autres „ (2).

" Barthélemy reprit alors la parole et dit au châtelain: Jure
„ au moins de nous être fidèle et de garder le château en notre

(1) P. J. XXV. 14.
(2) P. J. XXV.

„ nom. Celui-ci répondit que ce serait là fausser son premier
„ serment, et qu'il ne pouvait le faire sans blesser son honneur. „

19. " Voyant ce refus, Barthélemy requit le châtelain d'in-
„ troduire dans la citadelle du château huit de ses servants d'ar-
„ mes, pour garder la tour. Le châtelain répondit: que malgré
„ les requêtes de qui que ce fût, il n'introduirait personne, sauf
„ ses connaissances et ses amis. Barthélemy fit une nouvelle de-
„ mande au châtelain, il lui demanda d'emporter un étendard
„ à ses armes et de le placer sur la tour. Le châtelain, consi-
„ dérant qu'il lui avait refusé tout ce qu'il lui avait demandé,
„ et que cet étendard ne porterait pas grand préjudice, puisqu'il
„ pourrait l'enlever à son gré, consentit à cette demande, il prit
„ l'étendard et, avec l'assentiment de Barthélemy, il chevaucha
„ vers le château avec l'étendard à la main; il le plaça sur le
„ sommet de la tour où il demeura environ six jours. Il licencia
„ ensuite les ôtages, qui étaient demeurés pour lui dans le châ-
„ teau „.

Nous avons un passage de la déposition de Ménendus, qui confirme la vérité des faits que vient de rapporter Pierre de Gaudelin: il dit avoir vu l'étendard d'Urbain VI flotter sur le château pendant plusieurs jours. Mais la parole du loyal soldat n'a pas besoin d'être garantie par des témoins tels que Ménendus.

Envoyés des cardinaux de Genève et d'Amiens au château, promesses faites en leur nom. — Envoyé d'Urbain disant tout bas de ne pas accorder ce qu'il demandait tout haut.

20. La déposition du châtelain continue ainsi: " Le même
„ jour, les Seigneurs de la Sala et de Montjoye vinrent au
„ château conférer avec le châtelain, de la part des Seigneurs
„ de Genève et d'Amiens. Ils lui dirent de garder le château au

„ moins pendant deux mois, que les seigneurs Cardinaux paye-
„ raient à lui et à ses compagnons tout ce qui leur était déjà dû
„ et tout ce qui leur serait dû dans la suite, pour la garde du châ-
„ teau, ajoutant, que, si les revenus de leurs bénéfices ne suffi-
„ saient pas pour les satisfaire, ils payeraient avec leurs biens pa-
„ trimoniaux et avec leurs meubles. Ces deux envoyés militaires
„ jurèrent, au nom des deux Cardinaux, dans les mains du châ-
„ telain, d'accomplir cette promesse (1). De plus, ils s'engagè-
„ rent, au nom des Cardinaux, à rendre ou à compenser tout ce
„ que le châtelain et ses compagnons pourraient perdre; en un
„ mot, à compenser tous leurs dommages.

21. " Quelques jours après, Barthélemy envoya l'évêque d'Ur-
„ bin vers Pierre de Gaudelin; avant de lui parler hautement,
„ cet évêque lui dit tout bas: Châtelain, j'ai plusieurs cho-
„ ses à vous dire de la part de notre Seigneur le Pape, mais
„ prenez bien garde de ne rien faire de ce que je vais vous dire.
„ Puis tout haut, de manière à être entendu de ceux qui l'ac-
„ compagnaient et de plusieurs autres, il lui dit: Châtelain, je
„ viens vers vous de la part de notre Seigneur le Pape, vous
„ avertir et vous requérir, d'avoir à lui livrer le château Saint-
„ Ange, qui lui appartient, et que vous occupez contre et malgré
„ sa volonté; sans quoi, je crains qu'il ne procède contre vous
„ dans toute la rigueur de sa puissance. Il fit plusieurs autres
„ menaces au châtelain, mais tout bas il lui répétait de n'en rien
„ faire. Celui-ci répondit toujours qu'il ne le pouvait sans trahir
„ son serment „. Quelle triste comédie!

(1) « Ces deux soldats jurèrent en outre, au cas où les Cardinaux
ne pourraient payer, de les satisfaire eux mêmes de leurs biens propres. » — Cette note est à la marge du texte.

Le cardinal de Marmoutier vient demander au nom d'Urbain la reddition du château. — Refus du châtelain.

29. Urbain soupçonnait et accusait publiquement le Cardinal de Marmoutier de pousser le châtelain à la révolte, et d'être cause de son obstination (1). Pour mettre ce Cardinal dans l'embarras, il l'envoya au château demander à de Gaudelin de livrer le fort qu'il détenait, et dont lui-même au nom de Grégoire XI, lui avait confié la garde. Le châtelain, averti par un messager et par une lettre du Cardinal, se tint sur la défensive.

" Le lendemain, continue le châtelain, le Cardinal, en com-
" pagnie de Thomas de Saint-Sévérin, se présenta au château et
" dit : Châtelain, je suis envoyé vers vous par notre Seigneur
" le Pape, pour vous dire ceci : Vous savez bien que, lorsque je
" vous ai confié la garde du château, vous avez juré de le pos-
" séder et de le garder au nom de l'Église, et de le rendre fidè-
" lement, soit au Pape, soit à moi, soit à un autre, député par
" le Pape. Je vous requiers, avec toute l'instance dont je suis
" capable, et en mon nom ; et de plus je vous avertis, de la part
" de notre Seigneur le Pape, d'avoir à lui rendre le château libre
" et évacué, soit à nous ici présents, soit à moi, qui vous en ai
" confié la garde. Je vous ordonne, sous peine d'excommunica-
" tion, d'observer le serment que vous avez prêté entre mes
" mains ".

23. A cela le châtelain répondit : " Mon Seigneur, je sais bien
" que vous m'avez confié la garde de ce château, mais quand le
" prince arrive quelque part, le magistrat délégué cesse son office.
" Lorsque notre Seigneur Grégoire est venu en ce pays, votre léga-
" tion a cessé. Il m'a lui-même confié de nouveau la garde du

(1) Rayn. 1378. C. et CI.

„ château, et, à l'article de la mort, il m'a fait jurer dans ses
„ mains, de ne livrer le château à aucun être vivant, sans le
„ consentement des Seigneurs Cardinaux qui sont à Avignon.
„ Faites en sorte que j'aie ce consentement, et je vous obéirai
„ aussitôt. — Notre Seigneur le Pape, interrompit le cardinal,
„ peut vous délier de votre serment. — Il ne peut, dit le châ-
„ telain, me rendre ma foi.

„ Le cardinal, ajoutant avis sur avis et prières sur prières,
„ se mettant presque à genoux, suppliait le châtelain de rendre
„ le château. Châtelain, lui disait-il, vous savez bien que vous
„ êtes dans une grande et puissante ville d'Italie, croyez-vous
„ pouvoir retenir le château contre la volonté du Pape, des Car-
„ dinaux et de toute d'Italie? Vous êtes un pauvre homme, vous
„ ne pourrez résister à une puissance telle que celle du Pape,
„ du Sacré-Collège et de toute l'Italie. Quel est celui qui oserait
„ vous porter secours? Où vous ravitaillerez-vous? Je vous en
„ prie, acquiescez à mes avis, écoutez mes supplications. Je crois
„ que vous ferez bien. C'était la peur, que le cardinal avait de
„ Barthélemy, qui lui dictait ces paroles. Le châtelain lui répon-
„ dit toujours, qu'il ne rendrait jamais le château sans le con-
„ sentement des Cardinaux alors à Avignon. Il lui dit: de vouloir
„ bien lui pardonner, mais qu'il ne pouvait faire cela, sans encourir
„ la tache de traître, dont il ne voulait pas se souiller.

„ Thomas de Saint-Séverin fit de son côté tout ce qu'il pût,
„ mais gêné par la présence du Cardinal, il promit à Gaudelin
„ de lui écrire à ce sujet. Quelques jours après, un secrétaire de
„ Thomas se présenta, il était porteur d'une lettre, dans laquelle
„ son maître faisait au châtelain force promesses, et lui demandait
„ de lui dire, si les Cardinaux tenaient ou non Barthélemy pour
„ pape. Gaudelin allégua son ignorance sur ce dernier point, et
„ se retrancha toujours derrière son serment.

L'histoire présente peu de spectacle aussi répugnants que

celui du cardinal de Marmoutier s'abaissant devant le châtelain pour en obtenir une reddition qu'il juge lui-même fâcheuse et injuste.

Le châtelain écrit aux Cardinaux d'Avignon. — Urbain propose le jugement d'arbitres. — Entrevue des arbitres avec le châtelain.

24. Dès que les messagers se furent retirés, de Gaudelin appela l'évêque d'Assise et lui dicta une lettre, dans laquelle il demandait aux Cardinaux d'Avignon, s'il devait livrer ou garder le château Saint-Ange. Une copie de cette lettre (1) fut envoyée par lui à Urbain, et portée par le Patriarche de Constantinople et par l'archevêque de Pise. Dès qu'il eut connaissance de ce qu'écrivait le châtelain, Urbain fit retourner le Patriarche au château, pour proposer à de Gaudelin de soumettre au jugement de certains Cardinaux et de certains chevaliers la question de savoir, s'il était, oui ou non, tenu de garder le serment qu'il avait prêté à Grégoire XI. Les Cardinaux étaient les arbitres du pape, les chevaliers ceux du châtelain. Nous ignorons le nom des premiers, nous savons seulement, qu'il y avait les quatre Cardinaux italiens et quatre ultramontains ; les chevaliers, arbitres du châtelain, étaient quatre chevaliers italiens, et quatre autres ultramontains : " Les italiens étaient, messire Thomas de Saint-Séverin,
„ le Sénateur; le comte de Nole, messire Hugues de Saint-Séve-
„ rin et messire Nicolas de Naples; les transmontains étaient,
„ messire Jean de Malestret, messire Hugues de la Roche, messire
„ de Montjoye et messire Bernard de la Sala.

25. " Je leur mandai, raconte le châtelain, de vouloir bien, pour
„ excuser ma conduite devant les hommes, m'expédier une lettre
„ scellée de leurs sceaux, dans laquelle ils se chargeaient des consé-

(1) Baluze, II. 818.

« quences de cette affaire ; en un mot, une sentence arbitrale, comme
« quoi, je devais rendre le château. Le lendemain les otages promis
« me furent envoyés, et j'allai à l'hôtel du cardinal de Saint-Eu-
« stache, où les huit Cardinaux devaient tenir conseil avec les
« huit chevaliers ; seulement, leurs otages vinrent si tard au
« château, que je ne trouvai plus que les Cardinaux de Saint-Eu-
« stache et de Bretagne, les autres s'en étaient allés. En entrant,
« je rencontrai l'évêque de Catane, qui me prit par la main et
« me conduisit au cardinal de Saint-Eustache. Quand nous fûmes
« devant lui, l'évêque dit au cardinal, de me faire rendre le châ-
« teau à Barthélemy, car il était très irrité contre lui. Il est
« convaincu, dit-il, que c'est moins la faute du châtelain, que la
« vôtre et celle de tous les Cardinaux, si le château ne lui est
« pas rendu. Il y avait là le cardinal de Bretagne, et bon nombre
« d'autres évêques, archevêques et prélats. Le cardinal de Saint-
« Eustache, mû par la peur, me dit cette simple parole : Rendez
« le château, pourvu que vous soyez payé, nous serons tous
« contents et nous n'aurons plus d'ennuis. Je lui répondis : Me
« pardonnerez-vous, messire, si je vous parle clairement et vous
« dis ce que j'ai sur le cœur ? Oui, me dit-il, parlez, au nom de
« Dieu, cela me plaît beaucoup, parlez. — Je lui dis alors, que
« tout ce que lui et les Cardinaux disaient et faisaient, c'était
« la peur qui le leur faisait dire et faire, mais que, lorsqu'ils
« seraient en lieu sûr, je ferais tout ce qu'ils m'ordonneraient ;
« pour le présent, je ne ferais rien pour eux. Eh bien, me dit-il,
« tu le prends de bien haut, va-t-en, de la vie je ne me mêlerai plus
« de ton affaire. Malgré cela, il fut bien content que je lui eusse
« fait cette réponse.

Qu'Urbain VI et ses conseillers connaissaient bien la pusillanimité de certains Cardinaux, en particulier du cardinal de Saint-Eustache ! Qu'ils savaient les terroriser avec art ! Comme on comprend, en étudiant les effets de la peur sur leurs âmes, tout ce qu'il y a de trouble et d'incertitude dans les actes consentis aux heures révolutionnaires !

Ordre d'Urbain VI d'arrêter les Cardinaux. Il révoque cet ordre. — Sentence arbitrale des chevaliers italiens, favorable à Urbain. Les arbitres ultramontains menacés de la potence. — Rupture des négociations.

26. " Le même jour, et bien vite, ce que je venais de dire
„ au Cardinal fut rapporté à Barthélemy : aussitôt celui-ci donna
„ ordre d'arrêter tous les Cardinaux, de les enfermer dans le
„ palais, de les emprisonner et de les ennuyer, jusqu'à ce que
„ le château fût en son pouvoir. D'après ce qui m'a été redit
„ par un ami, qui assistait à son conseil, messire Nicolas de
„ Naples lui objecta, qu'agir de la sorte, c'était mal agir, car il
„ connaissait mon courage et que je ne céderais pas; qu'il savait ce
„ que j'avais dit à Barthélemy et au Cardinal de Saint-Eustache
„ et que, par conséquent, le meilleur était de laisser les Cardi-
„ naux aller à Anagni ou ailleurs, car, tant qu'ils seraient en
„ Italie, on les tenait. Il ajouta : qu'il savait d'où j'étais, et que
„ les Cardinaux me payeraient bien, quand je serais dans mon
„ hôtel „.

27. Comme il fallait s'y attendre, les chevaliers italiens furent d'avis que de Gaudelin devait rendre le château.

" Barthélemy m'envoya alors, continue le châtelain, l'ordre
„ de faire écrire une lettre semblable aux autres chevaliers. Je
„ lui fis répondre, que cela ne m'appartenait pas, mais bien à
„ lui. Il manda donc les quatre chevaliers ultramontains ; mais,
„ sachant qu'il voulait maltraiter messire de Montjoye et lui
„ faire trancher la tête, je fis dire à ce seigneur de partir, ce
„ qu'il fit sur le champ. A sa place, comparut devant Barthé-
„ lemy messire Gérald de M... châtel. Barthélemy ordonna à ces

„ chevaliers de faire cette lettre, il les menaça de les faire
„ pendre. Ceux-ci répondirent, qu'ils ne l'écriraient pas, que s'ils
„ l'écrivaient, ce serait par force et qu'ils ne voulaient pas me
„ décharger en se chargeant eux-mêmes. Barthélemy leur dit
„ alors, que s'ils ne le faisaient, avant le lendemain, il les ferait
„ attacher à la corde. Voyant que Barthélemy les faisait em-
„ prisonner, messire Hugues de la Roche m'envoya Jehan, un de
„ ses camériers, me dire que Barthélemy voulait leur faire écrire
„ cette lettre par force, que s'ils le faisaient, je n'en tinsse pas
„ compte, et que je fisse écrire à Barthélemy, par l'évêque d'As-
„ sise, que je m'étonnais fort de cela, que si les chevaliers osaient
„ écrire cette lettre, je n'en croirais rien, et que, si les autres
„ choses avaient été faites par contrainte, il lui plut que celle-ci
„ au moins ne le fût pas. Ayant vu cette lettre, il entra dans
„ une grande colère et se mit à crier: Je suis Pape, je suis Pape
„ malgré eux. „

28. Deux cardinaux d'Avignon, celui d'Albano et celui de Pampelune, furent les seuls à répondre à de Gaudelin, qu'il devait livrer le château. Leur lettre en annonçait une autre, dans laquelle tous devaient être de cet avis, mais cette seconde lettre n'arriva pas, et le châtelain ne se crut pas délié de son serment.

Les Cardinaux retirés à Anagni, envoyèrent des secours en argent à la garnison; d'après Pierre Rostaing, plusieurs nobles romains aidèrent les Cardinaux à introduire dans le château les choses nécessaires (1).

Pendant un an, le château tint pour Clément VII, et Urbain, gêné par son voisinage, fixa sa demeure à Sainte-Marie du Transtévère; de là sont datées les bulles de la première année de son pontificat.

---

(1) Baluze I. 1212.

Chapitre X.

DÉPART DE ROME.

1. Salutaires avis donnés à Urbain. — 2. Départ des Cardinaux pour Anagni. — 3. Précautions qu'ils prirent. Intention du Cardinal de Luna. 4. Pourquoi les Cardinaux ont-ils tant tardé à partir? — 5. Les Ultramontains vont aussi à Anagni. — 6. Ils sont toujours sous la domination romaine. — 7. Conduite des Cardinaux en arrivant à Anagni. — 8. Urbain veut aller les y rejoindre. Ce qui l'en détourne. — 9. Urbain envoie trois Cardinaux italiens à Anagni. — 10. Il part pour Tivoli. — 11. Il y mande les Cardinaux ultramontains. Ceux-ci refusent de venir. — 12. Les Romains veulent faire amende honorable aux Cardinaux. Urbain s'y oppose. — 13. Il compte sur certains Cardinaux pour ramener les autres. — 14. Les trois Cardinaux italiens à Anagni. — 15. Leur retour à Tivoli; ils rendent compte à Urbain de leur ambassade. — 16. Les Cardinaux d'Avignon. — 17. Lettre du Cardinal de Pampelune.

Salutaires avis donnés à Urbain.

1. Les relations entre Urbain VI et le Sacré-Collège devenaient de jour en jour plus tendues. Les quelques Cardinaux, qui, au fond du cœur, tenaient encore pour Urbain VI, faisaient leur possible pour le faire changer de conduite et enlever par là à leurs collègues tout prétexte contre lui. Pontius Béraldi signale entre autres un Cardinal, qu'il ne nomme pas, mais que nous croyons être le cardinal de Viviers. Voici ce qu'il dit : " En quittant „ Rome, ce cardinal s'entretint avec lui, à Grottaferrata, et ne „ ne lui cacha rien. Il lui dit: que si Barthélemy voulait chan„ ger sa manière d'agir, lui, ferait son possible pour que les Car„ dinaux l'élussent de nouveau (1). Le témoin lui ayant dit, de

---

(1) Si vellet mores suos corrigere, faceret quicquid posset quod alii DD. Cardinales de more reeligerent ipsum.

„ vouloir bien aviser Barthélemy, qui avait en lui pleine con-
„ fiance, le Cardinal lui répondit : qu'il l'en avait avisé, mais qu'il
„ ne lui en parlerait plus, tant qu'il serait à Rome ; cependant,
„ lorsqu'il quitterait la Ville et serait dans le monastère, où ils
„ étaient, il le lui dirait pleinement et ferait ce qu'il pourrait
„ pour que Barthélemy fut réélu, s'il voulait changer de con-
„ duite „ (1).

On voit, par cette citation, les bons sentiments de ce cardinal ; on voit aussi l'éloignement qu'Urbain inspirait même à ceux de son parti, puisque ceux-ci n'osaient plus lui donner de si salutaires conseils.

Le cardinal de Viviers avait aussi dit les mêmes paroles à Rodrigue Bernard, qui les rapporta à Urbain ; mais le Pape, loin de savoir gré à ce Cardinal d'un avis si sage, répondit à Rodrigue : " Que tous les Cardinaux se comportaient mal, et que „ le cardinal de Viviers était l'instigateur de tout „ (2).

Une telle réponse montre bien, que les Cardinaux avaient peu à attendre d'Urbain. Aussi, dès les premiers jours du mois de Mai, commencèrent-ils à organiser leur départ pour Anagni. Le projet de quitter Rome, avait été adopté dès les jours qui suivirent le couronnement, c'est au moins ce que dit Pontius Beraldi (3).

(1) Respondit quod ipse avisaverat eum et quod non loqueretur sibi plus de illa materia quamdiu esset in Urbe, sed cum recederet et esset in dicto monasterio, eumdem Bartholomeum de premissis plenarie avisaret et faceret posse suum quod idem Bartholomeus reeligeretur in papam si vellet corrigere mores suos.
(2) Baluze, I, 1172.
(3) Post coronationem dicti Bartholomei fuerat ordinatum quod idem Bartholomeus cum dictis Cardinalibus debebat adire Anagniam.

Départ des Cardinaux pour Anagni.
Précautions qu'ils prirent. — Intention du Cardinal de Luna.

2. On trouve la raison de ce projet dans l'appendice du *casus* des Cardinaux italiens. " Il était notoire, y est-il dit, que le
„ Seigneur Grégoire, de pieuse mémoire, avait organisé la rési-
„ dence d'été de la cour pontificale à Anagni „ (1).

Le prétexte du départ des Cardinaux était donc tout trouvé, aussi, dès le six du mois de Mai, les Cardinaux d'Aigrefeuille et de Poitiers prirent-ils le chemin d'Anagni (2).

Peu de jours après ce premier départ, on commença à murmurer dans Rome, qu'il y avait désaccord entre le Pape et les Cardinaux.

Frère Alfonse de Mélide " dit avoir appris, par l'évêque de
„ Jaen, six ou sept semaines après l'élection, qu'on craignait de voir
„ éclater un schisme, parce qu'il y avait brouille entre l'élu et
„ les Cardinaux. L'évêque de Jaen, à ce qu'il croit, avait appris
„ cela du cardinal de Luna „.

L'évêque de Todi soutient que tous les Cardinaux demandèrent la permission d'Urbain, pour aller à Anagni (3).

Il est probable que les premiers partis demandèrent cette autorisation : quant aux derniers, c'est au moins douteux.

Comment s'opéra ce départ? Thomas de Amanatis, qui était à Rome et en très bonnes relations avec les Cardinaux, va nous l'apprendre. " Avant la fin du mois de Mai, les Seigneur d'Aigre-
„ feuille, de Poitiers et de Viviers partirent; au commencement

---

(1) P. J. XXVII. 16.
(2) Dominus suus de Agrifolio, dit Gaillard, et dominus Pictavensis citius quo potuerunt recesserunt de Roma et exierunt Urbem primi et die Sancti Iohannis ante portam latinam que est sexta die Maii.
(3) P. J. XVII. 50.

„ du mois de Juin quelques autres les suivirent, puis quelques
„ autres au milieu du mois, et ainsi ils s'en allèrent successivement,
„ de telle sorte, qu'avant le vingt ou le vingt et un de ce même
„ mois, tous les Cardinaux, qui n'étaient pas italiens, quittèrent
„ Rome et vinrent à Anagni „ (1).

Alvarez Martin dit, que le jour de Saint-Jean (24 Juin), il restait encore à Rome trois Cardinaux ultramontains, les Seigneurs de Genève, de Luna et de Glandève (2). C'est une erreur; d'abord, le précédent témoin affirme que les Cardinaux étaient tous à Anagni le vingt et un au plus tard; ensuite, le Cardinal de Glandève déclare lui-même être parti un Dimanche. Or, la fête de Saint Jean tombait, cette année-là, un Jeudi; le Dimanche suivant était le 27; ce jour-là, Urbain partait pour Tivoli, abandonné de tous les Cardinaux ultramontains; c'est donc le Dimanche avant Saint-Jean, c'est à dire le 20 Juin, que les derniers Cardinaux ont quitté Rome.

3. Ils entourèrent leur départ de beaucoup de précautions. La première, et non la moins sage, fut, d'espacer les jours de départ, comme vient de le dire Thomas de Amanatis : " Bien
„ leur en prit, ajoute cet évêque, car si, étrangers comme ils l'é-
„ taient à Rome et au cœur de l'Italie, qu'ils voyaient se réjouir
„ beaucoup et triompher d'avoir un de ses enfants assis sur le
„ siège apostolique, ils eussent agi sans précautions, indubita-
„ blement eux et tous leurs compatriotes eussent été en péril
„ évident de mort. Il leur fallut donc d'abord chercher un lieu
„ sûr, ce qui ne fut pas facile, il leur fallut ensuite se retirer
„ dignement et par groupe, comme ils le firent, afin que le
„ vulgaire ne s'étonnât pas de leur départ et ne conçût aucun
„ mauvais soupçon. Pour eux, comme pour tous ceux qui voulaient

(1) P. J. XVIII. 40.
(2) Baluze, I. 1191.

„ quitter Rome, il leur fallut saisir les circonstances favorables
„ à leur départ. Quant à moi, j'ai toujours cru et je crois en-
„ core, qu'un tel départ, aussi digne qu'il le fût, n'eût jamais
„ pu s'effectuer, quelque adresse qu'ils y employassent, si Dieu
„ n'y avait mis la main. En toute vérité, j'ai attribué et j'at-
„ tribue encore à une faveur divine, qu'ils aient pu quitter Rome
„ avec leurs gens, comme ils l'ont fait, sans être inquiétés „ (1).

Le cardinal de Glandève semble insinuer qu'il était temps
que les derniers partissent, car les Romains commençaient à se
raviser. " Jamais, après cette élection, nous ne fûmes en sûreté
„ dans les murs de Rome. Bien plus, Dieu m'est témoin, qu'un
„ dimanche du mois de Juin, je fus avisé, dès le matin, que les
„ Cardinaux ultramontains étaient partis pour Anagni, et met-
„ taient en doute la Papauté de Barthélemy ; par conséquent,
„ si je voulais sauver ma personne, il me fallait fuir, sans m'oc-
„ cuper de la perte de mes biens. Je répondis à celui qui me
„ donnait cet avis, que j'attendais le cardinal d'Aragon. Il est
„ parti ce matin même, me fut-il répondu, et cela, sans saluer son
„ hôte. Je déjeunai ce jour-là avec les ambassadeurs du roi de
„ Castille, que j'avais invités, et le soir même, je m'échappai de
„ nuit, vers Anagni. A la nouvelle de mon départ, Barthélemy
„ envoya après moi l'évêque de . . . . . ; ne m'ayant pas ren-
„ contré du côté de Velletri, celui-ci vint à Anagni „ (2).

Le cardinal de Luna fut un des derniers à partir; d'après
Ferdinand Pierre, son intention était de revenir bientôt, s'il le
pouvait, car il désirait vivement que la cour se fixât à Rome,
et la preuve en est, qu'il avait fait restaurer sa maison, et choisi
sa sépulture à Saint-Laurent-hors-les-murs (3).

Un autre ami du cardinal, Pierre d'Espagne, lui prête des

(1) P. J. XVIII. 41.
(2) P. J. XXXIII. 14.
(3) Baluze I. 1188.

intentions encore meilleures. Il conseillait au cardinal de Luna de ne pas aller à Anagni. " Celui-ci, comme un bon maître, lui „ répondit : qu'il tenait en conscience Urbain pour le vrai pape, „ et que s'il allait à Anagni, c'était pour s'opposer aux intrigues „ séditieuses des Cardinaux français, auxquels la vengeance dic- „ tait de mauvaises intentions. Il croyait, disait-il, mieux servir „ le Pape, en allant à Anagni, qu'en demeurant a Rome.

Il avait cependant lui aussi à se plaindre d'Urbain, il s'était vu refuser certaines faveurs, ce qui lui fit dire, au témoignage du même Pierre d'Espagne : " Les Cardinaux sont tous partis „ pour Anagni, pourquoi demeurerais-je ici avec le Pape, qui ne „ fait rien de ce que je lui demande ? *Certainement, ajouta-t-il, je* „ *ne servirais point Dieu, si Dieu ne me faisait du bien* „ (1).

Nous reviendrons sur cette parole équivoque attribuée par plusieurs au cardinal de Luna (2) ; qu'il nous suffise en ce moment, d'appeler l'attention du lecteur sur la contradiction évidente qu'il y a, entre cette parole, et les sentiments favorables à Urbain, que ce témoin prête au Cardinal.

Pourquoi les Cardinaux ont-ils tardé à partir ?

4. On se demande cependant, pourquoi les Cardinaux sont demeurés si longtemps avec Urbain, et pourquoi ils ne l'ont pas quitté plutôt. Jean Rame, " dépose en sa conscience, qu'il croit „ fermement, que les Cardinaux ne pouvaient pas quitter plutôt „ Barthélemy, sans danger pour leurs personnes. Interrogé sur „ les raisons de cette conviction, il répond : que les Cardinaux „ ne doivent pas quitter le vrai pape, sans cause raisonnable et „ sans en avoir demandé et obtenu la permission. Ils ne pouvaient

---

(1) Rayn. 1379. XVI.
(2) Ch. XII. n.º 6.

„ donc quitter Barthélemy sans raison, ni demander l'autorisa-
„ tion, sans être sûrs de l'obtenir ; s'ils l'eussent fait, Barthélemy
„ et les Romains les auraient soupçonnés, et s'ils eussent donné
„ leurs raisons, on leur eût refusé l'autorisation. En la leur re-
„ fusant, on les eût soupçonnés davantage, et le danger eût été
„ plus grand, que s'ils eussent cherché à fuir, sans l'avoir de-
„ mandée et sans se l'être vu refuser. Ils n'avaient pas d'autre
„ prétexte à invoquer, pour se retirer, que celui-ci (1) : Urbain V,
„ Grégoire XI et les Cardinaux, alors tenus en suspicion dans la
„ Ville, avaient accoutumé le peuple romain à les voir faire comme
„ leurs prédécesseurs, c'est à dire, à les voir changer de demeure
„ pendant les chaleurs de l'été, insupportables à Rome, et quitter
„ la Ville pour aller passer les mois de Mai et de Juin à . . . Le
„ pape Grégoire avait déterminé pour cet été Anagni, où il avait
„ fait réparer son habitation et préparer les provisions nécessaires
„ à son séjour. Les Cardinaux demandèrent la permission de se
„ retirer, surtout parce que, dans la Ville, ils ne pouvaient savoir
„ ce qu'ils pensaient les uns les autres, et qu'ils ne pouvaient
„ se réunir, sans éveiller de fâcheux soupçons. L'espace de deux
„ ou trois mois, qu'employèrent les Cardinaux à chercher et à
„ trouver le moyen de quitter Barthélemy, ne fut point trop
„ long, au jugement du témoin, tant la chose était dangereuse
„ et importante „ (2).

(1) Deposuit..... in conscientia sua quod ipse firmiter credit quod DD. Cardinales citius a Bartholomeo recedere cum securitate personarum minime potuerant..... quia Cardinales non debent a vero papa recedere nisi cum causa rationabili ac petita licentia et obtenta, sine causa, seu autorizatione probabili a dicto Bartolomeo recedere non poterant, quin ipsi Bartholomeo et romanis darent occasionem male suspicandi de ipsis, quam si petivissent Bartholomeo licentiam recedendi, eisdem minime concessisset, qua negata, fuisset suspicio major et majus periculum..... Colorata autem occasio recedendi, nulla alia ei suppetere videbatur nisi quia.......
(2) Tempus duorum vel trium mensium infra quod omnes predicti

Les Ultramontains vont aussi à Anagni.
Ils sont toujours sous la domination romaine.

5. A mesure que les Cardinaux abandonnaient Rome, leurs amis en faisaient autant. Toutefois, le départ de personne ne dut faire plus sensation à Rome, que celui du Camerlingue, Bernard de Virididuno rapporte, que " le Seigneur Camerlingue ne vou-
„ lait pas venir vers Barthélemy, il demeurait dans ses appar-
„ tements, feignant d'être bouleversé et malade d'avoir vu mourir
„ son maître, le Seigneur Grégoire . . . . . Il se retira bientôt et
„ partit en armes et sans autorisation. J'ai ouï dire, qu'il em-
„ porta avec lui la tiare et tous les autres ornements pontifi-
„ caux, qu'il put emporter . . . . . quelques Cardinaux partirent
„ sans autorisation et même à l'insu d'Urbain. „

Thomas de Amanatis, parti de Rome après les derniers Cardinaux, raconte qu'à son arrivée à Anagni : " ce qui l'étonna beau-
„ coup, fut d'y trouver presque tous les gens de cour, qui étaient
„ de ces côtés et tous les Français ; ils avaient quitté Rome pour
„ venir habiter là „ (1).

Nicolas Eymeric raconte deux visites intéressantes qu'il fit peu avant de partir. " Le jour de son départ, dit-il, il alla une
„ dernière fois faire ses dévotions à Saint-Pierre. Il y trouva le
„ maître du Sacré-Palais, frère prêcheur, aujourd'hui cardinal de
„ Saint-Antonin, et lui dit: Maître, voulez-vous envoyer quelque
„ chose à Anagni? Je pars à l'instant, et je viens prendre congé
„ de Saint-Pierre, car je ne reviendrai jamais plus ici. Celui-ci lui
„ ayant objecté, pourquoi il n'attendait pas davantage. — Dois-je

---

DD. a dicto Bartholomeo recesserunt quo ad deliberandum et congruam opportunitatem querendam, in tam periculoso ac ponderoso negotio, idem auditor suo judicio reputat fuisse primum.

(1) P. J. XVIII. 42.

„ abandonner le Sacré-Collège, lui répondit le déposant, et de-
„ meurer à Rome avec un homme, qui n'est point Pape? — O
„ Seigneur, lui dit son interlocuteur plein d'étonnement, que
„ dites-vous ici? Par Dieu, si Urbain savait que vous parlez ainsi
„ de lui, il vous ferait jeter en prison! — Ce que vous dites là
„ est certain, lui dit le témoin, mais je sais bien que vous ne le
„ lui direz pas, et c'est pourquoi je quitte Rome. A Saint-Jean
„ de Latran, il rencontra Barthélemy Peyron, procureur des Car-
„ mes, lequel lui dit: Vous partez? Le témoin lui ayant répondu:
„ Oui. Celui-ci ajouta: Vous agissez prudemment. Il chercha à
„ lui faire dire pourquoi il lui parlait ainsi, mais il n'en put rien
„ tirer que ces mots: De grandes choses vont se passer, partez
„ vite „ (7).

6. Les Cardinaux ayant quitté Rome, n'en étaient pas moins sous la domination romaine, car Anagni, petite ville de l'Italie centrale, située à 75 kilomètres de Rome, relevait directement du Capitole. Aussi, ne s'y croyaient-ils pas plus en sûreté qu'à Rome, et tout d'abord leur conduite n'y fut pas autre qu'à Rome. Ils étaient cependant venus en vue d'y conquérir plus facilement leur indépendance.

Sous l'empire de la même crainte, les Cardinaux tenaient donc le même langage. Alvarez Martin manifestait au cardinal de Genève son étonnement de l'entendre, à Anagni, parler d'Urbain comme du vrai Pape. " Le Cardinal lui dit alors: qu'Anagni et toute
„ l'Italie n'étaient point sûres pour eux, et autres choses sem-
„ blables, mais que lorsque les hommes d'armes seraient arrivés,
„ il verrait comment il l'appelerait „ (8).

La crainte des Cardinaux à Anagni était bien justifiée, au

(1) P. J. XX. 46.
(2) Ille respondit quod Anagnia, nec tota Italia non erat ipsis secura....... sed quando ipse videret gentes armorum, ipse videret quomodo appellaret eum.

témoignage de Thomas des Amanatis. " Les Cardinaux à Ana-
„ nie pensaient juste, en craignant Barthélemy et les Romains ;
„ ils devaient les craindre, car il eût été facile à ceux-ci de les
„ assiéger, et c'est pourquoi ils demeurèrent là longtemps, avant
„ d'oser manifester quelque chose de leurs intentions „ (1).

Sancius, archidiacre de Egmart, dans l'église de Pampelune,
nous donne une preuve de la légitimité de la crainte des Cardinaux ; c'est que, même quand leurs défenseurs furent arrivés,
les gens du pays tentèrent une action contre eux. " Un jour de
„ fête, dit-il, le bruit courut dans Anagni, parmi les citoyens
„ et les habitants, que les Romains assiégeaient déjà (Bastos)
„ qui est entre Rome et Anagni, et qui tenait pour les Cardinaux.
„ Ce bruit avait été mis en circulation par les gens d'Anagni,
„ dans le but d'attirer hors de leurs murs Bernard de la Sala et
„ les hommes d'armes, qui étaient avec lui, afin de demeurer seuls
„ avec les étrangers et d'entreprendre ce qu'ils voudraient. Ber-
„ nard de la Sala et les autres coururent aux armes, mais ils ne
„ voulurent pas quitter la ville. Ils campèrent sur la place devant
„ l'église cathédrale disant, qu'il valait mieux rester là que de
„ sortir „.

La légitimité de cette crainte n'est pas admise par les Urbanistes. Alvarez Gonzalve soutient, que les Cardinaux ne risquaient
rien, parce que le Camerlingue occupait la citadelle (2).

Et Jean' Remy, " interrogé si Anagni est assez fortifiée,
„ pour que les Cardinaux et le comte de Fondi pussent résister
„ au premier élu et au peuple Romain ; il croit que oui, répond-il,
„ car c'est un lieu très fortifié, et, plus tard, celui à qui le pre-

---

(1) P. J. XVIII. 48.
(2) Credit quod Cardinales bene potuissent intentum suum super
hoc facto si voluissent sine aliquo timore antequam venissent gentes
armorum, eo quod Camerarius tenebat fortalitium civitatis Anagnie et
erat cum Cardinalibus.

„ premier élu avait donné le comté, y vint avec des troupes, mais
„ il ne put s'en rendre maître, quoique les Cardinaux ne fussent
„ plus là, ni leurs hommes d'armes bretons „.

Les raisons alléguées par ces deux témoins ne paraissent pas péremptoires ; le premier ne dit pas si le Camerlingue avait des troupes avec lui dans la citadelle, et le second ne dit pas si, malgré l'absence des Cardinaux et des Bretons, il n'y avait pas à Anagni d'autres troupes pour défendre la place.

Conduite des Cardinaux en arrivant à Anagni.
Urbain veut aller les y rejoindre. — Ce qui l'en détourne.

7. Sous l'empire de cette crainte, les Cardinaux ne dirent pas leur pensée, même à leurs amis. " Les Cardinaux, dit Thomas
„ de Amanatis, surtout au commencement de notre séjour à
„ Anagni, ne voulurent pas s'ouvrir à nous; ils craignaient que
„ nous ne fussions des espions, et de notre côté, nous ne cher-
„ chions pas à nous ingérer beaucoup dans leurs affaires, pour
„ ne pas augmenter les soupçons (1) „.

8. Quand tous les Cardinaux ultramontains furent partis, Urbain voulait aller les rejoindre. D'après l'évêque de Todi, son intention était si bien arrêtée, que " tous les serviteurs du Pape
„ étaient déjà partis pour Anagni „. Le Cardinal de Florence, dans son appendice au *casus* des Cardinaux italiens, soutient qu'il en manifesta l'intention, et il ajoute : " Il ne restait plus à Rome
„ que les quatre Cardinaux italiens, que Barthélemy ne voulait
„ pas laisser partir : il les retenait sous différents prétextes, et par-
„ ticulièrement parce qu'il disait, qu'il voulait aller à Anagni,
„ et qu'il voulait que ces Cardinaux l'y accompagnassent (2). „

(1) P. J. XVIII. 42.
(2) P. J. XXVII. 10.

L'évêque de Todi ajoute que les Cardinaux lui écrivaient lettres sur lettres pour l'attirer à Anagni (1).

9. Thomas de Acerno (2), dit qu'Urbain ne donna pas suite à ce projet, parce que de vagues rumeurs lui firent soupçonner que sa personne ne serait pas en sûreté à Anagni. Ce qui est plus vraisemblable, c'est qu'Urbain pressentit que les Cardinaux lui étaient hostiles, et qu'il fut informé que ces derniers cherchaient la protection des hommes d'armes.

Urbain envoie trois Cardinaux italiens à Anagni. — Il part pour Tivoli. Il y mande les Cardinaux ultramontains. — Ceux-ci refusent de venir.

9. Urbain fit aussitôt appeler les Cardinaux italiens, et s'entretint avec eux sur ce sujet. " Puis, ajoute le Cardinal de Flo„ rence, il ordonna que trois d'entre eux, moi évêque de Porto, „ le Cardinal de Milan et celui des Ursins, iraient à Anagni „ trouver les Cardinaux et leur dire : qu'il n'était pas nécessaire „ de tenir la ligne de conduite qu'ils tenaient, de chercher à se „ mettre en sûreté, et de redouter quelque nouvelle entreprise ; „ Urbain se chargeait de leur procurer la sécurité qu'ils cher„ chaient ou de la leur faire procurer par les Romains; et enfin, „ il avait l'entention de venir à Anagni ou à Tivoli pour être „ avec eux. Il nous donna mission de leur offrir bien des faveurs „ agréables et utiles pour eux et les leurs, et de leur dire, qu'il „ ferait pour eux plus que ne fit jamais aucun pontife romain „ (5).

9. Urbain n'attendit pas le retour des Cardinaux italiens, et, dès le 27 Juin, il se rendit à Tivoli. C'était la première fois que le Pape quittait Rome, depuis la mort de Grégoire, et les dis-

(1) P. J. XVIII. 53.
(2) Rayn. 1378, n. XXVII.
(3) P. J. XXVII. 16.

positions des Romains, qui ne voulurent pas laisser le pontife agonisant aller rétablir sa santé hors de Rome, ne s'étaient en rien modifiées. Aussi, Boniface de Amanatis raconte, que " lorsqu'on
„ sut dans le public, que l'intrus, qu'on appelait le pape, voulait
„ aller à Anagni, les Romains décidèrent en conseil, qu'*ils ne*
„ *lui permettraient pas de quitter la Ville, avant d'avoir créé*
„ *Cardinaux grand nombre de Romains et d'Italiens, qu'ils l'y*
„ *forceraient, s'il ne voulait leur accorder cette faveur. Nous l'a-*
„ *vons bien fait élire pape, disaient-ils, il faudra qu'il fasse des*
„ *Cardinaux romains et italiens autant que nous en voudrons.*
„ *Sans cette précaution, nous n'aurions jamais la certitude que*
„ *la papauté restera chez les Romains* (1) „.

11. La première chose qui montra d'une manière évidente que les Cardinaux l'avaient abandonné et ne comptaient plus revenir sous son obédience, fut leur refus de répondre à son appel; car, d'après l'évêque de Todi, Urbain n'allant pas à Anagni, manda les Cardinaux à Tivoli. " A son arrivée à Tivoli, il
„ envoya vers les Cardinaux à différentes reprises plusieurs am-
„ bassades..... Les Cardinaux ne voulaient pas venir à Tivoli,
„ mais les Seigneurs de Florence, de Milan et des Ursins y
„ vinrent „ (2).

Le cardinal de Luna, dans une note du *casus* de Lignano, donne la raison du refus: " Urbain somma les Cardinaux, plu-
„ sieurs fois de venir le rejoindre, comme s'il eût voulu les re-
„ mettre dans le même danger ou dans un égal péril. Ceux-ci
„ refusèrent raisonnablement d'obéir à cet appel „ (3). Alvarez Martin a entendu alléguer la même raison (4).

(1) Baluze I. 1218.
(2) P. J. XXVII. 54.
(3) P. J. XXVIII. 88.
(4) Cardinales noluerunt venire ibi, eo quod erat subiecta Rome, et ita modicum essent ibi tuti sicut Rome.

Pour attirer les Cardinaux, Urbain usa de promesses. Hélas ! les Cardinaux l'avaient trop vu à l'œuvre, pour s'y fier ; et d'ailleurs, il promettait trop, pour que ses promesses pussent paraître sincères. " Il leur offrait, par notre intermédiaire, dit le cardinal de Florence, toute sorte de choses agréables, favorables et utiles, „ pour eux et leurs amis, il se disait disposé à faire pour eux „ plus que ne fit jamais un pontife romain „ (1).

Les Romains veulent aller faire amende honorable aux Cardinaux. Urbain s'y oppose. Il compte sur certains Cardinaux pour ramener les autres.

12. Les Romains, de leur côté, pressentaient une rupture imminente entre le Pape et le Sacré-Collège ; ils savaient très bien que les Cardinaux, s'ils se décidaient à attaquer l'élection, allègueraient la violence, comme étant une cause de nullité. Ils crurent tout prévenir, par l'expédient dont quelques Romains firent confidence à Gaillard. " Ces Romains lui dirent : que l'avis „ de leurs compatriotes avait été, à un moment, d'envoyer un „ ambassade solennelle aux Cardinaux, pour leur demander hum„ blement grâce et pardon, pour tout ce qu'ils avaient fait. Ils „ croyaient, disaient-ils, que cette démarche apaiserait les Français, „ dont le cœur est bon, qu'elle amènerait la paix, et que les Car„ dinaux reviendraient passer l'hiver à Rome. „ Il y avait cependant un grand inconvénient à agir de la sorte, car au fond, c'était reconnaître la nullité de l'élection d'Urbain ; aussi, " quand „ cette délibération des Romains fut connue de Barthélemy, celui„ ci ne voulut jamais qu'on la mît à exécution. Gaillard demanda „ alors, quelle était la cause de cette prohibition, il lui fut ré„ pondu, que, demander pardon, c'était avouer qu'il y avait eu

(1) P. J. XXVII. 16.

„ pression, violence, injures. Mais, ajoutaient les Romains, peut-on
„ appeler violence, pression, injure, ce qui a un résultat si grand
„ et si beau, l'élection d'un pape! Les Romains devaient se glo-
„ rifier, et non trembler et s'humilier de cela. En effet, ajoute
„ Gaillard, ils firent sur ce sujet une cantilène, dans laquelle ils
„ disaient des choses bien plus belles que je ne saurais dire. Deux
„ jours après, revenant de Tivoli à Rome, je me la procurai et
„ je l'ai encore. Le peuple s'y flatte d'avoir fait le pape, de vou-
„ loir le soutenir et le défendre toujours; les Romains s'y réjouis-
„ sent de la mort du pape Grégoire, ils remercient Dieu de la
„ victoire qu'ils ont remportée, en ayant un pape comme ils le
„ veulent, et ils supplient Dieu de leur faire la grâce de pou-
„ voir piller tous les Ultramontains!„

13. Urbain, en appelant les Cardinaux auprès de lui à Tivoli, espérait peut-être, que, grâce à ceux qu'il savait et qu'on lui disait être encore ses amis, il pourrait réparer les erreurs du passé. Poncius Béraldi, à son retour d'Anagni, lui dit: " Qu'il
„ lui semblait expédient, puisqu'il voulait aller à Anagni, de s'arrê-
„ ter dans un château voisin de cette ville et puis, là, de mander au-
„ près de lui certains Cardinaux, qu'il nomma, lui assurant qu'ils
„ l'avaient aimé avant sa promotion et qu'ils l'aimaient encore.
„ Il lui conseillait de se laisser conduire par leurs conseils, per-
„ suadé que ces conseils seraient sages et lui donneraient le re-
„ mède qu'il fallait apporter à la situation. „

S'il faut en croire Bonaventure, cardinal de Padoue, les Cardinaux de Luna, de Glandève et plusieurs autres étaient tout disposés à venir se jeter à ses pieds (1).

(1) Baluze I. 1191.

Les trois Cardinaux italiens à Anagni. — Leur retour à Tivoli. Ils rendent compte à Urbain de leur ambassade.

14. Les trois Cardinaux italiens, envoyés par Urbain à leurs confrères, alors à Anagni, s'acquittèrent de leur ambassade. Les Cardinaux ultramontains, après en avoir délibéré, leur donnèrent leur réponse, dans la cathédrale, et leur dirent: " qu'ils s'éton« naient que de tels propos (1) eussent été rapportés à Barthé« lemy, et plus encore, qu'il y eut ajouté foi. Ils le priaient, à « l'avenir, de ne plus croire ceux qui lui diraient de telles « choses „ (2).

Après avoir fait cette réponse aux Cardinaux italiens, agissant comme ambassadeurs, ils leur donnèrent rendez-vous pour le soir du même jour, dans la maison de Robert de Genève ; ils avaient à les entretenir comme Cardinaux et comme collègues. Quand ils furent tous réunis, les Ultramontains dirent aux Italiens: " Vous connaissez la violence notoire, que nous ont faite « les Romains, violence qui a été la cause de la nomination et « de l'intrusion de Barthélemy. Nous ne le reconnaissons pas « pour pape, et nous sommes certains que le siège apostolique « est vacant, aussi bien qu'avant son élection. Sur les saints Evan« giles et la main sur le missel chaque Ultramontain jura devant « nous, que tout ce qu'ils avaient fait, au sujet de l'élection de « Barthélemy et dans la suite, ils l'avaient fait par violence, l'es« prit troublé par la peur, ce qu'ils n'eussent point fait, s'ils « eussent été en sûreté. Ils nous requéraient, puisque Dieu nous « avait donné le prétexte et l'occasion de nous réunir à eux, de

---

(1) Voir chap. X n° 9 ce qu'Urbain avait ordonné aux Cardinaux de dire aux Ultramontains.
(2) P. J. XXVII. 16.

„ demeurer là, afin de pourvoir, de concert avec eux, à la vacance
„ du siège apostolique „ (1).

Les Cardinaux italiens, considérant, qu'en acceptant de porter l'ambassade d'Urbain, ils s'étaient aussi engagés à lui en rendre compte, refusèrent de demeurer à Anagni et revinrent à Tivoli, où était le pontife.

15. Voici ce qu'ils disent dans leur *casus:* " Urbain nous re-
„ çut à dîner. Après le repas, en présence de plusieurs gentils-
„ hommes de sa compagnie, nous lui rendîmes publiquement
„ compte de l'ambassade qu'il nous avait confiée et de la ré-
„ ponse qu'y avait faite les Cardinaux. Nous ajoutâmes : Nous
„ avons encore quelque chose à vous dire, et nous le ferons à
„ l'heure que vous voudrez bien nous assigner. Il nous manda
„ tous trois, le lendemain, et nous entretint séparément, de ce
„ que nous voulions lui exposer plus en détail. Chacun de nous
„ lui exposa les choses comme elles étaient, lui racontant ce que
„ les Cardinaux d'Anagni nous avaient dit sous serment à son
„ sujet, comme il est dit plus haut. Quoique cela parût le trou-
„ bler assez, il s'efforça cependant de dissimuler, disant qu'il
„ n'en croyait rien, qu'il savait par ailleurs d'autres choses, et
„ que nous n'avions pas à nous mettre en peine, car tout irait
„ bien. Ayant obtenu cette réponse, et voyant que Barthélemy
„ se laissait conduire par les conseils de quelques Seigneurs laï-
„ ques, qui étaient : le Seigneur Charles de Pace, le Comte de
„ Nole, le Seigneur Thomas de Saint-Sévérin, et le Seigneur Ray-
„ nald des Ursins, nous nous abouchâmes avec ces quatre Seigneurs,
„ nous leur dîmes en secret ce qui s'était passé, et, en leur racontant
„ ce qui est dit plus haut, nous les priâmes de faire des instances
„ auprès de Barthélemy pour qu'il cherchât un moyen de tout ar-
„ ranger. Ces seigneurs nous rapportèrent ensuite, qu'ils avaient

(1) P. J. XXVII. 16-17.

„ fait ce que nous leur avions demandé, mais que leurs démarches
„ n'avaient obtenu aucun succès auprès de lui. Connaissant alors
„ la vérité de cette affaire, et prévoyant ce qui allait s'en suivre,
„ s'il n'écoutait nos paroles, nous crûmes, qu'il était de notre
„ devoir, de rédiger sommairement par écrit la série des évène-
„ ments, et de le lui donner sous forme de récit, afin qu'il pût
„ sérieusement y réfléchir, et que plus tard, il ne pût pas s'excu-
„ ser en disant qu'il ignorait le fait. Par ce moyen, quoiqu'il ar-
„ rivât, nous étions hors de cause. C'est ainsi que nous avons com-
„ posé notre *casus*, en adoucissant cependant les termes, là où il
„ était question des Romains „ (1).

Nous reviendrons sur la rédaction du *casus* dont il est ici question.

On vient de voir la première ambassade d'Urbain aux Cardinaux échouer malheureusement. La scission entre le Pape et le Sacré-Collège est un fait accompli.

Les Cardinaux d'Avignon. — Lettre du Cardinal de Pampelune.

16. Du côté des six Cardinaux, en résidence à Avignon, Urbain n'était pas plus heureux.

Le 3 Juillet, une lettre partait d'Avignon, et insinuait au Pape, que quatre d'entre eux se disposaient à faire cause comune avec leurs collègues d'Anagni. Cette lettre était écrite par les Cardinaux d'Albano et de Pampelune. Parlant de leurs collégues, ils écrivaient à Urbain : " Après nous être concertés sur
„ le contenu de vos lettres, les mêmes Cardinaux ont voulu dif-
„ férer de faire connaître leurs intentions à ce sujet, ils ont ren-
„ voyé à plus tard d'écrire, disant qu'ils voulaient auparavant
„ être mieux informés sur cela, par les autres Cardinaux présents
„ sur les lieux, ou par leurs lettres (2).

(1) P. J. XXVII. 17-18.
(2) Rayn. 1378. XXIV.

17. A cette missive était jointe une lettre particulière du cardinal de Pampelune, en voici la teneur : " Très Saint Père et
„ très redoutable Seigneur. Au sujet de l'affaire du château Saint-
„ Ange, mon Seigneur d'Albano et moi nous envoyons des let-
„ tres ouvertes à votre Sainteté, à nos Seigneurs les Cardinaux
„ ultramontains (probablement aux quatre cardinaux italiens qui
„ étaient les ultramontains par rapport aux Avignonais) et au
„ châtelain. Je supplierais V. S. si le château lui est remis, d'en
„ confier la garde à une personne fidèle et impartiale, pour mé-
„ nager la susceptibilité des Romains. Bienheureux Père, voilà
„ trois semaines que je souffre ; aujourd'hui j'ai la goutte, mais
„ ma santé va mieux, quoiqu'elle ne soit pas pleinement rétablie.
„ L'évêque de Ravenne, mon fidèle ami, se dirige vers V. S., il lui
„ développera mes projets. Veuillez ajouter foi à ce qu'il vous
„ dira. Quand aux suppliques que je joins à ma lettre pour l'é-
„ vêque de . . . . . . ou, à son défaut, pour Pontius Béraldi, je
„ supplie humblement V. S. de vouloir bien les exaucer. Que
„ Dieu daigne la conserver longtemps pour le bien de sa sainte
„ Eglise.

„ Ecrit de ma propre main, ce III Juillet.

„ Je remercie de tout cœur V. S. des lettres qu'Elle m'a
„ envoyée par Gilles de Sanche. Les lettres que vous avez en-
„ voyées au Seigneur duc d'Anjou, par l'écuyer du trésorier, lui
„ ont été présentées par ce dernier, il n'a voulu fixer aucun terme
„ déterminé, mais il a répondu, qu'il retarderait autant qu'il le
„ pourrait commodément; bien plus, pour certaines raisons, il a
„ été décidé entre plusieurs, que les autres lettres, apportées par
„ le seigneur Gilles, ne seraient pas présentées.

" Tout vôtre

" P. Cardinal de Pampelune. „

Que contenaient ces lettres envoyées au duc d'Anjou? Quelle était cette affaire dont celui-ci promettait de retarder l'exécution ? A qui Urbain écrivait-il les lettres qu'on n'a pas jugé à propos de remettre ? Aucun document ne répond à ces questions. Ne peut-on pas cependant conjecturer, qu'Urbain, prévoyant ce qui allait arriver, et sachant qu'en cas de besoin, c'était à la France, leur patrie, que la plupart des Cardinaux auraient recours, résolut de mettre la France de son côté, et que c'est dans ce but, qu'il entretenait des relations avec Louis d'Anjou, frère du roi, et la cheville ouvrière des affaires du royaume ? Si tel était son but, la suite nous dira qu'il ne réussit pas.

Chapitre XI.

TIVOLI ET ANAGNI.

1. L'évêque de Récanati envoyé à Anagni. — 2. Comment il soutient y avoir été reçu. — 3. Réponses qu'il attribue aux Cardinaux. — 4. Lettres de la Pénitencerie et de la Chancellerie données au nom d'Urbain. — 5. Lettres particulières des Cardinaux à Urbain. — 6. Les Cardinaux étaient ils encore en péril à Anagni ? — 7. Ils sollicitent leurs amis de venir les rejoindre.

L'évêque de Récanati envoyé à Anagni.

1. Lorsque les Cardinaux italiens eurent rendu compte au Pape de leur démarche à Anagni, Urbain les retint auprès de lui, et envoya de nouveaux ambassadeurs. Ce furent, d'après l'évêque de Todi, Agapit Colonna et plusieurs autres prélats (1), parmi lesquels se trouvait l'évêque de Récanati. Le cardinal de Vernhio raconte comment celui-ci s'acquitta des commissions d'Urbain auprès de lui. " Tandis que j'étais à Anagni, dit ce Cardinal, le „ Pape envoya vers moi l'évêque de Récanati (il avait aussi des

---

(1) P. J. XVII. 54.

„ lettres de créance pour trois ou quatre autres Cardinaux). Il me
„ jura sur l'autel, sur la croix, sur le Saint Evangile et sur l'âme
„ de Barthélemy, que, si je voulais seulement venir auprès de lui, il
„ mettrait un chapeau de cardinal à ma disposition, et que de plus,
„ il me donnerait pour mon frère un des meilleurs archiprêtrés
„ du royaume de France. Il est certain (l'évêque de Récanati ne
„ s'en cachait pas), que s'il fût parvenu à me fléchir, il devait
„ le faire lui-même cardinal. Je répondis à cet évêque, qu'il ren-
„ contrait mal, car je ne voulais ni un cardinalat, ni un archi-
„ prêtré, ni des bénéfices. Voyant qu'il ne pouvait rien obtenir
„ de moi, il se retira en pleurant „ (1).

2. L'évêque de Récanati raconte d'une tout autre manière comment il s'acquitta de son ambassade. Il soutient, qu'arrivé à Anagni, le cardinal de Vernhio le fit cacher, dans la crainte que les cardinaux d'Amiens et de Genève, instruits de sa présence, ne lui fissent un mauvais parti, et qu'il se chargea de remettre aux autres Cardinaux les lettres dont il était porteur. Le lendemain, le Cardinal le fit partir au petit jour, mais les émissaires des Cardinaux d'Amiens et de Genève l'atteignirent et le ramenèrent prisonnier. " Quand on m'eut ramené, poursuit-il,
„ tous les Cardinaux se réunirent dans la maison du cardinal de
„ Limoges. Après de longs pourparlers, ils me firent venir, ils
„ me dirent beaucoup de choses et entre autres, que, portant des
„ lettres de N. S. pour plusieurs d'entre eux, je ne devais pas
„ partir sans les leur avoir remises. J'alléguai alors ce qu'avait
„ fait le Seigneur de Vernhio. Les cardinaux de Luna, de Bre-
„ tagne et presque tous ceux à qui les lettres étaient adressées
„ reprirent: Notre intention bien arrêtée est que N. S. puisse
„ correspondre avec nous et nous avec lui, et de plus, nous vou-
„ lons que les courriers puissent aller et venir en toute sûreté.

(1) P. J. XXXVII. 28.

„ Ils se montrèrent très mécontents de mon arrestation, et sur
„ le champ ils me firent mettre en liberté. Quelques autres Car-
„ dinaux me dirent: Seigneur de Récanati, vous savez bien que
„ nous vous avons toujours eu en affection, vous ne deviez pas
„ partir sans nous visiter. Sur cette parole, poussé par le désir
„ que j'avais de les entretenir en secret et de connaître leurs
„ intentions, je leur dis: Certainement, je ne partirai pas sans
„ vous visiter. Je les visitai tous, excepté les Cardinaux de Mar-
„ moutier et de Glandève. Je parlai avec tous dans leur propre
„ demeure, excepté avec le cardinal d'Amiens; je m'entretins quel-
„ ques instants avec lui dans la maison du Cardinal de Genève où
„ il dînait ce jour-là. Quand ils faisaient mention d'Urbain, tous
„ l'appellaient notre Seigneur, et cela avec respect; sauf cepen-
„ dant le cardinal de Limoges qui, troublé par beaucoup de choses
„ que je lui avait dites, me répondit: Certainement, il n'est point
„ Pape (1). „

Notons en passant cette protestation du cardinal de Limoges,
ce ne sera pas la seule que nous rencontrerons.

Réponse qu'il attribue aux Cardinaux.

3. " Le Seigneur de Luna s'entretint longtemps avec moi, con-
„ tinue l'évêque de Récanati, il me dit, avec beaucoup de respect:
„ La conduite de notre Seigneur me déplait beaucoup; elle est
„ cause que quelques uns de mes Seigneurs entreprennent contre
„ lui beaucoup de choses, auxquelles je ne m'associerai jamais.....
„ Je voudrais qu'il traitât autrement les Cardinaux. Il me dit bien
„ des choses dans ce sens, et quand je le quittai il déposa sa bar-
„ rette et me dit: Recommandez-moi à notre Seigneur „ (2).

(1) P. J. XIX. 22.
(2) Ibidem.

Etaient-ce bien là les sentiments qu'exprima le cardinal de Luna, ou ses sentiments se modifièrent-ils bientôt, ou bien, se méfiant de l'évêque de Récanati, ne voulut-il pas lui dire sa pensée vraie? Toujours est-il, que, dans un entretien intime, qu'il eut avec Gonzalve, le grand pénitencier, il tint un tout autre langage. C'est son interlocuteur qui nous rapporte cet entretien, en ayant soin de le faire précéder de ces mots : " Ce qui suit
„ est mis à part pour abréger. Je n'oserais pas le dire, si la
„ charité envers les fidèles et la nécessité ne m'y poussaient. „ Voici les paroles de Gonsalve: " Le cardinal de Luna, en tête à tête
„ avec moi dans sa chambre, me dit : Je vous ai envoyé chercher,
„ pour que vous me confessiez, et pour me consoler avec vous ;
„ mais je vous demanderai d'abord, si vous croyez que celui qui
„ est à Tivoli est pape ; car, si vous le croyez, je crains bien que
„ vous ne puissiez m'absoudre. Ces paroles enflammèrent ma co-
„ lère, et je m'écriai : O sainte mère de Dieu! Qu'est ceci ? Il me
„ semble que le Christ me dit de le proclamer, car, ce que vous
„ dites, est un mensonge contre la vérité. J'ajouterai, Seigneur
„ Cardinal, ne croyez pas avoir écrit sur l'eau ce que vous m'avez
„ dit ; si tous, tant que vous êtes dans cette ville, vous me disiez
„ le contraire de ce que vous m'avez dit naguère, je m'en sou-
„ cierais autant que de cette chatte qui joue là avec les mou-
„ ches ; (il y avait là, dans la chambre, une chatte et elle jouait
„ avec les mouches). Et en effet, que direz-vous ? Qu'opposez-
„ vous à ce que vous m'avez dit avec tant de calme, à moi,
„ comme à un homme fidèle, à un fils aimé, à un compatriote?
„ Le Cardinal réfléchit un instant, puis, mais non sans rougir
„ beaucoup, il me répondit : Il est vrai que je suis venu ici avec
„ l'intention de ramener les autres Cardinaux vers Urbain.
„ Quant à moi, je sais que je lui ai donné librement et volontiers
„ mon vote ; mais une fois arrivé, quand j'ai eu entendu mes
„ Seigneurs les Cardinaux, j'ai vu que Barthélemy n'était point

„ p..., et je ne crois pas qu'il le soit; bien plus, je soutiens et
„ je soutiendrai toujours le contraire. — En vérité, lui dis-je alors,
„ il me semble que le diable vous pousse à vous jeter et à jeter
„ tout le monde avec vous dans l'erreur. Il me répondit, as-
„ sez doucement, que c'était possible, parce qu'il n'était qu'un
„ homme „.

Dans un autre entretien, l'évêque de Récanati prête au même Cardinal ces paroles: " Si le pape s'était comporté autrement,
„ nous serions certainement demeurés tous avec lui, mais sa ma-
„ nière d'agir a tout compromis . . . . . „ En terminant cet entretien, le cardinal me dit: " que si nous pouvions amener Urbain
„ à une renonciation, nous lui ferions beaucoup de bien, et le
„ monde demeurerait en paix. Nous pourrions alors, ajouta-t-il,
„ élire librement un autre sujet à notre gré . . . . . „

Reprenons le récit de l'évêque de Récanati: " Le Seigneur
„ de Saint-Ange, avec lequel je demeurai longtemps seul, me
„ dit: Seigneur évêque, si je n'avais pas cru que Barthélemy fût
„ pape, certainement j'eusse préféré mourir, plutôt que de le sa-
„ luer comme tel, et d'être avec lui dans les réunions, les con-
„ sistoires et à la messe. Je crois que les autres Cardinaux en
„ eussent fait autant, mais il y en a quelques-uns parmi eux,
„ auxquels sa conduite déplait. Je ne sais ce qu'ils disent tout
„ bas, mais pour moi, je le tiens et je le tiendrai toute ma vie
„ pour le vrai pape. Quand je le quittai, lui aussi ôta sa bar-
„ rette et me dit: Recommandez-moi à lui.

" Le Seigneur d'Amiens me dit, en présence de Jean de Ma-
„ lestret: Seigneur évêque, vous savez que je n'étais pas là au
„ moment de son élection, je ne sais donc pas si elle est cano-
„ nique. Je suis venu cependant vers lui, et je l'ai salué comme
„ pape, parce que les Cardinaux m'ont écrit, qu'il était le vrai
„ pape. Sachez aussi, que je le tiendrai pour tel, tant que cela
„ me semblera vrai; mais s'il n'était point pape, pour tout l'or

„ du monde je ne le regarderai point comme étant pape. Il me
„ dit également avec respect, de le recommander à Sa Sainteté.

„ Le Seigneur d'Aigrefeuille, chaque fois qu'il me parlait
„ d'Urbain, l'appelait notre Seigneur ; il me dit : Que le Sei-
„ gneur, qui vous a envoyé, ne prenne pas en mauvais part votre
„ arrestation, nous lui en demandons bien pardon. En terminant,
„ il me pria de le recommander à lui.

„ Le Seigneur de Poitiers parla toujours de lui, comme du
„ vrai pape, me disant : Il ne doit pas trouver mauvais que je
„ l'aie quitté, car nous avions son autorisation, le Seigneur d'Ai-
„ grefeuille et moi; en ce moment, nous ne pouvons retourner,
„ car, nos provisions ne sont point là-bas. Comme les autres, il
„ me pria de le recommander à Urbain.

„ Le Seigneur de Saint-Eustache, lorsqu'il conversait avec
„ moi, l'appelait toujours notre Seigneur. Dans la maison du
„ cardinal de Limoges, celui avec lequel je m'entretins le plus
„ longtemps, fut le Seigneur de Saint-Eustache, parce que j'avais
„ une lettre de créance pour lui. Là, devant tous, je lui dis : Sei-
„ gneur, mon maître m'a ordonné de dire à votre Paternité, qu'un
„ jour, où vous étiez à dîner avec lui, quand vous fûtes dans son
„ cabinet, il vous demanda : s'il y avait quelque doute sur son
„ élection, vous lui répondîtes, que non, parce qu'il n'y avait eu
„ aucune pression, et parce que le peuple ne demandait pas un
„ italien, mais un romain ; que s'il eût demandé un italien, il
„ n'y eût pas eu contrainte sur la personne, et qui plus est, vous
„ lui avez dit que Naples n'appartient pas à l'Italie, au contraire,
„ elle en est l'ennemie. Cependant, vous l'avez abandonné. Le
„ cardinal me répondit alors devant tous : Sauf le respect que
„ je lui dois, il n'est point vrai que je lui aie parlé ainsi. Ce qui
„ est vrai, c'est qu'il m'interrogea, mais il fut alors le seul à
„ parler, parce qu'il ne me donna pas le temps de répondre. Je
„ lui ai dit cependant, qu'au moment de l'élection, les Cardinaux

„ se demándèrent si nous pouvions procéder à l'élection, malgré
„ le tumulte; mon opinion et celle des Cardinaux fut pour l'af-
„ firmative. Je dis alors: Procédons à l'élection, elle vaudra ce
„ qu'elle pourra; si cependant plus tard, quelqu'un a des scru-
„ pules, lorsque nous serons en lieu sûr, nous réélirons le même
„ sujet, pour plus de sûreté (1). C'est là ce que la Seigneur de
„ Saint-Eustache dit avoir soutenu „.

Voilà la seconde protestation contre Urbain avouée par l'évêque de Récanati, cette fois, c'est devant tous les Cardinaux qu'une voix se fait entendre pour protester.

L'évêque continue : " Quand j'allai chez le Cardinal de Bre-
„ tagne, j'avais avec moi Jean de Malestret, qui m'accompagnait
„ partout, parce qu'il m'aimait beaucoup ; nous étions tous trois
„ dans son cabinet et nous causions de la désobéissance des Car-
„ dinaux. Jean de Malestret lui dit en français: Monseigneur, dites
„ s'il est le vrai pape. Le seigneur de Bretagne, posant ses deux
„ mains sur une croix d'argent, qui était devant lui, dit : Mes-
„ sire, que cette croix soit ma condamnation à l'heure de ma
„ mort, s'il n'est pas aussi vrai pape, que l'a été Saint Pierre,
„ et si, ceux qui aujourd'hui cherchent à agir contre lui, ne fu-
„ rent pas les principaux auteurs de son élection ; ils se soule-
„ vèrent contre moi, parce que je dis alors : Pour l'amour de
„ Dieu, élisons un membre du Sacré-Collège ; ils se mirent à
„ crier: Certainement c'est lui que nous aurons. En effet, ils avaient
„ déjà presque toutes les voix. Et de plus, au château Saint-Ange
„ au moment d'aller le saluer et l'introniser, un écuyer dit: Com-
„ ment sera-t-il notre pape ? Alors le seigneur d'Aigrefeuille fut
„ fort troublé et jura devant tous ceux qui étaient là, qu'assu-
„ rément il était vrai pape, comme l'avait été Saint Pierre. Le
„ seigneur de Bretagne ajouta: Certainement, Messire mon cousin,

(1) P. J. XIX. 22.

„ les Cardinaux commettent un grand péché. Puis il reprit en
„ français : Messire, je vous crois plus de probité, que je n'en
„ crois à personne, car c'est la réputation que vous avez en Bre-
„ tagne. Eh bien, je vous promets que je n'armerai jamais mon
„ bras contre lui.... Tandis que je quittais le Cardinal, il me
„ dit, avec beaucoup d'humilité : Recommandez-moi à Urbain.
„ Très volontiers je demeurerais à ses côtés, mais, vous savez que
„ j'ai perdu tous mes biens à Rome, il ne me reste que cette
„ croix, et, n'étaient les provisions que j'avais fait faire ici, je
„ n'aurais pas de quoi vivre. Sur cette parole je me retirai, mais
„ bientôt il me fit rappeler et me dit: Les Cardinaux, auxquels
„ vous avez apporté des lettres de la part de notre Seigneur,
„ vous ont-ils donné leurs réponses ? Je lui répondis que non,
„ parce que je ne les leur avais pas demandées. — Eh bien, re-
„ prit-il, moi j'écrirai et je vous enverrai ma lettre. Ayant mandé
„ aussitôt son secrétaire, il lui dicta sa réponse, et me l'envoya
„ par son camérier.

„ Le seigneur de Viviers, avec lequel je demeurai aussi long-
" temps, me parla avec beaucoup de respect de notre Seigneur,
„ il me dit : Je ne sais pas si aucun de nous l'aurait abandonné,
„ n'était sa conduite, et s'il voulait se corriger, nous retourne-
„ rions tous à lui, car, nous ne pouvons nier qu'il ne soit pape.
„ Avec beaucoup de respect, il me pria de le recommander à
„ lui „ (1).

Un mot analogue à celui que l'évêque de Récanati prête ici
au cardinal de Viviers, lui a été objecté, et le Cardinal y a répondu : Voici l'objection et la réponse.

On lui objecte, d'après Thomas de Zohannis, qu'un jour, à
table, à Anagni, Jean de Cabonata qui le servait, dit que lui et
les autres domestiques, considérant les honneurs que les Cardi-

---

(1) P. J. XIX. 22.

naux rendaient à Barthélemy, le croyaient Pape, à quoi le Cardinal répondit, que lui aussi le croyait, mais qu'il n'en avait pas encore conféré avec les autres. "A cela je réponds, dit le Cardinal, que
„ je ne me souviens pas d'avoir dit ces paroles, et il ne me semble
„ pas qu'on doive y croire, si on considère ce que j'ai dit dans
„ ma relation sur son intrusion, et ce qui se passa quand le
„ prieur des Chartreux de Naples vint de Tivoli à Anagni. En
„ effet, ce religeux vint me demander conseil, car Barthélemy
„ lui avait dit, qu'il le voulait à son service et allait lui assi-
„ gner une chambre dans le palais. Il avait assez de confiance
„ en moi, il voulait mon avis. Je le pris seul avec moi dans
„ cabinet, et je lui dis, que Barthélemy n'était point Pape. Lui
„ ayant montré les chapitres : *Si quis pecunia*, et *In nomine*
„ *domini*, je lui conseillai de ne rester en aucune manière à son
„ service, et de donner pour excuse, que les Chartreux n'avaient
„ pas coutume de servir et qu'il voulait vivre en Chartreux dans
„ son cloître. Barthélemy avait grande confiance en ce prieur ;
„ je conseillai à celui-ci de l'engager à prendre garde à ce qu'il
„ faisait, et à ne pas être une cause volontaire d'erreur, car il
„ savait bien ce qu'il en était de son élection, et qu'il n'y avait
„ aucun doute sur son droit. Le prieur suivit mon conseil, Barthé-
„ lemy ne lui répondit rien au sujet de la violence et de la nullité
„ de son élection, c'est le prieur qui me l'a rapporté plus tard, il
„ se contenta, pour toute réponse, de l'envoyer au cardinal de Saint-
„ Pierre ; il ne prit pas la peine d'y aller, parce qu'il vit que Bar-
„ thélemy ne se conduisait pas franchement. Il revint me trouver
„ à Anagni, il me raconta ce qui c'était passé, et retourna à son
„ monastère de Naples. Longtemps après, il fut pris par Barthé-
„ lemy, et ignominieusement privé de son prieuré „ (7).

Cette réponse du Cardinal de Viviers montre bien que ses

---

(7) P. J. XXXIV. 39.

sentiments étaient tout autres que ceux que lui attribue l'évêque de Récanati.

„ Le cardinal de Vernhio, avec lequel je parlai longtemps,
„ dit le même témoin, et auquel je racontai tout ce que je sa-
„ vais me dit: Mon bien cher frère, si Urbain avait voulu écou-
„ ter nos conseils, cela ne lui serait pas arrivé. Pourquoi nous
„ a-t-il laissé nous retirer? Il compte parmi nous de très grands
„ ennemis, ce sont cependant ceux pour lesquels il a fait le plus:
„ les Seigneurs de Genève, de Saint-Eustache et d'Aigrefeuille;
„ mais, j'espère que le diable les châtiera. S'il le veut cependant,
„ il peut encore avoir un très grand honneur; mais qu'il le veuille:
„ et, à leur honte, il les fera tous revenir à lui. En voici le
„ moyen: qu'il sache traiter honorablement les Cardinaux ita-
„ liens, dites le lui, de ma part; qu'il ne leur permette en aucune
„ manière de le quitter, car si ces Cardinaux tiennent fermement
„ pour lui, il faut que tous en fassent autant. Ajoutez de ma
„ part, et de la part des Cardinaux de Luna, de Glandève, de
„ Bretagne, de Saint-Ange et de Viviers, que nous sommes dispo-
„ sés à nous opposer à leurs menées factieuses. Nous avons déjà
„ commencé notre œuvre; quand je suis venu ici, ils faisaient de
„ grands festins, ils tenaient de grandes réunions: nous le leur
„ avons reproché et ils ont cessé. Que notre Seigneur sache tenir
„ les Cardinaux Italiens par de bons procédés, car les autres Car-
„ dinaux font tout ce qu'ils peuvent pour les arracher à son parti.
„ Priez aussi de ma part et avec toutes sortes d'instances les Cardi-
„ naux Italiens de demeurer constants et fermes pour l'honneur de
„ l'Eglise et de l'Italie. Qu'ils ne quittent pas notre Seigneur, car,
„ eux lui demeurant fermement attachés, il faudra que les rebel-
„ les retournent à lui avec humilité. Dites tout cela de ma part,
„ particulièrement au cardinal de Milan, dites-lui, qu'il ne se laisse
„ séduire en aucune manière par ses compagnons. Promettez lui,
„ de ma part et de la part des cinq cardinaux de Luna, de Saint-

„ Ange, de Bretagne, de Glandève, et de Viviers, que s'ils demeu-
„ rent inébranlables, nous le resterons nous aussi jusqu'à la mort.
„ Dites aussi à notre Seigneur de ma part, de faire faire bonne
„ garde autour de sa personne, car le Camerlingue le poursuit
„ tellement, qu'il ne balancerait pas à lui donner la mort. Ayant
„ reçu ces instructions je ne retirai et je vins à Tivoli où était
„ notre Seigneur „ (1).

L'évêque de Récanati n'est pas le seul ambassadeur envoyé par Urbain aux Cardinaux d'Anagni. Non seulement les Cardinaux ont contesté ses allégations, mais on peut leur opposer encore la réponse que plusieurs firent à l'évêque de Castro, notamment celle des Cardinaux de Viviers, de Poitiers, de Genève, d'Amiens entre autres, qui tous déclarèrent qu'Urbain n'était point pape. Le cardinal de Viviers plus spécialement lui dit: " Il n'est pas plus pape que la queue de votre mule „ (2).

Le mot n'est pas du tout ecclésiastique, mais il est très expressif.

Avant de suivre les ambassadeurs d'Urbain venant à Tivoli rendre compte de leur mission, nous allons examiner le reproche qu'on fait aux Cardinaux de l'avoir traité en pape, même à Anagni, et spécialement de lui avoir écrit comme au souverain pontife.

A ces objections, les Cardinaux font presque toujours la même réponse: Ils ont écrit, disent-ils, avant l'arrivée des Bretons, et par conséquent avant qu'ils fussent en sûreté.

(1) P. J. XIX. 22.
(2) P. J. I. 10.

Lettres de la Pénitencerie et de la Chancellerie données au nom d'Urbain. — Lettres particulières des Cardinaux à Urbain.

4. Nicolas de Crémone dit, qu'il a vu beaucoup des lettres du cardinal de Limoges, Grand Pénitencier " données par l'autorité „ et sous le pontificat d'Urbain „ (1).

Le cardinal de Viviers excuse son collègue en disant: " Qu'il „ n'a pas vu expédier les lettres de la Pénitencerie, mais qu'il „ croit, que le Pénitencier exerça son office, jusqu'à ce que l'ar- „ rivée des Bretons lui eut donné la sécurité voulue, pour pouvoir „ faire autrement, ce qu'il ne pouvait faire jusqu'alors sans „ danger „ (2).

Le cardinal d'Aigrefeuille parle de même, au sujet des lettres de la Pénitencerie: " La Chancellerie romaine, dit-il, était alors „ gérée par ceux à qui Barthélemy avait confié cette charge. Quant „ à la Pénitencerie, ce n'était pas de mon ressort, je ne m'en „ occupais pas; que si quelques lettres y furent données en son „ nom, je sais que le gérant de cet office ne pouvait faire autre- „ ment sans grand danger, car il eût manifesté ce qu'il pensait; „ dès lors, sa vie et celle des Cardinaux en dépendaient, au moins „ jusqu'à l'arrivée des Bretons „ (3).

5. Quant aux lettres particulières qu'on leur reproche, voici ce que dit le même cardinal: " Je dis que les Cardinaux citra- „ montains étant encore presque tous à Rome, alors que je n'avais „ point délibéré avec eux, et que je ne savais pas ce dont il est

---

(1) Item vidi multas literas sigillatas sigillo cardinalis Lemovicensis tum summi penitentiarii, qui existens Anagnie, publice condebat literas super absolutionibus et dispensationibus auctoritate et sub pontificatu istius Domini nostri. Et credo quod hoc non ignorabant alii Cardinales ultramontani.
(2) P. J. XXII. 21.
(3) P. J. XXXV. 23.

Le grand Schisme d'Occident. T. II.

„ parlé dans ma réponse à la XVI⁰ question (1); n'ayant, de
„ plus, ni l'intention ni la volonté de lui conférer un droit nou-
„ veau, encore moins d'ajouter quelque chose à celui qu'il avait,
„ je lui ai écrit d'Anagni quatre lettres seulement.

„ La première lui fut portée par un de mes chapelains, c'était
„ purement une lettre de créance, par laquelle, mon messager avait
„ ordre de le prier, de l'avertir et de l'engager à venir le plus
„ tôt possible à Anagni, et cela, dans le but dont il est parlé
„ dans ma XIIII⁰ réponse.

„ La seconde était une réponse écrite, aux noms des Cardinaux
„ de Poitiers et de Viviers et en mon nom, à une bulle, par la-
„ quelle il nous enjoignait, en vertu de son autorité, d'arrêter
„ mon Seigneur d'Arles, le Camerlingue, et de saisir ses biens (2).
„ Elle nous fut présentée par le Seigneur B. Lamator, qui l'avait
„ apportée à Anagni et que Barthélemy nous envoyait à ce sujet.
„ Celui-ci nous demanda une réponse que nous ne pouvions refu-
„ ser en ce moment, sans que cela fut dangereux pour nous.

„ La troisième et la quatrième sont des lettres de recomman-
„ dation pour certaines personnes ; je ne pouvais les refuser sans
„ manifester, au moins indirectement, quelque chose de mes inten-
„ tions, ce qui alors était dangereux pour moi, comme je l'ai déjà
„ dit dans le *casus* ; en effet, tant que les hommes d'armes, que nous
„ fîmes venir plus tard pour notre sécurité, n'étaient pas arrivés,
„ nous n'étions pas en sûreté à Anagni, soit parce que Barthélemy,
„ au nom de qui le pays était gouverné, avait là beaucoup d'amis,
„ soit parce que nous étions alors faibles et sans armes pour ré-
„ sister aux Romains et à leurs partisans, qui entouraient le pays
„ et auraient pu l'envahir et l'occuper, s'ils l'avaient voulu.

„ Je ne lui ai pas écrit d'autres lettres „ (3).

(1) P. J. XXXV. 16.
(2) Urbain en convient dans son mémoire au roi de Castille.
(3) P. J. XXXV. 20.

On a reproché au cardinal d'Aigrefeuille, non seulement les lettres qu'il écrivit à Urbain, mais encore celles qu'il écrivit à Poncius Béraldi, pour certaines affaires, que celui-ci devait expédier au nom du Pape. Ces lettres étaient au nombre de trois. Voici les explications fournies par le cardinal:

" La première, il ne se souvient pas de l'avoir écrite, mais „ il est possible qu'elle soit de lui, ils n'étaient alors que deux " ou trois Cardinaux à Anagni.

" Quand à la seconde, il se souvient bien de l'avoir faite, „ sur les instances importunes de Guillaume, qui y est nommé, „ il la lui avait refusée bien de fois.

" La troisième et la supplique incluse, il se souvient de l'avoir „ fait rédiger par G. nommé dans la seconde, lequel l'obsédait „ de ses demandes, mais il ne se souvient pas de l'avoir vue, lorsque „ fut rédigé le factum des Cardinaux, et quand il la fit, les Car-„ dinaux ne s'étaient pas encore concertés et ils n'avaient aucun „ soldat pour leur sécurité „ (1).

Le cardinal de Poitiers donne la même raison. " A la de-„ mande qu'on me fait pour savoir si, à Anagni, je lui ai écrit „ comme au vrai Pape, je réponds: qu'à une lettre qu'il nous „ écrivit, le cardinal de Viviers, celui d'Aigrefeuille et moi, „ qui étions encore seuls à Anagni, nous lui répondîmes. Je ne „ me souviens pas de lui avoir écrit autre chose. Mais alors „ Anagni obéissait à Barthélemy, et ni les hommes d'armes qui „ devaient nous protéger, ni les autres Cardinaux n'étaient en-„ core venus. Je crois qu'il eut été dangereux pour moi de re-„ fuser de lui répondre, ou de lui répondre sous un autre titre „ que celui qu'il se donnait, quoique bien à tort „ (2).

Voici dans quelle circonstance les Cardinaux de Saint-Ange et de Saint-Eustache lui ont écrit, au rapport du premier:

(1) P. J. XXXI. 18.
(2) P. J. XXXIV. 26.

" On me demande, dit le cardinal de Saint-Ange, si j'ai écrit
„ en mon nom des lettres privées à Barthélemy comme au Pape.
„ Je réponds, que dès notre arrivée à Anagni, le cardinal de
„ Saint-Eustache et moi nous allâmes au monastère de Saint-
„ Benoit *in Specu*; à notre retour, nous apprimes qu'une nou-
„ velle querelle avait éclaté entre les Barons. Aussitôt arrivés
„ à Anagni, j'annonçai la chose à Barthélemy, mais dans ma lettre,
„ je ne mis pas le nom d'Urbain, mais simplement, à N. T. Saint-
„ Père, je fis cela sciemment, parce que j'avais des doutes sur
„ ses titres à la Papauté. Je ne sais si cette lettre arriva entre
„ ses mains; mais il était nécessaire de lui faire connaître cette
„ querelle, car elle se passait à côté même d'Anagni. Ceci se
„ passait avant que les Cardinaux eussent examiné le fait de la
„ violence, et avant l'arrivée des hommes d'armes, que nous avions
„ mandés pour notre sécurité „ (1).

Le cardinal de Viviers (2) avoue avoir écrit à Urbain une fois en particulier, et une autre fois collectivement avec le cardinal de Bretagne, parce qu'Urbain leur avait écrit, pour leur ordonner d'arrêter le Camerlingue, comme l'a déjà dit le cardinal d'Aigrefeuille.

Nous avons deux lettres du cardinal de Bretagne, ce sont deux suppliques pour ses amis, la première est du 20 Juin:

" A notre T. S. Père Urbain VI, pape. „

" Bienheureux Père, j'ai présenté naguère à V. S. une sup-
„ plique pour mon cher frère, Jean Barber, prêtre chanoine pro-
„ fès du monastère de Saint-Antoine, au diocèse de Vienne. Je sup-
„ plie humblement et dévotement V. S. d'exaucer cette demande,
„ pour l'amour de Dieu, en faveur du frère Jean, et de le pren-
„ dre sous votre bienheureuse protection.

---

(1) P. J. XXXVI. 22.
(2) P. J. XXXII. 20.

„ Que la grâce du Très-Haut conserve V. B. dans une santé „ prospère et une joyeuse paix, pendant de longs jours, pour le „ gouvernement de l'Eglise. C'est ce que je souhaite. — Donné „ à Anagni le XX Juin. Votre humble créature. Cardinal de „ Bretagne „ (1).

La date de cette lettre indique qu'elle a été écrite avant l'arrivée des Bretons à Anagni; on peut en dire autant de la seconde qui est du 21 Juillet (2).

Il y a encore deux lettres dont l'auteur ne s'est pas excusé, on comprendra pourquoi, quand nous dirons qu'elles sont de celui qui, à l'époque des enquêtes, s'appelait Clément VII: une seule est datée, elle est du 22 Juin. Elle commence ainsi:

" Très Saint Père et redoutable Seigneur. „

Il informe le pape que Bandelus de Gratia, son secrétaire et son chapelain, avait obtenu, sur sa recommandation, la réserve d'une prébende et d'un canonicat alors vacants dans l'Eglise de Reims; l'absence de ce secrétaire, qui l'accompagnait dans sa légation, empêcha l'exécution de cette réserve, la mort de Grégoire XI fut un autre obstacle; mais le cardinal de Pampelune avait reçu ordre de ce pontife de lui délivrer ses lettres: " C'est pourquoi, „ ajoute-t-il, je supplie humblement et dévotement Votre Béa- „ titude, de vouloir bien ordonner à l'évêque de Pampelune de „ mettre en possession de sa réserve mon dit secrétaire, qui a,

(1) Rayn. 1378. n. XXVIII.
(2) Sanctissimo Patri Domino nostro Urbano pp. VI.
Beatissime Pater, devota et humili recommendatione premissa. Scire dignetur V. S. quod ad presens vacat propositura de Bercano Nannetensis diocesis dependens a monasterio Sancti Jeronimi Pictavensis diocesis ..... S. V. Conservet Altissimus ad regimen ecclesie sue sancte per tempora longiora.
Scriptum Anagnie XXI mensis Julii
Devotus et humilis orator
Hugo Tituli SS. IIII^{or} Coronatorum, presbyter cardinalis.
Rapportée par l'évêque de Jaen.

„ dès' sa jeunesse, servi fidèlement et laborieusement l'Eglise ro-
„ maine, et de lui donner ses lettres. Que V. B. daigne faire
„ cette concession à ma prière; et que le Très-Haut daigne La
„ conserver heureuse pendant de longs jours. — Ecrit à Anagni
„ le XV Juin, par le dévoué et humble serviteur de V. B. —
„ De Genève „ (1).

Seconde lettre : — " Mon très saint et très redoutable Père,
„ J'implore d'abord votre protection. J'ai appris avec plaisir
„ que vous aviez transféré l'évêque de Grasse à l'évêché de Mar-
„ seille. J'ai frappé plusieurs fois, V. B. le sait bien, à votre
„ porte pour demander que P. évêque de Bethléhem fût transféré
„ à l'Eglise de Saint-Paul, et j'ai été le premier à annoncer à
„ V. B. la vacance de cette Eglise. Je suis obligé de frapper
„ de nouveau, en toute humilité, pour vous demander d'accorder
„ quelque consolation à sa vieillesse, au moins en considération
„ du suppliant, en lui donnant cette église, ou, si vous ne le
„ pouvez, l'Eglise de Grasse aujourd'hui vacante. Je supplie
„ donc V. S. autant que je le puis, pour que cette fois sa porte
„ me soit ouverte. Que le Très-Haut conserve V. S. qu'il a éta-
„ blie pour la garde son troupeau. — Ecrit de ma propre main,
„ aujourd'hui Samedi. — Votre humble. — De Genève „ (2).

On n'a pas fait un grief à son auteur, le Cardinal de Limoges,
de la lettre suivante. Peut-être la charité qui l'inspirait lui a-t-elle
tenu lieu d'excuse :

" A Notre Très Saint Seigneur, „

„ Bienheureux Père, j'implore d'abord votre protection. Vo-
„ tre Sainteté, sait que le Seigneur Grégoire de sainte mémoire
„ votre prédécesseur, envoya comme nonce en Lombardie et en Pié-
„ mont, Jacques de Flisco, archiprêtre de l'Eglise de Saint-Etienne

(1) Rapportée par l'évêque de Jaen. — Rayn. 1378. XXVIII.
(2) Ibidem.

„ de Lanaria, mon familier et mon *socius*. Il avait mission de pour-
„ suivre la délivrance du Révérend Père en J. C. Jacques, évèque de
„ Verceil, son parent, retenu prisonnier par beaucoup d'ennemis. Il
„ travailla longtemps à cette entreprise ; dans l'intervalle, ce Sei-
„ gneur fut, contre toute justice, arrêté et emprisonné ; je l'ai
„ appris par un certain Antoine de Mazodio, Jean de Bardol son
„ neveu et son écuyer, et par plusieurs de ses compagnons. Ceux
„ qui le retiennent prisonnier et captif, exigent de lui une grande
„ quantité de florins, au mépris du Saint-Siège, et de Votre Béa-
„ titude, et au grand détriment du Seigneur Jacques. C'est pour-
„ quoi, je supplie humblement Votre Sainteté qu'Elle veuille
„ bien y pourvoir et ordonner que le Seigneur Jacques soit re-
„ lâché.

„ Que le Très-Haut, dans sa miséricorde, accorde pour le
„ bien de l'Eglise, de longs et d'heureux jours à Votre Sainteté,
„ à laquelle je me recommande humblement. — Ecrit à Anagni
„ le XXII Juin.

„ Votre suppliant — Cardinal de Limoges „ (1).

Nous avons vu l'évêque de Récanati faisant du Cardinal de Vernhio un ami dévoué d'Urbain et de lui-même. Ce n'est pas ce qui ressort du démenti catégorique que lui donne ce Cardinal (même chapitre n° 1), ni de la brève réponse qu'il fait au sujet des lettres qu'on lui attribue. " Après mon départ de Rome,
„ dit-il, je ne lui ai jamais plus écrit, lui m'a écrit, mais assu-
„ rément je ne lui ai pas répondu. Il a un jour envoyé vers moi
„ un de mes serviteurs espagnols ; si je lui eusse écrit, il en eût
„ fait un serviteur d'armes, mais mon serviteur eût beau insister
„ pour me faire écrire, je refusai „ (2).

(1) Rapportée par l'évêque de Jaen.
(2) P. J. XXXVII. 21-22.

Les Cardinaux étaient-ils encore en péril à Anagni ?
Ils sollicitent leurs amis de venir les rejoindre.

6. Toute cette guerre de petits papiers serait puérile, si les intérêts en jeu n'eussent été considérables.

Les témoins nous ont déjà dit si cette crainte, que les Cardinaux allèguent pour excuser les lettres écrites d'Anagni au pape Urbain, était justifiée. Il ne sera cependant pas sans intérêt de citer à ce propos une conversation de Gaillard de Nove avec Paul de Jusso, tenue précisément dans ce moment. Après avoir dit, que, si les Cardinaux avaient agi autrement ils étaient tous morts, Gaillard ajoute : " Quelques temps après, lui qui parle, „ chevauchait vers Tivoli, pour rejoindre Barthélemy ; il y avait „ avec lui plusieurs Romains et entre autres Paul de Jusso, le chef „ de quartier dont il a déjà parlé. *Ces Romains lui dirent que* „ *d'après une certain bruit de peu de consistance, les Cardinaux* „ *contestaient, que Barthélemy fût pape. Mal leur en prenait, di-* „ *saient ces Romains, car, s'ils émettaient le moindre doute sur* „ *ce point, pour sûr, les Cardinaux ne mettraient plus les pieds* „ *à Rome, ni en aucun lieu soumis aux Romains, car, eus-* „ *sent-ils mille vies, ils seraient mis à mort; et même, si les* „ *Romains savaient cela, ils iraient à Anagni, ils mettraient à* „ *mort tout ceux qui s'y trouveraient, Cardinaux, gens de cour et* „ *habitants du pays, enfin ils mettraient le feu à la ville, ce qui,* „ *disaient-ils, et ils avaient raison, leur était très facile* „ (1).

(1) Dixerunt quod rumor aliquantulus erat, ut audiverat, licet occulte et secrete, quod DD. Cardinales disputabant utrum B. esset papa, et male pro eis, quia pro certo si facerent aliquid dubium de hoc, nunquam venirent ipsi DD. Cardinales Romam nec in loco ubi Romani haberent potestatem, nam in veritate, omnes interficerent, etiamsi haberent mille vitas, et nichilominus si hoc scirent, irent Anagniam et DD. Cardinales, Anagninos, et omnes quotquot ibi reperirent, interficerent,

7. Il est d'autres lettres qu'on n'a pas reprochées aux Cardinaux, ce sont celles par lesquelles ils sollicitaient leurs amis de venir les rejoindre.

Gonsalve, grand pénitencier d'Urbain, ayant dit que l'évêque de Jaen, qu'il rencontra en revenant d'Anagni, avait été sollicité par de fréquentes lettres du cardinal de Luna, pour qu'il vint rejoindre les Cardinaux, ajoute : " Tous les Cardinaux fai-
„ saient de même ; ils mandaient tous leurs amis, et surtout les
„ personnages de valeur, qui soutenaient notre Seigneur, afin que
„ tous abandonnassent le pape et le laissassent seul. Ils voulaient
„ par là, l'affliger et l'humilier, pour l'amener à faire leur pro-
„ pre volonté „.

De son côté, Urbain cherchait à retenir tous ceux qu'il pouvait, et certes, nul n'a songé non plus à le lui reprocher (1).

---

etiam civitatem igni traderent devorandam. Quod facere erat eis valde facile, ut dicebant, et verum erat.

(1) Pontius Beraldi : Item deposuit quod licet ante et post declarationem seu publicationem per dictos dominos Cardinales factam, pluries petiisset et peti fecisset per plures et diversas personas ab eodem Bartholomeo licentiam recedendi et cum existens in Tibure semel obtinuisset, tamen idem Bartholomeus illam postmodum revocavit nec eam ulterius potuit obtinere.

Chapitre XII.

RUPTURE.

1. Appel des troupes bretonnes à Anagni. — 2. Défaite des Romains au pont Salara. — 3. Urbain implore la protection de la reine de Naples. — 4. État des esprits de part et d'autre. — 5. Les ambassadeurs allemands à Tivoli. — 5. Urbain les envoie chercher le dossier à Anagni. — 7. Ils reviennent à Tivoli. — 8. Leurs protestations *ad cautelam*. — Urbain reconnaît l'élection de Wenceslas, mais il refuse de payer la dette de Grégoire XI. — 10. Rédaction du *Casus* des Cardinaux à Anagni. — 11. Le cardinal de Luna demande de délibérer plus mûrement. — 12. Délibération des Cardinaux sur la conduite à tenir. — 13. Monitions fraternelles à Urbain. — 14. Rédaction du *Casus* des Cardinaux italiens. — 15. Ce que l'évêque de Récanati fit à Tivoli à son retour d'Anagni. — 16. Les Cardinaux d'Anagni somment les Cardinaux italiens de venir les rejoindre. — 17. Pourparlers de Palestrine. — 18. Urbain sommé une dernière fois de se démettre. — 19. Il est déféré au tribunal du Camerlingue. — 20. Les Cardinaux dénoncent solennellement l'intrusion de Barthélemy Prignano.

**Appel des troupes bretonnes à Anagni.
Défaite des Romains au pont Salara.**

1. Entre le 27 Juin, jour où Urbain vint à Tivoli, et le 27 Juillet, jour de la reconnaissance de Wenceslas, nommé roi des Romains, il n'y a pas de donnée exacte sur les évènements qui s'accomplirent. Tout ce que nous savons, c'est que, à la mi-Juillet, les Cardinaux d'Anagni étaient décidés à proclamer la nullité de l'élection d'Urbain VI, et à désigner un autre pontife. C'est Nicolas Eymeric qui nous fixe sur ce point, car, voulant en ce moment se retirer à Gaëte, le cardinal de Genève le retint, en lui disant, qu'on aurait bientôt besoin de lui, pour porter un message du Sacré-Collège aux rois de Portugal et de Castille (1).

(1) P. J. XX. 47.

En ce moment, les Bretons étaient-ils arrivés à Anagni, pour veiller à la sureté des Cardinaux ? En tout cas, ils ne durent pas tarder.

Les Cardinaux n'avaient pas, et pour cause, grande confiance dans le gouverneur d'Anagni, qui était un certain Bernard Laboureur (1).

2. Ce fut le Camerlingue qui donna l'ordre aux soldats Bretons de venir rejoindre le Sacré-Colège. Ils étaient alors à Viterbe, et ils devaient, pour arriver à Anagni, traverser le Tibre sur le pont Salara, non loin de Rome. Leur passage occasionna un conflit : " Quand ils furent près de Rome, les Romains en très grand " nombre vinrent leur disputer le passage du pont. Bernard les " pria de le laisser passer. Assurément non, lui répondirent-ils, " toi et tes soldats vous laisserez ici la vie. Bernard, voyant les " Romains si furieux contre lui, réunit ses gens, ceux-ci, poussant " de grand cris, se ruèrent sur les Romains, qui prirent aussitôt la " fuite et se débandèrent; près de cinq cents furent mis à mort, " et beaucoup furent faits prisonniers. Bernard avec sa troupe " passa le pont et vint à Anagni " (2).

Ménendus raconte ce combat de la même manière, et de plus, il nous donne l'effectif des deux armées. " Les Romains, au nombre " de presque cinq mille soldats, voulaient barrer le passage à " Bernard, qui n'avait que peu de monde, deux cent lances à " ce qu'on disait. Celui-ci leur tua quatre ou cinq cents hom- " mes " (3).

---

(1) Egidius Sanctii.... Potestas Anagnie qui est miles vocatus dominus Bernardus Laboratoris, fuit in hospitio dicti testis et ostendit sibi litteram bullatam confirmationis a primo electo officii potestatis Anagnie quod habuerat a D. Gregorio.
(2) Baluze 2.ª Vita Gregorii XI — I. 464.
(3) Baluze II. 1237.

Urbain implore la protection de la reine de Naples.
État des esprits de part et d'autre.

3. Le combat du pont Salara et la défaite qu'y essuyèrent les Romains, impressionèrent vivement Urbain VI; la frayeur s'empara de lui, il trembla pour sa personne, et implora la protection de la reine de Naples. " Celle-ci, dit l'évêque de Todi, " envoya deux cent lances et cent fantassins armés pour garder " notre Seigneur, sa cour et ses serviteurs. Vint aussi à Tivoli " le seigneur Cartulus, ambassadeur de la reine; il chercha, de " la part de sa commettante, à mettre la paix entre le pape et " les Cardinaux d'Anagni " (1).

4. Quel était en ce moment l'état des esprits de part et d'autre? Voici une lettre écrite de Tivoli, le 27 Juillet, par Marcile, le chargé d'affaires de l'Université de Paris, à ses commettants, elle nous donne la note juste de la situation : " Sachez donc, " écrit Marcile, que je suis à Tivoli dans le territoire de Rome, où " habite en ce moment le Pape. Je suis en bonne santé, quoique " bien triste et fort embarrassé. Sachez aussi, qu'à mon jugement, " il y a un siècle que l'Eglise n'a été en plus grand danger d'un " schisme, ce dont Dieu nous préserve! Le Pape, comme je vous " l'ai déjà écrit, réside dans la ville de Tivoli avec les Cardinaux " de Florence, de Milan, de Saint-Pierre et des Ursins; les autres " Cardinaux, au nombre de treize, sont à Anagni. Les Cardinaux " Italiens, le peuple Romain et le vulgaire en Italie, disent que " l'ancien archevêque de Bari est vraiment et justement pape; les " treize autres Cardinaux, d'après ce qu'on dit aussi, soutiennent " le contraire, c'est à dire, que vu la violence, que leur ont faite " les Romains, l'élection est nulle, et sans valeur, parce qu'elle

---

(1) P. J. XVII-55.

„n'a pas été libre, et par conséquent, l'ancien archevêque de
„Bari n'est pas vraiment pape.

"A cause de tout cela, lesdits Cardinaux ont fait appeler,
„pour veiller à leur sûreté, des soldats bretons et d'autres
„hommes d'armes salariés. Ceux-ci, en allant à Anagni, ont tué
„sur leur passage une grande multitude de Romains, ce qui est
„cause que tous les Français, qui sont à Rome, ont couru un
„grand danger, et beaucoup ont été tués; sous l'empire de la
„fureur, presque tous les gens de la cour, ont été sur le point
„d'être mis à mort.

" Que veulent faire les Cardinaux avec ces hommes d'armes ?
„Généralement on l'ignore. Les uns disent, qu'ils veulent pro-
„céder à une nouvelle élection, et c'est pour cela qu'ils ont fait
„citer, on ne sait pourquoi, les Cardinaux qui sont à Tivoli; les
„autres disent qu'ils veulent une nouvelle élection ou création
„du Pape; d'autres soutiennent que c'est pour voir ce qu'il faut
„faire et penser de la nullité de l'élection du nouveau pape
„Urbain; d'autres, disent que les Cardinaux veulent se faire
„conduire en lieu sûr et le réélire. Qu'y a-t-il de vrai en tout
„cela! Nul ne le sait, mais il faut, quelque caché que cela soit,
„qu'on sache bientôt la vérité „.

Il demande de nouveaux pouvoirs et de nouvelles lettres, pour
lui et pour son compagnon, puis il ajoute: " Je n'ai pas d'autres
„nouvelles, qui ne soient de mauvaises nouvelles; sauf cependant
„ceci seulement: hier, en consistoire public, le pape a confirmé
„l'élection du roi des Allemands, faite par les électeurs; et il
„l'a proclamé futur Empereur, quoique aucun ambassadeur ne
„soit venu de la part de l'Empereur.

„De plus, la reine de Sicile a envoyé au pape deux cent
„lances et cent fantassins pour le défendre. On dit que le pape
„doit retourner à Rome dans huit jours.

„Plût à Dieu, que je dusse à votre bonne volonté d'être au

„ milieu de vous en ce moment, je consentirais bien à ne pas
„ manger de viande pendant deux ans, car il y a un réel danger
„ pour tous les gens de cour, qui sont dans ce pays. La source
„ et la cause de tout, je parle sérieusement, c'est la discorde. „ (1).

Les Ambassadeurs allemands à Tivoli.
Urbain envoie Conrade à Anagni chercher le dossier.

5. Les ambassadeurs de l'Empereur et de son fils, le roi Bohême, étaient en instance auprès de Grégoire XI, pour obtenir l'assentiment du Pape à l'élection de ce dernier, comme roi des Romains, ce qui lui assurait la couronne impériale à la mort de son père. Dès les premiers jours du règne d'Urbain VI, ils renouvelèrent leurs instances. Le Pape, au lieu de leur donner satisfaction, leur ordonna, nous l'avons vu, de se tenir prêts à partir pour accompagner ses propres ambassadeurs auprès de l'Empereur et de son fils, Wenceslas, roi de Bohême. Pour obtenir plus facilement ce qu'il sollicitait, l'Empereur avait prêté au fisc pontifical une forte somme d'argent, dont les ambassadeurs n'avaient point reçu quittance. Aussi, quand Urbain voulut les envoyer vers l'Empereur, Conrade Henri, doyen de Wissegrade, lui répondit: " Saint-Père,
„ expédiez et publiez le fait de mon maître, sans quoi, je m'es-
„ saierai pas de partir, que tout ne soit fini, surtout, à cause de
„ l'argent ou des florins que j'ai remis à votre prédécesseur, le
„ Seigneur Grégoire. Barthélemy, dit Conrade, me répondit avec
„ colère: Retirez vous, corrupteur avare ! — Je lui fis observer,
„ que je n'étais point tel, et que je ne savais pas corrompre avec de
„ l'argent; que j'avais fait seulement ce que mon maître m'avait
„ ordonné „ (2).

(1) Du Boulay. *Hist. de l'Univ. de Paris.* Tom IV. 466.
(2) P. J. XLI.

Urbain reçut fort mal cette réponse, il s'irrita contre l'ambassadeur et ajouta : " qu'il attendait pour terminer cette affaire, une ambassade plus solennelle „. Conrade, qui paraît être le chef de l'ambassade, abandonna bientôt Urbain, et vint trouver les Cardinaux à Anagni.

Cependant Urbain voyant la révolte des Cardinaux, et sentant le besoin de se faire des partisans, ne trouva rien de mieux, pour s'assurer les bonnes grâces de l'Allemagne, que de condescendre aux désirs de l'Empereur et de son fils. Par trois fois, il fit prier Conrade, alors à Anagni, de venir le rejoindre à Tivoli. Celui-ci consulta à ce sujet le cardinal de Genève qui lui répondit : " Vous ne devez pas aller à Tivoli, parce que inces-
„ samment nous allons procéder à la déposition de Barthélemy,
„ conformément au droit, car il n'est point le pape, mais l'anté-
„ christ. Nous procèderons ensuite à l'élection du futur pontife
„ Romain, lequel, de suite après son couronnement, expédiera
„ l'affaire de votre maître et la publiera solennellement „.

Je lui répondis, ajoute Conrade : " Mon très révérend père,
„ il y aurait pour moi beaucoup de danger à ne pas aller à Tivoli,
„ car il y a là-bas beaucoup de gens de Bohême, entre autres l'ar-
„ chevêque de Magdebourg et Conrade de Cyrenhem, mes com-
„ pagnons ; si Barthélemy terminait avec eux et sans moi l'affaire
„ de mon maître, je ne serais jamais plus admis auprès de lui.
„ Je sais et je crois fermement que, quoiqu'il fasse, cela ne vaudra
„ rien. Si, quand je serai là-bas, il termine cette affaire, je re-
„ tournerai auprès de votre paternité, et je reconnaîtrai celui
„ qu'elle me dira avoir été élu par le Sacré-Collège. Allez, me
„ dit alors le cardinal, et revenez bien vite „.

Arrivé à Tivoli, Conrade consulta le cardinal de Florence, qui lui conseilla d'aller trouver Urbain. Malgré sa répugnance, il y alla. Dès qu'il fut en sa présence, Urbain lui dit : " Mon
„ très cher, ne vous fâchez pas, si jadis, à Rome, je vous ai dit

„ de dures paroles ; je n'avais pas de mauvaises intentions, mais „ la chose étant importante, je voulais de grands envoyés. Au- „ jourd'hui je veux expédier l'affaire de votre maître, attendez „ un peu, je vous parlerai après l'audience. „

Conrade attendit, et une fois seul avec Urbain, celui-ci revint sur ce qu'il lui avait dit à Rome, et voulut qu'il allât vers l'Empereur, lui dire que le pape allait s'occuper de l'affaire de son fils ; il lui ordonna en même temps, de lui exprimer ses plaintes sur la conduite des Cardinaux. " Saint-Père, lui répondit Con- „ rade, je vous ai dit dans le temps à Rome, que je n'osais par- „ tir, sans que cette affaire fût terminée ; je vous le redis en- „ core, je ne partirai pas, que la publication ne soit faite. — Com- „ ment puis-je la faire, reprit Barthélemy, les Cardinaux ne sont „ pas ici, et je n'ai pas le dossier. — Saint Père, vous n'avez „ pas voulu agir quand vous le pouviez, je ne puis partir tant „ que ce n'est pas terminé. „

6. Urbain le chargea alors d'aller lui-même à Anagni chercher le dossier, qui était entre les mains du Cardinal d'Aigrefeuille. Conrade ne voulut partir qu'avec des lettres de créance en bonne forme. Urbain ne voulut ou ne put lui en donner, alléguant qu'il n'avait ni bulle ni sceau, mais il chargea le cardinal de Florence d'écrire et de sceller les lettres de créance.

Arrivé à Anagni, Conrade alla trouver le cardinal de Genève qui fit, auprès de l'ambassadeur allemand, de nouvelles instances pour le retenir. " Révérendissime père, lui répondit Conrade, „ laissez-moi retourner, car, il y a danger pour moi à demeurer, „ à cause de l'argent que j'ai laissé, de la part de mon maître „ l'Empereur, et aussi à cause de mes compétiteurs, comme je „ vous l'ai déjà dit. Je ne crois nullement à la validité de ce „ que fera Barthélemy . . . . . quoiqu'il fasse, je viendrai vous le „ raconter. „ Le cardinal d'Aigrefeuille lui remit une lettre pour le cardinal de Florence ; en voici la teneur : " Révérend Père,

„ quand le mémoire touchant le fils de l'Empereur et son affaire fu-
„ rent terminés à Rome par les commissaires, qui en étaient char-
„ gés, le Camerlingue enferma les lettres et autres écrits, que vous
„ me demandez, dans les archives de la chambre apostolique, et le
„ tout, avec bien d'autres choses, a été envoyé par lui à Avignon. „

Retour des Ambassadeurs allemands à Tivoli. — Leurs protestations *ad cautelam.* **— Urbain reconnaît l'élection de Wenceslas, mais il refuse de payer la dette de Grégoire XI.**

7. Cette lettre fut remise à Urbain, qui en fut très mécontent; mais il passa outre, et résolut de terminer cette affaire, malgré le Sacré-Collège. Ce qui le détermina à agir plus vite qu'il ne l'aurait voulu, ce fut d'apprendre, que les cardinaux d'Anagni avaient mandé leurs collègues, les Cardinaux italiens, qui étaient à Tivoli, et que ceux-ci se préparaient à obéir à cet appel. Il manda donc les ambassadeurs allemands, le 26 Juillet, et leur manifesta son intention bien arrêtée. Il fit immédiatement appeler les Cardinaux italiens.

8. Tandis qu'on attendait l'arrivée des Cardinaux, les ambassadeurs se retirèrent un instant, et rédigèrent, dans le couvent des frères mineurs, une protestation dans laquelle ils disaient que: " Considérant que tout le Sacré-Collège des Seigneurs Car-
„ dinaux avait abandonné et abandonnait réellement le pape
„ Urbain, que dans le public on disait et on doutait qu'Urbain
„ ait été et qu'il fût pape, ils ont protesté solennellement, que,
„ par aucun acte fait ou à faire en leur présence, ou par eux,
„ ils ne voulaient ni n'entendaient lier ou embrouiller en aucune
„ manière le fait ou l'affaire de l'Empereur et du Roi de Bohème
„ leur maître. Et de plus, s'il était établi, ou s'il pouvait l'être,
„ de quelque façon que ce soit à l'avenir, que ledit Urbain n'est
„ pas ou n'a pas été vraiment pape, ils voulaient que tous les actes

„ faits ou à faire devant eux ou par eux fussent tenus pour non
„ faits et en aucune façon ratifiés ou observés; enfin ils veulent
„ en outre, que tous et chacun de ces actes soient sans force et
„ sans valeur „.

Deux jours après, Urbain exigeant des ambassadeurs le serment de fidélité au nom de l'Empereur, ceux-ci firent une seconde protestation dans le même sens; et Urbain procéda à la publication de la confirmation de Wenceslas comme roi des Romains.

9. Restait à terminer l'affaire de la dette contractée vis-à-vis de l'Empereur. " Je lui demandai, poursuit Conrade, de vouloir
„ bien me donner une lettre sur la publication de l'affaire du
„ fils de l'Empereur, pour laquelle j'avais dépensé neuf cent florins
„ de la chambre, somme que Barthélemy avait mise en majeure
„ partie dans sa bourse „. Urbain refusa, et Conrade insista: " Si
„ vous ne voulez pas, lui dit-il, me donner ces lettres, répondez
„ à mon maître au sujet des soixante et dix mille florins pour
„ lesquelles vous vous obligerez et vous obligerez la chambre apo-
„ stolique. Si vous le voulez, renouvelez les lettres de votre prédé-
„ cesseur Grégoire, par lesquelles il avait imposé la dîme papale
„ sur les provinces de Prague et de Magdebourg, et sur le
„ diocèse *Wrateslamensis?* enjoignant aux collecteurs de ra-
„ masser cette dîme dans ces provinces et de payer à l'Empe-
„ reur, mon maître, les soixante et dix mille florins dont moi-
„ même je lui avais payé quarante mille. Tout ce que cette
„ dîme devait rapporter en plus, les collecteurs devaient le retenir
„ pour la chambre apostolique. L'Empereur veut aider efficace-
„ ment à ce que, sans retard, cette dîme soit ramassée. Barthé-
„ lemy me répondit, qu'il ne voulait pas aggraver de nouveau
„ les charges du clergé, que, quant à lui, il n'avait pas reçu cet
„ argent et il ne s'en était pas servi. Reprenant la parole je
„ lui dis: que cet argent avait servi à racheter et à délivrer les
„ Romagnes et la Marche d'Ancône, qui, sans cet argent, eussent

„ été perdues. Il me fallait prouver ce que j'avançais, par des
„ témoins dignes de foi, qui avaient reçu cet argent et qui étaient
„ à Rome.

„ Quand je vis que Barthélemy ne voulait rien faire de ce
„ que je demandais, ni me donner les lettres scellées, avec les-
„ quelles je voulais retourner auprès de notre Seigneur (Clément)
„ et du Sacré-Collège, ni me répondre de la somme prêtée, je le
„ priai de m'aider à m'en aller ailleurs. — Je n'en ferai rien, me
„ répondit-il, tu serais mis à mort, si tu t'en allais. Je lui dis:
„ que la mort valait mieux pour moi que tant de tribulations,
„ et je le quittai. Sur le champ je montai à cheval et je quittai
„ la Ville avec mes familiers „ (1).

Rédaction du *Casus* d'Anagni.
Le cardinal de Luna demande de délibérer plus mûrement.

10. Retournons auprès des Cardinaux à Anagni. Ils nous disent eux-mêmes, dans la lettre qui annonce le couronnement de Clément VII, ce qu'ils firent, quand ils furent en sûreté sous la sauvegarde des soldats bretons et gascons. Leur récit est très abrégé, nous avons plus de détails par le cardinal de Saint-Eustache (2). " La première chose qui fut réglée, fut que le *casus*
„ serait rédigé par écrit, ce qui fut fait. On le distribua ensuite
„ aux Cardinaux pour l'examiner, afin que, de cette manière, il
„ contînt la pure vérité et rien de plus. Chaque Cardinal l'ayant
„ examiné, quelques corrections furent faites sur certains points,
„ dont quelques Cardinaux se souvenaient mieux que les autres.
„ Le travail fut alors présenté à l'assemblée des Cardinaux et
„ lu attentivement devant eux, dans trois réunions. Enfin, étant

(1) P. J. XLI.
(2) Baluze. II. 837.

„ d'accord sur tous les points, ils s'arrêtèrent à la rédaction don-
„ née ci-dessus, et chacun d'eux, sur le salut de son âme et sur
„ sa conscience, affirma que ce travail était en tout point con-
„ forme à la vérité. On passa alors à l'examen du droit „ (1).

La rédaction, dont parlent ici les Cardinaux, est celle du document que nous appelons le *casus des Cardinaux*.

Le cardinal de Saint-Eustache continue: " La gravité de la
„ détermination ayant fait traîner les choses en longueur, les
„ Cardinaux voulurent que quatre d'entre eux, choisis à cet effet,
„ à savoir, les Seigneurs de Poitiers et de Viviers, Cardinaux
„ prêtres, et les Seigneurs de Saint-Eustache et de Saint-Ange
„ Cardinaux diacres, examinassent la question plus attentivement.
„ Ces quatre Cardinaux firent cet examen avec toute la diligence
„ possible; après quoi, réunis et quoique tous de la même opi-
„ nion, ils voulurent, pour plus de certitude, après avoir entendu
„ les motifs apportés par chacun d'eux, réfléchir encore et se
„ réunir une autre fois; ce qu'ils firent. De nouveau ils furent
„ tous du même avis, à savoir, que Barthélemy n'avait aucun
„ droit à la papauté, ce qu'ils exposèrent dans la réunion de tous
„ les Cardinaux. Chacun examina alors la chose en son parti-
„ culier, avec encore plus d'attention. Sans se réunir tous ensem-
„ ble, ils s'en entretenaient cependant entre eux, au nombre de
„ deux ou en plus grand nombre, selon qu'ils en avaient la fa-
„ cilité. Enfin, ils se réunirent tous, pour entendre l'opinion de
„ chacun, et tous furent du même avis: que Barthélemy n'avait
„ absolument aucun droit à la papauté. Un seul fit exception,
„ disant, qu'il doutait encore, et qu'il voulait délibérer plus mû-
„ rement. On décida, que chacun refléchirait encore, et qu'on
„ demanderait l'opinion des hommes capables et instruits, qui
„ étaient à la cour; ce qui fut fait. L'opinion des prélats émi-

(1) P. J. XLII.

„ nents, des excellents maîtres en Théologie et en Philosophie
„ naturelle et morale, et celle des docteurs en l'un et l'autre
„ droit fut d'accord avec celle des Cardinaux. De nouveau ceux-ci
„ se réunirent, et cette fois ils furent, tous sans exception, d'avis
„ que Barthélemy n'avait aucun droit à la papauté, qu'il était
„ notoirement un intrus, et qu'il occupait illicitement le siège
„ de Saint Pierre „ (1).

10. Le cardinal qui voulait délibérer plus mûrement parait avoir été le cardinal de Luna. Voici ce qu'un témoin, du nom d'Alvarez, fait dire à ce cardinal: " Seigneur Alvarez, mon
„ seigneur de Genève me fait injure et dit que je suis trop cons-
„ ciencieux. Il est très vrai, que je veux voir et bien voir ce
„ qu'il en est du droit d'Urbain, car je vous le dis en toute
„ vérité, si j'étais en ce moment à Avignon et d'accord avec
„ eux, et que je trouvasse, qu'en droit, Barthélemy est le vrai
„ pape, je viendrais à lui, fallût-il le faire pieds nus. — Ce qui
„ est certain (ajoute le même Alvarez), c'est que, ou il n'a jamais
„ eu ces sentiments, si conformes au devoir, ou il les a depuis
„ laissés de côté „.

Ces sentiments, il les a eus; le rôle que lui fait jouer le cardinal de Saint-Eustache en est la preuve. Est-il vraisemblable qu'il ait abandonné Urbain, parce qu'Urbain lui refusait certaines faveurs, comme le dit l'évêque de Jaen? Est-il vraisemblable, comme le dit ensuite le même évêque, qu'il ait ajouté: " Non servirem Deo si non faceret michi bonum? „ (2).

Délibération des Cardinaux sur la conduite à tenir.
Monitions fraternelles à Urbain.

12. Les Cardinaux étant unanimement d'accord sur la rédaction du *casus:* le cardinal de Saint-Eustache poursuit son

(1) P. J. XLII.
(2) Voir Ch. IX n.º 4.

récit: " Ils se réunirent pour délibérer sur ce qu'il était expé-
„ dient de faire, pour l'utilité de la sainte Eglise de Dieu, et
„ la sécurité de leurs personnes. Ils conclurent, qu'ils enverraient
„ aux Cardinaux qui étaient à Avignon et aux princes catho-
„ liques, pour les informer de la vérité du fait, et de l'opinion
„ à laquelle ils s'étaient arrêtés, après avoir longtemps, mûre-
„ ment et très sérieusement discuté; et aussi, pour leur deman-
„ der aide, conseils et faveur. Ils conclurent aussi d'avoir quel-
„ ques hommes d'armes pour la garde de leurs personnes.
„ Ils firent ce qu'ils avaient décidé „ (1).

Le 15 Juillet les Cardinaux d'Anagni députaient au roi de France Nicolas de Saint-Saturnin, maître du Sacré-Palais, et maître en Théologie. Ils lui donnèrent aussi une lettre de créance pour l'Université, lettre que du Boulay cite dans son histoire de l'Université (2).

D'après Spondanus (3) ces lettres furent expédiées avant que les Cardinaux eussent rien manifesté de leur sentiment.

Ceci nous fixe sur la date de la rédaction du *casus*; il était terminé le 15 Juillet, et Spondanus a raison, les lettres furent expédiées avant que rien n'eut été manifesté, car le *casus* ne fut signé par les Cardinaux que le 2 Août suivant. Ils exami-
„ nèrent ensuite, continue le cardinal de Saint-Eustache, ce qui
„ serait le plus expédient, pour le bien de l'église romaine, se de-
„ mandant, s'il fallait réélire Barthélemy, pour éviter un schisme
„ dans l'Eglise de Dieu, ou s'il fallait le rejeter et en élire
„ librement et canoniquement un autre. Unanimement ils con-
„ clurent, qu'en aucune manière il ne fallait le réélire, mais qu'il
„ fallait en élire canoniquement un autre, car, il était notoire-
„ ment très insuffisant, pour une si grande dignité, soit à cause

(1) P. J. XLII.
(2) Tom. IV. p. 466.
(3) 1878. n° XIII.

„ de son manque de science, soit à cause de son manque de
„ prudence, et plus encore de son manque de conscience ; soit
„ encore, à cause de ses mœurs mauvaises et détestables, raisons
„ qui s'opposaient à ce qu'il fût réélu, sans que Dieu en fût gra-
„ vement offensé.

13. „ Les Cardinaux passèrent ensuite à la discussion de
l'ordre de procédure qu'on devait suivre contre lui „ (1). Conformément à l'évangile, il fut d'abord averti charitablement et de
vive voix, " par un homme sage, religieux, assez instruit et très
„ dévoué à ses intérêts „ (2) d'avoir à quitter les insignes pontificaux. Urbain ne tint nul compte de cette monition fraternelle. Cet avis charitable, mais verbal, ne suffisant pas, le Cardinaux le réitérèrent par écrit, et le lui envoyèrent. Un de leurs
ambassadeurs fut l'évêque de Pampelune, au témoignage de Jean
Rame (3). " Une troisième fois les Cardinaux firent faire les
„ mêmes démarches par un des Cardinaux italiens, qui ne l'avaient
„ pas encore abandonné ; il les fit, en présence des trois autres,
„ mais ce cardinal non plus n'avança rien, au contraire, ce qui
„ est pire, il se déclara ouvertement l'ennemi des Cardinaux
„ ultramontains ,,.

" Les Cardinaux voyant Barthélemy obstiné dans sa malice, et
„ considérant qu'il travaillait à la destruction totale de l'Eglise …
„ décidèrent de recourir à de plus puissants moyens, et mandè-
„ rent auprès d'eux les Cardinaux italiens par une lettre ainsi
„ conçue (4).

(1) P. J. XLII.
(2) Ibidem.
(3) Vidit…. episcopum Pampilonensem…. ex parte collegii…. missum ad Bartolomeum, ut desisteret ab intrusione sancte sedis… sed ipsum noluit credere.
(4) P. J. XLII.

Rédaction du *Casus* des Cardinaux italiens. — Ce que l'évêque de Récanati fit à Tivoli à son retour d'Anagni.

14. Avant de donner le contenu de la lettre qui mandait les Cardinaux italiens à Anagni, il est bon que nous sachions ce qu'avaient fait ces Cardinaux, depuis le moment où, à leur retour d'Anagni, ils avaient conseillé et fait conseiller par ses amis à Urbain, de pourvoir au salut de l'Eglise.

Ils rédigèrent eux aussi un *casus*, que nous avons encore, et dans son testament le cardinal de Florence nous dit une fois de plus le soin qu'ils y apportèrent.

" Voulant aussi sur ce point satisfaire à mon devoir envers
„ Dieu, envers l'Eglise et envers le peuple chrétien, j'ajoute
„ que, dès le commencement du schisme, le cardinal de Milan,
„ celui des Ursins, diacre du titre de Saint-George du Vélabre,
„ et moi, parfaitement informés de tout ce qui s'était passé dans
„ la Ville au temps de la maladie et de la mort du pape Gré-
„ goire de sainte mémoire, et voyant naître ce schisme dange-
„ reux, nous nous concertâmes très sérieusement ; nous prîmes
„ l'avis de beaucoup de prélats, de docteurs célèbres dans l'un
„ et l'autre droit, tous gens vertueux de Rome ou de Tivoli, où
„ Barthélemy s'était retiré. Cela fait, nous l'abandonnâmes sans
„ penser jamais revenir à lui. Mais, de peur qu'il pût un jour
„ alléguer pour excuse son ignorance, nous lui fîmes remettre,
„ par un officier public, un écrit contenant la vérité pure et la
„ série des évènements, écrit rédigé par nous trois Cardinaux
„ italiens et conforme au *casus* ou thème rédigé et publié par
„ les seigneurs Cardinaux à Anagni (1) „.

Le même cardinal de Florence, répondant à certaines alléga-

---

(1) Nous publierons dans un autre travail le texte de ce testament.

tions peu bienveillantes sur son séjour à Tivoli, nous fait connaître certains détails qui ne sont pas sans intérêt :

„ Tant que moi et les autres Cardinaux italiens, nous fûmes
„ à Tivoli, il nous fallut assister aux consistoires et aux con-
„ seils, ou plutôt aux réunions de Barthélemy. Ce que je sais
„ bien, c'est que je n'y allais jamais sans y être appelé, car je
„ n'osais refuser de répondre à son appel ; mais jamais je n'eus
„ l'intention, de lui conférer par mes actes, aucun droit à la pa-
„ pauté, comme j'en avais fait la protestation avant de quitter
„ Anagni. Nous demeurions alors à Tivoli, pour chercher un
„ moyen de tout arranger, et pour faire connaître à Barthélemy
„ la vérité sur son fait, afin qu'il ne pût jamais alléguer pour
„ excuse l'ignorance. Je n'ai jamais fait de demandes de promotion
„ comme on le dit, c'est au contraire Barthélemy, de son prope
„ mouvement, qui cherchait comment il pouvait faire certains
„ actes, et promouvoir certains d'entre nous, pour se les attirer.
„ C'est en faisant cela, qu'il pressentit l'opinion des Cardinaux
„ sur son fait, et qu'il sut, qu'ils ne le croyaient point pape.

„ Je n'ai pas non plus consenti à la paix des Florentins ; je
„ dissuadais et je détournais les ambassadeurs de la communauté
„ de Florence, qui cherchaient à faire la paix à Tivoli, en leur
„ disant expressément : qu'ils savaient bien que les Cardinaux,
„ qui étaient à Anagni, voulaient procéder à une autre élection,
„ car, ils tenaient pour certain, que l'élection de Barthélemy,
„ fruit de la pression notoire des Romains, était nulle, et que
„ par conséquent, ils dépensaient vainement leur argent à faire
„ leur paix avec Barthélemy. Les ambassadeurs me dirent, qu'ils
„ voulaient mon avis, car ils étaient très affligés des procédures
„ de Grégoire de sainte mémoire, et ils me demandèrent, si, celui
„ que les Cardinaux allaient élire, serait plus favorable à la paix
„ avec les Florentins „ (1).

(1) P. J. XXX. 8.

15. Nous ne devons pas omettre non plus ici, ce que l'évêque de Récanati raconte sur la manière, dont il s'acquitta des commissions qu'on lui avait données à Anagni, et ce que répondit en particulier le cardinal de Milan. " Ayant reçu les instructions
„ des Cardinaux à Anagni, je revins, dit-il, à Tivoli, auprès d'Ur-
„ bain, je lui racontai tout, en présence de Charles de Durat,
„ de Thomas de Saint-Séverin, du comte de Nole et de l'arche-
„ vêque de Salerne. Le lendemain matin, qui était un Lundi, eut
„ lieu le consistoire secret. En présence de notre Seigneur, je dis
„ au cardinal de Florence, de Milan et des Ursins ce dont m'avait
„ chargé le cardinal de Vernhio ; je les priai de demeurer fermes
„ pour l'honneur de l'Eglise de Dieu et de l'Italie ; je les priai,
„ de la part des Cardinaux, comme italiens, comme clercs, et
„ comme chrétiens, de demeurer inébranlables. J'allai ensuite dire
„ au cardinal de Milan, ce dont on m'avait chargé ; il me ré-
„ pondit : que son intention n'était pas de partir, à moins que
„ notre Seigneur ne le lui dit, qu'il ne se souciait pas de voir
„ partir les autres, car il n'était pas un enfant ; et il ne se lais-
„ serait pas séduire „ (1).

On a opposé au Cardinal de Florence ce que dit ici l'évêque de Récanati, et on l'a prié de répondre si c'est là la vérité. Voici la réponse du Cardinal.

" Je réponds, que tout ce qui est dit dans l'objection est to-
„ talement faux. En voici la preuve manifeste. Tandis que tous
„ les autres Cardinaux, au nombre de XIII, étaient à Anagni, j'y
„ avais été envoyé avec les Seigneurs de Milan et des Ursins. Tous,
„ sous serment, nous avaient dit et affirmé qu'ils ne tenaient pas
„ l'archevêque de Bari pour pape, parce qu'il avait été nommé
„ ou élu par violence notoire. Ils nous avaient demandé avec
„ instance de demeurer avec eux, afin de chercher tous ensem-

---

(1) P. J. XIX 28.

„ ble, ce qu'il y avait à faire pour le bien de l'Eglise, comme je
„ l'ai dit plus au long ailleurs. . . . C'est pourquoi, on ne doit
„ pas croire ce que dit ce témoin, c'est à dire, que des hommes
„ tels que les Cardinaux, lui aient dit, contrairement à ce qu'ils
„ avaient juré, ce qui est contenu dans la question posée „ (1).
C'est à dire ce que nous venons d'entendre rapporter par l'évêque de Récanati.

Les Cardinaux d'Anagni somment les Cardinaux italiens de venir les rejoindre. — Pourparlers de Palestrine.

16. Les Cardinaux italiens continuent : " Tandis que nous
„ étions occupés à la rédaction de ce travail, auquel nous tra-
„ vaillions en secret, un jour, que nous étions tous trois réunis
„ dans la maison des Prêcheurs où habitait le Cardinal des Ur-
„ sins, nous vîmes arriver Guillaume Paris, servant d'armes, qui
„ entra avec notaires et témoins, tenant en main un parchemin
„ scellé du sceau pendant des XIII Cardinaux, qui étaient à Ana-
„ gni. Ce parchemin contenait comment par violence notoire et
„ par crainte les Cardinaux avaient été poussés et forcés par les
„ Romains à faire l'élection malgré eux. C'est pourquoi, au nom
„ de la fidélité qui nous liait à l'Eglise romaine, ils nous re-
„ quéraient de nous rendre à Anagni quelques jours après la
„ réception de ces lettres, pour chercher le remède nécessaire à
„ ce dont il est parlé plus haut, et pour traiter et faire tout
„ et chaque chose qui, à cause de ce qui précède, était néces-
„ saire et utile au salut de la Sainte Eglise et de la foi ortho-
„ doxe „ (2).

Dans cette citation, les Ultramontains donnaient cinq jours à

(1) P. J. XXX. 8.
(2) P. J. XXVII. 19.

leurs collègues, pour se joindre à eux; elle est datée du 20 Juillet (1).

Le *casus* des Cardinaux italiens continue : " Guillaume Pa„ ris nous ayant intimé ce que contenait cette lettre, il fit aux „ notaires et aux témoins les demandes d'usage, et aussitôt il se „ retira, en protestant qu'il ne pouvait sûrement voir le Cardi„ nal de Saint-Pierre. Munis de cette pièce, nous allâmes sur le „ champ à la maison du Cardinal de Saint-Pierre ; nous la lui „ montrâmes et en ayant délibéré, nous la portâmes à Barthé„ lemy. Celui-ci l'ayant vue en fut troublé, et il ordonna de tenir „ conseil à son sujet, dans la maison du Cardinal de Saint-Pierre. „ Dans l'intervalle, nous achevâmes la rédaction du *casus* dont „ il est fait mention plus haut, nous en retinmes une copie écrite „ de la main du Cardinal des Ursins ; et, ayant mandé les qua„ tre laïques susnommés, nous le remîmes à Barthélemy en leur „ présence et en présence de plusieurs autres. Nous le priâmes „ en même temps, puisqu'il s'agissait de son affaire et du bien „ de l'Eglise, de réfléchir mûrement et de s'arrêter à des moyens „ salutaires, car pour nous, notre honneur et notre dignité nous „ ordonnaient d'agir sagement et avec prudence, et de travailler „ avec fidélité à la joie et à l'unité de l'Eglise, et pour cela, de „ nous réunir aux autres Cardinaux. Sur ce, nous quittâmes Ti„ voli, pour aller ou château de Vicovaro, de là nous ne retour„ nâmes plus vers lui „ (2).

C'était le lendemain de Saint Jacques, le 26 Juillet, que les Cardinaux italiens abandonnèrent Urbain VI (3).

17. Avant leur départ, ces Cardinaux, avaient reçu des ordres d'Urbain (4).

---

(1) Rayn. 1378. n° XL.
(2) P. J. XXVII. 19-20.
(3) P. J. XLII.
(4) P. J. XVII. 57.

Ils étaient à Palestrine des négociateurs entre le Pape et le Sacré-Collège, c'est ce qui ressort d'une lettre signée de ces trois Cardinaux et adressée à Urbain le 6 Août (1).

Dans cette seconde négociation, que leur avait confiée Urbain, les Cardinaux italiens agirent comme dans la première, en ambassadeurs et en Cardinaux. Comme Cardinaux, au témoignage de Jean Rame, qui était là, ils traitèrent avec les trois Cardinaux venus d'Anagni, " de la manière de dénoncer l'intrusion „ de Barthélemy, et du lieu à choisir pour faire une autre élec- „ tion „ (2).

Comme ambassadeurs d'Urbain, dit le Cardinal de Saint-Eustache, un des envoyés d'Anagni, " les Cardinaux italiens ouvri- „ rent l'avis de s'en rapporter à un Concile général „ (3).

Les Cardinaux ultramontains nous répondirent, dit la lettre adressée à Urbain : " qu'ils n'avaient pas mandat des autres „ Cardinaux, alors à Anagni, pour nous répondre sur ce point, „ et qu'il leur fallait conférer avec eux. Ils nous ont donc „ instamment priés, de vouloir bien aller à Anagni pour dire „ ce que nous venions de leur exposer à tous les Cardinaux, „ et délibérer avec eux tous sur ce sujet, parce que cela nous „ touchait aussi. Nous leur avons répondu, qu'ils pouvaient le „ leur dire eux-mêmes, et que nous attendrions leur réponse „ dans un endroit voisin. Nous les avons priés de nous apporter „ cette réponse sans tarder. Ils sont donc partis ce matin, pour „ Anagni, et nous attendrons leur réponse dans le château de „ Tenazam, ou dans un autre lieu voisin. Nous ferons tout „ pour le mieux qu'il nous sera possible „ (4).

(1) Rayn. 1378. XLII.
(2) Tractantes de modo declarationis intrusionis Bartolomei et de loco electionis in summum pontificem in patria tuta.
(3) P. J. XLII.
(4) Rayn. 1379. n° XLII.

Les Cardinaux ultramontains refusèrent d'accéder aux désirs de leurs collègues. Nous verrons plus tard les raisons qu'ils donnaient, pour ne pas accepter le jugement d'un concile général. Ils répondirent aux Cardinaux italiens par une sommation de se joindre à eux, et leur fixèrent le 8 Août comme dernier délai. Nous concluons ceci du passage suivant du mémoire du cardinal de Saint-Eustache.

" Enfin, les Cardinaux prolongèrent d'un jour le temps donné
" aux Cardinaux italiens pour comparaître, il leur notifièrent
„ cette prorogation, et, ce jour passé, en leur absence, à la
„ messe, ils publièrent que Barthélemy était anathématizé et
„ intrus, selon la forme des lettres ci-incluses „.

Suit la pièce datée du 9 Août.

" Ces lettres lui furent envoyées, ainsi qu'aux Cardinaux
„ italiens; ceux-ci, obtempérant à ces lettres, ne retournèrent
„ plus vers lui; mais Barthélemy plus méchant que . . . . . et
„ plus obstiné dans sa malice, n'écouta pas l'Eglise „ (1).

Jean, familier du Cardinal des Ursins, dit que les Cardinaux italiens " se transportèrent ensuite successivement en plusieurs
„ endroits en dernier lieu à Suesse et de là à Fondi „.

Urbain sommé une dernière fois de se démettre.
Il est déféré au tribunal du Camerlingue.

18. La lettre par laquelle les Cardinaux dénoncent au monde entier l'intrusion de Barthélemy Prignano au souverain pontificat est citée par tous les historiens (2). Les manuscrits *de schismate* la rapportent plusieurs fois, enfin, les archives départementales de Vaucluse à Avignon (3) en possèdent un exem-

---

(1) P. J. XLII.
(2) Rayn. 1378. n° XLVII. Baluze I. 548. etc.
(3) Fond des Célestins Carton. 64.

plaire authentique. Nous ne rapporterons pas cette pièce ici, mais nous donnerons la conclusion de celle qui fut adressée, le même jour à Urbain, pour le sommer encore une fois de se démettre.

" Nous vous exhortons, lui disent les Cardinaux, nous vous
„ supplions, par les entrailles de la miséricorde de J. C. dont
„ vous ne rougissez pas de retenir l'épouse, la sainte Eglise ; de
„ penser à Celui vers qui vous conduit la plénitude de vos jours,
„ de réfléchir au besoin de purifier votre conscience, de laisser
„ absolument libre et inoccupé le très saint siège de Pierre
„ que vous occupez sans titre, de déposer les insignes ponti-
„ ficaux, d'abandonner, sans délai, l'administration des biens
„ spirituels et temporels de l'Eglise, et de chercher, par les
„ fruits d'une vraie pénitence, à satisfaire, dans la limite de vos
„ forces, à Dieu et à l'Eglise. Si vous faites cela, vous méri-
„ terez d'obtenir la grâce de Dieu, la gloire du monde et les
„ louanges du clergé et du peuple chrétien. Si au contraire
„ vous vous obstinez, vous encourrez, et à juste titre, l'indigna-
„ tion du Dieu Tout puissant, des bienheureux apôtres Pierre et
„ Paul et de tous les Saints, et nous, nous invoquerons le secours
„ des hommes, pour que la sainte épouse du Christ, et la mère
„ commune de tous les chrétiens, ne soit pas violée plus long-
„ temps ; enfin *nous userons de tous les moyens que nous don-*
„ *nent les saints canons* ,, (1).

19. A quel moyen font ici allusion les Cardinaux ? Nous sommes, sur ce point, réduits à faire des conjectures, parce que, nulle part nous ne l'avons trouvé dit expressément. Nous croyons, que les Cardinaux menacent Urbain de le déférer au tribunal du Camerlingue. Ce qui nous porte à le croire, c'est que nous voyons l'autorité du Camerlingue sur ce point discutée

(1) **Baluze**, II. 848.

dans les dialogues de Henri de Hassia, auteur contemporain. L'urbaniste y dit : " La juridiction et les pouvoirs du Camerlingue „ du pape, *par l'autorité duquel il fut en conséquence déterminé,* „ *déclaré et défini que le premier élu n'était point pape,* ne s'é- „ tendaient pas jusque là. La raison en est, qu'il ne ressort ni „ du droit ancien, ni du droit nouveau, que les Cardinaux ou „ le Camerlingue aient pouvoir de juger, en cas de désaccord „ entre les Cardinaux, au sujet de l'élection, et moins encore, „ dans le cas où l'élection de quelqu'un a été consacrée par „ l'assentiment des Cardinaux, et n'est révoquée en doute que „ longtemps après. Les pouvoirs du Camerlingue se bornent à „ tenir les Cardinaux enfermés dans le Conclave, même au pain „ et à l'eau, jusqu'à ce qu'ils tombent d'accord sur un sujet ,,.

A cette objection, le partisan de Clément VII, répond : " Le „ Camerlingue peut d'office procéder contre les détenteurs, les „ possesseurs par violence, et les usurpateurs des biens de l'E- „ glise. Dans le cas présent, par tout ce qu'il voyait, le Camerlin- „ gue avait des soupçons fondés, que l'archevêque de Bari déte- „ nait et occupait injustement les biens de l'Eglise ; on portait à „ son tribunal cette accusation contre lui, il put donc, en vertu „ de son office ordinaire, le citer à son tribunal, pour répondre „ sur ce qu'on lui reprochait. C'est ce qu'il fit, ou au moins „ ce qu'il pouvait faire. L'archevêque légitimement cité ne „ daigna pas venir : le Camerlingue put donc examiner les té- „ moins pour éclaircir ses soupçons. Si les témoins étaient lé- „ gitimes, si rien ne s'opposait à leur admission, s'ils déposèrent „ comme le veut la loi ; il put donc prononcer que l'archevêque „ était injuste détenteur des biens de l'Eglise. De cette sentence, „ rendue après un procès légalement fait, il découle, que l'ar- „ chevêque de Bari n'est point pape. Cette sentence du Camer- „ lingue une fois rendue, il était et il devait être déclaré aux „ yeux de tous, qu'il n'était point pape, et cela, quoique le

„ Camerlingue, en cas de désaccord sur le fait de l'élection,
„ n'ait aucun pouvoir direct et formel de juger et de discerner
„ si celui-ci ou celui-là est ou n'est pas pape „‚ (1).

Nous aurions désiré sur un fait de cette importance, avoir d'autres documents que celui que nous venons de citer. Son auteur, Henri de Languestein de Hassia, vice-chancelier de l'Académie de Paris, était, il est vrai, contemporain des évènements, mais il habitait loin du théâtre des faits qu'il rapporte. Nous avons cependant un document, où la sentence du Camerlingue, si elle n'est pas formellement exprimée est au moins implicitement contenue. C'est la souscription du Camerlingue, à la déclaration authentique des Cardinaux, que nous avons retrouvée aux archives d'Avignon : " Nous, Pierre par la miséricorde divine
„ archevêque d'Arles, Camerlingue de la S. E. R. et juge or-
„ dinaire susdit, à la requête et sur l'ordre des RR. Pères en
„ J. C. les Seigneurs Cardinaux de la même S. E. R, ci-dessus
„ signés de leurs propres mains, nous fûmes présent, avec les
„ notaires et les témoins susnommés, à tout ce qui précède ;
„ *et en tout, nous avons interposé notre autorité ordinaire et*
„ *notre décret, siégeant sur notre tribunal dans ledit palais et*
„ *dans le lieu que nous avions choisi pour cela.* En témoignage
„ de quoi nous avons fait apposer notre sceau „ (2).

Les Cardinaux dénoncent solennellement l'Intrusion de Barthélemy Prignano.

20. Thomas de Amanatis, qui était à Anagni, dit succinctement comment se fit la déclaration. " Cette déclaration fut
„ faite par l'ordre et en la présence des Cardinaux, dans l'église

---

(1) Baluz. I. 1305.
(2) Arch. de Vaucl. Série H. Fonds des Célestins. Cart. 64.

„ cathédrale d'Anagni, le neuf du mois d'Août, après la célé-
„ bration de la messe *de Spiritu Sancto*, et le sermon prêché
„ par le Patriarche de Constantinople. J'ai assisté à tout cela,
„ j'ai tout entendu „ (1).

L'évêque de Récanati soutient que cinq Cardinaux, et celui de Bretagne en particulier, avant d'entrer dans l'église, avaient protesté qu'il ne consentiraient pas à la déclaration des Cardinaux (2). Il prétend le tenir d'un de ses serviteurs, qu'il avait envoyé à Anagni. Ce serviteur, André Johannis, nous a laissé la relation de son voyage, il ne dit mot de cette protestation des cinq Cardinaux. Quant au cardinal de Bretagne, voici ce qu'il raconte. "Après avoir dit beaucoup d'autres choses, le cardinal
„ de Bretagne prit un livre, c'était je crois un missel, il l'ouvrit à
„ un endroit où était représenté N. S. J. C. et il jura avec éner-
„ gie et dévotion, sur les saints Evangiles, qu'il touchait des deux
„ mains, que notre Seigneur Urbain VI était vrai pape, comme
„ l'avaient été tous les successeurs de Saint Pierre. Enfin, il me
„ pria de vouloir bien le recommander au pape Urbain VI, et
„ de lui dire de sa part, qu'il retournerait à Rome et qu'il y
„ demeurerait, car il obtiendrait bien, finalement, que, devant la
„ constance de notre Seigneur, ces maudits Cardinaux cessassent
„ de faire ce qu'ils avaient commencé, et qu'ils retournassent
„ au giron de l'Eglise. Il me chargea de lui dire en second
„ lieu, de rappeler auprès de lui les Cardinaux Italiens, que les
„ autres s'efforçaient de séduire; et en troisième lieu, de prier
„ sa Sainteté, quand elle lui aurait accordé les bénéfices, de vou-
„ loir bien l'en mettre en possession bien vite, et lui en faire
„ expédier les lettres. Un de mes familiers, ajouta-t-il, est de-
„ meuré et demeure encore à Tivoli pour cette affaire, qui dure

(1) P. J. XVIII. 43.
(2) P. J. XIX. 24.

„ depuis si longtemps. Le pape n'a jamais voulu me faire cette
„ expédition. Je lui ai pourtant écrit plusieurs fois, mais il doute,
„ je le sais, que ce soit moi qui ai scellé de mon sceau les
„ lettres que je lui ai envoyées. Je veux donc vous montrer mon
„ sceau, je veux que vous en portiez l'empreinte, pour contrôler
„ les lettres que je lui ai envoyées et que je lui enverrai. Il
„ tira alors un anneau d'une bourse qu'il portait sur lui, il me
„ montra un sceau rond, dont il me donna l'empreinte, que je
„ portai à notre Seigneur le pape. Ceci se passait à Anagni le
„ 10 Août 1378 „.

Nous n'ajouterons qu'un mot à ces allégations, pour en montrer l'invraisemblance ; c'est que, huit jours avant, le cardinal de Bretagne avait signé le *casus* où était démontrée l'intrusion de Barthélemy, et voici les quelques mots qui accompagnaient sa signature: " Moi, Hugues de Montelego, cardinal prêtre du
„ titre des Quatre Couronnés, j'affirme en conscience, que toutes
„ et chacune des choses qui précédent sont vraies; en témoi-
„ gnage de quoi, je me suis signé de ma propre main, et j'ai
„ scellé de mon sceau „. Tout ceci, dans l'original d'Avignon, est de la main du cardinal.

Quant aux cinq autres Cardinaux que l'évêque de Récanati dit avoir protesté, ils ont signé le mémoire du neuf Août, et leurs signatures sont accompagnées d'une déclaration *propria manu* conforme à celle du cardinal de Bretagne.

Chapitre XIII.

FONDI — ÉLECTION DE CLÉMENT VII.

1. Urbain à Rome. — 2. Lettres que lui adressent les Cardinaux italiens. — 3. Conduite de ces derniers. — 4. Les Cardinaux ultramontains vont à Fondi. Lettre de Louis d'Anjou à un prince italien. — 5. Les Cardinaux italiens rejoignent leurs collègues. — 6. Mort du cardinal de Saint-Pierre. — 7. Les notaires refusent de signer son testament. — 8. Était-il pour Urbain VI? — 9. Son testament. — 10. Urbain accusé de l'avoir lui-même falsifié. — 11. Négociations à Fondi entre les Cardinaux italiens et les ultramontains. — 12. Élection de Clément VII. — 13. Conduite des Cardinaux italiens. — 14. Ils quittent la cour.

Urbain retourne à Rome. — Lettres que lui adressent les Cardinaux italiens. — Conduite de ces derniers.

1. La nouvelle de la révolte des Cardinaux n'effraya pas Urbain VI. Il crut cependant prudent de ne pas demeurer plus longtemps à proximité d'Anagni, et exposé aux excursions des troupes françaises, qui venaient d'infliger à ses partisans au pont Salara, une si sanglante défaite. C'est à Sainte-Marie-Majeure que Gonzalve, le grand pénitencier, le trouva à son retour d'Anagni: " Je quittai (le cardinal de Luna alors à Anagni), et comme „ je le lui avais promis, je vins trouver notre Seigneur, déjà de „ retour à Rome. Je fis la commission au sujet de sa renoncia- „ tion, je l'exhortai à dissiper l'armée ambitieuse de Satan, prête à „ marcher contre lui, et à combattre, avec le secours de Dieu „ et de ses saints. Il m'écouta, comme un soldat entend annoncer „ une bataille prochaine qu'il désire de tout cœur; je ne l'eusse „ jamais cru si joyeux; aussi, est-ce avec bonheur, qu'il me ré- „ pondit: En vérité Seigneur, je me soucie fort peu de me dé- „ mettre de la papauté, je ne me démettrai pas, pour ne pas

„ céder la place au diable et à son troupeau, je resterai, je les
„ combattrai au nom de Dieu . . . . „.

2. La nouvelle de la publication de l'intrusion d'Urbain surprit les Cardinaux Italiens encore sur les lieux de la conférence; ils se retirèrent aussitôt à Subiaco, en restant en relation avec Urbain. C'est ce que nous savons par une lettre écrite de ce pays, le 16 Août suivant, et qui nous a été conservée par l'évêque de Jaen:

" A notre Très saint Seigneur.

„ Très Saint Père, Nous avons reçu avec respect les lettres
„ de créance que V. B. nous a envoyées par magnifiques Sei-
„ gneurs le comte de Nole et Raynald des Ursins. Nous avons
„ pris connaissance de ce qu'ils nous ont dit de votre part. Nous
„ leur avons donné la réponse, que nous avons crue convenable
„ pour l'honneur de V. B. pour celui de l'Eglise romaine, et
„ pour le nôtre. Daignez croire à la relation qu'ils vous feront
„ de notre part, comme vous nous croiriez nous-mêmes.

„ Ecrit à Subiaco, le 16 Août. — Les dévoués de V. S. —
„ Pierre, évêque de Porto; Simon, évêque de Milan; Jacques des
„ Ursins. Cardinaux „ (1).

Le surlendemain, nouvelle ambassade d'Urbain aux Cardinaux, et nouvelle lettre adressée à Urbain:

" A notre Très Saint Seigneur,

„ Notre très Saint Seigneur. Nous envoyons à V. B. les
„ Révérends Sires et Seigneurs les évêques de Brescia et de Réca-
„ nati, auxquels nous confions le soin de dire à V. S. certaines
„ choses de vive voix. Daignez ajouter foi à leurs relations, et
„ nous les renvoyer au plus tôt, car nous avons grand besoin de
„ leur présence et de leurs conseils.

(1) P. J. XXX. 11 — 4° lettre.

„ Donné à Subiaco le XVIII Août. — Vos dévoués suppliants.
„ — P. évêque de Porto. — S. évêque de Milan. Cardinaux „ (1).

Le deux septembre, nous trouvons les Cardinaux italiens à Cellis, d'où ils écrivent encore à Urbain:

" Au Très Saint Seigneur.

" Très Saint Père, le Seigneur Camerlingue de Votre Sainteté „ retourne vers Elle pleinement informé de ce qui est et sera fait. „ Que Votre Sainteté daigne ajouter pleine confiance à son rap-„ port, et à celui de noble Seigneur Nicolas de Carnamortua.

„ Ecrit à Cellis, le 2 Septembre. — De Votre Sainteté les „ les dévoués: Pierre, évêque de Porto; Simon, de Milan. Car-„ dinaux „ (2).

Ces lettres de créance ne disent pas ce qui se négociait entre Urbain et les Cardinaux italiens. Dans les deux dernières, le cardinal des Ursins n'intervient pas.

3. Grâce aux reproches, qu'on adressait au cardinal de Florence, nous savons aujourd'hui à quoi nous en tenir sur sa conduite et celle de ses collègues, à l'époque de la rupture. " Quant aux autres lettres qu'on m'attribue, je réponds, dit ce Cardinal: „ Il est notoire que pendant quelque temps, nous trois Cardi-„ naux italiens, nous avons travaillé à éteindre le scandale dans „ l'Eglise, négociant entre les deux partis. Nous avons écrit des „ lettres des deux côtés, et nous avons envoyés des messagers,

---

(1) Sanctissimo Domino Nostro. — Sanctissime Domine Noster. Mittimus ad V. B. reverendos patres Dominos Brixinensem et Recanatensem episcopos quibus non ulla commisimus V. R. pro parte nostra oretenus referenda..... relatibus eorum fidem credulam dignemini adhibere et ipsos ad nos cito remittere, quia societate eorum et consiliis plurimum indigemus.

Datum *Sabbati* (?) XVIII Augusti.
Oratores et devoti vestri
Portuensis et Mediolanensis Cardinales.

Extraite de la déposition de l'évêque de Jaen.

(2) P. J. XXX. 11. — 2ª lettre.

„ mais toujours pour la paix et l'union de l'Eglise. Nous avons
„ écrit des lettres, oui, mais quelle qu'en soit la teneur, elles ne
„ sont pas opposées à la vérité „ (1).

Les Cardinaux Italiens, tout en cherchant à rétablir l'union entre Urbain et le Sacré-Collège, cherchaient aussi à s'éclairer eux-mêmes, pour savoir quel parti embrasser. Les envoyés d'Urbain plaidaient sa cause auprès des Cardinaux Italiens, mais ils ne parvenaient pas à les gagner à leur maître. Nous déduisons ce fait de la lettre que ces Cardinaux écrivirent à Urbain, le 4 Septembre :

" A notre Très saint Seigneur,

„ Très heureux Père. Nous avons vu les lettres apportées par
„ le Révérend Père le Seigneur évêque de Cassano, porteur des
„ présentes. Nous avons entendu ce que vous l'aviez chargé de
„ nous dire. Nous y répondons brièvement; partout où nous som-
„ mes allés, en tout ce que nous avons fait, nous avons cherché
„ à faire le bien. Nous ne nous sommes pas encore réunis à nos
„ Seigneurs les Cardinaux, nous n'avons pas encore conféré avec
„ eux, comme il conviendrait, c'est pourquoi nous ne pouvons
„ encore donner réponse au Seigneur évêque. Il ne veut pas at-
„ tendre, il retourne vers vous parfaitement au courant de tout.
„ *Quant à nous, nous nous disposons à agir autrement en no-*
„ *tre nom, parce que nous voyons utilité à le faire, les choses*
„ *en étant où elles sont, et nous attendons une réponse des Car-*
„ *dinaux pour savoir ce que nous devons faire.*

„ Nous nous recommandons très dévotement à Votre Sainteté.

„ Donné à Suessa IIII Septembre, à une heure avancée :

„ Dévoués suppliants et vos fils :

„ Les évêques de Florence et de Milan,
„ et des Ursins, Cardinaux „ (2).

(1) P. J. **XXX**. 11. in **fine**.
(2) P. J. **XXX**. 11. 5.e lettre.

Les dernières lignes de cette lettre donnent à entendre que les Cardinaux italiens penchaient plutôt vers le parti des Cardinaux, que vers celui d'Urbain. Ce que dit Pierre de Loqueriis de leurs sentiments dans cette circonstance est donc invraisemblable. " Quand le schisme eut éclaté, dit-il, le Seigneur des „ Ursins, qui était un bon maître pour lui, lui écrivit de venir à „ Tagliacozzo ; il y fut, et là, il entendit maintes et maintes fois „ ce Cardinal et les deux autres Cardinaux italiens, qui étaient „ là, dire que le seigneur de Bari était le vrai pape, et qu'ils „ priaient Dieu de pardonner à ceux qui avaient commencé le „ schisme. Ils ajoutaient qu'ils demeuraient là, parce qu'un Concile leur paraissait nécessaire, pour le bien du pape et de la „ sainte mère l'Eglise „.

En bien examinant les dernières paroles de la lettre que nous venons de citer, il est évident au contraire que les Cardinaux Italiens se préparaient à abandonner Urbain VI. Il lui disent en effet : " *Votre ambassadeur retourne vers vous, quant à nous,* „ *nous nous disposons à agir autrement* „.

N'est-ce pas dire implicitement qu'ils ne veulent plus retourner vers lui ? Et ce dernier mot de la lettre : " Nous attendons „ une réponse des Cardinaux pour savoir ce que nous devons „ faire „ ; ne semblent-il pas indiquer, que leur défection n'est plus qu'une affaire de circonstance et d'opportunité ?

Les Cardinaux ultramontains vont à Fondi.
Lettre de Louis d'Anjou à un prince italien.

4. Pendant ces négociations, les Cardinaux d'Anagni cherchaient un lieu plus sûr pour continuer leur œuvre. Les courriers et les lettres, qu'il avaient envoyés en France, déterminèrent Louis d'Anjou, frère du roi, à agir en leur faveur, auprès de certains princes italiens. Nous avons une lettre de lui, adressée

à un de ces Seigneurs, pour lui recommander les Cardinaux alors à Anagni. Dans le préambule il dit : qu'après ce qu'ont fait les Romains, c'est le devoir de tout enfant bien né de notre mère la Sainte Eglise, de venir à son secours ; puis il continue : " Les Cardinaux, maintenant à Anagni ou ailleurs, non loin de
„ Rome, ont enduré les opprobres, les outrages, les mauvais
„ traitements, les tracasseries, l'oppression, les ennuis, les igno-
„ minieuses violences, auxquels les Romains se sont mécham-
„ ment laissés aller, contre l'Eglise romaine et contre eux. Tout
„ cela les a empêchés de pourvoir au veuvage de l'Eglise et
„ de nommer un nouveau pasteur, qui en fût le chef. Ne pou-
„ vant plus supporter ces mauvais traitements, ils désirent, nous
„ le comprenons, se retirer dans un lieu sûr et à l'abri, pour
„ y jouir de la tranquillité de la paix. Animé d'un sentiment
„ d'ardente charité, nous vous exhortons, cher ami, et plein de
„ confiance en vous, nous vous prions, de vouloir bien, si les
„ Cardinaux vont chez vous, à cause de cela, pour l'honneur
„ de N. S. J. C. et de notre mère la sainte Eglise son épouse,
„ qu'il a daigné consacrer sur la croix, avec le sang qu'il a
„ répandu, pour la rémission des péchés, et aussi en notre con-
„ sidération, de leur permettre d'entrer et de passer sur vos
„ terres, dans vos villes et dans vos possessions, de leur donner
„ des vivres et un bon sauf-conduit, de pourvoir charitablement
„ à ce que, par vos soins, la sainte mère l'Eglise et les Car-
„ dinaux sans défense, jouissent d'une pleine liberté et soient
„ en sûreté en présence de ceux qui les tourmentent „ . . . . (1).

(1) Cum igitur Reverendissimi Patres Cardinales Ananie vel alibi versus Romam nunc degentes opprobria, contumelias, convicia, perturbationes, oppressiones, gravamina, violentias, ignominias, ut prefatam Romanam Ecclesiam et ipsos properam et iniquissime per ipsos Romanos illatas. Ob quarum occasionem dicte sancte matris ecclesie jamdiu capite et viduate nondum de novo pastore providere potuerunt amplius sustinere non valentes ut pacis tranquillitate gaudeant, ad locum

Cet appel était-il adressé au comte de Fondi? La lettre ne le dit pas. Mais il est certain que le comte de Fondi donna asile et protection aux Cardinaux, qui se hâtèrent de s'éloigner davantage de Rome, et de se rendre à Fondi, dans la terre de Labour, entre Terracine et Formie (1).

tutum et securum accedere; prout intelleximus, direxerunt vota sua. Amicitiam vestram, ferventi desiderio caritatis, exortamur, et mente sincera rogitamus, quatenus eisdem cardinalibus, si ipsos contingat propter hoc ad partes vestras accedere, eorumque gentibus et sequelis per loca, villas, et districtus vestros, ob D. N. J. C. et sancte matris ecclesie sponse sue, quam in cruce pendens proprio sanguine suo, in remissionem peccatorum, dignatus est consecrare, reverentiam et honorem, nostrumque, præcamur instanter, liberum aditum et transitum prebeatis eisdem et victualibus et securo conductu benigne providentes, ut juvamine vestro mediante, prefata sancta mater ecclesia ipsique Cardinales immunes utantur plenarie libertatis tuerique et erui valeant a facie tribulantium . . . .

(Bibl. Barberini, Manusc. XXX. 174. p. 1).

(1) Faut-il admettre que dans cette correspondance entre Paris et Fondi il fut question d'élire pape le roi de France lui-même? C'est ce que semblent insinuer plusieurs auteurs modernes, mais ce fait, à notre humble avis, ne repose absolument que sur un on-dit peu sérieux. Un auteur allemand, Cornélius Zantflied, cite une lettre de 1398, écrite à Wenceslas, Empereur des Romains, par un évêque allemand, dans laquelle, on lui dit « que du temps de son aïeul Henri, les Cardinaux » voulaient faire passer la couronne impériale dans la maison de France, » et le moyen qu'ils voulaient employer, était de créer pape le roi de » France, qui était veuf, lequel, une fois élevé au souverain pontificat, » aurait couronné son propre fils Empereur des Romains; ce qui les em- » pêcha d'exécuter ce projet, c'est que le roi de France ayant pris du » poison, eut le bras gauche paralisé, ce qui l'empêchait de pouvoir dire » la messe ». Martene, Ampliss. Collect., T. V. p. 349.

C'est le seul document qui parle de ce fait; et c'est 20 ans après qu'une pareille accusation est porté contre les Cardinaux. Pendant 20 ans, aucun des ennemis du roi de France et des Cardinaux, alors si nombreux, n'a allégué ce grief, d'une importance capitale ; on comprend dès lors, que fort peu d'historiens, pas même Raynaldi, aient accordé leur attention à une si singulière imputation.

Les Cardinaux italiens rejoignent leurs collègues.

5. Arrivés à Fondi, la première occupation des Cardinaux fut d'attirer à eux les Cardinaux Italiens; de là, envois de courriers et d'ambassades dans les différentes résidences de ces Cardinaux. Les lettres échangées ne sont pas parvenues jusqu'à nous.

Le moyen employé par les Ultramontains, pour les attirer à eux, fut, parait-il, de flatter leur ambition personnelle, en donnant à chacun, secrètement, l'assurance qu'il serait l'élu du Sacré-Collège. C'est ce que Nicolas de Brancas dit tenir du cardinal des Ursins (8).

Théodoric de Niem dit de son côté, que les Cardinaux d'Anagni envoyèrent des ambassadeurs à chaque cardinal italien, pour lui promettre la papauté, s'il voulait bien venir à Fondi. Ils y vinrent tous trois.

Quel jour les Cardinaux italiens se décidèrent-ils à venir rejoindre leurs collègues? Le cardinal de Saint-Eustache dit que les Cardinaux ultramontains les attendirent longtemps, et quand ils furent arrivés, plusieurs jours se passèrent en pourparlers. " Il eurent plusieurs entretiens avec eux, dit-il, mais ne pouvant „ tomber d'accord, en présence des Cardinaux Italiens qui n'étaient „ que trois, tous les Ultramontains au nombre de treize et for„ mant ainsi plus des deux tiers du Sacré-Collège, élurent notre „ Seigneur, sans cependant appeler les six Cardinaux qui étaient „ à Avignon „ (9).

Les Cardinaux Italiens écrivaient à Urbain, à la date du 4 Septembre; nous allons voir que l'élection eut lieu le 21 du même mois: ce fut donc au milieu du mois que les Cardinaux Italiens se rendirent à Fondi.

(8) Baluze. I, 1049.
(9) P. J. XLII.

Mort du Cardinal de Saint-Pierre. — Les notaires refusent de signer son testament. — Urbain est accusé de l'avoir lui-même falsifié.

6. La mort venait déjà d'éclaircir les rangs du Sacré-Collège. Le cardinal de Saint-Pierre était mort pendant les négociations, le six Septembre, à Rome. Voici comment un de ses camériers raconte ses derniers moments : " Il a vu mourir le cardinal, le
„ Lundi six Septembre, de l'année où l'élection se fit, ici, dans
„ la Ville. Trois ou quatre jours avant sa mort, il reconnut à
„ divers signes que le cardinal ne pouvait échapper. Il conseilla
„ alors à quelques uns de ses parents, d'insister auprès de lui pour
„ qu'il pourvût aux affaires de son âme; mais ceux-ci refusèrent
„ de le faire, parce que les Romains croient mal agir en disant
„ cela à un malade. C'est pourquoi, un jour qu'il était seul avec
„ lui, il lui dit : Mon Seigneur, pourquoi ne pensez-vous pas à
„ régler les affaires de votre âme et à ordonner quelque chose
„ pour vos serviteurs qui vous ont longtemps servi? Vous voulez
„ nous mettre sous la main de votre frère, qui ne se souciera
„ point de nous. Il lui dit ceci le Samedi. A quoi le cardinal
„ répondit : qu'il ferait apporter le testament qu'il avait fait
„ à Avignon. Le même jour, le testament lui fut apporté; il
„ se mit à arranger certaines choses, mais une fatigue lui étant
„ survenue, il dit qu'il s'en remettait à son frère et à d'autres
„ personnes, dans lesquelles il avait confiance. Le lendemain
„ Dimanche, il les fit venir dès le matin, pour arranger son
„ testament, mais il eut beau les presser, ceux-ci ne firent que
„ peu de choses. Le Lundi, vers la neuvième heure, le cardinal
„ fut tourmenté par la maladie caduque dont il souffrait; il se
„ mit à écumer, et à tourner les yeux, son aspect était horrible,
„ il était froid comme le marbre, le souffle lui manquait, on

„le crut mort. Le voyant dans cet état, je fis apporter de la
„braise, et me mis à le réchauffer avec des linges chauds ; je
„fis aussi apporter du vin, mis dedans un peu de pain et le
„lui introduisis entre les dents. Le cardinal commença bientôt
„à respirer, et à gémir, puis il ouvrit les yeux. Je lui dis alors,
„qu'il devrait se confesser, le malade y consentit, il demeura
„un moment avec son confesseur, et lui demanda l'Eucharistie.
„Comme on lui répondait que cela ne convenait pas, car il
„avait pris de la nourriture ; il dit, qu'au contraire cela conve-
„nait beaucoup, parce que le viatique n'occupe point d'espace.
„On le lui administra, mais il put à peine avaler un petit mor-
„ceau d'hostie. On lui apporta aussitôt son testament, mais à
„peine eut-il commencé à prendre les dispositions qu'il voulait
„prendre, qu'il se mit subitement à crier: Au secours ; sa vue
„était affreuse, sa bouche écumait, dans cet état il rendit l'esprit.

„Interrogé s'il a vu, qu'au moment de sa mort ou avant, le
„cardinal ait avoué quelque chose au sujet du Seigneur Urbain,
„pour insinuer qu'il était le vrai pape, il répond: qu'il n'a rien
„vu et qu'il ne sait rien à ce sujet. Il a cependant ouï dire à
„quelques uns, qu'au mois d'Août, le cardinal avait avoué devant
„témoins et notaires, que le Seigneur Urbain était le vrai pape,
„quant à lui, il ne l'a pas vu, il était cependant le commensal
„assidu du cardinal, il était assidûment avec lui, entre tous ses
„familiers, c'est à lui qu'il se confiait de préférence.

7. „Interrogé s'il a vu l'instrument public dans lequel le
„susdit Cardinal confessait que le Seigneur Urbain était le vrai
„pape, il répond: qu'il a bien vu cet instrument, mais il n'y
„avait pas la signature du notaire ; et que tandis que le notaire
„était malade, il alla lui-même par ordre du pape lui dire de
„signer cette pièce ; le Seigneur . . . . fit la même réquisition
„à ce notaire, mais celui-ci ne voulut jamais signer, et allégua

„ une excuse, qu'il ne sait pas ; tout ce qu'il sait, c'est que sa
„ signature n'est pas au bas de cette pièce . . . . „ (1).

Cette déposition fut remarquée par les ambassadeurs de Castille, et malgré l'humble condition du témoin, elle fut prise en considération, et mentionnée au procès-verbal.

Voici une autre déposition dans laquelle est relaté le même refus des notaires : elle est de Reymarus, doyen de l'Eglise de Brêmes : " Mon très révérend père . . . . quand le cardinal
„ François, du titre de Saint-Pierre, fut à l'agonie, depuis huit
„ jours il avait perdu l'usage de la parole. Avant sa mort, quelques
„ Romains, à savoir les Bannerets et les Officiers vinrent auprès
„ de lui, avec des notaires publics, pour lui demander, s'il croyait
„ que Barthélemy fût vraiment pape, et qu'il eût été élu cano-
„ niquement par les Cardinaux. Il ne put absolument pas ré-
„ pondre, puisqu'il avait perdu la parole, il remua seulement la
„ tête, ne prononça aucune parole intelligible, mais il poussa
„ comme un soupir, que nul être vivant ne pouvait comprendre.
„ Les Bannerets interrogèrent trois fois le Cardinal de bonne mé-
„ moire, lequel ne put répondre, parce qu'il avait perdu la pa-
„ role. Néanmoins, lesdits Bannerets et Officiers requirent les
„ notaires publics, de rédiger et de leur faire un ou plusieurs
„ instruments, si besoin était, de la reconnaissance et de l'aveu
„ du Cardinal. Ceux-ci refusèrent absolument. Six ou sept jours
„ après la mort du Cardinal, l'évêque de Corbie et le maudit
„ Barthélemy, fabriquèrent de fausses lettres et un faux testa-
„ ment (2) dans lesquels, ledit Cardinal avouait que Barthélemy
„ était vraiment pape. Pour ce service, l'évêque de Corbie fut
„ créé anticardinal „ (3).

(1) P. J. IX. 1-3.
(2) P. J. XXI. 12.
(3) Voir n.º 10 ce qui est dit à propos de ce testament.

8. " J'ai entendu dire bien des fois au seigneur Paul, cha-
"noine de Saint-Pierre de Rome, et parent de ce Cardinal, que
"lorsque celui-ci quitta Tivoli, il désirait et souhaitait beaucoup
"aller avec ses frères les seigneurs Cardinaux. Il dit, non pas
"une fois seulement, mais bien des fois, audit Paul, son parent,
"qu'il n'était ni grand clerc, ni grand jurisconsulte, qu'il n'en-
"tendait pas grand chose à l'élection de Barthélemy, mais qu'il
"désirait toujours être avec les Cardinaux ses confrères. Voilà
"ce que moi Raymarus Aem? doyen de l'Eglise de Brêmes,
"j'ai entendu dire bien de fois à Paul et à plusieurs autres fa-
"miliers du même cardinal ".

Reymarus n'est pas le seul à soutenir que le cardinal de Saint-Pierre désirait se joindre à ses collègues. Aubert Cosses en dit autant ; pour lui, la chose n'est pas douteuse (1).

9. Raynaldi cite en entier le testament attribué a ce Cardinal, nous n'en donnons que la partie principale. " Il a protesté,
"mettant selon l'usage des évêques sa main sur sa poitrine, il
"a reconnu et dit en conscience, qu'il a su et sait, qu'il a tenu
"et tient, qu'il a cru et croit, qu'il a réputé et repute que le
"Seigneur Urbain VI a été canoniquement nommé, élu, élevé
"et intronisé pontife romain, qu'il a été couronné publiquement,
"d'une manière notoire, et avec toutes les cérémonies d'usage,
"et qu'il est le vrai pape, parce qu'il l'a vu l'étant, et parce qu'il
"entendu dire qu'il l'était ".

Il rend aussi le témoignage que quelques Cardinaux pensaient à lui avant même le Conclave, et qu'ils le reconnaissaient capable d'exercer cette charge.

(1) Item dico quod ille dominus se habuit taliter quod omnis domini Cardinales tam ultramontani quam italici ipsum totaliter dimiserunt, excepto domino Sancti Petri qui pro certo ad idem fecisset sed erat podagrus

" Il a protesté qu'il voulait vivre et mourir dans cette cro-
„ yance. Fait à Rome le 22 Août 1378 „.

Malgré ce que nous venons de dire au sujet du refus des notaires de signer cet acte, l'évêque de Jaen, qui rapporte cette pièce, comme presque toutes les lettres des Cardinaux, rapporte également ici la souscription du notaire, que Raynaldi ne donne pas ; la voici, précédée du nom des témoins obligés : " Fait à Rome . . .
„ en présence du Révérend Père en J. C. le Seigneur Jean par
„ la grâce de Dieu évêque de Corfou, des vénérables seigneurs,
„ Nicolas de Crémone, docteur auditeur des causes du Sacré-Palais
„ apostolique, et Tebalgo de Tebaldeschis, chanoine de la basi-
„ lique du prince des Apôtres, à Rome, et de Fredo de Cassali
„ *domicello Turden*, témoins spécialement mandés et appelés pour
„ ce qui précède.

„ Et moi Jean Benoit Avegli? de Vallefrigida, clerc de Cassin,
„ notaire public par l'autorité apostolique, j'étais présent à toutes
„ et à chacune des choses susdites, tandis que le susdit Seigneur car-
„ dinal parlait, comme il est dit ci-avant ; occupé d'autres affaires,
„ j'ai fait faire tout ce qui précède par un autre, j'ai signé au-des-
„ sous, j'ai fait la publication et la rédaction en forme publi-
„ que. En foi de quoi, en étant requis, j'ai apposé mon sceau or-
„ dinaire „.

10. Quelle est la valeur de cette signature en présence de ce que nous venons d'entendre soutenir par les serviteurs du cardinal ? Il y a plus. Voici ce que raconte un homme qu'Urbain, à cette époque, honorait de sa confiance, Etienne de Millarisis, autrefois secrétaire dudit Barthélemy, official de toute la Ville et gardien de sa personne : " Quelque temps auparavant, (avant
„ la défection du la reine de Naples), le Seigneur de Saint-Pierre
„ tomba malade. Quand il fut à toute extrémité, il fit son testa-
„ ment. C'est ici la loi et les prophètes sur le cas de Barthélemy !
„ Dans ce testament, au sujet du fait de Barthélemy, il écrivit

„ à la lettre ces paroles typiques : *Sur mon âme, vu les cris et l'agitation des Romains, que j'ai vus et entendus, il me paraît qu'il n'est pas vraiment pape.* Le susdit Barthélemy ayant entendu parler de cela par le Seigneur Tiballus, frère du Seigneur de Saint-Pierre, prit, avec ledit Tibaldus (sic), certaines dispositions et certains arrangements, qu'il acheta par de grandes promesses, pour avoir entre ses mains, par le moyen de Tiballus, le susdit testament, avant qu'il ne fût publié. La nuit, dans son cabinet secret, avec un de ses parents, appelé Marinus Britanus, qui est aujourd'hui cardinal et son Camerlingue (1), Barthélemy, sans crainte pour son salut, au mépris de toute conscience, avide de la gloire de ce monde, ouvrit ce testament, et, prenant une eau artificiellement composée, qu'il avait dans une ampoule de verre, il humecta le parchemin avec cette eau, il lava l'écriture, changeant la négation en affirmation, si bien, que rien ne semblait avoir été écrit ou raturé sur ce papier. Par ordre de Barthélemy je fus appelé en troisième lieu, pour authentiquer ce travail „.

Dans le même ordre de faits, le même témoin porte une autre accusation contre Urbain : " En outre (de la falsification du testament du cardinal de Saint-Pierre qu'il vient de raconter), ledit Barthélemy avait plusieurs sceaux falsifiés des rois chrétiens, et il composâit des lettres attribuées parfois à l'Empereur, d'autres fois au roi de Hongrie, ou à celui d'Angleterre ; ces lettres étaient adressées au peuple romain, elles étaient pleines de louanges pour ce qu'il avait fait afin d'avoir un pape italien ; le peuple romain y était encouragé à soutenir le susdit Barthélemy, à le défendre toujours, car, ajoutaient ces lettres, les susdits princes voulaient concourir avec les Romains au bonheur de Barthélemy, et à l'augmentation du bien être des Romains „.

(1) C'est probablement l'évêque de Cassano.

Frère Ange, dans une lettre au roi de Castille (1380. 29 Mai) raconte, que de ce même docteur Etienne, que nous venons de citer, il tenait les mêmes détails.

Quoiqu'il en soit, il ne nous paraît pas incontestable, que le seul cardinal demeuré auprès d'Urbain, lui soit demeuré fidèle.

Négociations à Fondi
entre les Cardinaux Italiens et les Cardinaux ultramontains.

10. Les trois Cardinaux Italiens vinrent donc à Fondi. Si on en croit l'évêque de Brescia, Nicolas de Crémone, voici qu'elles étaient, leurs intentions : Il dit avoir entendu à Tagliacozzo les trois Cardinaux Italiens dire : " qu'ils étaient venus à Fondi, où „ les Cardinaux ultramontains étaient réunis, non pas pour con„sentir à l'élection de qui que ce fût, si on devait élire quel„qu'un pape, mais pour empêcher les Cardinaux Ultramontains „ de faire aucune œuvre illicite, comme ils le firent en effet „.

Thomas de Acerno leur prête les mêmes intentions, et ajoute, que ce fut par surprise, que les Cardinaux Ultramontains les firent assister à l'élection de Clément VII. " Ceux-ci, dit-il, feignirent „ de tenir une réunion à laquelle ils convoquèrent les Cardinaux „ Italiens, déjà arrivés à Fondi, avec l'intention de s'opposer à ce „ qu'ils procédassent à la création d'un antipape. Quand il furent „ tous réunis, sans dire ni communiquer l'objet de la réunion, ils „ se mirent immédiatement à revêtir le cardinal de Genève des „ vêtements pontificaux, et ils dirent qu'il était pape „ (1).

Nicolas de Brancas, plus tard cardinal, les contredit évidemment tous deux, quand il rapporte les pourparlers qui précédèrent l'élection. " Quand les Cardinaux Italiens furent venus à „ Fondi, dit-il, les Cardinaux réunis examinèrent comment ils

---

(1) Baluze, I. 1049.

„ devaient procéder à l'élection du futur pape. Les Cardinaux
„ Italiens voulaient qu'on procédât par voie de compromis, c'est
„ à dire, que tous s'en rapportassent à ce que feraient six Car-
„ dinaux, dont trois seraient les Cardinaux Italiens, et les trois
„ autres seraient pris parmi les Cardinaux Français. Il a vu, dit-il,
„ une note écrite sur ce moyen de procéder à l'élection. Les autres
„ Cardinaux, craignant quelque intrigue, ne voulurent pas de ce
„ mode d'élection, mais préférèrent le scrutin, ou la voie de
„ l'Esprit Saint, et ce fut par ce moyen, que tous les Cardinaux,
„ les Italiens exceptés, élurent le Seigneur Clément (1) „.

Pierre de Crosso, Camerlingue, et Alvarez Martin disent la même chose.

Élection de Clément VII. — Conduite des Cardinaux italiens. Ils quittent la cour.

12. Le Camerlingue, qui gardait le Conclave, nous raconte comment se fit l'élection de Clément VII. " Les trois Cardinaux Ita-
„ liens, dit-il, vinrent à Fondi, pour traiter de l'élection, et chacun
„ d'eux avait l'espoir d'être élu. Un jour que les Cardinaux Ita-
„ liens entraient au consistoire, lui, le Camerlingue, gardait la
„ porte. Le Seigneur cardinal de Limoges dit au cardinal de
„ Florence, de proposer quelqu'un, car, cela lui revenait de droit,
„ comme au doyen des Cardinaux évêques. Le cardinal de Flo-
„ rence s'en excusa. Alors le cardinal de Limoges se mit à dire:
„ Je vois que les Français veulent un Français, et les Italiens un
„ Italien ; je ne nomme, ni un Français, ni un Italien, mais je
„ nomme et je choisis quelqu'un qui n'est ni l'un ni l'autre, le
„ Seigneur Robert de Genève, qui appartient à la nation alle-
„ mande. Je le nomme souverain pontife. Aussitôt, l'un après

(1) Baluze. I. 1049.

„ l'autre, tous les Cardinaux, sauf les Italiens, lui donnèrent leurs
„ suffrages „ (1).

Les Cardinaux Italiens, dans leur *casus*, ne parlent point de supercherie dans l'élection : " Tandis que nous étions à Fondi,
„ disent-ils, et que nous faisions à nos collègues les Cardinaux
„ quelques propositions pour le bien de l'Eglise, la veille de la
„ fête de Saint Mathieu Apôtre, les Cardinaux Ultramontains, au
„ nombre de XIII, répondirent à nos propositions ; puis, en notre
„ présence, XII d'entre eux élurent unanimement pontife romain
„ et pasteur de l'Eglise universelle le Révérendissime Seigneur
„ alors cardinal de Genève, aujourd'hui Clément pape VII. Au-
„ cune opposition ne fut faite par nous à son élection. Nous avons
„ reconnu et nous reconnaissons que son élection à été cano-
„ nique „ (2).

Ce fut donc la veille de Saint Mathieu, le 21 Septembre, que Clément VII fut élu. Cette élection se fit dans le palais même du comte de Fondi ; c'est ce que nous apprend le doyen de Tarazona. " Interrogé où se fit l'élection de Clément, il répond, que
„ ce fut à Fondi, dans le palais même du Comte, et, à ce qu'il
„ vit, sous la garde du Camerlingue. C'est là que les Cardinaux
„ tenaient leurs réunions „.

L'élection fut immédiatement présentée au cardinal de Genève, qui donna son consentement. La lettre des Cardinaux qui annonce son couronnement dit : " Les Cardinaux étant présents, après plu-
„ sieurs réunions, le vingt et un Septembre, notre Seigneur Clé-
„ ment, alors appelé Robert, cardinal de la basilique des douze
„ Apôtres, présent à Fondi, fut élu canoniquement révérend Pas-
„ teur. Il donna son consentement à son élection, il fut intro-

---

(1) Baluze. I. 1287.
(2) P. J. XXVII. 21.

„ nisé, et, selon l'usage, couronné par les Révérendissimes Pères
„ les Cardinaux de l'église romaine „ (1).

Toutefois, l'élu n'accepta pas avec empressement, au contraire !
Le cardinal de Bretagne raconte que quand " il fut élu par tous
„ les Cardinaux, le Seigneur Clément se mit à pleurer. Il disait,
„ qu'un autre ferait mieux que lui, il suppliait les Cardinaux d'en
„ choisir un autre (2).

„ Robert, dit Bosquet dans sa vie de Clément VII, avait alors
„ trente-six ans, il était donc ce qu'il fallait pour agir, il avait
„ pour cela l'aptitude et la volonté „ (3).

Théodoric de Niem, qui lui est peu sympathique, dit que
les Cardinaux lui donnèrent leurs suffrages, parce qu'ils savaient
qu'il était : " ambitieux et pauvre, ami du luxe et peu conscien-
„ cieux, mais de noble origine, lié par sa parenté et son affinité
„ à de nobles et puissants seigneurs. On peut conclure de là,
„ ajoute Théodoric, que le Saint Esprit n'eut rien à faire dans
„ cette élection „ (4).

13. Nous venons de voir que les Cardinaux italiens disent
d'eux-mêmes, dans leur *casus* : " qu'aucune opposition ne fut faite
„ par eux à son élection. Nous l'avons vu et reconnu, ajoutent-ils,
„ et nous reconnaissons que son élection a été canonique „. Ce
n'est pas ce que dit Thomas de Acerno, qui leur prête ces paroles : " Nous ne sommes point venus pour cela, nous n'y con-
„ sentons pas, parce que nous avons un pape à Rome. Aussitôt,
„ sans le saluer, ils quittèrent leurs collègues et retournèrent à
„ Suesse „ (5).

Nicolas de Crémone dit également, qu'il a ouï dire au Sei-

(1) Baluze I. 887.
(2) Baluze. I. 1287.
(3) Rayn. 1378. LVI.
(4) Rayn. 1378. LV.
(5) Baluze I. 1049.

gneur cardinal de Milan: " qu'aussitôt qu'il s'aperçut que les „ Ultramontains se disposaient à élire le cardinal de Genève, au- „ jourd'hui antipape, sur le champ, tout bouleversé, il se retira „ avec ses domestiques, et monta à cheval, bien disposé à n'en „ point descendre, qu'il n'eût offert à Urbain ses hommages et „ son obéissance, mais, disait-il, avant qu'il fût loin, les Seigneurs „ de Florence et des Ursins le firent prier de les attendre à Ta- „ gliacozzo, parce qu'ils allaient le suivre incontinent, ce qu'ils „ firent en effet „.

Outre le témoignage des trois Cardinaux eux-mêmes, qui démentent ce qui précède, nous avons encore celui de Jean, familier du cardinal des Ursins: " La veille de la fête de l'apôtre „ Saint Mathieu, vers l'heure du dîner, les Cardinaux ultramon- „ tains étant réunis dans le palais de Fondi, en présence des Car- „ dinaux Italiens, venus pour répondre à leur appel, notre Sei- „ gneur fut élu pape. Bien que les Cardinaux Italiens fussent ou „ parussent troublés de cette élection, mon maître en secret en „ fut très content „.

Nous donnerons aussi un passage de la déposition de l'évêque de Récanati, qui va à l'encontre de tout ce que nous avons déjà appris et de tout ce que nous apprendrons dans la suite. Selon lui, la moitié des Cardinaux ultramontains obéissait à l'autre par peur, et cela, non seulement à Anagni et à Fondi, mais encore à Avignon. " Après cela, tandis que les Cardinaux allaient à Fondi, „ j'y envoyai ledit sire André, vers les Seigneurs de Bretagne „ et de Vernhio. Il ne put parler, à ce qu'il me dit à son retour, „ qu'au Seigneur de Bretagne, lequel me fit dire, qu'il était et „ qu'il serait toujours pour notre Seigneur, qu'ils avaient été con- „ duits à Fondi comme des prisonniers par le cardinal de Genève „ et le comte de Fondi, et qu'en aucune manière ils ne pouvaient „ se retirer; mais qu'une fois libres de leurs mouvements, ils „ montreraient à tout le monde, que notre Seigneur est le vrai

„ pape. Pour moi, je suis persuadé que si le Seigneur de Bre-
„ tagne n'eût craint les reproches de ses frères, de ses neveux
„ et de toute sa famille et même la mort et la destruction de
„ sa personne, il eût manifesté au monde la vérité; mais je crois
„ aussi, qu'à Avignon, ils furent tenus en captivité comme à Ana-
„ gni et à Fondi, lui du moins! „ (1). Il n'y a que l'évêque de
Récanati qui ait eu le courage de mettre en avant de semblables
accusations.

14. Une fois Clément VII élu, le Sacré-Collège se serra autour de sa personne, et travailla de tout son pouvoir à le faire reconnaître partout. Les Cardinaux Italiens seuls, se retirèrent, non de son obédience, leurs cœurs étaient avec lui; mais ils conservaient encore l'espoir de pouvoir tout pacifier. Que firent-ils dans ce but? Nous l'ignorons, mais nous savons qu'ils reconnaissaient Clément VII pour pontife légitime.

Ainsi, Pontius Béraldi, un des premiers qui abandonnèrent Urbain après l'élection de Clément, rapporte, qu'il le quitta furtivement et qu'il: " alla à Tagliacozzo; là, il demanda au car-
„ dinal de Milan de lui conseiller ce qu'il avait à faire, et en
„ particulier s'il pouvait en conscience aller à Fondi, auprès du
„ Seigneur Clément, et des autres Cardinaux. Le cardinal de Mi-
„ lan lui répondit, qu'il le pouvait; de plus, lui et les deux au-
„ tres Cardinaux lui conseillèrent et lui ordonnèrent d'y aller „.

Pontius Béraldi avait avec lui Gélabert, secrétaire d'Urbain: celui-ci raconte à son tour: " qu'il arriva une fois, qu'ils étaient
„ dans un appartement avec les trois Cardinaux, on y lisait une
„ lettre, qui semblait insinuer, qu'il n'était intervenu aucune
„ violence, aucune pression à l'élection d'Urbain. Le cardinal des
„ Ursins ne put se contenir, et élevant vers le ciel ses mains
„ jointes, il s'écria: Bonne mère, qui peut dire que la violence

---

(1) P. J. XIX. 25.

„ n'est pas intervenue! N'avait-elle pas commencé à intervenir „ du vivant de Grégoire? ajouta un autre cardinal Italien „.

A Tagliacozzo non seulement les Cardinaux, mais tout leur entourage étaient pour Clément, c'est ce que disent les deux témoins précédents (1).

S'il n'eût dépendu que de lui, le cardinal des Ursins n'eût pas tardé à se réunir aux autres Cardinaux; voici ce que rapporte à ce sujet Jean, son fidèle camérier:

" De Fondi, les Cardinaux Italiens vinrent à Tagliacozzo, et y „ demeurèrent longtemps. Mon maître écrivit à notre Seigneur „ Clément comme au vrai pape; il lui écrivit tant de sa propre „ main, que par mon ministère; il écrivit ensuite au cardinal de „ Saint-Eustache plusieurs lettres, dans lesquelles il appelait no- „ tre Seigneur vrai pape et Barthélemy antipape.

„ . . . . Il m'envoya très souvent auprès de notre Seigneur, „ comme auprès du vrai pape, pour des grâces à obtenir et au- „ tres affaires à traiter. Une fois entre autres, il se servit de moi „ pour faire savoir bien secrètement au cardinal de Saint-Eusta- „ che, qu'il désirait mettre fin à ces hésitations et à ces ennuis, „ et qu'il voulait pour cela venir à Fondi, vivre et mourir avec „ eux. Peu après, le cardinal de Saint-Eustache me répondit, que „ cela pourrait avoir de fâcheuses conséquences, car, s'il venait

---

(1) Talacotie. — Praefati Domini Florentinus Mediolanus et de Ursinis cardinales vocabant D. N. Clementem papam modernum Dominum Clementem et predictum Bartholomeum vocabant illum romanum et rogaverunt eosdem dominum correctorem (Pontium Beraldi) et deponentem quod recommendarent eosdem dominos cardinales dicto domino Clementi.

Item quidam secretarius prefati domini cardinalis de Ursinis vocatus Johannes italicus dixit in dicto castro eidem deponenti ista vel similia verba: Magister Gilberte vos vadatis ad D. N. Clementem et certe bene facitis et scio bene quod vos eritis secretarius suus et ego etiam sum secretarius suus, et spero vos ibi breviter videre, et erimus boni socii simul.

„ à Fondi, ses deux compagnons pourraient peut-être de déses-
„ poir embrasser l'autre parti.... A cause de cela il demeura
„ à Tagliacozzo „.

C'est cependant ce même cardinal des Ursins, que François
de Sienne représente comme celui des trois Cardinaux Italiens,
qui était le plus opposé à Clément. Le cardinal de Florence
lui donne le plus éclatant démenti.

„ François de Sienne, médecin, avance que lorsque le car-
„ dinal des Ursins fut mort, avant même qu'il fût inhumé, le car-
„ dinal de Florence lui dit ces paroles: Maître François, bien-
„ tôt nous irons auprès de notre Seigneur, comme je l'ai tou-
„ jours désiré. Mon père disait vrai, quand il m'apprit cette ma-
„ xime: Celui qui a un ami, a un maître. Le cardinal disait cela
„ comme pour insinuer, que le Seigneur Jacques des Ursins était
„ coupable de l'abstention des trois Cardinaux Italiens. Que le
„ cardinal de Florence dise s'il a tenu ce propos, et s'il l'a tenu
„ qu'il dise pourquoi.

„ Je réponds que les paroles contenues dans cet interrogatoire
„ sont fausses; je ne lui ai point dit ces paroles; d'ailleurs, je
„ n'avais pas tant de confiance en lui, étant donné sa condi-
„ tion et ses mœurs. Il était tout dévoué à Barthélemy, qui était
„ son compère, car il avait tenu le fils de François sur les fonts
„ baptismaux (1) „.

Voilà donc le schisme consommé. A Rome siège Urbain VI.
Fondi vient de lui donner un rival. L'Eglise, une par essence
se voit deux chefs! Lequel est le vrai pontife, le véritable suc-
cesseur de Saint Pierre, le pape légitime? Le doute plane partout! Partout cependant on confesse qu'il n'y a qu'un succes-
seur de Pierre, et cette profession de foi fait qu'ici ou là, on
peut errer sur le vrai pape, mais la foi demeure sauve de part

(1) P. J. XXX. 4.

et d'autre. Rien ne prouve mieux la solidité des bases de cette admirable institution qui s'appelle la papauté, que de la voir subsister encore après un coup aussi terrible que celui que lui a porté le schisme. Rien ne prouve mieux aussi le besoin que le monde catholique a de la Papauté que les efforts faits de toute part, pour faire cesser le doute et rendre à l'institution sa stabilité première. Nous venons d'étudier les origines du schisme, il nous reste maintenant à étudier les efforts des docteurs, pour y mettre un terme, et devant leur impuissance, la sagesse et la lumière de ceux, qui, ayant la force en main, surent l'employer à la restauration de la grande œuvre de Dieu.

CONCLUSION GÉNÉRALE

Le lecteur s'est aperçu du soin que nous avons pris de laisser la parole aux contemporains du Grand Schisme. Nous nous sommes bornés au rôle de rapporteur. Nous avons recueilli de nombreux témoignages. Nous les avons classés selon leur ordre naturel. Quand nous nous sommes trouvés en présence de dépositions contradictoires, nous nous sommes contentés de les mettre en présence et d'indiquer sobrement celles qui nous paraissaient le plus autorisées.

Il ne nous est pas cependant permis de clore notre travail sans lui donner une conclusion. Dans le cours de l'instruction difficile, que nous venons de mener à terme, un certain nombre de convictions ou de persuasions, doivent s'être imposées à notre esprit : il est loyal de ne pas les dissimuler au lecteur, qui a bien voulu nous suivre dans notre examen.

Incertitude des élections de 1378. — Il nous est impossible, à la fin de notre travail, de ne pas constater que le Grand Schisme a son origine dans les élections de l'année 1378. Ce sont les troubles des deux élections d'Urbain VI et de Clément VII qui ont jeté l'Eglise dans la division. Il serait inexact de prétendre que le schisme ne s'est introduit que postérieurement. La scission a été produite dès la première heure. Plus tard, elle s'est élargie et aggravée, mais le point initial se trouve dans l'élection du Pape Urbain VI. Il est très-vrai que les décrets du Concile de Constance, qui ont mis fin au schisme, n'ont atteint, nominativement, que les trois Pontifes qui se partageaient l'obédience de l'Eglise dans le premier quart du quinzième siècle. Mais il n'est pas moins vrai, que le Concile n'a pu amener ces trois Pontifes à donner leur démission, que parce que, à l'origine, la transmission des pouvoirs était incertaine. Les élections postérieures à Urbain VI et à Clément VII se sont faites avec la plus grande régularité. Quand le Concile de Constance a voulu que les Pontifes de son temps renonçassent à leurs pouvoirs, c'est qu'il reconnaissait qu'Urbain VI et Clément VII étaient des Papes douteux. On a maintenant sous les yeux un récit complet des faits qui troublèrent les contemporains des élections de 1378. Qu'on dise s'ils n'ont pas eu raison d'être incertains! Qui osera se prononcer, à vue des documents, sur la légitimité ou la non légitimité d'Urbain VI et de Clément VII? Dans l'élection d'Urbain VI, il y a violence incontestable. Mais cette élection ne procède pas seulement de la violence : sinon elle serait radicalement nulle. D'autres éléments sont intervenus, qui lui donnent de la valeur. En tous cas, la conduite extérieure des Cardinaux électeurs est tellement incohérente, qu'il n'est pas surprenant qu'elle ait fait naître l'incertitude dans les esprits. Le mode d'élection de Clément VII n'était pas pour faire disparaître les doutes. Urbain VI et Clément VII ont été, l'un ou l'autre, papes légitimes. Mais lequel? L'Eglise de leur temps ne l'a pas discerné. Le Concile de Constance n'a pas tranché le doute. Depuis lors rien n'a fait disparaître les indécisions.

Urbain VI. — La figure d'Urbain VI ne nous apparaît ni entourée de prestige, ni digne de sympathie. L'accession aux grandes charges élève les hommes de valeur, et abaisse les âmes mesquines. Urbain VI est un des plus étonnants exemples des transformations que le pouvoir peut faire subir à un caractère médiocre. Avant son élection, il passait, et il était, sans doute, un homme pondéré, sage et consciencieux. Il semble que l'ambition d'arriver au Pontificat et le succès laborieux de l'entreprise ont oblitéré les facultés de l'Archevêque de Bari. Du jour au lendemain, on ne l'a plus reconnu. S'il est une vérité qui se dégage des documents accumulés dans notre livre, c'est que Barthélemy Prignano, après le conclave de Rome, s'est montré violent de langage, imprudent de conduite, incohérent dans les résolutions, sans scrupule dans les conceptions. Avec quelque sagesse et quelque modération, il aurait pu tout guérir. Il a tout empiré par ses excès. A le voir si peu maître de lui-même et si extraordinairement emporté, dans ces premiers moments de pontificat où il était si nécessaire de tout ménager et de tout calmer, on se demande si sa fortune n'a pas été trop pesante pour ses épaules et si son intelligence n'a pas été ébranlée par la grandeur des évènements. On ne peut comprendre d'autre manière les incroyables aberrations de conduite d'Urbain VI, rarement traversées par des éclairs de bon sens et de droiture. C'est là surtout ce qui expliquerait la férocité de cet homme d'Eglise, qui n'hésitera pas, bientôt, à traiter six cardinaux de sa propre création, comme aurait pu le faire un Tibère ou un Néron. Si Urbain VI était un pape incontestable, il faudrait se résigner à l'inscrire à la suite de tant de saints et doux Pontifes. Mais il n'y a pas intérêt à insérer dans le Catalogue Pontifical, de force, cet âpre ambitieux, entrecoupant ses procédures chicanières d'accès de colère barbare. Il est pape douteux : c'est déjà beaucoup de le subir comme pape douteux. Qu'on en reste là.

Les Cardinaux. — Que dire des Cardinaux qui ont fait les élections d'Urbain VI et de Clément VII ? Leur conduite ne s'explique que par ces deux motifs : la division et la peur. En présence des prétentions des Romains, il était nécessaire aux Cardinaux de tenir les rangs serrés et compactes. Les Cardinaux ont donné lieu à la présomption de leurs adversaires par leur division intestine. Ultramontains ou italiens, limousins ou français, il nous apparaissent irrémédiablement divisés avant et pendant l'élection. Ils se condamnaient eux-mêmes à l'impuissance : ils semblaient exciter les Romains à oser tout entreprendre. Que disons-nous? Le crime des Romains a été de recourir à la violence ; leur faute, de recourir à la violence sans nécessité. Livrés à eux-mêmes, les Cardinaux ne pouvaient aboutir qu'à une élection semblable à celle de l'Archevêque de Bari. Les Romains n'ont pas créé l'élection de Barthélemy Prignano : elle était, croyons nous, dans la force des choses. Il n'ont fait que compromettre et gâter la cause de leur client. Les Cardinaux étaient incapables de s'entendre sur la personne de l'un d'eux ; il leur était nécessaire de chercher un candidat en dehors du Sacré-Collège ; et en dehors du Sacré-Collège il n'y avait guère que l'Archevêque de Bari. Les Romains ont vicié une élection, qui, sans eux, aurait peut-être été inattaquable : comme il a fallu les violences et les fautes de l'élu pour empêcher les Cardinaux de valider l'élection et pour les réunir sur la personne de Clément VII.

On ne peut s'empêcher de sourire en entendant de hauts et puissants personnages, tels que les Cardinaux du XIVe siècle, invoquer à tout instant, pour excuser leurs défaillances, le sentiments de la peur. Nous sommes, au XIXe siècle, moins ingénus. La civilisation infuse la dissimulation. Les héros d'Homère ne cachent pas qu'ils ont connu en maintes circonstances le sentiment de la peur. Au XIVe siècle, nos pères appartenaient à une époque encore jeune et naïve qui n'avait pas appris à rougir des sentiments humains. Les Cardinaux, pendant l'élection d'Urbain VI, ont eu peur, et ils le disent. Ils le disent d'autant plus, que la peur est, dans le droit canonique, un motif légal de nullité pour l'élection, et confère le droit de rescinder les actes accomplis sous l'empire de la violence. Pas un des Cardinaux qui n'ait eu présent à l'esprit, pendant le conclave d'Urbain VI, le Titre XI du premier livre des Décrétales : *De iis que vi metusque causa fiunt.* Pas un qui ne se soit autorisé du motif de la peur pour considérer l'élection d'Urbain VI comme nulle, et pour procéder à une nouvelle élection. Il est incontestable que les Cardinaux ont eu peur, et qu'ils n'ont eu aucun intérêt à amoindrir l'aveu de leur peur.

Néanmoins, il faut bien le reconnaître, leur peur était légitime. Quand nous pensons aux pressions de la foule, nous avons présentes à notre esprit ces invasions d'assemblées délibérantes dont notre temps nous a donné l'exemple et qui n'ont pas donné lieu à des scènes sanglantes. Nous sommes alors portés à croire que les membres du conclave de 1378 se sont exagéré leurs périls. Mais il ne faut pas perdre de vue que les gens du moyen-âge étaient prompts aux coups et au meurtre. Ce qui frappe, quand on étudie les annales de ces siècles primitifs, c'est de voir comme toute contradiction aboutissait ordinairement à la violence brutale. Les Cardinaux connaissaient leur temps et ils savaient de quoi il était capable. Ils connaissaient surtout les Romains dont la réputation de férocité était bien établie. Ils ont eu peut-être intérêt, après coup, à exagérer leur peur : mais il est indéniable que, sur le moment, ils ont éprouvé et ont dû éprouver une peur grave, de nature à ébranler les âmes les mieux trempées. Il ne faut pas d'ailleurs oublier, que la plupart d'entr'eux étaient étrangers, par conséquent odieux aux Romains : sans compter que parmi eux, il se trouvait des Cardinaux, comme Robert de Genève, qui s'étaient attirés la haine publique par des répressions sanguinaires.

Ce que l'on peut reprocher aux Cardinaux c'est de n'avoir pas laissé apparaître une seule fois un sentiment de fierté et de générosité. Avoir peur en quelques circonstances : c'est beaucoup.

Ne connaître que la peur : c'est trop. On a beau tourner et retourner les dépositions relatives au grand schisme, on n'y rencontre pas un seul trait qui fasse honneur au caractère des Cardinaux. Ils pleurent : ils se désolent sur la perte de leurs bijoux : il se cachent avec soin : ils obéissent aux injonctions qui leur sont faites. Et jamais un cri du cœur, un accent de grandeur, un sacrifice pour le devoir. Robert de Genève est cauteleux et sournois : Pierre de Luna, dissimulé et retors : les autres à l'avenant. Il n'y a que le Cardinal de la Grange qui montre quelque énergie mais quelle énergie grossière ! et combien tardive !

Les Romains. — Personne ne reprochera aux Romains d'avoir désiré fixer la Papauté à Rome. Leur désir venait des mobiles les plus puissants du cœur humain, la religion, le patriotisme, l'intérêt. Tout le monde leur reprochera d'avoir usé de fraude et de violence.

Le châtiment n'a pas tardé. Jamais la ville de Rome n'a été plus malheureuse que pendant la période du grand schisme. Bientôt, il lui a fallu remettre entre les mains du Pontife qu'elle avait imposé par la force, cette autorité dont elle venait d'abuser.

Ce dur châtiment était juste. Quel malheur cependant pour la Chrétienté ! Pendant cinquante ans, parce qu'il a plu à quelques bourgeois, commandés par un apothicaire et un maquignon, de donner des ordres au Sacré-Collège, l'Eglise a été en proie aux dissensions et aux troubles. Il n'y a pas proportion entre la cause et l'effet. Mais, de cet évènement, il ressort une leçon : c'est que la tête de l'Eglise doit être protégée. L'organisme de l'Eglise dans l'élection des Papes est admirable, mais il est délicat. Le moindre grain de sable dans les rouages d'un conclave les fait se briser et éclater. Il faut que le cerveau de l'Eglise, comme le cerveau humain, soit protégé contre toute atteinte du dehors, en temps de conclave, plus encore qu'en temps ordinaire.

Les témoins. — Un mot sur les témoignages qui ont servi de base à notre récit.

Il est permis de dire qu'il n'est pas un évènement historique sur lequel on ait plus de données, que sur les origines du grand schisme. A la vérité les pièces officielles manquent; mais, que pourraient nous donner les pièces officielles, si ce n'est des dates et des faits que nous connaissons par ailleurs? On a eu beau faire disparaître les procès-verbaux des séances du Capitole, et le premier volume du Registre d'Urbain VI. Nous n'en savons pas moins tout ce qui se trouvait dans ces recueils de documents compromettants. Les contemporains du grand schisme, nous ont laissé mieux que de froides et incolores chartes. Ils ont recueilli une incomparable série de dépositions d'acteurs et de témoins du grand évènement. Ils nous ont transmis le document humain dans toute sa sincérité. De puissants monarques ont entrepris des enquêtes consciencieuses. Les narrations ont été reçues sous la foi du serment. Nous avons les impressions ressenties par les deux armées et les mémoires des divers combattants. Ce sont les éléments chauds et lumineux de l'histoire. Que vaudraient les récits officiels en présence de la relation si expressive de Thomas de Amanatis, et de la dépositions pittoresque du châtelain de Saint-Ange?

Sauf quelques rares exceptions, ce qui ressort de ces dépositions, c'est l'accent de sincérité. Nous ne disons pas d'ingénuité. Les Cardinaux de Viviers, d'Aigrefeuille, de Luna, pour ne pas citer d'autres exemples, ne sont pas des hommes naïfs. On voit jusque dans leurs moindres paroles, un caractère avisé et une précaution méfiante; mais à côté même des soins qu'ils prennent pour ne pas s'engager plus qu'il ne leur convient, on remarque un respect scrupuleux de la vérité. Ils expliquent, ils nuancent, ils distinguent: mais ils ne mentent pas. Ils ont la religion du serment, et la préoccupation de ne pas le fausser. C'est ce qui fait le charme et la sécurité de leurs témoignages. Un juge d'instruction se complairait à les étudier. Il ne lui faudrait pas long temps pour discerner, au milieu des dépositions contradictoires, celles des avocats et celles des témoins ; des avocats, qui plaident une cause, comme l'abbé de Sistre et l'Evêque de Récanati, des témoins, qui expriment leurs impressions, avec prévention ou passion, peut-être, mais avec bonne foi. Ces témoins sont nombreux.

L'Indépendance Pontificale. — L'impression principale qui se dégage de l'étude du grand schisme c'est que Rome est destinée à être le siège de la Papauté ; que Rome doit correspondre à cette glorieuse destinée par son respect et son dévoûment à la Papauté ; que Rome est condamnée à des calamités perpétuelles tant qu'elle est infidèle à sa vocation providentielle.

Pendant le XIII° et le XIV° siècle, la Papauté a pu, presque toujours, vivre hors de Rome, sans manquer à sa glorieuse mission. Les Papes d'Avignon comptent parmi les plus grands et les plus saints Pontifes. Le gouvernement de l'Eglise souffrait peu de l'établissement du siège de Pierre sur les bords du Rhône ; car l'existence de l'Eglise n'est pas attachée à la résidence des Papes en tel ou tel lieu. Où qu'ils soient, ils n'en ont pas moins l'autorité de gouverner l'Eglise. Cependant il est vrai que la cité prédestinée à la demeure de la Papauté, c'est la ville de Rome. A une condition cependant, c'est qu'elle offre aux Pontifes les moyens de remplir leur mission.

Pendant la période du moyen-âge, Rome n'a pas toujours assuré au Pape la sécurité et l'indépendance. Les instincts particularistes et la soif de la domination ont envahi le peuple. Les Papes ont dû s'éloigner de Rome. Bientôt la Ville a été punie de son infidélité. Réduite à la plus affreuse condition elle ne trouvait d'autre remède à ses maux que le retour du Pape. Elle implora grâce. Le Pape revint à Rome.

Malheureusement, Grégoire XI en revenant à Rome n'avait pas pris des précautions suffisantes pour assurer la liberté de l'Eglise. Cette imprudence coûta cher à ses successeurs. Pendant cinquante ans, ils se débattirent au milieu des troubles du schisme déchaîné sur le monde par l'imprudence des Romains. L'apothicaire Nardus, avec le concours de quelques gens de sa condition, crut pouvoir, dans un intérêt de boutique, porter la main sur le conclave. Ce simple contact brutal et inepte a suffi à fausser le libre jeu des institutions ecclésiastiques. L'Eglise en subit une douloureuse atteinte, mais Rome surtout eût à en souffrir. Elle tomba de décadence en décadence, de désastres en désastres, jusqu'au point de devoir se dépouiller de ses propres mains de toute autorité propre et de s'en remettre à l'intervention et à l'autorité des Papes. C'était là où la Providence voulait en venir. Les Papes à Rome, les Papes libres à Rome, c'est la loi de l'histoire chrétienne.

Quand, vers la fin du grand schisme, tout eût été préparé pour que Rome fût bien au Pape, et que le Pape fût bien à Rome, Dieu dit à son Eglise : " C'est assez de troubles et d'épreuves ! Voici les jours de la miséricorde et de la paix ! „ Et l'histoire moderne a vu se produire cet épanouissement du pouvoir temporel qui a procuré à l'Eglise et à Rome quatre siècles et demi de splendeur et de félicité. Rome accomplissait son devoir à l'égard du Pape ; le Pape accomplissait ses fonctions à Rome : les conditions providentielles étaient remplies, et les choses étant dans l'ordre furent dans la paix.

Nous assistons à la rupture du pacte sacré. Rome n'est plus fidèle au Pape, le Pape n'est plus libre dans Rome. Verrons-nous se reproduire les exodes du moyen-âge, et les Papes seront-ils obligés d'aller poser leur siège en d'autres cités moins rebelles ? Si de semblables évènements devaient affliger l'Église, nous sommes assurés d'avance que la Papauté n'en continuerait pas moins à remplir sa mission, mais que Rome serait atteinte dans ses œuvres vives jusqu'à ce que revenue à résipiscence, elle permit à ses Pontifes de reprendre place sur le tombeau de Pierre en lui assurant l'indépendance du ministère sacré.

PIÈCES JUSTIFICATIVES

SECONDE SÉRIE

CASUS ET ATTESTATIONS DES CARDINAUX

CASUS.

XXVII.

D. S. Tom. VI. pag. 62.

Casus trium cardinalium italicum super facta schismatis.
(Les notes sont du cardinal de Florence, comme le dit le préambule).

Infrascriptas responsiones seu declarationes ad casum concordatum per tres DD. italicos cardinales, scilicet, Portuensem seu Florentinensem, Mediolanensem et de Ursinis b. m. dedit prenominatus Portuensis Egregiis ac honorabilibus ambaxiatoribus D. Regis Aragonum die .... mensis ..... anni a nativitate D. Millesimo CCCLXXXVI (1), interrogatus et ad sciendum veritatem requisitus in conscientia sua et debito, quo tenetur Deo et ecclesie per eosdem ambaxiatores super veritatem gestorum post mortem D. Gregorii pape XI recolende memorie, tam in Urbe quam alibi super facto electionis papatus.

Factum tale est :

1. Dum sancte memorie D. Gregorius papa XI, die XXVII martii anno MCCCLXXVIII in Roma obiisset, officiales Urbis diversa

(1) Ce *casus*, donné en 1386, aux ambassadeurs aragonais, avait été composé à Tivoli au mois de Juillet 1378. (Voir Liv. III, Ch. XII.)

consilia tenuerunt. (*Quod sequitur per plures cives romanos relatum fuit DD. cardinalibus; verum est quod michi Portuensi de dictis consilium fuit relatum et credo quod etiam aliis cardinalibus fuit relatum ex eo quod de hoc per Romam erat sermo publicus et notorius. In speciali autem fuit michi relatum in novenam per multos romanos maxime per D. Marchum legum doctor Buccium Jacobi et Colan Ribei de Transtiberim et per plures alios de quorum nominibus non recordor; qui omnes fuerunt presentes in dictis consiliis prout michi dixerunt, qui etiam michi dixerunt quod de illis consiliis fiebant scripture publice per notarios et officiales Urbis; fuit etiam michi relatum per D. Agapitum de Columpna qui etiam audiverat a suis servitoribus. Et frater Jullianus episcopus Marsicanensis socius meus civis romanus michi dixit et asserit se scire pro certo quod Anthonius de Roma notarius officialis Urbis confecerat et tenebat multa instrumenta publica de dictis consiliis que fiebant ut moris est in comitatibus Italie que de factis consiliis suis conficiunt publica instrumenta. Addens idem frater Jullianus quod pro XX^{ti} florenos habuisset multa intrumenta a dicto Anthonio quum erat Rome. Item alia vice, etiam ante in troitum conclavis de facto dictorum consiliorum in speciali a dicto D. Marcho et Anthonio civibus romanis quod specialiter in uno consilio plures cives romani dixerunt: Nobis expedit omnino habere papam romanum vel italicum aliter semper erimus in ista laborinto; et quod unus de consulentibus, fuit Tithus Domini Fulconis affinis abbatis Montis cassini qui post multa verba per que consuluit quod omnino cardinales cogerentur ad eligendum italicum vel romanum, addendo quod si quis aliud consuleret non erat verus civis romanus; dixit: Nos habemus multos cives romanos sufficientes ad papatum sicut est abbas Montis cassini et alii, quare non debemus dimittere quin audacter petamus et cum effectu vellimus papam romanum vel italicum. De dictis etiam consiliis D. Guido* de *Pruinis* tunc senator sub juramento dixit se audivisse in uno consilio quod fecerunt, quod ni facerent romanum vel italicum interficerent omnes *Cardinales*) in quibus tractatum fuit quis modus deberet teneri per eos circa imminens negotium electionis pape, et prout per plures cives romanos relatum fuit DD. cardinalibus, quorum civium aliqui predictis consiliis interfuerunt, aliqui vero audiverant ab hiis qui interfuerunt. In illis consiliis concluserunt quod omnino expediebat eis habere papam italicum vel romanum, quod de hoc puro modo supplicarent DD. quantum possent et quod si precibus obtinere non possent, tales modi tenerentur per quos ad eorum voluntatem devenirent. Et hoc erat sermo communis in Roma, etiam in consiliis publicis, dicebant enim se non posse aliter esse securos quod curia in Italia remaneret.

2. Mortuo tandem D. Gregorio, prestiterunt senator et alii officiales Urbis debitum juramentum (*quod nullomodo servaverunt ut apparet in versiculo: se non posse*) de observando constitutiones: " Ubi periculum „. Item predicti Officiales Urbis decem diebus pendentibus, que effluxerunt inter mortem D. Gregorii et introitum conclavis simul adhunati. (*Illud fuit prima vice in ecclesia Sancti Spiritus et die mortis vel circa mortis articulum. In qua ecclesia convenerunt omnes cardinales, et credit quod illa vice hec ordinante camerario pape. Et tunc romani cum quibus erat senator et officiales Urbis proposuerunt verba, que continentur in casu et supplicarunt que ibi continentur. Quorum supplicationibus et petitionibus de mandato DD. cardinalium per eumdem Portuensem fuit responsum pro illa vice inter alia, quod casu se offerente, nove electionis intendebant se taliter habere, quod universalis ecclesie bene provisum esset et romani contentari deberent et DD. cardinales suum debitum facerent. Alie vero requisitiones et responsiones facte fuerunt diversis temporibus et locis, maxime in ecclesia S. Marie Nove durante novena prout inferius de-*

clarabitur.) cum alio numero civium, omnibus DD. cardinalibus simul adunatis supplicarunt et eos a principio requisiverunt humiliter ut eligerent papam romanum vel ytalicum, allegantes quod in Roma est principalis sedes Petri et quod non videbatur honestum quod tanto tempore Italia et Roma private essent suo sponso et quod dos romane ecclesie erat principaliter in Ytalia et quod videbatur voluntas Dei, que iste, demisso patre et consanguineis et patria venerit ad moriendum Rome et quod ex hoc videbatur quod ipsi se deberent cum voluntate divina conformare, et quod propter ecclesiam et sedes Petri esset Rome, Roma perdiderat imperium et quod non erat decens quod Roma utraque careret sede. Addentes ut ante ingressum conclavis vellent eos super hoc declarare ad consolationem populi; et aliquibus vicibus subjunxerunt, quod alias dubitabant de maximis et irreparabilibus periculis, quum viderent et cognoscerent corda civium nimium sublevata. Et ulterius certos cives miserunt ad domos DD. cardinalium ex parte Officialium et populi, qui similes requisitiones fecerunt DD. in particulari. Propter quod DD. dubitantes voluerunt quod iiij DD. Italici essent cum Officialibus et loquerentur efficaciter cum eis, reprehendendo eos de modis quos apparebat eos velle tenere. Qui DD. convocaverunt officiales in domo Domini de S. Petro et eos redarguerunt. (*Primo ego Portuensis, secundo D. Mediolanensis, tertio D. Jacobus de Ursinis, quarto D. S. Petri, omnes quatuor eos multum fortiter increpantes assignavimus eis multas rationes, quod per modos quos tenebant possent perdere curiam et quod posset oriri schisma, quia modi eorum impressionem notoriam sapiebant, quod sic electus non esset papa et posset sequi destructio civitatis eorum et tota Italia infamaretur et multa similia verba; ad que omnia quasi deridendo subsannando responderunt quod populus erat sic deliberatus et quod omnino debebat sic fieri et quod non desisterent propter verba que dicerentur eis per nos nec per alios. Et unus de dictis respondentibus fuit Nardus aromatarius unus de bandarensibus, qui nobis quatuor dixit: Non expedit nobis stare in verbis, quia re vera ita fieret, scilicet, dando romanum vel italicum, non evitaretur scandalum; et dixit et sepius etiam dixerat quod ipsemet multum timebat mori, quia aliqui accusabant eum quod erat corruptus pecunia et quod omnia bona sua extraxerat de domo et uxorem suam posuerat in alia domo, et similiter filios in diversis locis posuerat timore mortis)* de modis quos tenebant ipsi et populus quia erant tales quod de facili posset Roma perdere curiam et eos rogarunt quod abstinerent, quia credebant hoc in magna infamia Urbis et Italie. Qui responderunt quod ni haberent papam romanum vel italicum ipsi erant in periculo et aliud facere non poterant propter voluntatem populi et plura alia circa istam materiam dicta sunt et similes responsiones date. Deinde miserunt (*Omnes DD. cardinales existentes in S. Maria Nova ubi erant congregati pro exequiis D. Gregorii celebrandis et ibi nos tres italici, scilicet Portuensis, Mediolanensis et de Ursinis retulimus aliis cardinalibus verba que nobis Nardus dixerat in domo D. S. Petri.* Quibus auditis, DD. cardinales miserunt pro Officialibus et petierunt ab eis ea que sequuntur in casu, exponentes inconvenientia que sequerentur ex modis eorum ni aliter se haberent, que etiam nos iiij italici dixeramus in domo D. S. Petri ut supradicitur. Propter quod, habito inter se consilio et die sequenti Dominis in capella congregatis, venit Nardus predictus cum aliquibus aliis officialibus et pluribus civibus romanis, inter quos erat D. Marchus legum doctor qui de mandato dicti Nardi bandarensis et aliorum multorum gratiose alias petita per Dominos, sicut in casu exprimitur, verbo concessit ex quo fuerunt DD. satis consolati. Sed cum responsio ista pervenisset ad notitiam aliorum officialium et civium romanorum, dixerunt ad invicem: Propter responsionem hodie factam DD. cardinalibus taliter sunt securati et contenti quod ipsi nihil facient pro nobis de *hiis que volumus. Propter quod die alia sequenti statim venerunt ad ipsos DD. cardinales congregatos in eadem capella in ecclesia S. Marie Nove, et unus coczonus sive mercator equorum unus de Officialibus Urbis pulsavit ad portam dicte capelle multum impetuose cum una matza? quam tenebat in manu et cum fuisset porta sibi aperta festinavit et impetuose intravit. Cui ego Portuensis tanquam michi noto dixi: Comparelle, quid est hoc, isti non sunt boni modi. Et idem Camparellus respondit turbata facie. Quid scio ego, ego non fui eri in concilio. Ego et alii nolumus quod illa que dicta et facta fuerunt heri valeant. Et tunc alta voce vocavit Johannem Cencii, Urbis cancellarium, qui adhuc erat extra capellam et quia non intrabat, ipse Comparellus pluries et pluries et vicibus iteratis mandavit eidem Johanni sub pena capitis quod intraret et ambaxiatam impositam per romanos et Officiales cardinalibus exponeret. Qui Johannis finaliter intravit et excusatione premissa dixit, quod expediebat sibi omnino facere ambaxiatam sibi impositam prout bene videbamus et in effectum dixit: quod intentio Officialium et populi erat quod nichil de dictis et promissis die precedente per D. Marchum et alios qui ibi fuerant valeret neque teneret, et per singula capitula omnia concessa per D. Marchum particulariter et expresse revocavit dicens, quod de illis nichil fieret. Et excusans se quod sicut servitor DD. male libenter dixerat dictam ambaxiatam, subjunxit, Officiales et populus dicunt quod volunt omnino papam romanum vel italicum et ita expedit saluti vestre et nostre, aliter sumus in periculo quod nos et vos incidant per frustra; et sciatis DD. mei cardinales, quod conditio istius populi est quod non dixit verba ut non faciat factum, sed illud quod publice dicit cito facit. Quod vellitis esse prudentes et providere circa nostrum et vestrum periculum. Et tunc de mandato DD. cardinalium, responsum fuit per me Portuensem dictis romanis sicut et alias dixeram, quod modi qui tenebantur per eos et verba eorum mandato dicta per cancella-*

rium erant contra Deum et honestatem et erant illicita et talia que toti christianitati et ecclesie poterant dampnum afferre et in speciali Urbi romane, et ni desisterent, verisimiliter scisma ex illis modis sequi posset et alia plura in effectu dicta fuerunt rogantia quod ab istis desisterent et starent in verbis que dixerat D. Marchus, quod nullatenus facere voluerunt ex quo romani remanserunt vehementer turbati et timidi.) omnes DD. pro officialibus et exposuerunt eis errores qui poterant sequi ex modis quos tenebant circa ipsos, et quomodo ipsi credentes quod curia in Roma remaneret, essent causa eam perdendi. Et requisiverunt eos de duabus. Primo quod expellerentur rustici de comitatu qui erant in magna quantitate in Roma, prout reportabatur Dominis, et taliter ordinaretur populus quod non posset esse scandalum et quod.abstinerent ab illis consiliis que videbantur esse causa inflammandi populum.

3. Secundo quod ordinarent bonum capitaneum ad custodiam burgi S. Petri cum certo numero gentium et quod gentes essent bene confidate Dominis et ipse bene faceret custodire pontes et ipsos tenere clausos vel saltem de bona gente in bono numero munitos, taliter quod populus ad palatium transire non posset. Que omnia verba concesserunt (*Nam de facto contrarium fecerunt et etiam verbo revocabant die sequenti ut supra continetur*) et responderunt quod aliquos ab extra venire fecerant, ex eo quod eis dicebatur quod britones venire debebant, tamen eos licentiarent ex quo Dominis placebat; et unum bandarensem capitaneum fecerunt et ille fecit quatuor cives conestablos et iste ultra juramentum quod post Officiales prestiterant juxta formam capituli " Ubi periculum „ juraverunt bene et solempniter DD. tenere securos et ab omni violentia, eos et eorum bona et familias custodire et alias multa prout eis petita sunt. Quo tamen sacro non obstante, cardinales existentes in conclavi invaluit rumor populi clamantis: *Romano voy italiano lo volemo*, predictis officialibus

se asserentibus non posse tumultum populi cohercere et dicentibus quod nedum cardinales, sed nec etiam se ipsos poterant deffendere. (*Hoc publice dixerunt et notorie in facto apparuit quod non fecerunt et audivi a pluribus maxime ab episcopo Marsicanense fratre Julliano cive romano, quod illa die quo fuimus in conclavi, ipse erat in palatio juxta conclave et vidit quasi XII homines armatos qui cum ensibus extractis in venerunt Nardum bandarensem qui erat capitaneus ordinatus per romanos, volentes cum interficere et dictus Nardus retraxit se ad unum angulum palatii. Item michi Portuensi dum conclave frangeretur, per fenestram factam cum securi in ostio capelle Johannis Cencii cancellarius dum ei exprobarem quod male servabat juramentum quod fecerant, respondit: quod non poterat nec se nec nos juvare, nec populum et ejus furorem cohibere*).

4. Advertendum est autem quod dictis decem diebus pendentibus, mandatum fuit omnibus nobilibus ut sub gravissimis penis exirent Urbem. Et DD. cardinales multotiens requisiverunt Officiales ut nobiles stare permitterent pro eorum securitate quod penitus negaverunt sub colore quod timebant de aliquo rumore infra civitatem. Et finaliter DD. cardinales rogaverunt officiales ut saltem duos ex dictis nobilibus stare permitterent qui erant officiales ecclesie (*Scilicet, comitem Fundorum qui erat rector Campanie et Comitem Nollanum qui erat pro rector patrimonii pro ecclesia*) quod expresse negatum fuit, dicentibus romanis quod dubitabant de eorum statu, ne nobiles existentes infra Urbem per se vel eorum sequentes tempore vocationis timorem aliquem concitarent.

5. Adveniente autem hora introitus conclavis tota fere platea S. Petri fuit impleta populo pro magna parte armato et intrantibus DD. cardinalibus magna pars populi intravit palatium et infra palatium et per totam noctem usque ad exitum conclavis steterunt et ruperunt diversas portas diversarum domorum in pa-

latio (*Ymo pejus fuit, nam fregerunt portas, ut sequitur, quas cardinales claudi fecerant intra palatium ut nulli ingressus ad conclave patefieret et ipsi romani in totum fregerunt omnia et totum apperuerunt ad hoc ut libere possent ingredi et egredi quocumque vellent etiam subtus conclave. Conclave autem non fregerunt sed postea die sequenti fregerunt dictum conclave, ut continetur in casu*) et ipsum palatium ab omni parte circumdederunt armatis hominibus ita ut ullus posset intrare vel exire sine eorum voluntate. Item subsequenter postquam de sero, ut moris est, omnes extranei exiverant conclave, excepto senatore et aliquibus aliis paucis, qui cum aliquibus ex Dominis loquebantur et porta conclavis custodiretur, ita ut nullus sine licentia intrare posset, supervenerunt capita regionum Urbis cum aliquibus aliis civibus volentes intrare conclave ; et licet fuit eis dictum quod non erat de more quod post clausam portam maxime ita tarda hora aliqui intrarent, nichilominus omnes intrare voluerunt et Dominis licet cum desplicentia congregatis in capella similes requisitiones fecerunt cum inductionibus et rationibus supradictis, petentes etiam vicibus iteratis quod antequam exirent conclave de hoc declararetur expresse ; subjungentes et pluries repetentes quod ita videbant populum dispositum quod nisi populo romano de hoc complaceretur multum timebant de periculo etiam personarum. (*Verissimum est quod ista et pejora verba dixerunt dicta capita regionum qui sunt numero XIII, qui multum tarda hora cum jam pulsaretur ad Ave Maria vel tardius. Et D. Guido de Pruinis cum eis qui erat senator, et dixerunt se velle loqui DD. cardinalibus, propter quod DD. Cardinales licet cum magna displicentia propter horam maxime ita ineptam, congregaverunt se in capella que eis intra conclave remanserat et eis congregatis unus de dictis XIII qui vocatur Paulus Jocii satis michi Portuensi notus, quia firmarius meus erat de quodam loco episcopatus portuensis vocato* la turre del vesque, *proposuit verba satis curialia petendo nomine suo et populi romani, quod placeret DD. Cardinalibus eos facere certos quod satisfacerent petitionibus romanorum, eligendo in papam romanum vel italicum, quia de hoc certificari volebant. Cui cum ego de mandato dictorum respondissem: Vos scitis quod alias DD. Cardinales fecerunt vobis responderi et ita respondent, quia ipsi taliter se habebunt quod erit gratum Deo, utilitas ecclesie et honor istius civitatis; alter de dictis officialibus et capitibus regionum statim reassumpsit verba et dixit: Paule ista non est ambaxiata nobis imposita, nec volumus quod sic loquamini nec faciemus nos alii talem ambaxiatam; immo dicimus vobis DD. cardinalibus quod huc usque dedistis nobis verba generalia, nunc autem volumus specialia, et omnino volumus quod certificetis nos et promittatis nobis quod eligetis romanum vel saltem italicum, alias vos et nos sumus in periculo et erimus incisi per frustra, quod vobis dicimus clare. De quibus verbis ego satis reprehendi eos adhuc repetens inconvenientias que ex modis eorum sequerentur, sicut superius dictum est, et fuerat eis pluries repetitum, sed modicum profecimus, nam cum dicto ultimo conclave a nobis recesserunt. Et eis sic recedentibus conclave fuit clausum).*

6. Item advertendum est quod mortuo prefato Gregorio remanserent in curia XVI tantummodo DD. cardinales ad quos competebat jus eligendi romanum pontificem, quorum XII erant ultramontani et quatuor italici; et cardinales ultramontani antequam intrarent conclave et in introitu et post usque ad tempus rumoris et tumultus, continue, prout asserunt, fuerunt in proposito, deliberatione et voluntate eligendi de collegio et non de extra et ultramontanum et non citramontanum, salvo quod tres ultramontani DD. cardinales cum DD. cardinalibus italicis intentionis erant nominare unum italicum de collegio et unum ultramontanum similiter de collegio. Similiter unus de DD. ultramontanis miserat ad aliquos Dominos ex DD. italicis ante introitum conclavis of-

ferendo eis vocem suam et etiam DD. italici erant in proposito unum de collegio et non de extra, licet tenderent ubi bono modo posset fieri, quod unus de italicis eligeretur de collegio tamen vel de extra collegium, dummodo debito modo eligeretur, pretulissent tamen illos de collegio; et unus de DD. italicis dixit sibi antequam intraret conclave: (*Iste fuit D. Mediolanensis*) Domine Barensis pro me non stabit, quominus vobis magnam sarcinam imponam, habens animum ad ipsius promotionem dummodo ab extra collegium fuisset deventum. Et juxta voluntatem permanserunt continue prout dicunt etiam postquam intraverunt conclave usque in crastinum post missas, non obstante quod romani occupaverant palatium et tota nocte existentes armati ut plurimum sine intermissione clamaverunt: *Romano voi italiano lo volemo*, et ita quod cum sonitu tubarum tamburorum continuaverunt per totam noctem adeo, quod aliqui ex Dominis modicum dormierunt, et dictos clamores etiam continuaverunt usque ad rupturam conclavis per eos tamen factam post electionem celebratam.

7. Demum audictis missis, dum DD. se disponerent ut de electione tractarent, campane S. Petri, que ecclesia stat juxta palatium, ceperunt ad sturnum pulsari pro congregatione populi et populus incepit fortius clamare *Romano voi italiano lo volemo*. Fuerunt etiam DD. avisati per illos qui ab extra custodiebant conclave quorum aliqui erant romani per romanos electi et aliqui ultramontani quod nisi statim, sine aliqua mora eligerent romanum vel italicum, omnes DD. cardinales erant in periculo, dicentes: Nos qui sumus extra vidimus melius periculum in qua estis, quam vos qui estis ab intus. Propter quod Domini fuerunt ad invicem colloquti dicentes: Videmus periculum, quid melius est supersedere et in periculo stare, vel eligere, quia si taliter ad electionem procedamus, de scismate est verisimiliter dubitandum; et per aliquos fuit dictum: Licet supersedeamus et stemus periculo, non propter hoc tolletur schisma, si tolleretur schisma,

bonum esset personas nostras exponere omni periculo. Et tunc fuit deliberatum inter nos quod promitteretur romanis tumultuantibus quod eligeremus romanum vel italicum. Et missi sunt tres ex Dominis ad fenestram ad promittendo populo quod haberent papam romanum vel italicum. Et demum propter evitandum periculum imminens, quia aliqui ex cardinalibus italicis dixerunt quod nullatenus acceptarent si tali modo eligerentur. (*Iste fuit D. cardinalis Mediolanensis ut dixit etiam postea D. de Ursinis et michi Portuensi et etiam me presente episcopo Zamorense nuntio regis Castelle, a quo interrogatus, quare sic diceret, respondit quod timebat quod sibi imponeretur impressio, et hec verba dixit in Nicia me presente*) cum viderent taliter in electione procedi, sine alia discussione persone nominaverunt D. Bartholomeum tunc archiepiscopum Barensem et ipsum tanquam illum quem credebant eis magis notum et in facto curie expertum, nominaverunt et elegerunt in romane et universalis ecclesie pontificem.

(*Advertendum est quod ultra illa que continentur in casu, quod veritas facti sic se habet: quod dictis missis et cardinalibus positis ad sedendum in ordine suo, dum ego Portuensis more solito vellem facere unam collationem, quia ibi eram prior collegii episcoporum, incepit pulsari ad sturnum, ad congregationem populi, campana S. Petri et rumores ab extra inceperunt magis invalescere, ut vix alter nostrum bono modo alterum posset audire; ita quod collationem facere non potui; et ad hoc cum eam conarer facere, custodes conclavi, quorum unus erat episcopus Massiliensis locumtenens camerarii D. N. pape et alter episcopus Tudertinus civis romanus nomine Stephanus Pallosi, cum magna festinantia fecerunt vocari unum cardinalem et ad fenestram, personaliter ivit D. de Agrifolio, cui dixerunt, audientibus hiis qui erant ab extra et etiam pluribus nostris familliaribus qui erant ab intra conclave, qui cum D. de Agrifolio ad fenestram conclavi, accesserunt, verba que continentur in casu: quod nisi statim et cetera, et pejora, dicendo quod pro quanto desiderabant salvare vitam eorum non essent ausi eligere vel nominare aliquem ultramontanum, sed juxta petitionem populi eligerent romanum vel italicum et se incontinente expedirent. Et idem D. de Agrifolio auditis dictis verbis, redivit ad cardinales qui sedebant in capella et recitavit verba sibi dicta addens: Vos videtis periculum in quo sumus, quid est fiendum? Et tunc habita inter nos aliqua collatione, ut ponitur in casu, volentes nostrarum personarum imminens evidenter periculum evitare, dictum fuit per DD. cardinales quod promitteretur romanis quod juxta eorum requisitionem et petitionem eligeremus ut petebant, scilicet papam italicum vel romanum. Et tunc dictus de Agrifolio dixit: Domine Florentinensis, vos estis prior noster vadatis ad faciendum hanc promissionem romanis. Qui Florentinensis respondit: Certe istam promissionem non faciam, primo quia est manifeste contra libertatem nostram, secundo quia ego possem bene promittere rem que si non observaretur, romani inciderem in periculum vite mee. Quo responso audito, iterum dictum fuit quod iretur ad faciendam dictam promissionem. Et tunc D. de Agrifolio recepit per manum sinistram me Florentinensem et D. Jacobus de Ursinis recepit me per manum dexteram et fecerunt me surgere a sedendo trahentes me secum et ducentes ad fenestram conclavi, apud quam existentibus eisdem DD. de Agrifolio et de Ursinis et publice populo armato et clamanti tumultuose et cum furore petente romanum vel italicum sicut supra, dictam promissionem pro parte collegii facientibus. Ego Florentinensis aliquantum me retraxi nollens dicere verba predicta romanis. Verbis autem dictis et promissione facta per dictos DD. de Agrifolio et de Ursinis, me Florentinense audiente, nos tres redimus ad alios cardinales, et invenimus quod surrexerant a sedendo et ibant per capellam et sic in motu eundo versus altare, D. de Agrifolio qui et D. Limovicensis ante ingressum conclavis rogoverat plures DD. ultramontanos et itali-*

cos *quod placeret eis dare vocem suam Vivaviensi vel Pictavensi, motionem fecit de Barense, non tamen michi Florentinensi. Et dixit statim. Vadamus, vadamus ad sedendum et expediamus nos, et DD. cardinalibus repositis ad sedendum, incontinenti dixit: Domine Florentinensis, nominetis aliquem cito, quia non est opus dilationibus. Tunc D. Florentinensis nominavit D. S. Petri, habens considerationem quod erat antiquior de collegio et romanus; addens: Ego nominarem etiam unum ultramontanum de collegio, si non esset promissio jam facta romanis et modus et timor eorum. Qua nominatione facta D. Lemovicensis nominavit et eligit in papam D. Bartholomeum tunc Barensem archiepiscopum et subsequenter nominavit eum D. de Agrifolio: Eligo et assumo Barensem in papam et romanum pontificem. Postea alii dederunt voces suas prout continetur in casu.*) et aliqui dixerunt tunc quod eligebant eum animo libero, aliqui vero: quod esset verus papa. Et isti qui dixerant quod animo libero vel quod esset verus papa fuerunt quatuor vel quinque. (*Non recordor ego Portuensis, ni de duobus, scilicet, de Limovicense et de Agrifolio, et sic dixi continuo dum casus per nos tres italicos erat concordatum*) alii simpliciter elegerunt. Et unus ex italicis (*fui ego Portuensis qui dixi hec verba*) nominavit primo unum de collegio italicum addens: Ego nominarem etiam unum ultramontanum de collegio ni esset promissio jam facta romanis et modus eorum, et postquam Barensis plures voces habuit eum elegit. Similiter unus ultramontanus (*Iste fuit D. de Britania qui, nominatis duobus italicis de collegio, finaliter dixit: ego consencio in Barense, taliter qualiter, cum simus compulsi*) elegit primo duos italicos de collegio, postea in fine nominavit dictum Barensem. Duo ac fuerunt quorum dixit unus: (*Iste fuit D. S. Angeli prout videtur michi*) quod consentiebat taliter qualiter tanquam compulsus et credebat quod electio esset nulla. Alter (*Iste fuit D. Jachobus de Ursinis*) dixit quod propter inordinatum modum qui servabatur per romanos, nec sibi nec alteri daret vocem suam nisi alius modus teneretur. Et ulterius dixerunt inter se DD. cardinales quod facerent prout alias fuerat factum et per cronicas apparet, scilicet, quod quamprimum possent secederent ad locum tutum et securum ubi eum de nova reeligerent (*Hic advertendum est quod ista sunt verba aliquorum non omnium et unus fuit D. de Agrifolio qui allegavit hystoriam Leonis IX, nec fuit communis deliberatio; et quod ita fuerit apparet ex tenore casus DD. ultramontanorum.*)

8. Demum DD. cardinales cum jam pluries super expeditionem fuissent per custodes conclavis sollicitati, ad populum clamantem et tumultuantem remiserunt ex DD. cardinalibus tres et quia non audebant in illa furore existentibus publicare electionem per eos factam, fecerunt eis promitti et promiserunt quod in diem crastinam consolarentur de papa romano vel italico et fecerunt populum rogari quod recederet, qui cum magna difficultate recessit de aula non tamen exivit palatium vel circuitum ejus, sed aliquantulum rumor cessavit et interim DD. miserunt pro multis prelatis inter quos fuit iste tunc Barensis et per dictum modum electus, qui venit et vidit populum tumultuantem et audivit clamores populi et ante viderat et audiverat et scivit et scire debuit quidquid per populum actum est tanquam rem notoriam. Immo aliqui ex Dominis: (*Attende quod ultra dixit eis, scilicet, quod quidquid fieret non valeret, quod se dixisse suo ore confessus est in Tibure presentibus nobis tribus et presentibus D. Carolo de Pace, Nicholao comite Nolano, Thomasio de Sancto Severino, Raynaldo de Ursinis et aliis pluribus, quibus presentibus, nos tres scilicet, Mediolanensis, de Ursinis, et ego Portuensis tradidimus dicto Barensi casum seu thema facti, per nos concordatum et scriptum manu D. Jacobi de Ursinis in Thibure, quod fuit circa finem mensis Jullii anni M.CCC.LXX.VIII; et antequam XIII. DD. ultramontani in Anagnia factum concordatum per eos publicassent,*

quod fecerunt postea in mense Augusti sequenti Die VIII dicti mensis) viderant, cum reprimentem et reprehendentem aliquos et audiverant eum dicentem, quod a tali tumultu cessarent, et tunc populo aliqualiter cessante, eo tamen juxta et infra palatium existente, DD. aliqualiter cemederunt et interim prelati pro quibus missum fuerat venerunt, et post commestionem, cardinales venerant ad capellam. (*Intentione et animo publicandi electionem de Barensi factam, nam licet propter tumultum romanorum fuisset dictum de publicando eam die sequenti de mane, quia tunc non audebant eis in illo furore existentibus publicare propter pericula et inconvenentia que sequi poterant in ingressu populi sic furentis. Videntes tamen modum dictorum romanorum continuari et quod plura foramina jam fecerant per que totum conclave videre poterant, diximus invicem: melius est publicare electionem et exire istum locum, quam espectare usque cras sicut dictum fuerat prius et romanis prima vice promissum, ut continetur in casu. Congregatis igitur nobis ratione dicte publicationis, et tribus absentibus ut continetur in casu, tunc interrogavi: Placet vobis quod publicemus electionem hodie factam. Responsum fuit: Ita, ita, dicatis sicut hodie dictum fuit. Sed qui fuerunt dicti respondentes non recordor et ita semper dixi cum casus per nos fuit in Tibure concordatus, nec recordor, nec unquam potui recordari, quod tunc de reelectione mentio facta fuit licet essem presens inter eos*) in eodem loco ubi electio facta fuerat, exceptis tribus qui non interfuerant. (*Ut videtur michi isti fuerunt DD. de Britania, Majoris monasterii et de Vernhio, et sic etiam asserunt duo ex eis viventes. Dominus autem de Britania, sic dicitur in suo testamento asseruisse; et in veritate sic est, quod etiam D. nunc Ostiensis, tunc Glandaiensis dictus, tunc non erat presens in capella et ita ipse affirmat et asserit, D. de Ursinis nunquam consensit ad aliquid quod fieret erga Barensem, sed expresse contradixit. D. S. Angeli. semper dixit: Impressio est notoria. Ego Portuensis in isto tem-*

pore quo agebatur de publicatione, de illa locutus fui simpliciter prout supra proxime continetur. Et sic ad minus sunt septem numero qui nullatenus dixerunt illa verba: Dico idem quod hodie vel similia. Preterea ut in casu citramontanorum continetur et verum fuit, ante finita illa verba conclave fuit ruptum per romanos.) Et tunc unus ex DD. dixit: Modo cessavit illa violentia et illi clamores qui erant de mane, quare iterato reeligamus eum. Tunc fuit sibi dictum per quemdam alium: quod non cessabat violentia neque timor qui fuerant per prius et quod quidquid fieret non valeret, nam semper armati et clamantes erant in palatio licet nec ita fortiter nec in tanto numero. Illis tribus ibi non existentibus et illo contradicente et alio qui dixit ut prius, unus ex Dominis dixit: Remaneamus in concordia prima, et responsum fuit ab aliis: ita, ita. Et aliqui etiam dixerunt: Dico idem quod hodie. Et adhuc durantibus verbis, cum perpendissent romani ex aliquibus signis, quod non esset electus romanus cum maximo furore inceperunt frangere conclave clamantes: *Romano lo volemo.* Irruerunt in conclave et ipsum fregerunt et intraverunt officiales et populus in magno numero propter quod DD. plus solito mortis periculum timentes, maxime quia porta capelle incipiebant frangi et intrare populus armatus adhuc clamans *Romano lo volemo* et omnes Dominos hinc inde circumdare. Aliqui ex Dominis temptaverunt velle recedere sed per aliquos romanos fuerunt reducti infra capellam et nisi quia unus Dominus volens suum et aliorum periculum vitare et dixit populo quod Dominus S. Petri erat electus sed nolebat consentire et quod ipsi inducerent eum ad consentiendum, creditur quod Domini vix potuissent periculum vitare. Sed audito illo verbo, irruerunt in predictum D. S. Petri et precise invitum et renitentem posuerunt in una cathedra et eum induerunt mantello et imposuerunt sibi mitram, et dum accederent romani ad faciendum sibi reverentiam presentibus Dominis, post alicujus temporis intervallum, Domini, ut melius potuerunt, exiverunt palatium et aliqui exiverunt Romam, vel de nocte vel dissimulato habitu et aliqui etiam sub dissimulatis vestibus, se retraxerunt ad castrum S. Angeli. Aliqui tamen pauciores in suis domibus remanserunt.

9. In crastinum autem, quietato populo, iste tunc Barensis, qui remauserat in palatio et per aliquos ex Dominis requisitus propter bonum ipsius, exire noluerat, misit ad Dominos qui erant in castro, iteratis vicibus ut venirent ad ipsum, et quia non cito venerunt, fecit eos requiri per Bandarenses et alios Officiales Urbis ex parte populi, ut Domini asserunt, quod pro majoris scandali evitatione omnino exirent castrum et venirent ad palatium (*Hec requisitio fuit sub ista forma, nam in presentia mei Portuensis, et fratris Angeli Pensariensis episcopi et D. Thome Nimociensis electi tunc, nunc cardinalis Neapolitani et D. Guidonis Fesulani capellani mei, idem Barensis imposuit has ambaxiatas D. Marino episcopo Cassanensi: Vadatis ad bandarenses et dicatis eis quod faciant venire cardinales qui sunt in castro S. Angeli, quia nisi venerunt nichil fecerunt. Qui Cassanensis episcopus ivit ad dictos Bandarenses cum dicta ambaxiata, qua eis exposita, ivit ad castrum predictum cum ipsis bandarensibus et post satis longum temporis intervallum reddivit ad palatium S. Petri ubi eramus et me presente et testibus superius nominatis, dixit et retullit eidem Barensi quomodo sollicitaverat dictos Bandarenses juxta ambaxiatam sibi impositam et quod cum eis ad castrum personaliter iverat et quod idem Bandarenses requisiverant cardinales qui erant in castro quod inde venirent ad palatium. Dixit etiam sibi ipse Cassanensis, nobis supranominatis presentibus: Ego reperi in castro mala nova nam ibi dicunt ultramontani, maxime camerarius, quod vos non estis papa nec eritis. Quibus verbis auditis, idem Barensis respondit dicto Cassanensi turbata facie: Certe tu non dicis verum et ego mando tibi quod numquam sis ausus dicere talia verba et eum dure increpavit*).

10. Ipsi vero, ut affirmant, dubitantes de majori scandalo, maxime quia tam ipsorum quam aliorum Dominorum familia fere tota erat dispersa per Urbem, primo scripserunt propriis manibus quod erant contenti quod Domini qui erant extra intronizarent eum, et ad hoc faciendum eorum procuratores constituerunt. Demum quia iterum fuerunt modo premisso requisiti exiverunt castrum et venerunt ad palatium et ipsum intronizaverunt more consueto et reverentiam sibi fecerunt et cantatum fuit Te Deum laudamus et orationes consuete fuerunt dicte.

11. Die vero sequente informati per aliquos ex Dominis quod erat de more quod electus in papam faceret collationem Dominis, eos convocavit et collatione facta prior presbiterorum petiit indulgentiam quod quilibet posset eligere confessorem qui eum plenarie absolveret et concessit et petiit alia etiam Cardinalibus dari per novum D. pontificem. (*Veritas est in facto quod Barensis interrogavit quid moris esset agere in illo principio et sibi fuit responsum, quod moris erat facere gratias spirituales et temporales et cetera*).

12. Ante tamen intronizationem, prout ipse dicit, aliquos interrogavit ex Dominis, si electio esset canonica et ut dicit, responderunt quod sic, ymo dicit quod aliqui ex Dominis intimaverant sibi ante introitum, quod erant in proposito eligendi eum, quod ipsi postquam fuerunt in Anagnia expresse negaverunt, quamvis aliqui eorum asserrant aliquibus dixisse, quod si essent omnino compulsi eligere ytalicum et venirent extra collegium darent sibi vocem.

13. Ipse etiam ex post in diversis consistoriis et collationibus, dixit presentibus et tacentibus Dominis, quod erat canonice et non per impressionem electus, etiam quod illud quod romani fecerunt erat ebrietati imputandum. Et cum hoc scriverunt illi qui ab Urbe recesserunt, reddierunt ad Urbem et reverentiam sibi ut pape fecerunt. Et ipsum post in die Pasche omnes co-

ronaverunt. Et ab illo tempore DD. cardinales in reverentiis et aliis tractaverunt ipsum ut papam, et aliqui ex eis donaverunt sibi annulos tanquam novo sponso, quos tamen annullos eis post aliquos dies restituit. Et cardinales in consistoriis publicis et privatis et missis, sibi ut pape reverentiam exhibuerunt et post aliquos dies aliquas litteras communiter scripserunt de electione sua DD. cardinalibus qui sunt in Avinione, in quibus continebatur quod unanimiter et libere eligerunt eum et aliqui ad aliquas partes scripserunt de eadem electione. Et aliqui etiam petiverunt et receperunt beneficia et dignitates pro se et suis.

14. Hec tamen omnia facta sunt in Urbe ubi, ut modo asserunt aliqui ex eis, credunt quod si istam electionem revocassent in dubium, fuissent in magno periculo. Ipseque, licet requisitus per aliquos ex Dominis, non exivit Urbe usque ad diem XXVII Junii quia omnes cardinales ultramontani erant in Anagnia et tunc venit ad civitatem Tiburtinam populo romano subjectam.

Ici finit Tom. VI. pag. 68 le casus des trois Cardinaux Italiens accompagné en marge des notes du cardinal de Florence, que nous avons jointes au texte; dans le manuscrit le casus n'occupe que le milieu de la page et les notes sont tout autour; à partir d'ici, le texte occupe la page entière, mais il ne fait plus partie du casus, c'est ce qu'a ajouté le Cardinal de Florence quand il donna le casus aux Ambassadeurs du roi d'Aragon, comme le dit le préambule.

Tom. I. pag. 160, est le même texte, que nous avons appelé le Casus de Nice, parce que, à Nices, les Cardinaux de Florence et de Milan donnèrent ce casus à quatre autres Cardinaux, lesquels le signèrent en attestant la vérité de ce qu'il contient.

Avant de donner la suite du récit du cardinal de Florence, nous allons donner la soubscription du casus daté de Nice:

D. S. Tom. I. pag. 163.

15. Anno Domini M° CCC° LXXX° die XVII Novembris in civitate Nicie, in domo Gregorii Urseti civis niciensis quam tunc inhabitat reverendissimus in Christo Pater D. Petrus S. Laurentii in Lucina presbyter cardinalis dictus Vivariensis, Reverendissimi in Christo Patres DD. Petrus Portuensis et S. Rufine episcopus dictus Florentinus et Simo SS. Joannis et Pauli, dictus Mediolanensis S. R. E. cardinales tradiderunt et realiter assignarunt hunc quaternum in iiij foliis, continentem modum et formam assumptionis Bartholomei quondam Barensis ad papatum; asserentes et testificantes ipsum, predicto modo ascendisse, nobis, Albanense, Vivariense predicto, et S. Eustacii, et S. Angeli, cardinales ipsum quaternum recipientibus.

In cujus rei testimoninm ego Albanensis predictus premissa propria manu scripsi et subscripsi.

Ego Anglicus Grimoardi episcopus Albanensis et S. R. E. cardinalis premissa assero esse vera manu propria.

Ego Petrus S. Laurentii in Lucina presbyter cardinalis dictus Vivariensis dico et assero idem in cujus rei testimonium manu propria subscripsi.

Ego Petrus S. Eustacii diaconus cardinalis dico et assero per omnia idem, in cujus rei testimonium hoc manu propria scripsi et me subscripsi. Cardinalis S. Eustacii.

Ego Guillelmus S. Angeli diaconus cardinalis, dico et assero pro omnia idem, in cujus rei testimonium hic manu propria me subscripsi. G. card. S. Angeli.

D. S. Tom. VI. pag. 68.

Le cardinal de Florence ajoute ce qui suit au casus.

16. Progressu autem temporis, cum DD. citramontani omni sollicitudine quererent vias et modos exeundi de Roma et conferendi se ad aliquem locum tutum ubi mature et secure possent deliberare adinvicem et providere circa premissa de remediis oportunis ; tandem sub colore exeundi in estate de aere romano et quia, ut erat notorium, D. Gregorius, pie memorie ordinaverat residentiam curie pro illa estate in civitate Anagnie, ad dictam civitatem se cautiori modo qua potuerunt se contulerunt, aliqui cum licentia, aliqui sine licentia, ut dicebant, solis iiij^{or} italicis adhuc in Roma remanentibus, quos ipse ire non permittebat, sed sub coloribus variis et maxime quod dicebat quod illuc ire volebat et volebat quod eum associarent, retinebat. Sed cum dicto Barensi reportatum fuisset quod ex quo DD. ipsi citramontani in Anagnia convenerant diversa tenebant consilia et conveniebant frequenter querentes maxime diversos modos securitatis eorum, et cum jam licet non publice sed quasi in secreto murmuraretur et diceretur quod eum in eorum secreto non habebant pro papam et ipsi publicare non audebant quia de securitate ad huc nondum ad plenum sibi providerant ; idem B. hos rumores presentiens locutus fuit DD. italicis supranominatis et ordinavit quod tres ex eis, scilicet, Ego Portuensis, Mediolanensis et de Ursinis, iremus ad Anagniam ad dictos Dominos cardinales et eisdem exponeremus quod non erat eis necessarium tenere illos modos querende securitatis, nec timere de aliqua novitate, quod ex sui parte veniret, vel procurateur eis per Romanos et quod ipse intendebat illuc ire vel ad civitatem Tiburtinam ut posset esse cum eis,

offerendo eis multa grata et favorabilia et utilia pro se et suis et plus facere quam unquam pro eis fecisset aliquis pontifex romanus. Ambaxiata igitur nobis tribus imposita, ivimus ad civitatem Anagnie et nobis imposita fideliter DD. cardinalibus ibidem existentibus exposuimus. Qui super expositis per nos habita deliberatione, tandem nobis responderunt quod mirarentur de tali ambaxiata et mirabantur quod talia fuissent B. relata et plus mirabantur quod fidem eis daret, rogando quod decetero talia referentibus non crederet. Et hec responsio fuit facta in ecclesia cathedrali in Anagnia. Sed facta dicta responsio, dixerunt nobis: Vos expedevistis ambaxiatam vostram, nos volumus loqui vobiscum sicut cum fratribus nostris et cardinalibus romane ecclesie, quare placeat quod isto sero in vesperis sitis in domo tunc cardinalis Gebennensis qui erat infirmus ; et nos omnes conveniemus ibidem. Dicta autem hora vesperorum postquam autem omnes ibidem convenimus et consedimus in loco secreto, idem DD. citramontani, aportato uno missali suam nobis intentionem declaraverunt in effectu dicentes: Vos scitis quia notoria impressio fuit nobis facta in Roma propter quam nominatus fuit Barensis et intrusus in apostolica sede, propter quod ipse non est papa nec eum habemus pro papa, et tenemus pro certo quod vacat sedes apostolica ut prius, et quod quidquid in persona dicti Barensis circa electionem et alia fecerant per impressionem et metu mortis non securi, alias fecerant; et ad sancta Dei evangelia coram nobis super dicto missali singuli juraverunt, requirentes nos ex quo Deus occasionem sive colorem ministraverat quod iveramus ad eos et cum eis conveniremus, quod remaneremus ibidem et circa provisionem sedis apostolice que vacabat ut premittitur intenderemus cum eis.

17. Nos vero attendentes quod tanquam nuntii et ambaxiatores veneramus et quod circa remedia discordie quam videbamus in promptu, melius tenebamus et debebamus intendere pro bono

negotii et pace ecclesie, deliberavimus pro tunc ibi non remanere sed ad eum redire, ut cum eo de remediis tractarre possemus; et sic de facto fecimus veniendo ad civitatem Tiburtinam ad quam dictus Barensis interim accesserat; qui ibidem nos recollegit in prandio et post prandium, presentibus aliquibus nobilibus qui secum erant, pertinentia ad ambaxiatam per eum nobis impositam, ac responsionem ad ipsam ambaxiatam per DD. cardinales nobis factam publice retullimus, subjungentes: Aliqua alia habemus vobis dicere que exponemus cum vobis placuerit et hora oportuna nobis data. Qui die sequenti pro nobis tribus singulariter et divisim misit et quemlibet per se examinavit super hiis que diximus nos velle seriosius explicare. Quilibet autem nostrum eidem explicavit seriem veritatis narrando sibi quidquid DD. cardinales existentes Anagnie nobis sub juramento dixerunt de facto suo ut supra premittitur. Et licet idem B. de premissis appareret satis turbatus, tamen cognatus et visus est simulare se illa non credere dicens quod aliunde alia habebat et non curaremus quia omnia bene irent. Quo responso audito, considerantes quod ipse B. regebatur multum concilio aliquorum nobilium laicorum, maxime DD. Caroli de Pace, Comitis Nolani, D. Thomasii de S. Severino et D. Raynaldi de Ursinis, cum dictis quatuor fuimus loquti secreto eis narratis que invenimus et eos advisantes de predictis requisivimus eos ut instarent apud eum quod intenderent ad providendum de remediis oportunis. Qui postea nobis retulerunt se hoc fecisse et in effectu non profecerunt apud eum.

18. Nos vero tres qui eramus de veritate negotii informati et previdebamus periculum ex quo verba non audiebat, consideraviimus quod debiti nostri erat facti seriem in scriptis summatim reddigere et sibi per modum narrationis casus seu thematis tradere ut in facto suo mature deliberare valeret, nec se posset propter facti ignorantiam excusare. et nos essemus in omnem eventum

perpetuo excusati; et ita casum nostrum composuimus honestando tamen verbis ubi loquitur de romanis.

19. Medio tempore, dum circa dicti casus ordinationem vacabamus et secrete laboravimus, supervenit una die nobis tribus congregatis in domo predicatorum ubi habitabat D. cardinalis de Ursinis, Guillelmus Paris serviens armorum qui intravit cum notariis et testibus, tenens in manu unam membranam XIII Dominorum qui erant in Anagnia sigillis in pendenti sigillatam; in qua in effectu narrabatur qualiter per impressionem notoriam et metum mortis coacti fuerunt inviti per romanos eligere, quapropter sub debito fidelitatis qua R. ecclesie tenebamur nos requirebant ut infra certum temporis post litterarum receptionem conveniremus Anagnie ad providendum supra premissis de remediis opotunis et tractandum et peragendum omnia et singula que propter premissa essent necessaria ad salubrem et utilem provisionem sancte romane et universalis ecclesie et fidei orthodoxe. Et intimata littera predicta rogavit notarium et testes, ut in forma. Et statim recessit protestans quod presentiam D. S. Petri tute addire non poterat.

20. Nos vero statim cum dicta lettera adivimus ad domum D. S. Petri, et ostensa sibi dicta lettera de consilio portavimus eam ad dictum B., qui ea visa satis fuit turbatus, et ordinavit supra ejus tenore in domo D. S. Petri teneri consilia. Interim vero per nos completo casu et themate de quo supra fit mentio, eumdem casum scriptum manu D. cardinalis de Ursins, copiis apud nos retentis, vocatis per nos quatuor laicis superius nominatis, in eorum presentia et aliorum plurium tradidimus dicto B., instantes apud eum quod cum ageretur de statu suo et ecclesie vellet deliberare mature et salubriter providere, quoniam nos honori et statui nostris intendebamus consulte attendere et providere. Et pro pace et unitate ecclesie fideliter laborare conveniendo cum aliis DD. cardinalibus; et sic de Tibure recessimus ad ca-

strum de Vicovario nos conferendo nec ad ejus presentiam ulterius fuimus reversi.

21. Verum est quod post recessum nostrum, nos tres cardinales italici prope civitatem Penestrinam convenimus cum tribus Dominis cardinalibus Ultramontanis, scilicet, cum D. N. Clemente tunc Gebennense et cum DD. Pictavense et S. Eustachii qui ad illum locum venerunt nomine suo et aliorum qui erant in Anagnia, ubi aliqua fuimus locuti super utilitate et factis ecclesie. Deinde predicti tres reddiverunt ad civitatem Anagnie et facta ibi publicatione de intrusione Bartholomei, iverunt ad civitatem Fundanam ad quam sepius requisiti ab ipsis, ivimus habito tamen salvoconducto. Et ibidem nobis existentibus et propositis eis per nos aliquibus super factis ecclesie, in vigilia B. Mathei apostoli, facto nobis et per eos responso, per omnes DD. cardinales ultramontanos qui erant in numero XIII tandem in nostri presentia XII ex eis elegerunt concorditer in romanum et universalis ecclesie pontificem Reverendissimum Dominum tunc Gebennensem cardinalem, nunc Papam Clementem VII. Cujus electioni per nos non extitit contradictum. Cognivimus tamen et reputavimus ejus electionem esse canonicam.

XXVIII.

D. S. Tom. II. pag. 71.

Casus de Jean de Lignano.

Casus per Johannem D. de Lignano, utriusque juris doctorem compositus, vel ut communiter asseritur per Bartholomeum intrusum sibi missus, et per articulos distinctus et responsiones

Cardinalis de Luna ad contenta in eo quas fecit ad requesta illustrissimi principis regis Aragonie (1).

Protestor ante omnia quod quo ad dependentiam et verba narrative seu incidenter posita, scilicet, que sint responsiones intelligantur ut reperietur responsum in principalibus a quibus talia dependent vel in quibus depositive seu principaliter ponuntur seu etiam additiones facte erunt et ad illa et secundum ea quo ad hujusmodi dependentias etc. referantur responsiones et non alias.

1. Cum sancte memorie D. Gregorius papa XI die XXVII Martis obiisset, Officiales Urbis diversa consilia tenuerunt, (*ymo etiam eo vivente ceperunt aliqua concilia tenere*) aliqua secreta aliqua non secreta (*et aliqua majora et aliqua generalia*) prout inter eos moris est in expeditione magnorum negociorum, in quibus tractatum fuit, quis modus teneri deberet per eos in electione pape. Et prout per plures romanos relatum fuit (*pluries*) DD. cardinalibus, quorum civium aliqui predictis consiliis interfuerant, (*aliqui dicebant se audivisse ab illis qui interfuerant*) quod semper in illis conciliis concluserunt quod omnino expediebat eis habere papam italicum vel romanum et quod de hoc pulcherrimo modo supplicarent Dominis quantum possent et quod si precibus obtinere non possent quod ad hoc omnino cogerent DD. cardinales, et de hoc erat communis sermo in Roma inter omnes et in omnibus locis publicis, (*et fiebant comminationes per romanos ultramontanis et etiam DD. cardinalibus per vias incedentibus*) dicebant enim se aliter non posse esse securos ut curia in Italia remaneret. (*Et in uno ex istiis conciliis fuit iste D. Bartholomeus tunc archiepiscopus Barensis prout ipse publice confessus est, licet asserat modo quod ipse impressionem fieri dissuasit, qui etiam*

---

(1) Ce *casus* de Jean de Lignano est publié par du Boulay. Histoire de l'Université de Paris, Tom. IV pag. 482 ; nous le donnons cependant ici, pour faire connaître les notes fort intéressantes qu'y a ajoutées le cardinal de Luna.

B. postea, ut asserunt fide digni, multum se recommendavit Bandarensibus in ecclesia B. Marie Nove antequam conclave intraretur. Item licet in hiis et similibus, sede vacante, Camerarius pape gerere debuerit vices ejus, prefati Officiales statim post mortem D. Gregorii voluerunt habere custodiam omnium portarum et pontium Urbis et etiam que prius per gentes ejusdem D. Gregorii et suo nomine custodiebantur, easque de die et de nocte custodiri fecerunt diligenter, ea ut verisimiliter et communiter creditur causa ut DD. cardinales ante celebratam electionem Urbem egredi non valerent pro libera electione alibi celebranda.

Credo et addo ut in marginationibus (1).

2. Mortuo Domino Gregorio prestiterunt senator et aliis Officiales Urbis debitum juramentum de observando constitutionem: " Ubi periculum „.

Credo.

3. Item predicti Officiales Urbis decem diebus pendentibus qui effluxerunt inter mortem D. Gregorii et introitum conclavis (*simul adunati*) una cum alio (*magno*) numero cum omnibus DD. Cardinalibus adunatis pluries supplicaverunt et eos requisiverunt ut eligerent papam romanum vel italicum, addentes ut ante ingressum conclavis, vellent eos super hoc declarare ad consolationem populi est aliquibus vicibus subjunxerant quod aliter dubitabant de maximis et irreparabilibus periculis (*et scandalis*) cum viderent et cognoscerent corda civium nimium sublevata.

Credo et adda pront in marginationibus.

4. Et ulterius certos viros miserunt ad domos DD. Cardinalium ex parte officialium et populi, qui similes requisitiones fecerunt DD. cardinalibus in particulari.

Credo.

---

(1) *In marginationibus*: Ce sont les notes données ici en italiques, et qui sont en marge dans le manuscrit.

Hic deberent situari duo capitula inferius posita, scilicet.
" *Avertendum* „ — *Et* " *Finaliter* „. (*Voir les N°s VIII et IX.*)

5. Propterea quod DD. dubitantes (*de eo quod post modum accedit*) miserunt pro officialibus et exposuerunt eis (*cum magna fide*) errores qui poterant sequi ex modis quos tenebant circa ipsos, (*expresse et iam eis dicendo quod si propter premissa, que minas et impressionem eos velle facere sapiebant, aliquis in papam eligeretur, non esset verus papa*) et quomodo ipsi credentes quomodo ipsi credentes quod curia circa eos remaneret essent causa perdendi eam.

Credo et addo ut in marginationibus.

6. Et requisierunt eos de duobus : Primo quod expellerentur rustici qui erant in magna quantitate in Roma (*quos ipsi in magna multitudine et cum armis fecerant venire de comitatu ad Urbem*) prout reportabatur DD. cardinalibus (*et ibi pro notorio habebatur*) et taliter ordinaretur populus quod non posset esset scandalum et quod abstinerent ab illis conciliis que videbantur esse causa inflammandi populum. Secundo quod ordinarent unum bonum capitaneum ad custodiam burgi S. Petri cum certo numero gentium et quod gentes essent bene confidate DD. cardinalibus (*offerentes se cardinales prefati se solvere stipendia dicte gentis quamdiu essent in conclavi*) et quod facerent bene custodiri pontes, vel ipsos tenendo clausos, vel saltem de bona gente in bono numero munitos, taliter quod populus ad palatium transire non posset.

Credo et addo ut in marginationibus.

7. Que omnia verba concesserunt et unum bandarensem fecerunt capitaneum et ille fecit X (*ymo quatuor*) conestabiles et isti ultra juramentum quod prius officiales prestiternnt juxta formam cap. " Ubi periculum „, juraverunt bene et solempniter DD. cardinales tenere securos ab omni violentia et impressione et alia multa prout ab eis petita fuerunt, sed finaliter nichil servaverunt.

Cum emendatione data, credo, sumendo illud verbum nichil civiliter ?

8. Advertendum est autem quod dictis X diebus pendentibus mandatum fuit omnibus nobilibus (*Urbis per quos furor populi reprimi poterat*) ut sub gravissimis penis exirent Urbem et tunc DD. cardinales multotiens requisiverunt Officiales ut nobiles stare permitterent pro eorum securitate, quod penitus negaverunt sub colore quod timebant de aliquo rumore infra civitatem.

Credo et addo ut in marginationibus.

9. Et finaliter DD. cardinales rogaverunt Officiales ut saltem duos ex dictis nobilibus stare permitterent (*scilicet Comites Nolanum et Fundi*) qui erant officiales ecclesie quod etiam expresse negatum fuit. (*Ac etiam requisiti per DD. cardinales ut saltem comitem Nolanum et D. Agapitum de Columpna episcopum Vlixbonensem magnos cives et notabiles in Urbe deputarent pro custodia conclavis hoc facere denegarunt nolentes quod aliquis qui dubitaretur offendi a populo haberet se intromittere quoquomodo*).

Credo et addo ut in marginationibus.

10. Adveniente autem hora introitus conclavis (*quamvis prius contrarium fuisset Dominis promissum et juratum*) tota platea S. Petri fuit impleta populo pro majore parte armata (*ad eo quod vix Domini potuerunt intrare palatium et populus vociferabat et clamabat : Romano lo volemo o italiano*) et intrantibus Cardinalibus in palatium, magna pars populi cum eis intravit et infra palatium per totam noctem et usque ad exitum conclavis steterunt (*et portas palatii apertas tenuerunt nec ipsas claudi permiserunt*) et ruperunt diversas portas diversarum domorum in palatio et ipsum palatium ab omni parte circumdederunt armatis hominibus ita ut nullus posset intrare sive exire sine eorum voluntate.

Credo et addo ut in marginationibus.

11. Item subsequenter postquam omnes, ut moris est, exive-

rant conclave excepto senatore et quibusdam aliis paucis, qui cum aliquibus ex Dominis loquebantur et porta conclavis custodiretur ita ut sine licentia intrare posset, supervenerunt capita regionum Urbis cum aliquibus civibus in bono numero volentes intrare conclave et licet eis sepe fuerit dictum quod non erat de more quod post clausam portam maxime ita tarda hora aliquis intraret, nichilominus intrare voluerunt et DD. cardinalibus cum displicentia congregatis in capella similes requisitiones fecerunt, petentes etiam vicibus iteratis quod antequam exirent conclave de hoc declararentur, expresse subjungentes et pluries repetentes ita videbant populum dispositum quod istud non poterat aliter quod transire sine periculo personarum.

Credo.

12. Item sciendum quod ante introitum conclavis fuerat per multos (*bonos cives*) reportatum DD. cardinalibus quod erant aliqui prelati in Roma, quorum aliqui erant romani et aliqui italici qui ad hoc ut impressio fieret totis viribus populum inflammabant ut qui multa Officialibus (*Urbis*) promittebant, causa quo quilibet eorum eligeretur in papam.

Credo et addo ut in marginationibus.

13. Et licet iste tunc Barensis a principio non fuerit nominatus, tamen ex post relatum est quibusdam ex DD. cardinalibus licet non clare constet et credam non esse verum. (*Ego tamen a fide dignis audivi*) quod fuerat unus ex sollicitatoribus antedictis.

Salvis illis verbis " credam non esse verum „ credo alia, et ad illa verba respondeo ut in marginatione supra eis facta.

14. Item advertendum quod mortuo D. Gregorio prefato, remanserent in curia XVI tantummodo DD. cardinales ad quos solos expectabat jus eligendi romanum pontificem quorum XII erant ultramontani et IV italici.

Credo.

15. Item omnes cardinales ultramontani (*facientes ultra duas partes collegii post vacationem*) antequam intrarent conclave et in introitu et post usque ad tempus impressionis (*de qua infra dicetur*) continue prout asserunt (*et verum credo*) fuerunt in deliberatione et proposito et voluntate (*etiam ex causis tangentibus ecclesiam sanctam Dei*) eligendi de collegio et non de extra et ultramontanam et non citramontanum.

Credo et addo ut in marginationibus.

16. Etiam DD. cardinâles italici erant in proposito (*et deliberatione*) eligendi de collegio et non de extra, licet tenderent, ubi bono modo posset fieri, quod unus ex italicis eligeretur de collegio tamen vel de extra collegium, dummodo debite eligeretur pretulissent tamen illos de collegio, et in ista voluntate permanserunt etiam continue postquam intraverunt conclave usque ad crastinum post missam, non obstante, (*et postquam intraverunt conclave, Romani nunquam permiserunt quod porta conclavis muraretur et moris est*) quod romani occuparent palatium (*et specialiter partem illam que de directo erat subtus conclave, solarium dicti conclavis tota nocte iclibus et percussionibus commoventes*) et tota nocte exeuntes armati ut plurimum (*quasi*) sine intermissione clamarent: Romano voi italiano lo volemo (*et aliqui se asserunt audivisse aliquos clamantes: Moriantur*) et ita cum sonitu tubarum et campanarum etc. continuaverunt per totam noctem adeo quod aliqui ex DD. cardinalibus modicum dormierunt et dictos rumores ita continuaverunt usque ad rupturam conclavis per eos factam. (*Ymo etiam dum dicti Domini audirent missas suas clamores consuetos reassumpserunt et validiores quam prius sic quod vix missas audire et intelligere poterant*).

Salvis cancellatis cum additione verbi " quasi „ sumpti civiliter Credo et addo ut in marginationibus.

17. Demum auditis missis, dum DD. Cardinales se disponerent ut de electione tractarent, campane capitolii et S. Petri, que

ecclesia est juxta palatium inceperent ad sturnum (*id est ad martellum*) pulsari pro congregatione populi (*ad rumorem*) et populus fortius cepit (*cum magno furore*) clamare: Romano lo volemo o almanco italiano (*et in tantum invaluerunt cla.nores, quod D. Florentinensis qui secundum morem debebat facere collationem super electione celebranda, habuit collationem dimittere*).

Credo et addo ut in marginationibus.

18. Fuerunt etiam DD. cardinales advisati per illos qui ab extra custodiebant conclave quorum aliqui erant romani per Dominos cardinales electi (*de hoc dubito*) et aliqui ultramontani, quod nisi statim sine aliqua mora eligerent romanum vel italicum, quod omnes DD. cardinales erant in periculo quod inciderentur per frustra.

Credo salvis verbis cancellatis et ad illa respondeo ut in marginatione super eis facta.

19. Propter quod DD. cardinales ultramontani propter vitandum mortis periculum (*aliter non facturi*) prout tunc major pars dixit et nunc omnes cum sacramento affirmant quod nisi propter mortis periculum, aliter non facturi, condescenderunt quod italicus eligeretur et quia aliqui ex cardinalibus italicis dixerunt quod nullatenus acceptarent si tali modo eligerentur cum viderent (*notorie*) impressionem que fiebat, omnes (*volentes evitare mortis periculum cui procul dubio subjacebant, aliter non facturi*) quasi ex arrupto sine alia discussione persone nominaverunt Bartholomeum tunc archiepiscopum Barensem et eum tanquam illum quem credebant eis magis notum in factis curie expertum (*licet sequens experientia contrarium ostendit manifeste*) eligerunt in papam (*et tunc aliqui eorum dixerunt quod eligebant eum*) animo et proposito, prout tunc dixerunt, quod ipse esset verus papa, timore tamen predicto (*mortis in eorum animis continuo perdurante et ad hoc eos, aliter non facturos, compellente*), durante, ut nunc asserunt. (*et etiam tunc ut credo verum esse*) exceptis duobus, uno ultra-

montano qui (*nominando ipsum protestatus fuit quod nulla propter impressionem poterat fieri electio, sed ipsum nominabat timore mortis*) dixit quod consentiebat taliter qualiter tanquam compulsus et credebat quod electio esset nulla; et uno cardinali romano qui dixit quod propter notoriam impressionem quam videbat nec sibi nec alteri daret vocem suam nisi (*primo*) cessaret impressio et esset in sua libertate, (*et uno ultramontano qui primo nominavit unum de cardinalibus italicis licet postea timore mortis adhesit Barensi predicto; et uno ultramontano qui priusquam hec fierent fuit protestatus coram notario publico quod si contingeret ipsum consentire in aliquem italicum, hoc faceret dum taxat timore mortis aliter non facturus*).

Salvis cancellatis dico quod veritas istius capituli stat secundum addita per me et non credo aliter nec ultra quatenus meis additis obviarent.

20. Et ulterius dixerunt intra se aliqui ex cardinalibus quod facerent prout alias fuerat factum ut per diversas cronicas apparet, scilicet, quod quamprimum comode possent, secederent ad locum tutum et securum et *tunc quod ipse renunciaret* (*super-cancellatis in hoc capitulo dubito utrum fuerunt dicta*) et tunc quod ipsi de novo reelegerent *et ita propter schisma evitandum sibi ad invicem tunc dixerunt.*

Salvis cancellatis, credo, et ad cancellata respondeo ut in marginatione super eis facta.

21. Demum DD. cardinales cum jam pluries super expeditionem fuissent per custodes conclavis sollicitati, ad populum clamantem et tumultuantem et jam dispositum ad superstitiosa miserunt tres ex DD. cardinalibus et quia non audebant eis in illa furore existentibus publicare electionem per eos factam (*ut premittitur cum tunc populus existeret indomitus et comotus et propter partialitates et singularia odia esset non immerito timendum, attentis presertim supradictis et permissis et aliis justis*

causis quas tunc non fuisset eis tutum proparlare ac etiam cum dubitarent depredari bonis que habebant in conclavi sed) fecerunt (*timentes non immerito populum*) eis promitti et promiserunt quod eos infra diem crastinum consolarentur ante vesperos (*ymo ante horam tertiarum*) de papa romano vel italico et fecerunt populum rogari quod recederet (*quod diu facere renuerunt non permittentes intrare cibaria Dominorum eis portata pro prandio cujus hora jam instabat*); qui tandem cum magna difficultate recessit de aula, non autem exivit palatium (*nec arma deposuit*) vel circuitus ejus sed aliquantulum rumor cessavit.

Salvis cancellatis, cum correctione facta et additis, credo.

22. Et interim DD. cardinales miserunt pro multis prelatis inter quos fuit ipse tunc Barensis et per dictum modum jam electus qui venit (*non tamen conclave intravit nec DD. cardinalibus se exhibuit*) et vidit populum furentem et totam violentiam et impressionem factam (*et per totam diem et ab ingressu conclavis*) et ante viderat et audiverat clamores populi furentis et scivit et scire debuit quidquid per populum actum est tanquam rem notoriam.

Credo et addo ut marginationibus.

23. Et tunc populo aliqualiter a clamoribus cessante, eo tamen juxta et infra palatium (*armato ut prius*) existente, DD. cardinales aliquantulum comederunt et interim prelati pro quibus missum fuerat venerunt.

Credo et addo ut in marginatione.

24. Et post comestionem cardinales venerunt ad capellam in eodem loco ubi electio facta fuerat, exceptis tribus qui non interfuerunt, et tunc unus ex dominis (*ytalicis*) dixit: Modo cessat illa violentia et illi clamores qui erant de mane; ideo iterato reeligamus eum. Tunc sibi fuit dictum per quemdam cardinalem alium, quod non cessabat violentia nec rumor qui fuerant per prius (*ymo Domini erant in majori periculo quam ante.*) et quidquid fieret

non valeret, nam semper armati et clamantes erant in palatio licet non ita fortiter nec in tanto numero (*de hoc hic cancellatum dubito. Et finaliter illis tribus absentibus non requisitis, ymo penitus insciis, aliqui ex presentibus cum nondum essent in libertate sua tali quod sine primo periculo aut majori potuissent resilire aut alium prout ante impressionem deliberaverant eligere, dixerunt: Ego dico idem quod hodie. Romanus tamen qui primus contradixerat, etiam in primo dicto suo persistente. Sed antequam omnis finivissent loqui populus, multis Officialibus ad hoc instigantibus ipsum populum, cum magno furore et clamoribus irruerunt in conclave et ipsum per quatuor partes fregerunt et intraverunt Officiales et populus armatus fere quantum potuit recipere conclave*).

Salvis cancellatis, credo et addo ut in marginationibus continetur, et cancellatis respondeo ut in marginatione supra eis facta.

25. Hiis tamen exceptis illis tribus et etiam excepto illo romano qui dixit ut prius, reelegerunt eum.

Hoc capitulum cum sequenti cancello et credo circa materiam eorum ut in additione facta per me ad finem supra proximi capituli continetur et non aliter.

26. Et adhuc durantibus verbis, cum perpendissent romani ex aliquibus signis quod non esset electus romanus, cum maximo furore inceperunt frangere conclave et ipsum per tres partes fregerunt et intraverunt Officiales et populus armatus quantum fere recipi potuit.

Responsum est in precedenti.

27. Propter quod Domini plus solito mortis timore timentes in capella secreta se pro majori parte recluserunt, cujus porta statim fuit cum securibus fracta et intravit populus armatus adhuc clamans ut supra, et omnes Dominos cardinales hinc inde circumdedit. (*nondum tamen presentatio seu publicatio electionis*

seu nominationis supradicte facta fuerat nec predictus Barensis intraverat conclave nec ad presentiam DD. cardinalium venerat nec etiam venit de tota illa die).

Credo et addo ut in marginationi.

28. Et nisi quod unus Dominus volens suum et aliorum periculum evitare, dixit eis quod D. S. Petri erat electus sed nolebat consentire et quod ipsi inducerent eum ad consentiendum creditur quod omnes fuissent interfecti, maxime ultramontani.

Credo.

29. Sed audito illo verbo, irruerunt in predictum D. S. Petri, et precise invitum et recusantem posuerunt eum in una cathedra et dum accederent ad faciendum sibi reverentiam quilibet ex DD. cardinalibus, ut melius potuit exivit palatium (*ut plurimum sine capis et capellis et aliqui peditando recesserunt et demum advesperascente*) aliqui exiverunt Romam (*nec tamen districtum romanorum et isti non erant ni quatuor*) de nocte sub habitu dissimulato et aliqui etiam sub dissimulatis vestibus se retraxerunt ad castrum S. Angeli, aliqui tamen pauciores in suis domibus remanserunt.

Credo et addo ut in eis marginationibus.

30. In crastinum autem conquietato populo iste tunc B. qui remanserat in palatio (*et in cameris papalibus*) nullo modo, pluries per aliquos ex DD. cardinalibus requisitus, exire voluit.

*Credo et addo ut in margination*e*.*

31. Ymo misit (*et etiam per Officiales et populum adhuc existentem in motu suo furioso miti fecit*) ad DD. qui erant in castro (*et ad illos qui in eorum domibus remanserant*) iteratis (*et fere continuatis*) vicibus (*ipsos requirendo et requiri faciendo ut pro majoris scandali evitatione*) ut venirent ad ipsum et quia (*adhuc venire nolebant illi qui erant in castro, cum alii qui in eorum domibus remanserant requisiti ab eo et Officialibus et coacti venissent*) <u>cito non venerunt</u> fecit eos requiri per Bandarenses et

alios Officiales Urbis pro parte populi ut Domini asserunt (*et verum credo*) quod pro majori scandali evitatione omnino exirent castrum et venirent ad palatium.

Salvis cancellatis, credo et addo ut in marginationibus.

32. Ipsi vero, ut affirmant, (*et veridice ut credo*) dubitantes de majori scandalo, maxime cum tam ipsorum quam aliorum DD. cardinalium familia erat dispersa per Urbem, ymo scripserunt manibus propriis quod erant contenti quod DD. cardinales qui erant extra castrum infra Urbem intronizarent eum et ad hoc faciendum eos procuratores constituerunt. (*Qui de hoc non contentus quia non obediebant, fecit eos iterum et iterum requiri ut pro majori scandali evitatione omnino exirent castrum et venirent ad palatium*).

Credo et addo ut in marginationibus.

33. Demum qui fuerunt modo premisso requisiti, (*dubitantes de majori periculo, maxime quia sex ex dictis cardinalibus erant cum eo, ut premissum est, et quia castrum non erat de victualibus sufficienter munitum, et quia non habebant locum ad quem tute postquam sciebatur qui intraverant castrum possent recedere, et quia romani circa castrum statacum sive palentum facere tentaverant et aliis causis predictis*) exiverunt castrum et venerunt ad palatium et (*etiam causa impressionis et metus procul dubio perdurante*) ipsum intronizaverunt more consueto.

Cum additionibus credo et non aliter.

34. Et cum hoc sciverunt qui ab Urbe recesserant, (*licet cum magna cordis amaritudine, timentes quod si non venissent romani suspicantes quod volebant impugnare electionem, istos alios DD. cardinales et eorum familiam trucidassent operumque bona dirupissent*) redierunt ad Urbem et ipsum postea coronaverunt.

Cum additione credo et non aliter.

35. Et ab illo tempore, DD. cardinales in reverentiis et aliis tractaverunt ipsum ut papam; tamen ut asserunt (*et verum credo*)

nunquam intentionem habuerunt ut per hoc (*vel aliud de premissis vel sequentibus*) aliud jus tribuerent quam quod esset in electione quesitum (*seu quod prius facta erant in aliquo ratificarent*).

Addo et cum additionibus credo.

36. Ipse autem in consistoriis et aliis usus est ut papa.

Cum hiis que continentur in capitulis precedenti et sequenti proximis et additionibus, credo et non aliter.

37. Hec tamen omnia facta sunt in Urbe ubi DD. cardinales saltem ultramontani, ut dicunt (*et verum credo*) nunquam se reputaverunt securos, ymo verisimiliter credunt (*et communiter creditur*) quod si in Urbe suam electionem revocassent in dubium (*vel eam impugnassent*) quod fuissent in magno periculo (*et interfecti fuissent, cum causa impressionis continue perduraret, propter que existentes in Roma etiam inter se nunquam de ista materia ex proposito saltem conferre fuerunt ausi*).

Credo et addo ut in marginationibus.

38. Ipseque licet requisitus pluries noluit exire Urbem (*cum DD. cardinalibus, nec eos ponere in loco securo, quinymo postquam DD. cardinales ultramontani, cautius quo potuerunt paulative venerunt Anagniam volentes sub premissis deliberare et pericula eis imminentia ex eorum mora inter romanos possetenus evitare, ipse quasi solus saltem sine societate alicujus DD. cardinalis*) nisi postquam omnes cardinales ultramontani erant in Anagnia et tunc venit ad civitatem Tiburtinam populo romano subjectam (*et que distringitur per romanos ad quam eos sepius evocavit, quasi volens eos prioribus vel equis periculis implicare, qui sue vocationis rationabiliter obtemperare recusasunt*).

Salvis cancellatis, credo et addo ut in margtnationibus.

— De hiis autem que facta sunt extra Urbem, quia factum istud non prosequitur, non intendo aliud addere seu pertractare ad presens, sed cum D. Nostro Regi placuerit loco et tempore opportunis illa poterunt aliter explicari.

Et ego Petrus S. Marie in Cosmedin ac S. R. E. cardinalis, predictis manu propria me subscribo.

XXIX.

D. S. Tom. II. pag. 81.

Casus de l'abbé de Sistre.

Casus recitatus per abbatem Sistrensem in presentia D. Regis Aragonie et sui consilii.

Item responsiones ejusdem abbatis ad additiones et approbationes ad casum Johannis de Lignano.

Modus electionis SS. D. N. D. Urbani divina providentia pape sexti. Textus recitatus per abbatem Sistri.

1. Dum celebrarentur exequie D. Gregorii XI in ecclesia S. Marie Nove apud quam elegit suum deponi corpus, Officiales Urbis una cum Senatore tunc temporis Urbem regentem, interpollatis vicibus post missarum solemnia congregatis insimul reverendissimis in Christo patribus DD. S. R. Ecclesia cardinalibus in sacristia vel posteriori camera dicte ecclesie S. Marie Nove pro tractando de ceremoniis et spiritualibus adhibendis medio tempore ante introitum conclavis pro futura electione pontificis celebranda, habuerunt recursum ad prefatos DD. cardinales eis humiliter supplicando ut talem eligerent in pastorem ex cujus persona ecclesia militans bono sponso gauderet, regesque et principes ortodoxi, universus populus christianus et maxime Ytalia et Roma que per Petri sedem de cujus successor tractabatur totius orbis mater effecta erat et magistra et que tot et tantis

temporibus papatu erat viduata, habitu licet non actu, deberent merito contentari.

Hic obmittitur de congregatione facta in S. Spiritu et de petitione romani vel italici et periculo si non fieret, et de responsione D. Cardinalis Florentini.

2. Quibus quidem Officialibus per prefatos RR. DD. cardinales in eadem quasi verba, licet diversis verborum formis, semper extitit responsum: Quod quia electio romani pontificis erat dignum negotium, non humanum, nichil certi poterat, dictis Officialibus responderi, sed sperabant in Domino de cujus vicarii electione agebatur, quod sua misericordia in eorum corda talem spiritum infunderet, quod illum eligerent qui romane ecclesie, Deo et mundo esset aptus ad regendum; rogabantque ipsi DD. cardinales clerum et populum romanum ut juxta canonica instituta preces humiles et inflexas ad Deum porrigerent, jejunia indicerent, penitentes de commissis sic Deum placarent, quod corda eorum DD. sic et taliter illustraret ut talem eligerent qui Deo primo, ecclesie universali et populo romano redderet plurimum fructuosum.

3. Quibus responsionibus sic ut supra premittitur per dictos RR. DD. prefatis Officialibus factis, iidem Officiales cum gratiarum humilibus actionibus recedebant, referentes DD. cardinalium benigna responsa populo, tam in Capitolio quam in aliis locis, tam publicis quam privatis, propter quam factum est ut totus populus exultans in jubilo, circa libertatem et immunitatem DD. cardinalium et omnium sequentium curiam ad infrascripto procederunt hoc modo.

4. Primo namque per totam Urbem extitit publice proclamatum pro parte Senatoris et DD. Bandarensium et aliorum Officialium Urbis quod nemo esset ausus aliquem curialem clericum vel laicum offendere in rebus vel persona sub pena capitis et redemptionis totaliter spe sublata.

5. Secundo, quod quia Roma est divisa in xiiij regiones que in aliis locis capelle vel parochie nominantur deputati fuerunt duo nobiliores viri pro qualibet regione, quibus potestas omnimoda et baylia per Senatorem et Officiales predictos data fuit ut quousque esset novus papa creatus omnes curiales deffenderent et si quos invenirent qui dictis curialibus offenderent in bonis vel personis eos morti traderent simpliciter et de facto.

6. Tertio, ut magis tuti essent cardinales prefati, fuerunt deputati decem probi et divites viri pro qualibet regione, qui haberent omnia bona curialium custodire et sub tali conditione quod si quis fuisset in dicta regione deraubatus de curialibus supradictis, omnia usque ad unum iota tenerentur dicti deputati predictis curialibus resarcire, pro quibus sic resarciendis unusquisque de predictis X deputatis dedit in custodia Senatoris fidejussoris scilicet X^m (decem millia) florenos.

(*Contrarium patuit de facto quoniam D. cardinalis de Britania et alii fuerunt deraubati et nihil potuerunt recuperare.*)

7. Quarto, quod ut ulli ribaldo esset locus vel additus aliquem offendendi curialem, fuerunt deputati quatuor notabiles et probi viri quorum unusquisque habebat sub se tres regiones, excepto ultimo qui habebat iiij^{or}, et quilibet istorum cum comitiva magna circuibat regiones sibi commissas de die et de nocte armati cum vexillo societatis et sonitu tubarum et cum duobus aperitoribus seu executoribus justitie cum menario sive gladio et tympo instrumentis decapitationi hominum deputatis. Et ultra hoc in quaque ex plateis principalibus Urbis semper stabant apperitores cum timpo et gladio supradictis, scilicet S. Petri, Campi floris Capitolii, Columpne et Transtiberim, ut ex hoc omnes perterriti in dictos cardinales, nec sequentes curiam scelerati facerent aliquid violentie vel timoris.

8. Quibus sic provide et salubriter ordinatis et executioni debite mandatis, advenerunt ultimi diei exequiarum quibus per

prefatos DD. Reverendos erat ad alia procedendum, unde factum est ut conclave in apostolico palatio ordinaretur et fieret ubi Sanctissimus pater D. Gregorius spiritum reddiderat Creatori. Sed et aliud factum est ut octava die post mortem prefati pie memorie D. Gregorii iidem RR. DD. cardinales in ecclesia S. Spiritus unanimiter congregati habuerunt Senatorem et ceteros Officiales Urbis cum aliquibus valentibus militibus, doctoribus et notabilibus civibus eis adjunctis, necnon procuratoribus totius populi romani ad infrascriptum actum specialiter deputatis cum pleno et justificato mandato, a quibus prefati DD. cardinales in publica concione (*invocatione*) tria specialiter quesierunt. Primum juramenti prestationem quod ante introitum conclavis jura canonica et maxime gregoriana constitutio exigit sicut traditur in cap. " Ubi majus periculum „. De elect. lib. VI. Secundum quod unus deputaretur conservator qui medio tempore eorum et populi auctoritate Urbem regeret. Tertium quod tales ad custodiam conclavis deputarentur, qui possent et vellint honeste et tute eos intra conclave custodire et alia observari facerent qui in dicto de electione capitulo continentur. Super quibus sermonem et arrenga in vulgari ut melius intelligeretur fecit pater D. cardinalis episcopus Portuensis, vocatus alias D. Florentinus.

(*Hic omittitur petitiones de exitu rusticorum, de certis custodibus nobilibus, de custodia pontium, de populo non congregando*).

9. Circa quas quidem petitiones per infrascriptum modum per dictos Senatores et Officiales extitit sic processum. Nam primo et principaliter ordinaverunt quod juramentum in forma debita fuerit prestitum et juratum, sicut apparet per publica documenta. Secundo deputatus fuit unus probus et fidedignus (*contrarium apparuit quia iste fuit unus de concitatoribus?*) in populo pro conservatore, non magnus et potens (*ideo pejus quia non dubitabatur per populares*) de quo deberet vel posset timeri per DD. cardi-

nales vel curiales, sed simplex aphotecarius qui habitabat in ponte S. Angeli de cujus nomine non recordor.

10. Tertio quod ad custodiam conclavis deputatus fuit ex parte camere R. P. D. episcopus Valentinensis tunc episcopus Massiliensis ex nobilibus de Vouta de provincia Provincie. Pro parte autem romani populi deputati fuerunt D. Agapitus de Columpna episcopus Ulixbonensis (*mentitur de isto quia licet fuerit petitus per DD. cardinales eis fuit expresse denegatus*) nunc S. R. E. cardinalis, Episcopus Tiburtinus nunc etiam cardinalis et episcopus Tudertinus civis romanus et familiaris intrinsecus sancte Marie D. Gregorii XI supradicti (*Mentitur et de isto*).

11. Juramento prestito, conservatore et conclavis custodibus sic ut permittitur deputatis, prefati RR. DD. cardinales die constituta, hora quasi nona vel modicum post, intraverunt conclave deputatum, humiliter et honorifice sociati singuli singulariter per Senatorem, Officiales et majores Urbis et cum eo honore qui tantis Dominis pro tanto negotio congregatis et solitus exhiberi (*et totus populus in platea S. Petri fuit cum armis congregatus*) deputati que sunt multi tam eques quam pedites pro custodia tutiori palatii (*ymo pro obsidione cardinalium ne fugerent, ut dicebatur, et ut violentiam inferrent*) per plateam S. Petri ante palatium apostolicum existentem et alia insignia loca ut unusquisque perpenderet quod populus romanus volebat (*impressionem inferre*) prefatos DD. esse liberos in electione vicarii J. C. Sed quid plura timens populus ne nefanda et crudelis societas britonum domos DD. cardinalium invaderent vel cameram apostolicam que site sunt in parte civitatis dispartita ab Urbe que leonina vocatur, eo quia dicti britones pretendebant habere a camera apostolica centenaria millia florenorum, custodias et escubias portarum receperunt ponentes romanos probos et strenuos pro custodibus ut totalis spes de deraubatione bonorum camere et DD. cardinalium per eos britones cominata, eis tolleretur ex talium provisione cu-

stodum. (*Hic obmittitur diverse requisitiones et çominationes Officialium, et protestationes cardinalium ante ingressum conclavis et post, tam verba quam unius cum instrumento*).

Les 10 numéros suivants de 12 à 22 sont cités par Raynaldi " Anno 1378 n° IV „ ; il donne quelques unes des notes que contient ce casus, mais il en omet le plus grand nombre, c'est pourquoi nous donnons ces numéros.

12. Hiis sic paratis, quidam ex capitibus regionum ivit ad fenestram conclavis et DD. cardinales alloquitur in hunc modum.

(*Hic obmittitur quod aliquis ex custodibus ad portam conclavis clamavit quod ni statim satisfieret populo, tam cardinales quam custodes interficerentur, et jam unus fuerat interfectus.*)

Reverendissimi patres et DD. nostris, veritas est quod multoties per Officiales Urbis, Vobis supplicatum extitit ut talem elegeretis qui Deo et mundo esset acceptus et vos respondistis quod quia iste erat actus divinus non poteratis eis aliquid certudinarie respondere, sed procuraretis hominem justum et Deo carum per cujus industriam bene Dei ecclesia regeretur. Scitis enim DD. mei, quod in introitus conclavis multi clamaverunt (*ymo totus populus*) rogantes vos quod daretis ytalicum vel romanum. Nunc autem pro parte totius populi sum missus ad paternitates vestras ; et vobis eorum pro parte notifico quod solum volunt eis dari romanum nec essent contenti de italico. (*Hoc est certe mendicium*) Timent enim ne sub aliqua conventione secreto inter vos et aliquem italicum non romanum inita, ipse post electionem reduceret curiam Avinionem Unde pro Deo placeat vobis contentare populum et eis solum (*hoc probat sublatam libertatem et per consequens electionem nullam*) dare romanum, aliter timeo ne scandalum oriatur quod vobis et nobis poterit verisimiliter displicere (*hoc probat justum timorem*).

13. Cui quidem capiti regionis per R. P. D. cardinalem Glandatensem pro parte omnium aliorum cardinalium responsum extitit

in ista forma: Multum mirantur DD. mei et ego qualiter sic nos infestatis, quia tibi et populo romano satisfacere debent responsiones nostre vobis pluries facte super isto negotio; recedatis igitur quia sic semper diximus sicut diximus nunc, nec a nobis aliam responsionem poteritis obtinere.

14. Ille autem recedens sic dixit: Placet Deo quod detis nobis romanum, aliter pro certo aliud quam verba sentietis. (*Clare igitur justus metus et impressio*).

15. Facta relatione aliis DD. cardinalibus per eumdem D. Glandatensem de verbis istius capitis regionis, D. Lemovicensis in hoc verbo prerupit: Domini mei, vos videtis quod isti romani primo petierunt unum qui deberet esse acceptus Deo et mundo, nec excipiebant patrias et personas, demum introitu conclavis (*diu ante*) generalissimam propositionem restrinxerunt ad unam nationem, scilicet, Ytaliam, nunc autem nec hoc contenti, (*Ergo ut vitaretur periculum sibi cominatum oportebat eos contentari*) ad specialissimam restringunt, scilicet, romanam, quod et si non fecissent sed starent et sub ista ultima speciali, non video quod de romano (*Ergo eadem ratione nec de italico*) (1) fieri posset electio que, Deo et mundo non dicentur veraciter impressiva. Preterea si eligeremus Romanum aut esset de collegio aut de extra collegium; si de collegio non habemus nisi duo quorum unus est decrepitus et infirmus, scilicet, D. S. Petri, alius autem nimis juvenis et inexpers, scilicet, D. de Ursinis, (*Hoc est falsum et fictum et dictum in vituperium dicti D. de Ursinis cujus prudentia et sufficientia est magna*) de extra collegium neminem scio aptum ad papatum. Unde nec primo capite nec secundo apparet michi quod romanum eligere debeamus; sed faciamus sic quod provideamus ecclesie Dei et talem eligamus qui huic populo debeat merito complacere (*Ergo elegerunt per impressionem populo*

---

(1) Note citée par Raynaldus.

complacentes) et nobis omnibus se verisimiliter debeat reddere gratiosum. Circa que sunt meo videre sex precipue attendenda: Primo quod sit etatis mature (*respectu annorum*) secundo quod sit vite honeste (*contrarium probatum est*) tertium quod sit scientie magne, (*utinam mediocritatis*) quartum quod sit doctus in stillo (*aliqualiter et capitose*) quintum quod sit familiaris et amicus nobis, sextum quod sit saltem italicus natione, ut per eum patrimonium ecclesie recuperaretur (*ymo perdictum est*) quod per extraneum fieri posse non credo. Que quidem sex, DD. mei. (*Conficta sunt omnia et falsa*) in nullo alio video concurrere nisi in uno, scilicet, in D. archiepiscopo Barensi; iste namque quinquagenarius est et ultra, est adeo honestus quod a quatuordecim annis citra, quibus conversatus et in curia romana nunquam auditum est de eo aliquid sinistri renibus vel manu, ore vel opere, quantum autem ad scientiam de hoc non est dubitandum, nam magnus doctor sicut in suis collationibus notum est. De stylo nemo hesitat, nam gubernavit a multis temporibus citra cancellariam ad eo quod ipse solus habet stilo curie documenta.

17. Preterea nobis omnibus familiarissimus, nam creatura omnium nostrorum, maxime Lemovicensium, utpote qui a S. M. Gregorio est in Barensem archiepiscopatum ordinatus; natione ytalicus quia neapolitanus et subditus genti Franchorum ex quo rex Francie et fratres sui debebunt merito contentari.

18. Quibus omnibus ponderatis, ego in nomine Patris et Filii et Spiritus Sancti S. R. E. cardinalis D. archiepiscopum Barensem eligo in S. R. et universalis ecclesie summum pontificem, mea sponte et libere omnimodo, via et forma quibus melius possum tam in jure qam etiam de facto.

Omnia sunt conficta et falsa ut patet per factum per eos apportatum..... in allegatione ubi continetur quod ex abrupto omnis eum eligerunt.

19. Facta electione dicti D. Archiepiscopi per prefatum D. Pe-

nestrinum, statim elegit eum D. de Agrifolio cui accessit D. Pictavensis, post quartus in ordine elegit D. Glandatensis, qui ante introitum conclavis per tres dies misit eidem D. archiepiscopo unam sedulam propria manu scriptam qua sic dicebat: Reverende Pater, hinc ad paucos dies eritis michi dominus et magister quapropter ex nunc prout ex tunc me vobis specialius recommendo. (*Istud est est mendacium cum iste ante electionem fecit protestationem quod ni metu mortis non eligeret italicum etc., hec idem verba dixit in conclave facta electione*).

20. Quintus fuit D. Vivariensis et sibi accessit D. de Britania (*Immerito quia nunquam voluit in eum consentire*) Majorismonasterii Dominus fuit sextus (1), septimus de Vernhio, octavus D. S. Angeli (*Immerito quia non elegit eum, ymo dixit se non habere arbitrium eligendi, sed nominavit eum timore mortis.*) et de S. Eustachio fuit nonus, decimus autem fuit de Luna et fuit undecimus Gebennensis.

21. Quatuor autem italici ultimi in electione fuere quorum tres forte sperabant eligi ad papatum, sed videntes omnes ultramontanos concordes et unanymes in electione prefata, de ipsis quemadmodum desperati elegerunt D. archiepiscopum hoc modo et ordine, nam D. S. Petri fuit primus, secundus Mediolanus et tertius Portuensis. (*Mentitur quia nunquam voluit cum eligere usque jam omnis aliis elegerunt*) D. autem de Ursinis nunquam elegit sed his verbis usus est; illum in papam eligo in quem major pars consentit. (*ymo isti quod propter notoriam impressionem quam videbat nec sibi nec alteri daret vocem suam ni primo cessaret impressio et esset in sua libertate*).

22. Hec autem electio statim post recessum illius capitis re-

---

(1) Il oublie qu'il vient de nommer le cardinal de Bretagne, qui serait le sixième, et par conséquent celui-ci et les autres après doivent être reculés d'un rang; le dernier ultramontain sera de la sorte le douzième au lieu du onzième, comme il le dit.

gionis, sic communiter et concorditer facta est, nullo medio tempore nisi quanto D. Lemovicensis verba protulit supradicta. Que quidem electionis hora fuit ante vesperos de directo ante omnem rumorem populi per sex horas. (*Certe mentitus est nam nocte qua intrarunt non tractarunt sed sequenti die de mane missis dictis in conclave precedente jam rumore populi incepto ad sonum campane vocati et rumore perseverante usque ad horam cene, modicum ante fuit facta electio*).

Fin de la citation de Raynaldus)

23. Collationem fecerunt expost cum gaudio, cardinales videntes se adeo unanimiter elegisse ; sed populus timens non obtinere oblatum ab eis, cepit ad palatium currere clamans *romano lo volemo* intrarunt apostolicum nec eis satis fuit bibere nisi etiam vina spargerent preciosa inebriatique magis ac magis clamabant *romano lo volemo* nec hiis contenti intrarunt ecclesiam S. Petri pulsantes campanas dicentes: Ni habeamus romanum, occidamus eos (*ex hoc infertur antea fuisse timendum merito*) propter quorum strepitum et rumores campanarumque sonitus major multitudo populi illuc accessit et novissimi inebriati (*ideo magis dubitandum ab hominibus carentibus ratione*) voces vocibus cumulatis omnes clamabant *romano lo volemo*.

24. Audientes autem prefati DD. sonum et voces et injurias, quid mirum si fuerunt per aliquid tremefacti, maxime cum homines essent delicati (*etiam timuissent robusti et quilibet ratione vigentes*) non consueti tales audire strepitus nec voces ; propter quod ut sedarent populum fecerunt eis dici per D. de Ursinis: Tacete, tacete nam cras mane, ante ortum solis, habebitis nova vobis placabilia de romano. (*Non est verum sed dixit de romano vel italico*). Ad cujus preces et spem remansit quasi vociferare populus et mero calefacti per aliquod dormierunt.

Probat hoc clariter metus sufficiens et sic electionis nullita-

tem inferens, cum predicta evenerint tempore quo incipiebant domini tractare de electione et ante.

Ici commence une autre citation de *Raynaldus 1378 n° IX et X*; ille se compose des N° 25 à 30 de ce casus; nous la donnons pour la même raison que l'autre.

25. Mane autem facto, prefati DD. cardinales videntes se habere verum papam et per consequens non posse nec debere alium eligere, ut autem vitarent scandalum populi qui docendus est et non sequendus, imo etiam aliquando decipiendus in bono, totam cautelam et practicam invenerunt, dixeruntque D. S. Petri: Vos videtis quod isti volunt romanum alias minantur nobis mortem, sed quia romanum non possumus eis dare, obstante electione per nos facto de alio, oportet ut redimatis sanguinem nostrum, hoc est ut fingamus nos elegisse vos qui estis romanus et vobis imponamus indumenta papalia et dum populus hoc credet, nos recedemus illesi. (*Certe mentitur in caput suum nam sumpta cena, cum inceperunt romani frangere conclave, quia fuit vox inter eos quod Johannis de Baro erat electus, tunc ex arupto fuit receptus cardinalis S. Petris et de facto intronizatus*).

26. Est et aliud de necessitate sciendum ante exitum nostrum ut videlicet presentetur electio electo utrum velit consentire vel non, sed quia si mitteretur pro eo solo populus suspicaretur quod est in re, mittamus pro sex sub colore consilii petendi. Quequidem cautele bone omnibus vise sunt. Unde in ortu solis (*Mentitur ut supra*) dum populus clamaret: *Romano lo volemo*, induerunt D. S. Petri et pulsata campana consistorii cum psalmis Te Deum laudamus, eum posuerunt in sede papale, nuntiaruntque toti populo quod D. cardinalis S. Petri sit papa verus electus. Propter quod universus populus laudans Deum fregerunt fenestras et ostia conclavis ut sibi oscularentur pedes et manus.

27. Dum populus universus ad reverentiam conflueret exhibendam, vocati sunt pro parte DD. cardinalium sex prelati DD.

episcopi Ulisbonensis, Tudertinus, Limociensis in Cipro; abbates Montiscassini, S. Pauli de Urbe et Sancti Sabe et septimus archiepiscopus Barensis, quibus in presentia DD. constitutis, traxerunt ad partem D. Barensem presentantes ei electionem. (*Mentitur quia nullus istorum intravit conclave, nec fuit locutus cum DD. cardinalibus, licet Barensis et quidam alii de predictis essent in palatium audientes et videntes impressionem et alia que fiebant dictis DD.*) eum rogantes quod electioni predicte concordi et canonice consentiret; ille autem renuens et removens dixit in fine. Quare dicitis me elegisse et video quod elegistis D. S. Petri. Ob que DD. cardinales totam illa fictionem sibi manifestantes, juraverunt in Deum et celum electum nullum alium preter eum. (*Mentitur quia de tota die illa DD. cardinales non viderunt eum nec fuerent sibi locuti, excepto cardinale S. Petri, qui postquam DD. cardinales recesserunt de palatio et ipse remanserat ibidem, dixit dicto Barensi, qui venit ad eum in camera pape extra conclave, qualiter ipse fuerat electus*).

28. Iste autem videns et audiens omnia supradicta cum humilitate maxima et lacrimis undantibus (*mentitur*) acceptavit, quo facto fecerunt eum abscondi (*mentitur quia eum non viderunt*) in secretissimis palatii apostolici timentes et bene ne scita veritate populus eum interficerent et eosdem.

29. Hiis sic peractis populus rudis plenus tamen devotione osculando manus et pedes D. S. Petri adeo trahebant sibi manus podagra tumentes quod ipse non potens tantum dolorem amplius sustinere, ut eum dimitterent, cohactus est dicere: se non esse papam sed alium. Propter quod tota civitas cucurrit ad arma et circumeuntes palatium ab omni parte minabantur interficere cardinales.

30. Quorum auditis minis et vocibus, fugientes mortem aliqui de ipsis Dominis fregerunt solarium conclavis et per porticum credentes aufugere, finaliter a populo capti sunt et cum magnis

pressuris et opprobriis reducti fuerunt in conclave territi per populum quod nisi eligerent romanum erant mortem nullatenus evasuri. Nomina autem eorum qui evaserunt sunt hec: D. Gebennensis, de Agrifolio, D. Pictavensis, D. Vivariensis et D. de Vernio.

31. Reductis et iterato inclusis in conclave omnibus cardinalibus oportuit (*ergo per timorem et violentam impressionem et non libere*) eos approbare quod factum fuerat tam secreto. Et fecerunt vocari D. Agabitum de Columba (*mentitur*), D. Cadonem de S. Eustachio cancellarium Urbis et abbatem Montis cassini cujus domus fuit deraubata quia commitiva sua credebat eum papam quando fuit missum pro eo. Et istis quatuor manifestaverunt DD. cardinales (*mentitur*) electionem archiepiscopi Barensis dicentes eis quod populus posset eos bene interficere omnes, sed non habere romanum pro papa ista vice.

Fin de la citation de Raynaldus.

32. Unde factum est ut isti quatuor haberent amicos suos et sequentes de majoribus populi et tantum fecerunt et retraxerunt populum et cum bonis et dulcibus verbis omnes reduxerunt ad propria et factum est jam quasi hora none.

33. Ea autem hora omnes DD. cardinales exierunt palatium apostolicum excepto D. S. Petri, quem fecerunt remanere ut populus adhuc eum crederent pro electo.

34. D. Gebennensis statim equitavit extra Urbem cum D. Agabito de Columpna predicto et ad unum suum castrum distans ab Urbe per xx miliaria et plus se recepit nomine Zagarolum.

35. D. de S. Eustachio ivit cum D. de Ursinis ad quoddam suum castrum ab Urbe per xxxiiij miliaria nomine Vicovarium; D. S. Angeli recessit etiam ab Urbe.

36. DD. Penestrinus, de Agrifolio, Pictavensis, de Britania, Vivariensis, de Vernio intrarunt castrum S. Angeli cujus castellanus erat Petrus Rostangni natione de S. Crispino diocesi Ebredu-

nensis in Delfinatu, ut ipsi et illi qui exierant Urbem attediati die externo possent per aliquid respirare; quod quidem castrum inexpugnabile est et omnibus victualibus plenum et fulcitum sicut apparet et ex post apparuit habens introitum et exitum ab extra pro libito voluntatis. (*Pro tunc falsum dicit, quia non erat sic fulcitum, ymo castellanus dixit eisdem ut sibi de alio loco tuto providerent quia non habebat victualia pro XV diebus*).

37. Omnes alii DD. cardinales ad eorum propria palatia remearunt et sic finita est illa dies tribulationis et angustie.

38. Die sequenti in ortu solis accesserunt (*ad importunam requisitionem Barensis et Bandarensium qui minabantur eisdem ni accederent palatium ad intronizandum Barensem*) ad palatium DD. Portuensis, Mediolanensis, Majorismonasterii, de Luna ad sociandum novum pontificem ita solum. Quo audito per majores Urbis, statim Senator, Bandarenses et ceteri Officiales ascenderunt palatium et multi prelati tam italici quam gallici reverentiam debitam novo et vero pontifici impensuri.

39. Dum hec agebantur tractatum est inter novum pontificem et DD. cardinales de intronizatione sua, ut debiti et moris est; sed quia erat expediens ut alii absentes interessent vel vocarentur per presentes processum extitit ex hoc modo.

40. Habuerunt namque abbatem Citriensem qui est italicus de gente de Maletestis de Arimenio et Petrum de Muris nobilem scutiferum de partibus Francie et miserunt eos ad DD. cardinales in castro S. Angeli existentes, quatenus procurarent eos venire ad intronizandum novum pontificem electum per eos et alios in communi vel saltem eorum vices committerent presentibus supradictis.

41. Qui quidem DD. cardinales de castro S. Angeli volebant ire et ascendere palatium, nisi fuisset quidam nomine Gilabertus Sozuc de genere S. R. Domini Urbani quinti qui eis timorem mortis incussit si castrum illud exirent spondens eis quod essent

per populum interfecti, propter que iidem DD. stupefacti non audentes exire castrum commiserunt eos vices presentibus per publicum instrumentum, sed quod plus est fecerunt fieri unam cedulam cui unusquisque eorum propriis manibus se subscripsit in qua continetur quod ex aliquibus causis moti committunt eorum vices presentibus circa intronizationem O. olim patris D. Bartholomei archiepiscopi Barensis, nunc in sancte romane et universalis ecclesie electi in summum qontificem et circa omnem alium actum fiendum de consuetudine vel de jure in persona vel de persona veri et canonici in papam universalem electi; quod instrumentum et cedula nunc de facto apparent.

42. Sed videntes postea prefati DD. cardinales de castro S. Angeli quod nullus rumor erat in populo exierunt castrum (*timore predictorum verborum castellani et requisitionum eisdem factarum pro parte Barensis et Bandarensium*) et ascenderunt papale palatium et invenerunt novum papam cum illis DD. cardinalibus presentibus a quibus et Officialibus Urbis cum gaudio sunt recepti.

43. Statim induerunt novum pontificem capa scarleti et eum duxerunt in parvam capellam juxta palatium apostolicum constitutam, ubi dum vellent novum intronizare pontificem ipse ad eos in hunc modum locutus est: Videte, Domini, vos eri dixistis quod me elegeratis et concorditer et canonice et infestastis me quod ego acceptarem; michi videtur quod istud factum satis mirabile maxime cum non sum, nedum consanguineus alicujus vestrum, sed nec de natione vestra. Quapropter si per aliquem timorem me elegistis, dicatis michi, et ego una vobiscum decipiemus populum quousque eritis in Anagnia vel alibi ubi poteritis eligere quem voletis.

44. Prefati autem DD. cardinales qui erant numero undecim, scilicet, Portuensis, Penestrinensis, de Agrifolio, Mediolanensis, S. Petri, de Britania, Pictavensis, Vivariensis, Majorismonasterii, de Vernjo et de Luna omnis unanimiter et concorditer respon-

derunt (*Mentitur in omnibus contentis in hoc capitulo*) jurantes super altare saccratum: eum libere, sponte et concorditer elegisse et principaliter causa, que eos iuduxisset ad hoc, fuit quod non videbant patrimonium ecclesie sic quasi perditum posse per alium quam per italicum pontificem recuperari et ad majorem cautelam et certitudinem sui et totius mundi ipsi eligebant eum ibidem de novo et sic fecerunt; de qua secunda electione apparent quamplura publica documenta. Tunc ipse D. N. iterum acceptavit indutus per eos capa et mitra aliisque insigniis papalibus super altare intronizaverunt et sibi imposuerunt nomen Urbanus.

45. Quibus sic peractis petierunt ab eo absolutionem plenam suorum peccatorum, ipse autem titubans utrum esset de more voluit ab eis de tali negotio declarari. Qui responderunt quod in nova assumptione pape ut in morte sua debebat omnibus cardinalibus absolutionem plenariam impertiri. Unde factum est ut idem Urbanus eos omnis absolveret genuflexos. Quiquidem cardinales absoluti, eum associaverunt in camera et collationem fecerunt cum gaudio et letitia inauditis et recedentes ex post unusquisque cum gaudio ad propria remeavit.

46. Die vero sequenti redierunt DD. de Ursinis, de S. Eustacio et de S. Angelo et die tertia D. Gebenuensis certe non coacti nec ligati sed nec vocati nec etiam requisiti approbantes omnia et singula supradicta sicut apparet per publica instrumenta (*Mentitur quia ymo vexati et requisiti, nec aliter poterant effugere manus romanorum cum essent in eorum districtu cujus passus per terram et aquam erant omnes gentibus muniti*).

47. Adveniente sacro die Resurrectionis, omnes DD. cardinales sicut antea preparatum erat incipientes in media nocte officium coronationis in basilica principis apostolorum in ortu solis in capite scalarum introitus predicte basilice coronaverunt prefatum D. Urbanum, rotunda mitra tribus coronis ornata et in albis ipsi DD. cardinales cum universis prelatis tunc in curia romana de-

gentibus ad numerum de ducentis eum sociarunt ad basilicam S. Johannis Lateranensis ubi possessionem papatus recepit sicut moris est et palatii Constantini; et de ibi retrocedentes posuerunt papam in suo apostolico palatio S. Petri et demum unusquisque ad propria hospitia pro prandio remeavit.

49. Hiis sic finitis more solita ibant et iverunt DD. cardinales omnes ad papam tam in missis quam in vesperis, tam in consiliis quam in consistoriis exhibentes sibi reverentiam et honorem debitum velut pape.

50. Sed et D. Glandatensis cum magna instancia impetravit et obtinuit ab eo titulum Ostiense et multi, imo fere omnis, alii Cardinales beneficia in personis propriis receperunt porrexeruntque rotulos et pro familiaribus et sociis dignitates et beneficia impetrarunt, scripseruntque universis christianis principibus quod D. Urbanum elegerant per viam Sancti Spiritus concorditer et sponte ac etiam in communi.

51. D. autem cardinalis Ambianensis non erat cum eis quum Spiritus Sanctus descendit in alios ut eum eligerent, sed erat in terra Corneti que distat ab Urbe per XL miliaria, rediens a tractatu pacis cum liga pro qua per sancte memorie D. Gregorium missus fuit; hic autem non vocatus nec requisitus sponte et libere venit Romam, exhibuitque D. Urbano reverentiam et relationem fecit de omnibus suis tractatibus circa factum predictum pacis tanquam D. Gregorii legitimo successori.

52. Per istum modum incepit, processit et finivit electio domini nostri D. Urbani pape sexti. Nunc autem videre esset de causa discordie inter ipsum et DD. Cardinales ut quilibet justus princeps posset videre cujus defectu procedit discordia supra dicta.

XXX.

D. S. III. pag. 118 et 120.

*Réponses du Cardinal de Florence
aux questions des ambassadeurs d'Aragon.*

Responsiones R. P. et DD. cardinalis Florentinensis ad ininterrogationes sibi datas per egregios viros Ambaxiatores Serenissimi principis Regis Aragonum.

1. *On lui objecte que d'après Nardus il a envoyé lui et ses compagnons à Saint-Ange le Vendredi matin, pour dire aux Cardinaux qui étaient là, de venir au palais. Ceux-ci ayant refusé, il leur envoya une cédule qui les décida à venir. A cela le Cardinal répond:*

Ad primum interrogatorium quod incepit: Cum asseratur etc. respondeo et dico quod Nardus illo mane ad me non venit, cum scio et recordor quod venerunt illo mane ad me aliqui Officiales Urbis et requisiverunt me instanter quod irem ad palatium ut publicarentur populo que facta erant die precedente; et dixerunt dicti officiales Urbis: Non expectetis quod populus potet et comedat nisi ante veniatis et publicetis que facte fuerunt die externa ista.... dicta quam fuerit proxime preterita et sumus in majori periculo nos et vos quam heri fuerimus. Quibus auditis pro vitando majore scandalo cum dictis officialibus equitavi ad palatium. Sed dico et assero quod eisdem Officialibus nullam ambaxiatam imposui quod ex parte mea irent ad Dominos qui erant in castro S. Angeli, nec ad alios. Item dico et assero quod nullam cedulam vel scripturam unquam feci occasione predicta.

2. *Thomas de Acerno soutenient que le cardinal lui a dit dans son propre palais: "Habemus papam D. Barensem„ et*

qu'ayant appris par lui qu'Urbain était dans le palais, le cardinal s'écria : Ego volo vivere et mori cum eo et ire ad eum quia Dominus noster est, ipse est papa ; *qu'il envoya aussitôt chercher deux officiers du Capitole et qu'il leur dit que Barthélemy était élu, ceux-ci lui ayant répondu, après s'être consulté avec les autres Officiers, que les Romains l'acceptaient quoiqu'ils eussent préféré un Pape Romain, le Cardinal joyeux vint à cheval trouver Urbain, il l'embrassa, lui raconta ce qui s'était passé, et fit apporter de chez lui le repas du pape. Après le repas plusieurs Cardinaux arrivèrent. A cette objection le Cardinal répond :*

Ad secundum quod incepit : Item cum asseratur etc. respondeo et dico omnia in eo contenta esse falsa totaliter et mendosa et conficta. Ymo aliqua ex eis esse impossibilia maxime attenta locorum magna distancia, ac etiam attento quod officiales predicti nunquam a me discesserunt donec me ad palatium sine intervallo duxerunt, ymo etiam nec permiserunt me complere horas et officium quod et quas in palatio postmodum complevi. Dico tamen quod ad me venit D. Thomas et quod recepi eum placide dicendo sibi : Bene estis letus, quia sciebam ipsum satis sollicitasse impressionem fieri, ut publice se jactabat.

3. Plusieurs ayant soutenu qu'à Tivoli les Cardinaux italiens traitaient Urbain en vrai pape, le Cardinal explique sa conduite.

Ad tertium quod incepit : Item cum asseritur per aliquos etc. respondeo quod quamdiu ego et alii DD. cardinales italici fuimus in Tibure cum dicto B. oportebat nos ire ad consistoria et consilia sive potius congregationes dicti B. et scio quod non ibam nisi vocatus, quod non fuissem ausus contradicere, nunquam tamen intendens per aliquem actum sibi jus aliquod tribuere in papatum sicut etiam ante recessum meum de Anagnia fueram protestatus. Item illo tempore stetimus in Tibure ut laboraremus pro aliquo bono remedio et ut dictum B. de veritate facti certum faceremus ne se posset per ignorantiam facti aliquo tempore excusare. Nec feci, ut ponitur ibi, fieri aliquas promossiones, ymo ipse B. suo motu investigaverat quomodo posset aliquos actus facere et aliquos de nostris promovere et allicere, ex quo sensiit opinionem Dominorum super facto suo et quia tum non reputabant papam. Item dico etiam quod non consensii paci Florentinorum, ymo quod dissuasi et disensii dicendo expresse ambaxiatoribus communis Florentie qui pacem ipsam tunc prosequebantur in Tibure, quod ipsi jam sciebant tunc quod DD. cardinales in Anagnia existentes volebant ad aliam electionem procedere, cum a certo tenerent electionem B. nullam esse propter impressionem notoriam romanorum, dicendo dictis ambaxiatoribus quod frustra expendiderant pecunias suas in prosecutione dicte pacis apud B. predictum. Qui tamen ambaxiatores michi dixerunt quod volebant consilium, quia multum erant afflicti processibus D. Gregorii pape S. M., addentes, si aliquis eligatur per DD. cardinales, facilius inducetur ad favorabilem pacem faciendam cum commune Florentie.

4. François de Sienne prête au Cardinal de Florence à l'époque de la mort du Cardinal des Ursins, ces paroles :

" *Magister Francisce, modo veniemus ad D. N. sicut semper desideravi, quia didici veram esse regulam patris mei qui dicebat:* " *Qui havet socium havet Dominum* „ *quasi quod vellet inuere quod D. Cardinalis D. Jacobus de Ursinis fuerat in culpa absentationis trium DD. cardinalium italicorum. Respondeat D. Florentinensis si predicta dixit et si dixit quare dixit.*

Ad quartum quod incipit : " Item quod asseritur per magistrum etc. „ dico falsa esse contenta in ipso interrogatorio, nec sibi dixisse verba predicta, nec aliquo modo de eo tantam confidentiam recepissem sua conditione considerata et suis moribus et quod ex toto afectatus erat ad B. qui erat compater suus nam filium ipsius magistri Francisci de sacro fonte leveraverat.

5. *Philippe de Rubeis soutient lui avoir entendu dire qu'avant même le conclave, les Cardinaux étaient décidés à élire Urbain, qu'il était réellement élu, et que les Cardinaux regretaient son élection, parce qu'il les maltraitait. Le Cardinal répond :*

. . . . Respondeo quod directe mentitus est in caput suum et dico et assero pro vero et certissimo quod nullo unquam temporis ante diem et horam nominationis facte de dicto B. in palatio apostolico fuy in loco ubi inter DD. cardinales fieret quecumque mentio de B. predicto et si fuissem in aliquo loco ubi de eo mentio aliqua facta fuisset possetenus impedivissem quia mores et vitam ejus melius cognovissem quam alii.

6. *Adam de Eston soutient avoir vu la tettre de ce cardinal annonçant à l'Empereur l'élection libre d'Urbain. Voici les explications du Cardinal.*

Ad sextum . . . . . respondeo quod verum fuit quod feci litteras scribi imperatori mandante B. qui sciebat me multum notum esse imperatori ; verum tamen fuit et est quod scripsi unam cedulam manu mea propria quam secrete inclusi in ipsis litteris per quam imperatori notificavi quod non adhiberetur fiduciam illis que gesta erant nisi quatinus expediret quia negotium aliter se haberet et ut in brevi ipsum informarem. Et peto quod cedula mea manu propria scripta michi ostendatur. Similiter peto quod exibeantur littere quas eidem imperatori scripsi facta electione D. N. Clementi pape VII asserendo ipsum esse vere romanum pontificem. Quarum primas portavit decanus Visgradensis ambaxiator imperatoris predicti, et secundas portavit episcopus Wratislaviensis.

7. *L'évêque de Récanati dit que le Cardinal, dès le Vendredi matin, assura à Urbain qu'il était le vrai pape, qu'il l'envoya lui-même dire au Cardinal de Vernhio de venir, et qu'il présenta*

à Urbain une supplique dans laquelle il était question de la paix avec les Florentins. Le Cardinal répond à l'objection tiré de cette accusation.

Ad septimum interrogatorium .... respondeo quod ea contenta in isto interrogatorio omnino sunt falsissima et non continere veritatem nisi in hoc quod ivi illo mane ad palatium ubi erat B. requisitus et ductus per Officiales Urbis ut supradixi respondendo ad primum interrogatorium (et patet falsitas predictorum ex eo quod dictus D. S. Petri erat in palatio nec inde illa nocte exierat) nec rotulum vel scripturam aliquam sibi dedi vel obtuli, nec Florentinorum mentionem feci, quos nec volebat audire nominari antequam suy venisset notitiam quod DD. cardinales non reputabant eum pro papa.

8. *Voici textuellement cett objection et la réponse du Cardinal. Item cum asseratur per episcopum Recinatensis quod D. cardinalis de Vernhio sibi dixit in Anagnia quod nomine suo et DD. de Luna, de Britania, S. Angeli, Glandatensis et Vivariensis promitteret DD. cardinalibus italicis quod ipsis DD. italicis firmis stantibus erga dictum D. B., ipsi de Vernio et alii superius nominati essent cum eis firmi usque ad mortem. Et quod omnia ipse episcopus cum redivit Tiburim dixit uno mane DD. Florent. Mediolanensi et de Ursinis coram dicto B. in secreto consistorio et quod dicti D. ytalici volebant esse firmi. Respondeat dictus D. Florent si predicta sint vera.*

Ad octavum interrogatorium ..... respondeo quod in eo contenta sunt totaliter falsa quod manifeste probatur, nam me Portuense et DD. Mediolanense et de Ursinis cardinalibus missis de Roma Anagniam omnis DD. cardinales existentes in Anagnia numero XIII cum juramenta dixerant et affirmaverant se B. non habere pro papa tanquam nominatum sive electum per impressionem notoriam, petentes instanter quod nos tres ibidem remaneremus, ut simul cum eis intenderemus ad providendum ecclesie sicut in aliis responsionibus nostris prolixius dixi. Certum est autem quod ipse Recinatensis deponens post recessum nostrum de Anagnia venit ad civitatem Tiburtinam ad quam se B. transtulerat medio tempore dum nos de Roma Anagniam miserat, (nec nos tres in Tibure alias fueramus) quare dictis testis credi non debet quod tanti Domini contra suum juramentum ei dixerunt eo que in interrogatorio continentur.

9. *Item, cum in casu tradito per D. Barensem sub bulla habeatur quod dicta die veneris qua ipse B. fuit intronizatus de mane ipse D. Florent. et DD. Glandatensis, Mediolanensis, Majoris monasterii et de Luna cardinales venerunt ad palatium ad ipsum D. B. et quilibet ipsorum DD. cardinalium congratulando ipsi B. de felice electione promotione et assumptione sui ad papatum et dicendo sibi verba alia grata et humilia dixerunt, sive firmiter et instanter supplicaverunt quod electioni de se facte tam concordi et canonice consentiret. Et demum consuluerunt et dixerunt eidem electo quod statim mitteretur sicut missum fuit pro illis VI DD. cardinalibus qui erant in castro S. Angeli rogando et requirendo eos quod convenient omnis simul in dicto palatio et dictam electionem eidem electo presentarent ut consentiret idem et intronizaretur. Et quod ipse electus, auditis verbis, et sua sionibus (sic) predictis volens esse clarus in conscientia sua interrogavit eos et quemlibet eorum singulariter si ipse sincere, pure et libere ac canonice per omnes cardinales in conclavi electus fuerat dicens quod si ejus electio non fuisset libera et canonica eidem nullatenus consentiret et quod ipsi B. DD. cardinales et eorum quilibet responderunt et constanter affirmaverunt ipsum B. esse ita sincere, pure et libere et canonice in papam electum per dictos DD. cardinales sicut aliquis potuisset in romanum pontificem libere et canonice elegi Suadentes eidem etiam quod pro Deo dicte electioni nullatenus assentire differret, dicentes etiam quidam ex cardinalibus eidem*

electo quod si dicte electioni non consentiret magnum peccatum faceret; nam ex hoc posset verisimiliter contingere quod sedes apostolica diu vacaret pro eo quod DD. cardinales cum magna difficultate iterato simul congregarentur pro alio in romanum pontificem eligendo. Respondeat D. Florent. si predicta fuerunt vera et si vera sunt, quare facta fuerunt.

Ad nonum interrogatorium .... Respondeo quod ego dicto mane ivi ad palatium requisitus ab Officialibus Urbis ut superius continetur et quod postea successive venerunt alii Domini, sicut credo ab ipsis Officialibus requisiti. Cetera autem in interrogatorio contenta in quantum me tangunt, procul dubio, et in quantum vidi et dici audivi quod ad alios Dominos penitus falsa sunt et carentia veritate; certus enim sum quod de contentis in interrogatorio nichil dixi et vidi quod venientibus aliis Dominis singulariter loquebatur cuilibet et valde pauca verba; sed solum sollicitabat romanos quod irent aut mitterent pro DD. qui erant in castra dicendo romanis: Nisi venirent nichil est factum. Dico etiam et assero quod nos, de quibus in articulo sive interrogatorio continetur, nunquam ad invicem congregavit. Et verba dicti casus falsitatem continent manifestam, quia de contentis in interrogatorio nobis non fecit mentionem, nec nos sibi.

10. *François d'Orvieto rapporte que le Cardinal voulut un jour se confesser à lui, et lui dit:* " *Ego sicut et ceteri DD. cardinales habeo a D. N. papa plenariam indulgentiam et remissionem omnium peccatorum semel tamen pro nunc, et ut proficiat michi volo de omnibus particulariter confiteri. Et cum sibi confessus fuit, dixit: Peto a vobis ut ex parte D. N. Urbani absolvatis me, et detis michi hujusmodi indulgentiam et remissionem omnium peccatorum, quod sic factum fuit in interiori camera hospitii ubi in Sancto Grisogono dictus D. Florentinensis hospitabatur „. Et il dit en terminant:* " *Data absolutione ex parte dicti D. Urbani pape VI, predictus D. cardinalis descendit ad*

capelam et assistente sibi et coadjuvante dicto fratre, devotissime celebravit.

Ad decimum . . . . . respondeo verum esse quod fratri Francisco de Urbeveteri tunc familiari et capelano meo sicut etiam et aliis confitebar prout opportunitas occurrebat et dico quod dictis ipsius fratris fides adhibenda non est, tum quia videtur velle revelare ea que sibi asserit dicta fuisse in confessione sacramentali que fit hac vice Dei ex quo graviter puniri deberet; tum quia ipse magister Franciscus erat michi valde suspectus nam a certo sciebam quod per B. erat deputatus in domo et familia mea et sic esse verum jam a pluribus fide dignis fuerat michi relatum, especialiter a magistro Bonaventura de Padua tunc ipsis priore generale dicti ordinis fratrum heremitarum S. Augustini, qui pluries me avisavit quod caverem michi a dicto fratre Francisco, nam sciebat quod erat in domo mea explorator erga B. Et de eo quod dicit de indulgentia et verbis ut asserit dictis per me, est falsum ut ponitur. Verum est tamen quod dum michi faceret sermonem de indulgentia predicta, respondidi, ut michi videtur, ex suspicione concepta, valeat ut valere potest; nolens me sibi aliter detegere. Et dum una vice vellem confiteri et celebrare, antequam inciperem confessionem sibi dixi: Volo primo dicere tibi peccata tua; ego scio quod tu es explorator in domo ista, male factis, et cogita quomodo istud in viro religioso et familiari conveniat; et adidi nolo quod de hoc michi respondeas quia veritatem scio; et hiis dictis feci confessionem meam ut solitus eram.

11. On reproche au Cardinal d'avoir écrit les lettres suivantes :

1re Lettre. Petrus Portuensis episcopus cardinalis, venerabili et religioso fratri Johanni de Pistoris domus Apulie S. Antonii preceptori amico meo carissimo. Vestri religiose amice carissime, litteras vestre amicitie grantanter recepimus et sub paucis verbis intelleximus grandem sensum, regraciantes vobis quam plurimum de affectione sincera quam erga nos per easdem litteras ostendistis certique sumus quod in omni honore modo laboraretis realiter et in vestro de quo reciprocus est afectus in quibuscumque tangentibus decus vestrum. Ceteri sicut alias vobis scripsimus nuper, ita repetimus per presentes, quod die mercurii VII mensis hujus in vesperis pro futuri pontificis electione nos clausimus in conclavi, in die Jovis VIII, post missarum solempnia congregati, Spiritus Sancti gratia inspirante, reverendum tunc patrem D. Bartholomeum de Neapoli archiepiscopum Barensem locumtenentem D. vice cancellarii, in summum pontificem concordes elegimus et electione publicata cum solempnitatibus debitis intronizavimus juxta morem vocaturque nomine ejus Urbanus VI per quem propter ejus scientiam, vite puritatem, ceterosque virtutes innumeras et rerum experientiam diu probatam speramus indubie quod illius auxillio et clementia cujus justus est vicarius universalis ecclesie feliciter et secundum Deum et justitiam gubernabitur totusque populus christianus consolationem reperiet et augmentum ; laboravimus pro honore italici nominis per Dei gratiam in effectu. Parati semper ad amicitie vestre grata.

Scriptum Rome die xiiij Aprilis, primo Idus.

2e Lettre. Sanctissimo D. Nostro. — Sanctissime Pater, Reverendus pater Camerarius V. S. redit ad E. S. V. de actis et agendis plenarie informatus, quare dignetur V. S. eidem et nobili militi D. Nicolao de Camamortuo in referendis fidem indubiam adhibere.

Scriptum in Cellis die 2 Septembris.

V. S. devoti. P. Portuensis, S. Mediolanensis cardinales.

3e Lettre. Sanctissimo D. N. Summo Pontifici. — Sanctissime Pater, huc usque non scripsimus S. V. quia non vidimus opus esse. Nunc autem noverit V. B. quod die mercurii et heri convenimus prope civitatem Penestrinam in quadam ecclesia campestri cum DD. Gebennense, Pictavense et S. Eustachi cardinalibus quibus locuti sumus juxta condeta coram vestra presentia et post multa colloquia et diversa variis vicibus habita, finaliter oferendo viam concilii, quorum finale responsum fuit quod a DD. suis tunc Anagnie existentibus respondendi ad dicta per nos non habebant mandatum, sed expediebat ut super illis deliberarentur cum eis, quare instantissime nos precabantur ut Anagniam vellemus acedere omnibus DD. ea dicturi ut omnibus auditis super eis deliberaretur maxime quia nos etiam in ista materia tangebamur. Quibus respondimus quod ipsi ire ferre Dominis poterant, nosque in aliquo loco vicino expectaremus eorum responsum, rogantes ut illud sine dilatione dare deberent. Quamobrem prefati DD. isto mane Anagniam remearunt, nos vero responsum prestolabimur in castro Genazani vel alio loco vicino, operantes omne bonum quod nobis erit possible. — Scriptum Zagaroli die VI Augusti prima indictione. Devoti vestri, P. Portuensis, S. Mediolanensi, J. de Ursini cardinales.

4ᵉ Lettre. Sanctissimo D. Nostro. — Sanctissime Pater, credentiales litteras S. V. per magnificos DD. Nicolaum comitem Nolanum et Raynaldum de Ursinis nobis exibitas reverenter accepimus et relata per eosdem vestra parte intelleximus diligenter, quibus illam responsionem dedimus, quam honori V. S. sancteque romane ecclesie et debito nostro credimus convenire, quorum pro nostra parte relationibus cetera illa dignemini credere tanquam nostris. — Scriptum Sublaci die XVI Augusti primo indictionis. Sanctitati ejusdem devoti: P. Portuensis, S. Mediolanensis, Jacobus de Ursinis.

5ᵉ Lettre. Sanctissimo Domino Nostro. — Beatissime Pater; vidimus litteras apportatas per revendum patrem D. episcopum Cassanensem presentium portitorem et commissam credentiam audivimus ab eodem. Ad omnia breviter respondemus, quod quocumque ivimus et quidquid fecimus semper finem respeximus operandi bonum, et quia nondum convenimus cum DD. N. cardinalibus, nec sicuti decuit locuti fuimus cum eisdem, non potuimus adhuc ipsi episcopo certum aliquid respondere. Cujus rei causa ipse episcopus noluit expectare, recedit ad vos de nostris voluntatibus circa presens negotium plenarie informatus; nos autem disponimus nos alias nostro nomine, quia, ut videtur nobis, juxta cepta debemus utiliter operari; expectamusque certum responsum a dictis DD. nostris ut sciamus quomodo procedere debeamus, recommendantes nos devotissime S. V. — Datum Suessa iiij septembris hora tarda. Devoti oratores et filii vestri, Florent. Mediol. et de Ursinis Cardinales.

6ᵉ Lettre. Sanctissimo Domino Nostro : — Beatissime Pater, vestras suscepimus litteras ante adventum magnifici Raynaldi de Ursinis in quas dictus Raynaldus ultimo nobis exhibuit et prudenter per eum et reverendum patrem episcopum Brixiensem exposita audivimus, quibus supra concilio fiendo ad extirpationem scismatis et pacificationem ecclesie sancte Dei et christianitatis mentem nostram aperuimus ipsisque et dilectis sociis et auditoribus nostris Johanni Despoleto, Thome de Pupio et Bartholomeo de Placentia, super hoc fidem credulam placet adhibere et per eos salvificum nobis exhibere responsum. — Scriptum Tallacotii die xvii Januarii. — Devoti P. Portuen. S. Mediolan. et J. de Ursinis Card.

Au sujet de ces lettres qu'on lui reproche d'avoir écrites, soit en son propre nom, soit collectivement avec les autres Cardinaux italiens, le Cardinal répond:

Super litteris quas dicitur per nos tres italicos cardinales scriptas Barensi etc. Quo ad primam litteram que dicitur scripta per me Florent., respondeo quod illam nunquam feci, nec illa littera erat dictata ad modum meum, ymo quia habebam notum preceptorem cui dicta littera directa dicitur, audiveram dici quod volebat venire ad curiam, dixi cuidam familiari suo quod scriberet dicto preceptori ne ad curiam veniret quod si veniret peniteret eum. Quo ad alias litteras que asseruntur per nos simul scriptas, respondeo quod sicut notorium est aliquo tempore nos tres cardinales italici pro tolendo ecclesie scandalo et divisione, laboravimus tractando inter partes et utrique parti aliquam scripsimus, tamen ad effectum pacis et unionis ecclerie intendentes, propter quod etiam nostros nuntios utrique parti misimus. Sed quod littere fuerint scripte, vel cujus tenoris exhibeantur et veritas non negabitur.

XXXI.

D. S. III. pag. 156 et 158.

*Réponses du cardinal d'Aigrefeuille
au Ambassadeurs d'Aragon.*

1. François Petri, son familier, soutient que quelqu'un ayant dit devant ce Cardinal que le futur pape serait le cardinal de Florence ou l'abbé de Mont Cassin, le Cardinal répondit: " Quod neuter illorum esset papa, si omnes cardinales deberent propterea trucidari, cum jam esset ordinatus quis deberet esse papa ".

Ad primum interrogatorium respondit dictus D. cardinalis de Agrifolio se habere notum dictum Franciscum Petri qui erat familiaris suus, non tamen commensalis, sed non recordatur dictus D. cardinalis predicta verba unquam dixisse. Ymo tenet firmiter non dixisse, nec etiam ipse consuevit nec alii D. cardinales consueverant aliqua verba detractiva alicui D. cardinali publicare seu dicere esto quod essent vera.

2. Le même témoin soutient qu'à la sortie du Conclave, ayant émis lui-même un doute sur l'élection, le Cardinal lui répondit devant plusieurs autres Cardinaux: " *Certe verum est quod Barensis est papa, quia antequam intraremus conclave ordinatum erat inter nos quod ipse esset papa* „.

Ad secundum respondit quod contenta in dicto interrogatorio sunt totaliter falsa et mendosa, nec de tota illa die qua DD. cardinales exiverunt conclave ipse D. cardinalis vidit dictum Franciscum Petrum.

3. Le même témoin soutient que malgré sa répugnance, le Cardinal lui conseilla de faire sceller certaines pièces par Urbain VI. Il lui prête ces paroles: " *Vade, fac fieri litteras, quia per Deum ita bene est ipse papa, sicut a S. Petro citra fuit aliquis papa et sicut ego et vos summus veri christiani* „.

Ad tertium respondit: se non recordari predicta dixisse, nec credere ea dixisse, nec etiam dictus Franciscus Petri qui ut predicitur non erat familiaris commensalis suus, positus fuerat in rotulo suo, quod scriverit dictus ipse cardinalis, nec dictus rotulus fuit oblatus usquequo dictus D. cardinalis fuit in Anagnia, nec postea vidit ipse D. dictum Franciscum, nec dictum rotulum.

4. Voici la quatrième question qu'on lui adresse: " *Si ipse D. cardinalis et D. Pictavensis petierunt a D. S. Petri in domo sua primo, et postea in conclavi, quod vellet cum eis concurrere ad eligendum dictum Barensem* „.

Respondit in sua conscientia quod ante ingressum conclavis non dixit nec dici fecit verbum aliquid de eligendo predictum D. B. vel aliquem alium dicto D. S. Petri, nec alicui alii, nisi prout in depositione per eum tradita superius continetur, nec etiam ipse unquam fuit in domo D. S. Petri.

5. Si ipse D. existens Rome, ex eo quia reputabat dictum Barensem verum papam procuravit quod quidam scutifer, qui sororem suam duxerat in uxorem mitteretur ad imperatorem portando nova de felice electione dicti D. Barensis.

Respondit quod nunquam ipse procuravit quod dictus scutifer sororius suus qui vocabatur Bertrandus de Veyraco mitteretur ad imperatorem pro nuntiando sibi electionem dicti D. B. Verum est tamen quod tempore felicis recordationis D. Gregorii, nuntii imperatoris prosequebantur in curia romana confirmationem fieri de electione in regem romanorum facta de filio imperatoris, qui erat rex Boemie, et causa ista commissa fuerat per D. Gregorium ipsi D. de Agrifolio et quia tempore mortis dicti D. Gregorii dicta confirmatio nondum facta erat, licet causa esset conclusa et dictus D. Gregorius jam se disponeret ad ipsam confirmationem fiendam et ut ipse D. de Agrifolio audiverat, suggestum fuerat imperatori, quod ipse D. de Agrifolio fuerat in culpa de nimia tarda dicte confirmationis; ipse Dominus procuravit sociare dictum Bertrandum tanquam sibi fidum, cuidam militi neapolitano, qui mandato B. portabat nova dicte electionis ad dictum imperatorem et scripsit ipse Dominus unam litteram imperatori informando eum de diligentia et directione quas ipse Dominus adhibuerat circa expeditionem confirmationis predicte, committendo credentiam circa informationem predictam dicto Bertrando de Veyraco et mandavit ipsi Bertrando quod si absque dicto milite neapolitano loqui posset secrete cum imperatore, informaret eum de impressione que DD. cardinalibus facta fuerat in electione dicti B. Sed ex relatu dicti Bertrandi quam postea habuit, dictus miles neapolitanus scivit tantum facere, quod ipse Bertrandus dicto imperatori non potuit loqui ad partem, nec eum informare de impressione predicta.

6. On lui demande s'il a dit, comme le prétend Christofore Gallina, ces paroles: " *Quod ipse Dominus reputaret et alii Domini reputarent dictum Barensem esse verum papam* „.

Respondit dictus D. cardinalis quod ipse bene cognoscebat dictum Christoforum Gallina sed quod predicta verba nunquam dixit.

7. Adam de Eston prétend qu'ayant manifesté un doute de-

vant le Cardinal, celui-ci dit: " *Quod a tempore B. Petri quem Christus papam fecit ore proprio, non fuerat homo magis sancte electus; addens quod Spiritus Sanctus in eis fuit quum elegerant ita sanctum Dominum ".*

Bien plus, le Cardinal le retint et le fit coucher chez lui pour le conduire le lendemain au palais. A ces allégations le Cardinal répond:

Respondit quod ipse bene cognoscebat dictum magistrum Adam, qui erat satis sibi familiaris, sed quod nunquam dixit dicta verba, nec recordatur etiam ipsum introduxisse ad D. B. pro faciendo sibi reverentiam, tamen si fecit, fecit ad ejusdem magistri instantiam et, ut dixit, non est verum quod ipse retinuerit dictum magistrum ad dormiendum in domo sua, quia sibi nunquam fuerit consuetum ad dormiendum in domo sua aliquos retinere.

8. *D'après Adam de Eston, le Cardinal lui demanda comment l'élection d'Urbain serait reçue en Angleterre. Il lui répondit que les Seigneurs Anglais regardaient les Cardinaux Français comme leur étant plus hostiles que le roi de France, qu'ils avaient décidé d'enlever aux Cardinaux tous les bénéfices qu'ils avaient en Angleterre, mais que, si Urbain écrivait en leur faveur, on les leur conserverait. Le Cardinal dit-il s'écria aussitôt:*
" *Bona hora, elegimus Urbanum VI et Spiritus Sanctus fuit operatus pro nobis ".*

Respondit se nunquam dixisse verba predicta dicto magistro Adam nec alicui alii, addens etiam quod falsissimum erat quod ordinatum fuerit illo tempore in Anglia cardinales gallicos non recipere ibi sua beneficia, nam ipse Dominus recipiebat in Anglia tunc pacifice et quiete de beneficiis que ibi habebat tria milia florenorum annuatim vel circa, et D. Pictavensis circa duo milia et D. Albanensis circa quinque milia et D. de Vernhio circa duo milia et D. S. Eustacii magnam pecunie quantitatem et quam plures alii cardinalis gallici.

9. Si ipse D. cardinalis quum procuravit quod Bertrandus de Veyraco mitteretur ad imperatorem pro nuntiando ei electionem dicti D. Barensis scripsit in civitate Anagnie diversis episcopis Alamanie ut dictum Barensem predicto D. imperatori specialiter recommendarent.

Respondeo quo ad ambaxiatam D. Bertrandi de Veyraco ut supra in quinto interrogario; quo ad litteras de quibus fit mentio, respondit se in conscientia sua nunquam de Anagnia nec de Roma scripsisse ratione predicta episcopis Alamanie, nec, ut dixit, habebat in tota Alamania notum aliquem prelatum nisi D. Maguntinensem qui tunc erat remotus ab imperatore bene per XX dietas.

10. L'évêque de Viterbe soutient avoir eu avec le Cardinal la conversation suivante: "Miserum consilium habuistis non ex vobis eligere, qui tot eratis in una natione, non bene potuissetis elegisse quem voluissetis. Et ei ipse D. de Agrifolio replicando dixit: Domine, si male fecimus, male habebimus, invidia nostra hoc fecit, quia Limovicensis voluit esse papam et D. S. Eustacii voluit esse papam, et ego cognoscens eos, nullum corum volebam, sed assentiebam in D. Pictavense vel D. Vivariense, quorum quilibet erat sufficientissimus et finaliter videns quod habere non poteram quod volebam, significavi D. S. Petri si placeret sibi D. Barensis eligere quia ego consentirem et forte aliqui consentirent in eum et sic fecerunt omnis, quia revera nullus contentabatur de D. S. Eustacii nec de D. Lemovicense.

Respondit quod in fide et conscientia sua ipse nunquam dixit dicto episcopo Viterbiensi verba predicta, ymo sunt falsissima et mendosa.

11. Le même évêque prétend que le Cardinal blâma à Anagni la conduite de ses collègues, et lui donna une lettre de créance pour Urbain. Le Cardinal répond:

Quod nunquam illa verba sibi dixerat nec recordatur litteram aliquam credentialem vel aliam per eum dicto Barensi misisse.

12. L'évêque de Récanati prétend qu'en arrivant au palais, le Cardinal a rendu à Urbain les honneurs dus au pape.

Dixit predictus D. ad predictum interrogatorium respondendo quod verum fuit quod ipse vocatus solus ascendit ad cameram ubi erat dictus B. et fecit sibi reverentiam, a qua non fuit ausus se abstinere et quod ipse B. similiter fecit ipsi Domino reverentiam et interrogavit eum quomodo procedere deberet in hiis que tunc fienda erant, et quod ipse D. de Agrifolio commemorans que facta fuerant circa ejus electionem, consuluit sibi quod iret cum DD. cardinalibus extra Romam, quia bene possent omnia reparari; sed tunc ipse B. interrumpendo ex toto materiam illam dixit sibi: Ego volo quod vos gubernetis me. Ego volo vobis ostendere singularem amorem et similia verba.

13. On lui demande s'il est vrai que le soir de l'entrée au Conclave il a, en compagnie du cardinal de Poitiers, sollicité le cardinal de Saint-Pierre de voter comme lui.

Respondit omnia esse falsissima et carrere omnimodo veritate.

14. Est-il vrai que le cardinal des Ursins ayant proposé de feindre d'avoir élu un frère mineur, les Cardinaux Limousins s'y opposèrent et qu'on procéda aussitôt à l'élection d'Urbain?

Respondit ut supra proxime.

15. On lui demande si dans la cédule qu'il signa au château Saint-Ange, il était dit qu'il adhérait à tout ce que feraient les autres Cardinaux.

Respondit se non recordari cedulam illam legisse, quia dum ipse et aliqui alii Domini essent in prandio, quidam Abbas, qui prosequebatur ut irent ad B., portavit illam cedulam ordinatam in qua ipse Dominus et alii se subscripserunt, quare nescit si dicta verba ibi posita fuerunt, tamen credit fortiter quod non.

16. Est-il vrai que dans la chapelle du palais, avant l'intronisation, les Cardinaux ont refait l'élection; que lui-même a été chargé d'appeler Urbain, et qu'après lui avoir notifié son élection et fait les demandes d'usage pour obtenir son consentement, ils l'ont intronisé et salué comme pape?

Respondit quod omnia in eo contenta sunt falsa preter intronizationem, que facta fuit modo et forma contentis in casu concordato in Anagnia per dictos DD. cardinales.

17. Est-il vrai qu'après l'intronisation, les cardinaux de Limoges, de Poitiers et lui ont pris Urbain à part, qu'ils lui ont dit: qu'ils étaient la cause de son élection, qu'ils l'ont supplié de prendre sous sa protection la famille de son prédécesseur, de veiller à l'exécution de son testament; d'accorder certain subside pour la délivrance de Roger frère de Grégoire XI prisonnier des Anglais, d'élever à la pourpre un petit-neveu du même pontife, et de prendre Jean de Bar pour son camérier?

Respondit dictus cardinalis. Et primo quo ad recommendationem anime et parentum dicti D. Gregorii quod cum in creatione novi pape tales recommendationes generales fieri sint solite per cardinales de genere pape defuncti pro familia et genealogia et specialiter pro nepotibus si qui sint ydonei ejusdem pape defuncti, credit ipse D. Cardinalis quod etiam tunc dicto B. facta fuerunt per ipsum et DD. Lemovicensem et Pictavensem cardinales in dicto interrogatorio nominatos, qui existentes adhuc in timore et tremore voluerunt aliquid obtinere de consuetis alias fieri, quia ipsorum obmissio creasset in B. et in romanis aliquam suspicionem propter quam periculum reincedere potuisset. De recommendatione autem facta in speciali de nepote dicti D. Gregorii ad statum cardinalatus dicit simpliciter quod non fuit presens ipse D. cardinalis, nec ipsam sic fieri vidit vel audivit, si autem per alios duos in dicto interrogatorio nominatos facta fuit nescit, sed bene credit quod non, maxime quia non audiverat quod dictus D. Gregorius alicui expressisset sic intentionem suam super hoc.

Quo ad prestandum subsidium pro redemptione D. Rogerii fratris dicti D. Gregorii, respondit quod veritas est quod vivente D. Gregorio fuerat in parte concordata redemptio dicti D. Rogerii et ad hoc intimandum et financiam procurandum fuerat missus pro parte dicti D. Rogerii et suorum unus scutifer Romam et quia summa financie hujusmodi erat valde magna et difficilis satis ad solvendum etiam per dictum D. Gregorium qui pro tunc maximis expensis et debitis gravabatur, fuit de consilio Dominorum et amicorum dicti D. Rogerii ut nedum DD. cardinales, sed etiam prelati facti et creati per dictum D. Gregorium Rome tunc existentes requirerentur et rogarentur per dictum scutiferum ut vellent juvare et contribuere ad complementum dicte redemptionis, inter quos fuit unus de requisitis et rogatis ipse B. tanquam ille qui multa bona habuerat de dicto D. Gregorio, qui tenens se sibi et suis obligatum promisit dare pro dicta redemptione unam bonam summam. Et quia de ea nichil solverat ante intrusionem suam dictus scutifer materiam super hoc inceptam erga ipsum continuare voluit venitque ad presentiam suam sibi supplicando ut saltem illa que promiserat vellet adimplere. Et apparet ipsi D. cardinali quod ipse cum fuerit presens dum dictus sibi scutifer super hoc loqueretur et credit quod requisitus per dictum scutiferum ipsum B. rogavit ut promissa adimpleret et alias in hoc faceret quidquid boni posset. De alia autem supplicatione per alios Dominos aut per ipsum facta non recordatur ipse D. cardinalis.

Quo ad supplicationem ut reciperet D. Johannem de Baro in cubicularium suum, respondit dictus D. cardinalis quod falsum locutus ipse B., nam ex se ipso et motu suo adhuc existens in cathedra in qua fuerat intronizatus, cum dictus Joannis venisset ad impendendum sibi reverentiam, dixit sibi quod ipsum volebat habere in cubicularium et familiarem quemadmodum habuerat dictus D. Gregorius.

18. Quant à certaines lettres dont on lui donna lecture, le cardinal répond:

Quo ad primam se non recordari illam fecisse, sed quod possibile erat quod eam fecerit quia nondum tunc in Anagnia erant nisi duo vel tres cardinales.

Quo ad secundam quod bene recordatur eam fecisse et quod fecit eam ad nimiam importunitatem dicti Guillemi in ea nominati, cui litteram ipsam pluries negaverat.

Quo ad tertiam litteram et supplicationem in ea contentam dixit se recordari ipsam litteram mandasse fieri per dictum Guillelmum in secunda littera nominatum, qui pro ea obtinenda multum erat sibi importunus, sed non recordatur eam vidisse postquam facta fuit, nec tempore quo facta fuit erat, concordatum factum cardinalium, nec gentes armorum pro securitate habebant Domini cardinales.

(*Les questions sont datées du 25 Août et les réponses du 27 de l'année 1386*).

XXXII.

D. S. VI. pag. 81.

Réponses du Cardinal de Viviers aux ambassadeurs d'Aragon.

Ad ista debet respondere Reverendissimus pater Dominus Sabinensis (1).

Scilicet:

1. Primo a quibus dici audivit vel alias qualiter scit, quod *romani durante novenna D. Gregorii S. M. tenuerunt consilia*

(1) Clément VII avait créé le cardinal de Viviers évêque de Sabine.

in quibus deliberatum fuit quod compellerentur omnino DD. cardinales ad eligendum romanum vel italicum si ad hoc precibus vel inductionibus non possent induci.

Ad primum audivi durante novena quod tenuerent consilia prout in articulo continetur, sed a quibus non recordor.

2. Item si in illis consiliis interfuerunt aliqui prelati romani vel italici qui inflammarent populum ad cogendum DD. cardinales de eligendo papam romanum vel italicum.

Ad secundum ignoro. Verum audivi et nescio a quibus quod episcopus Rechanathensis et alius episcopus qui morabatur cum D. Mediolanense instigabant populum ad clamorem.

3. Item si D. tunc Barensis vocatus seu alias, fuit in illis consiliis vel aliquo eorum suadendo impressionem tunc fiendam vel eam dissuadendo.

Ad tertium audivi quod fuit in consiliis; an suadendo vel dissuadendo ignoro.

4. Item si recommandavit se bandarensibus ut facerent taliter quod ipse eligeretur in papam et pactus fuit cum eis super remunerationem fiendam.

Ad quartum, audivi quod recommendabat se bandarensibus, et non recordor quis michi dixit, ni de D. Guidone de Pruinis qui erat senator; de promissione non audivi.

5. Si durante dicta novena se recommendavit plus solito DD. cardinalibus taliter quod isto modo vel alio cognosceretur quod ipse aspiraret ad papatum.

Ad quintum dico quod non recommendavit se michi, de aliis ignoro.

6. Item si ante ingressum conclavis actum fuit inter DD. cardinales vel aliquos ex eis collegialiter vel particulariter de certa persona eligenda in papam et si erant inter eos opiniones diverse, puta quod gallici afficerentur ad unum, lemovicenses ad alium et italici ad alium et si propter affectiones diversas, actum fuerit de eligendo aliquem extra collegium et si nominatus fuit D. B.

Super sexto non fui in tractatu de certa persona eligenda nec collegialiter nec particulariter, nec audivi, nec scivi illas opiniones, nec affectiones diversas.

7. *Item si aliquis de Dominis ante ingressum conclavis misit sibi cedulam aliquam vel dixit sibi verba propter que presumi potest quod de ejus electione ageretur.*

Ad septimum : nec scivi, nec audivi.

8. *Item si pretextu juramenti prestiti per Officiales romanos juxta formam juris, ipse D. deponens se reputavit securum et grate intravit conclave.*

Ad octavum propter promissiones et juramenta reputavi me securum usquequo de nocte intraverunt capita regionum et ex tunc propter verba ipsorum timui et vota feci si Deus conservaret in vitam.

9. *Item quare D. cardinales qui dicunt dictum D. B. elegisse ad sedandum furiam romanorum petentium romanum vel italicum in papam elegi, cum romani in eorum petitione romanum preponerent, non eligerunt aliquem romanum tamquam magis acceptum populo romano cujus furorem reprimere cupiebant.*

Ad nonum dico quod negotium sic se habuit quod cum romani clamarent : romanum volumus vel italicum et pulsabantur campane ad populi rumorem et omnis surreximus de loco nostro et ego stabam intra me in capella attonitus et territus ubi duo domini erant juxta altare in capella et unus dixit quod nolebat mori pro isto negotio, et alter, (*videlicet D. Pictavensis*) venit ad me et dixit michi : Vos videtis in quo statu sumus, placeret vobis de B. et ego (*subito indeliberate timore mortis in animo meo perdurante*) respondi : Placet. Sed non in conclavi, nec ante conclave, consideraveram de ipso eligendo, sed quare magis nominavit michi ipsum quam alterum ipse respondebit in facto suo.

10. Item cum DD. cardinales, ut asserunt, elegerunt propter romanorum furorem ipsum D. B. timore mortis, alias non facturi, quare factam ipsam electionem non publicaverunt incontinenti populo pro vasione mortis.

Super decimum non recordor de ea pro nunc, sed credo quod fuit, quia si populus intrasset in illo furore, potuisset esse scandalum et perditio bonorum que habebamus ibi.

11. Item cum dicatur quod ipse D. deponens in electione dicti D. B. usus fuit istis verbis: Eligo cum animo et intentione quod sit verus papa; si tunc in animo suo fuit quod non obstante impressione ipse Barensis esset papa et quod propter illa verba purgaverit vitium impressionis, vel ad quem finem illa verba dixit, et quot et qui Domini fuerunt qui similibus verbis uti fuerunt in electione predicta, qui simpliciter elegerunt, et qui non elegerunt.

Ad undecimum dico quod non fuit intentio mea quod non obstante impressione ipse B. esset papa, nec volui purgare vitium impressionis, quia nunquam fuit intentio mea nec animus meus ante ingressum conclavis vel post ingressum conclavis ipsum eligendi, nisi impressio fuisset secuta; sed cum audivi ipsum nominari, placuit michi ex quo necessitas erat. Qui vero fuerant alii qui dixerunt similia verba, credo quod DD. de Aragonia et Mediolanensis. De Dominis S^{ti} Angeli et de Britania credo quod fuerunt illi duo de quibus fit mentio in casu, licet non nominentur qui autem simpliciter elegerunt et qui non, pro nunc non recordor, sed refero me ad casum qui fuit ordinatus dum recentior erat memoria de predictis.

12. Item in actu reelectionis de qua fit mentio in casu, qui fuerunt illi qui dixerunt: Dico idem quod hodie vel alias electionem jam factam ratificarunt.

Ad duodecimum dico quod cum ordinabatur *casus*, non fui recordatus de secunda electione, sed per aliqua que fuerunt dicta ibi, incepi recordari aliqualiter, ideo refero me ad casum, de aliis non recordor.

13. Item quare post fractionem conclavis DD. cardinales pro eorum salvatione non ostenderunt romano populo dictum D. B. quem ad ejus furiam sedandam elegerant, ut pretendunt, et ostenderunt D. S. Petri fingendo se illum elegisse in papam.

Ad tertiumdecimum dico quod non fuit tempus deliberandi, nec ostendendi, propter mortis periculum, sed ego cum aliquibus Dominis fugimus per unam scalam ut evitaremus mortem quam videbamus nobis propinquam et sic non eram ego tunc in capella.

14. Item si in crastinum ipse D. deponens et alii DD. cardinales existentes in castro S. Angeli accesserunt ad palatium pro intronizando dictum D. B. requisiti et timore mortis alias non facturi et que fuit causa timoris.

Ad quartumdecimum dico quod post multas et instantes requisitiones tam pro parte ipsius B. quam Officialium Urbis exivimus; causa fuit timoris quia castrum non erat fulcitum victualibus et gentes nostre et bona eorum et nostra erant dispersa per civitatem, nec occurrebat nobis opportunitas secure alibi dimittendi et de hoc etiam habetur in casu.

15. Item si ipse D. deponens usus fuit indulgentia per dictum D. B. concessa cardinalibus in sua nova creatione.

Ad quintundecimum dico quod fui usus indulgentia non simpliciter, sed sub conditione, si eam concedere potuisset, non habens ex hoc in animo tribuere sibi jus aliquod in papatu.

16. Item si supplicavit vel alias obtinuit ab eo beneficia vel alias gratias pro se vel suis aut aliis.

Ad sextumdecimum dico quod post intronizationem suam incontinenti petii ab ipso quod unum socium meum faceret clericum camere, habens respectum ad futurum si factum suum fuisset reparatum, et feci hoc ne ab alium prevenirer, non per hoc sibi intendens jus aliquid attribuere in papatu.

17. *Item si existens Rome scripsit regibus, principibus, nobilibus, familiaribus, consanguineis vel aliis quibuscumque personis notificando quod ipse D. B. esset electus in papam.*

Ad decimumseptimum dico quod nulli viventi scripsi nec scribere feci.

18. *Item si collegium Dominorum, ad requisitionem dicti D. B. vel alias, scripsit notificando electionem suam.*

Ad decimumoctavum credo quod sic, ad instantem requisitionem dicti B. quia non poterant sine periculo recusare.

19. *Item si ipse deponens tenuit unquam ipsum B. pro vero papa.*

Ad decimumnonum dico quod cum consideravi que facta fuerant super facto suo, non habui ipsum pro papa in mente mea, cum aliquali dubitatione, quia adhuc non deliberaveram, nec potueram deliberare secure in Roma cum Dominis meis nec sciebam mentem eorum.

20. *Item si de Anagnia scripsit sibi pro beneficiis obtinendis vel alia causa intitulando eum papam et si scit quod alii DD. universaliter vel particulariter sibi scripserunt ut vero pape.*

Ad vicesimum dico quod scripsi semel sibi de Anagnia nec recordor bene supra quo, sed scio quod non super beneficio obtinendo pro me vel pro alio. Alia vice scripsimus sibi DD. Penestrinensis, de Agrifolio et ego quia scripserat nobis quod arrestaremus D. Arelatensem pro tunc camerarium et non poteramus recusare sine periculo quin scriberemus sibi de hiis que feceramus, quia adhuc non venerant gentes armorum ita quod nondum nobis erat provisum de securitate personarum nostrarum, nec in premissis habui animum approbandi que facta erant de ipso, seu jus de novo tribuendi ei in papatu.

21. *Item si officium penitentiarie, dum major penitentiarius erat in Anagnia, expediebat litteras faciendo mentionem in datis pontificatus D. Urbani pape VI.*

Ad vicesimum primum dico quo ego non vidi litteras penitentiarie, nec expeditionem eorum, sed credo quod exercuit officium usque quo habuit securitatem per adventum gentium armorum, alias non potuisset sine periculo abstinere.

Correctum cum originalli (sic) de verbo ad verbum.

D. S. Tom. VI. 131.

*Réponses du cardinal de Viviers
aux ambassadeurs du roi de Castille.*

Responsiones facte per D. cardinalem Vivariensem nunc Sabinensem ad quesita ambaxiatorum regis Castelle super facto impressionis B.

Reverendissime Patres et Domini, circa casum positum per V. P. et aliorum Dominorum cardinalium insurgunt hec dubia que secuntur:

22. Primo qui sunt illi cardinales quibus reportatum fuit quod romani concluserant in suis consiliis pendentibus decem diebus, quod cogerent DD. cardinales ad eligendum romanum vel ytalicum.

— Non recordor.

23. Item qui sunt illi cives romani qui talia reportaverunt publice vel occulte.

— Non recordor.

24. Item per quos potest probari quod ille Barensis se recommendabit bandarensibus ante ingressum conclavis.

— Non recordor, nisi fuerit Senator.

25. Item si fuerunt aliqui alii presentes quando dixerunt DD. cardinales romanis quod propter que disponebant que minas et impressionem se velle facere sapiebant, si aliquis eligeretur non esset verus papa.

— Non recordor.

26. Item si fuerunt prelati romani vel italici qui multum promiserant Officialibus ut inflammarent populum ad hoc ut aliquis ipsorum eligeretur et per quos ista possent probari.

Nescio qui sunt illi qui promiserunt, sed audivi et nescio a quibus, quod episcopus Rechanatensis et unus episcopus qui morabatur apud D. Mediolanensem instigabant populum ad clamorem.

27. Item cum dicatur in casu quod romani aliquando clamabant ut eligeretur romanus vel italicus et aliquando tantum petebant romanum, queritur utrum ante nominationem factam de illo Barense precessit clamatio de romano tantum, vel quo tempore usi sunt verbis quod solum romanum volebant.

— Ante nominationem B. audivi quod clamabant de ytalico vel romano, ex post videtur michi quod clamaverunt aliqui de romano.

28. Item si fuit ruptum conclave ante nominationem illius Barensis vel saltem temptassent disrumpere per aliquam partem ante refectionem DD. cardinalium vel post.

— In facto tradito apparet quod ante nominationem dicti B. conclave non fuit fractum.

29. Item quia dicitur in casu quod quidam de cardinalibus dixerunt quod eligebant illum Barensem animo ut esset verus papa; queritur qui et quot sunt illi qui dixerunt illa verba, vel quo motu illa protulerunt.

— Ego fui ille qui dixit, quia pro tunc volui, timore tamen mortis et credo quod D. de Aragonia idem dixit et presumo quod voluit prout ego timore tamen mortis et credo quod idem dixit D. Mediolanensis, si timore mortis, crederem magis quod non quam quod sic, quia est italicus.

30. Item in actu reelectionis de qua fit mentio in casu Johannis de Lignano, queritur qui et quot cardinales non fuerunt presentes, vel qui non dixerunt illa verba : Ego dico idem quod hodie etc.

Dico quod cum factum ordinabatur, ego non recordabar quod fuisset reelectus, sed per dicta aliquorum meorum incepi aliqualiter recordari, non de modo nec de forma et ideo refero me ad factum traditum in quo fit mentio de dicta reelectione.

31. Item qui cardinales voluerunt nominare B. in papam prima vice.

Non recordor nisi de Dominis de Britania, S. Angeli et de Vernhio.

32. Item qui fuit primus cardinalis qui illum nominavit in papam et quibus verbis usus est.

Videtur michi quod primus qui nominavit fuit D. Lemovicensis.

Correctum cum originali de verbo ad verbum.

XXXIII.

D. S. VI. pag. 75.

Déposition et réponses du cardinal Bertrand Lagier précédemment cardinal de Glandèves, alors d'Ostie, aux ambassadeurs du roi d'Aragon.

Ego frater Bertrandus miseratione divina episcopus Hostiensis et Velletrensis sacrosancte R. E. cardinalis requisitus a quibusdam venerabilibus viris et specialiter ab ambaxiatoribus principis D. Regis Aragonum quod dicam eis modum et formam quibus electus seu nominatus dicitur Bartholomeus de Prinhano, olim archiepiscopus Barensis Rome in papa, protestor ante omnia, quod cum alias fuit hoc quod petitur publicatum per DD. cardinales ac per me ipsum et casus positus super istis, quod non intendo deviare a casu predicto posito, ei contradicendo, quod si facerem ex inadvertentia vel defectu memorie, habeo pro non dicto; sed intendo loqui ad declarationem in casu predicto contentorum et ad supplectionem omissorum, addendo que occurrunt memorie mee de presenti et aliqua de re que tangunt personam meam et alia que vidi et audivi dici, seu expertus sum ante ingressum conclavis, ac in ipso conclavi et post egressum ab eo. Et quia vix est aliqua scriptura, que per malivolos possit columpniose intelligi vel exponi etiam evangelium Christi et dicta sanctorum, idcirco protestor quod hic dicta intelligantur simpliciter et super intellectu et sensu omnimode meliori, intellectu columpnioso procul pulso.

1. In primis dico quod post obitum D. Gregorii pape, anno Domini M° CCC° lxxvIII°, in illis diebus inter diem mortis ejusdem et ingressum conclavis acciderunt quantum recollo, que sequuntur:

Primo quod Officiales Urbis tunc tenuerunt varia consilia in quibus tractabant qualiter se deberent habere in facto electionis pape et, ut dicebatur communiter per plures romanos cives, concluserunt quod requirerent nos quod omnino eligeremus papam romanum vel ytalicum natione, quia aliter non poterant esse tuti quod curia ecclesie remaneret ibi vel in ytalia et si gratis nollemus facere, quod finaliter cogeremur; nomina dicentium nescio, sed publice dicebatur hinc inde. Item dicebatur quod predictus B. fuit in aliquo eorum consilio vel conciliis.

2. Item cum gentes D. Gregorii pape et ecclesie custodirent portas Urbis et pontes, eo mortuo officiales voluerunt eos habere et diligentissime custodierunt ob hoc, ut dicebatur nobis, ut ante electionem fiendam Rome per impressionem vel qualitercumque non possemus ire alibi pro electione libera celebranda.

3. Item in predictis X diebus inter mortem D. Gregorii et ingressum conclavis post missam dictam in ecclesia S. Marie Nove ubi erat funus, nobis congregatis in quadam domo illius monasterii, romani quasi cotidie aliquando in magno numero pluries requisierunt nos quod eligeremus romanum vel ytalicum, et quod ante ingressum conclavis omnino volebant scire mentem nostram pro contentando populum, quod nisi faceremus corda civium erant sic sublevata quod ipsi dubitabant de maximis periculis et scandalis etiam in personis nostris ; et alias minas, pro certo ego eram territus valde et idem videbatur michi de aliis.

4. Item ipsi romani miserunt ad me in domo S. Cecilie tres romanos ad similes requisitiones faciendas cum minis, quibus dixi quod sicut fuerit eis pluries dictum, quod ipsi intendentes perpetuare curiam in Urbe, expellebant eam, quia ille qui eligeretur sic, non esset papa propter impressionem ; quia oportet quod verus papa eligatur pure, sincere, gratuite omnino, sine populari et militari tumultu ; ipsi autem volunt habere cum minis, quidquid eis dicatur, et sic habitus non erit papa. Ipsi tamen tunc pejora comminando dicebant et audivi quod similes requisitiones faciebant aliis, hoc tamen sciunt ipsi.

5. Item predicti Officiales populi romani expulerunt nobiles de Urbe, sub magna pena, quod exirent precipientes, et introduxerunt maximam multitudinem rusticorum comitatentium ; cumque pro parte nostra requireretur quod saltem duo nobiles dimitterentur, scilicet, comites de Fundis et Nolanus et quod non introducerent tales rusticos et introductos dimitterent ; item quod cessarent ab illis conciliis quibus populus inflammabatur ad pericula et rumores, negaverunt expresse et dum allegabatur eis quod illi rustici modice rationis possent cito rumorem facere et scandala, in quo casu predicti nobiles domarent eos, qui modo nullo ad hoc acquiescere voluerunt.

6. Item quod ego videns pericula ista et istam malitiam habui

unum notarium apostolicum magistrum Stephanum Baruendi et quinque testes qui adhuc vivunt et quatuor sunt hic presentes notarius tamen obiit; quibus dixi pericula in quibus eramus et impressionem que nobis fiebat, ideo protestabar quod si eligerem aliquem italicum non cardinalem, hoc facerem timore mortis, alias non facturus, cum videretur michi melius eligere de collegio, et de hoc factum est publicum instrumentum continens in effectu quod si eligerem italicum non cardinalem, nollebam vocem meam sibi proficere, nec per aliquem actum qui post fieret per me, intendebam in papatu jus aliquid tali sic electo tribuere et si hanc protestationem revocarem hoc facerem timore mortis alias non facturus.

7. Item quantum ad introitum conclavis, vix potuimus ingredi palatium tanta n.ultitudo populi erat in platea S. Petri et pro magna parte armati, saltim ego vix potui, et aliqui romani clamabant: *Per lo corpo de Dieu, noy lavremo questa fiada lo papa enssucrato enssucrato enssucrato* (1). Alii autem: *Per la clavellata de Dieu noy lavremo.* Cum autem intrassemus hora quasi vespertina, illo sero tarde venerunt capita regionum cum multis romanis, et intraverunt conclave cum magna displicentia nostra, requirentes quod eligeremus romanum vel ytalicum et quod statim certificaremus eos, cum minis et terroribus dicendo quod corda populi erant sic sublevata quod ni hoc faceremus essent pericula graviora personarum irreparabilia in nobis et in ipsis, vel similia verba in effectu. Propterea romani multi per totam noctem, saltem usque ad auroram, clamarunt: *Romano lo volemo o ytaliano*, frangentes plures portas in palatio et dixerunt michi reliqui de servitoribus meis quod multi clamabant: Moriantur, moriantur.

Item in crastinum de mane, cum audiremus missas, fiebant

---

(1) Plusieurs habiles paléographes italiens consultés, n'ont pu nous donner le sens de ce mot; il est probable que le cardinal, étant français, connaissait peu la langue italienne.

percussiones terribiles in parietibus conclavis ab extra, et missis finitis, campane S. Petri prope palatium et etiam Capitollii inceperunt pulsari ad martellum more hostilli et tunc populus fuit maximus adunatus clamans: *Romano lo volemo* etc., et fuimus summe territi. Cumque D. Florentinensis vellet facere collationem, ut est moris, territus propter predicta, dixit: Sermo recessit a me, vel fugit a me. Et tunc custodes porte conclavis mandaverunt nobis, quod essemus in maximo periculo, quod ipsi videbant melius quam nos, qui erant ab extra, et quod statim daremus eis papam romanum vel ytalicum, aliter non poteramus evadere, quin essemus incisi per frustra tanta commotio erat in populo.

9. Item tunc ex abrupto, absque discussione aliqua persone, absque scrutatoribus et sine scriptura, plures cardinales colloquendo, nominarunt Bartholomeum Barensem archiepisconum. Unus autem cardinalis surrexit dicens: Quod ipse non venerat animo eligendi eum, nec placebat sibi, iste fuit quantum recolo D. de Britania; D. etiam S. Angeli contradicebat, nescio quibus verbis; D. Florentinensis nominavit D. S. Petri, postea, dicentibus nobis: Vultis mori, nominavit istum Barensem. Dominus de Ursinis nullum nominavit, quia, ut dicebat, non erat in libertate sua, sed quum esset, tunc eligeret sicut sibi videretur. Unus alter cardinalis videns istum modum detestabilem coactionis predicte, virtute cujus ista faciebant, timore mortis dixit: Vay ne galea, vay ne, quod ego interpretor, quia sicut galea in mare tempore tempestatis vadit secundum impetum venti et non ad voluntatem directoris, sic erat de ista electione. Ego vero tum reprehensus a D. de Ursinis de nominatione istius vel cujuscumque in isto statu impressionis, respondi quod libenter vellem mori pro fide, si Deus faceret michi tantam gratiam, sed pro nominando papam romanum vel non romanum, ytalicum vel ultramontanum, non exponerem me morti, et addidi: Ego enim timeo et summe

timeo quod hodie interficiar sicut vermis per illos montanarios bestiales, quos iste populus introduxit. Et sic nominavi istum Barensem timore mortis, alias, Deo teste, nullo modo facturus, juxta potestationem ante ingressum conclavis per me factam.

10. Item cum essemus in capella palatii apostolici post prandium, fuit rupta porta conclavis et conclave perforatum in multis partibus, et populus ingressus in maxima multitudine. Ego territus timore et valde fatigatus, posui me retro altare ne suffocarer a pressura, et aliqui clerici obviabant pressure pro me, et tunc cum aliquis dixisset quod D. S. Petri erat papa, et romani occuparentur circa reverentias ei exhibendas, finaliter ego exivi cum D. de Luna, sine cappa et mantello, et dum fui in exitu palatii, plures romani clamaverunt super me: Quis est papa, quis est papa, et unus tenuit gasarmam super caput meum volens percutere vel occidere quantum michi aparebat, et ego dixi: Hebetis quidquid vultis; et tunc dimisit me dicens: *Per la budella Dieu* est nobis necesse quod habeamus papam romanum, vel simile in effectu; et credo quod fuissem vituperatus per viam et forte lesus tunc, sed ibi fuerunt circiter vigenti fratres minores canonici mei S. Cecilie cum aliquibus parochianis devotis paucis, qui duxerunt me ad domum, asserentes quod habebant papam ut volebant; et sic pergi viam meam cum timore horribili. Tunc omnia que habebam infra conclave fuerunt deraubata et dicebatur quod etiam bona aliorum; de meis bene scio, de bonis aliorum audivi dici.

11. Item in crastinum de mane pro parte bandarensium fui requisitus etiam cum minis, quia grave erat michi, quod irem ad intronizandum eum et idem fuit de aliis, ut michi dicebatur. Cumque D. Florentinensis dixisset ibi quoniam erat electus, quamvis fuisset per plures dictum quod non acceptaret, quia viderat impressionem et violentiam nobis factam; ipse tamen B. sine omnino excusatione et humilitate, alta voce clamavit: Ego

consentio. Non ita fecit D. Clemens canonice electus dicens se insufficientem et indignum, flens et ad terram se prosternens, donec rogatus per nos et requisitus, finaliter consentiit et iste est verus papa et canonice electus.

12. Item quum queritur a me utrum crediderim electionem B. fuisse canonicam, dico quod non, quia pluries vidi in consistorio irritari electiones pro longe minori impressione quam fuit ista. Rursus quum queritur si credidi ipsum esse papam verum, dico quod non credo per vocem meam, nec per voces aliorum declaratas michi, post visa et audita impressione et violentiam nobis factam, et ipsorum cardinalium conscientiam michi patefactam.

13. Item quum queritur a me si requisivi dictum B. quod faceret me Ostiensem ; dico in conscientia mea quod non requisivi nec per aliquem requiri feci, quod ego recordor, si tamen aliquis requisivit pro me nescio. Quinymo, recordor quod semel petebam ab ipso B. quod daret michi audientiam, qui dixit michi : Scio quid vultis. Cum dixi : Et quid volo ; et ipse respondit : Quod expediam me de ecclesia Ostiense. Tunc dixi sibi : Certe non quero hoc, nec de hoc cogitabam, sed veni, quia detinetis hic in verbis fratrem Raymundum de Casilhaco et fratres alios nobiles hospitales S. Johannis, in maximum periculum magistri et ordinis et quod propter hoc solum veni ; timeo enim quod sequatur magnum scandalum quia non recedunt sicut et sequuta est captio magistri et multa alia mala. Et quum queritur a me quare recepi ab eo episcopatum Ostiensem, dico quod vivente D. Gregorio vacabat episcopatus Ostiensis et debebatur michi ex consuetudine collegii, quia eram episcopus antiquior consecratus, Cumque D. Gregorius pararet se ad facienda arranga et solempnitatem in talibus fieri consueta, morte preventus est. Tandem iste B. qui desiderabat omnia que spectant ad summum pontificem exercere, et per ea probare et manifestare suam assumptionem

ad papatum, pronunciavit me episcopum Ostiensem cum arranga et solempnitate in talibus fieri consuetis. Et si ego promotionem hujusmodi non acceptassem, fecissem rem alias inauditam et ostendissem me eum non habere pro papam; ideo non fui ausus reffutare, sed oportebat me recipere et dissimulare et habere eum pro papa, quia verum est quod si de papatu suo fecissem dubium, Rome existens, vel non acceptassem bene etiam cum bono vultu et illari, fecisset me occidi vel carcerari, cum romani et alii haberent eum pro papa et DD. cardinales pro tunc tacerent et dissimularent. Insuper, illo tempore ad magis confirmandam suam assumptionem et intrusionem, ipse mandavit michi quod consecrarem non nullos per ipsum ad episcopatum promotos nec fui ausus reffutare, ratione qua supra; et quia eram episcopus rite consecratus, bene tenebat consecratio ista, quamvis non haberem ecclesiam Ostiensem illo tempore. Postquam autem fui extra potestatem suam Anagnie, assecuratus etiam per homines armorum qui custodiebant nos, ex tunc actum episcopalem nullum feci; et facta declaratione per sanctum collegium de mense Augusti, quod ipse B. non erat papa, eoque requisito per collegium quod dimitteret papatum, ex tunc solum notavi me presbyterum cardinalem tituli S. Cecilie sicut eram et sicut Rome vulgus me clamabat. Et cum prius precederem D. meum de Agrifolio extunc mutata sede descendi post eum. Preterea in protestatione mea habetur quod per vocem meam vel per quoscumque actus sequentes meos non intendebam sic electo jus aliquid tribuere in papatu.

14. Item cum a me queritur utrum scripserim alicui Regi, principi vel comiti seu prelato, quod ipse erat papa, et bene electus, dico quod non. Ymo contrarium scripsi DD. Albanensis et Morinensis, describens impressionem et violentiam cum qua intravit et etiam minas et terrores usque ad mortem nobis illatas et quod scribentibus contrarium mandabam D. Morinensi quod non crederet, quia aliqui scribebant ad placendum et tempus transeun-

dum, quia dies mali sunt. In alia littera scripsi sibi de Anagnia in effectu, quod litteris missis super papatu dicti B. non crederet, que fuerant scripte Rome, quia ipse B. faciebat fieri eas ad nutum suum et ibi sigillari et nullus audebat sibi contradicere; litteris tamen datis Anagnie crederet et de istis litteris scriptis contra suam electionem sciunt aliquid Dominus cardinalis Ebredunensis, episcopus Aptensis, frater Bertrandus Baralhi primarius, Dominus G. de Maseto, canonicus et sacrista Glandatensis. Nunquam enim post hujusmodi electionem fuimus securi Rome, ymo, Deo teste, quadam dominica mane de mense Junii fui avisatus de mane, quod quia cardinales ultramontani iverant Anagnie et ponebant in dubio factum papatus, quod fugerem et salvarem personam, non curando de perditione bonorum, cui respondi, quod expectabam cardinalem de Aragonia et adjecit, quod Dominus hodie mane recessit, hospite insolutato. Tunc ego feci prandium cum ambaxiatoribus regis Castelle, quos invitaveram et post de sero fugi de nocte versus Anagniam. Tunc B. misit post me episcopum Licterenensem versus Velletrum et non inveniens me, venit Anagniam et ibi dixi sibi quod B. non intraverat bene in papatum et faceret prudenter si veniret ad nos et poneret se in manibus nostris. Sed ipse B. cavit sibi de hoc, sed ivit Tiberim ubi dominantur romani, omnino enim voluit esse antipapam per fas et nefas.

15. Item cum queritur si petii ab eo beneficio ut puta prioratus, archidiaconatus prebendas etc., vel absolutionem peccatorum, dico quod unquam hoc ab eo habui vel petivi. Rotulum tamen fecerunt familiares mei sicut et alii plures clerici, quem ego nunquam vidi, quod recordor, pro beneficiis habendis, aliter periculose fuissem ibi si posset apprehendi quod male sentirem de papatu suo, dictum rotulum prohibendo vel impediendo.

16. Cum queritur a me si scirem prelatos inflammantes populum ad istam impressionem faciendam, respondeo: Non fiebat

me presente, sed communiter dicebat de episcopo Recanatense, de abbate Montis Cassini; quidam tamen episcopus Paulus nomine, natione romanus, dixit semel michi, quod juste romani volebant papatum, quia nos ultramontani habueramus per LX annos. Cui dixi : Si debet ita partiri vos habuistis ante istos LX annos per mille et ultra, quare adhuc restant nobis multi anni. Et adjeci finaliter : Dimittatis dispositioni divine et non tali partitioni nec divisioni que non placet Deo, nec per Sanctos Patres fuit hactenus cogitata. Eo tempore episcopus Urbevetanus doctor in decretis eximius, sociis meis audientibus impetrando dixit michi : Dicatis, Domine, si unus abbas esset electus ut iste papa, diceretis vos electionem valere. Cui dixi : Taceatis, taceatis, vultis nos et vos facere occidi et omnes ultramontanos; non est modo tempus loquendi de hoc, nec locus est tutus sic loquendi. Item cum semel, me presente, aliqui romani petierunt aliquid ab ipso B. ipse applaudens eis dixit : Bene debeo facere bona, quia vos fecistis me papam, vos. Ego autem dixi in corde meo : Bene esset melius quod cardinales fecissent vos.

17. Et quum queritur a me utrum antequam intraremus conclave, fuit tractatus habitus collegialiter vel saltim particulariter inter aliquos nostrum quod ipse B. eligeretur in papam, respondeo quod nunquam nec collegialiter nec particulariter in aliquo tractatu fui, in quo per cardinalem aliqua fieret mentio de eo pro papatu, quod possim recordari. Bene tamen audivi ab aliquibus romanis, quorum nomina ignoro, quod romani essent contenti si ipse B. fieret papa vel abbas Montis Cassini vel quidam frater minor de Transtiberim cujus nomen ignoro et istud dixi episcopo (Licerinensi?) familiari meo. Sed nunquam inter cardinales, quod recordor, fuit facta de B. mentio, me presente ante ingressum conclavis pro papatu ; sed repente fuit nominatus ut supra habetur, colloquendo, sine scriptura quecumque quam ego vidi.

D. S. Tom. VI. pag. 123.

*Secunde responsiones D. Hostiensis
ad secundas interrogationes ambaxiatorum Regis Aragonum.*

Ad interrogatoria michi episcopo Ostiensi tradita per ambaxiatores D. Regis respondeo ut sequitur :

18. *Thomas de Acerno soutient qu'à Sainte-Marie et ailleurs il a été question de l'élection d'Urbain, et que ce Cardinal l'a envoyé dire à Urbain de venir le trouver, et c'était, croit-il, pour lui dire ce qui se traitait à son sujet.*

Respondeo quod nec S. Marie Nove, nec alibi fui in concilio quocumque DD. cardinalium in quo ageretur quod B. fieret papa et quod ego miserim istum Thomam ad eum secretissime, ut dicet, mentitur, et quod nunquam de facta electione pape futuri, vel de secretis conciliorum meorum nullam feci mentionem B. vel Thome, nec secretissime, nec publice vel occulte.

19. *Le même a prétendu que le Cardinal s'était plaint à lui d'Urbain parce qu'il ne voulait pas lui donner certain bénéfice, alors qu'il se disait l'auteur de son élection.*

Respondeo quod omnino mentitur, quia nunquam fui sibi nec alteri conquestus propter beneficium pro nepote meo, nec unquam tractavi quod esset papa, juxta protestationem per me ante factam, quam habent Domini ambaxiatores, nec possum recordari quod Anagnie viderim eum, ymo habeo hic sexdecim familiares qui fuerunt mecum in Anagnia continue et nunc sunt mecum hic, qui asserunt se eum ibi non vidisse nec in domo mea, nec in civitate, nec unquam ibi vel alibi, quod ego possim recordari, vel aliquis familiaris meus, associavit me in missa vel in mensa et tamen dicit mendaciter se michi esse valde domesticum. In galea tamen super mare in qua veni, fuit et ipse aliquanto tempore sicut plures alii existens. Preterea cum Anagnie, essemus determinati ad declarandum B. non esse papam, quid habebam curare de beneficiis suis.

20. Est-il vrai, comme le dit Urbain, que ce cardinal et d'autres l'ont felicité de son élection qu'ils lui ont dit qu'il pécherait s'il n'y consentait pas, et qu'ils ont envoyé chercher les Cardinaux qui étaient à Saint-Ange?

Respondeo : certum est quod illa die veneris ivi ad palatium, requisitus per officiales curie romane cum minis, sed quod congratularer de infelice electione sua, hoc est falsum. Non est verum quod dixerim sibi quod consentiret electioni sue tanquam concordi, falsum est enim quod fuit concors, nec dixi quod mitteretur pro cardinalibus castri S. Angeli, nec dixi quod fuisset canonice electus, quia mentirer, ymo cum minis scindendi nos per frustra, nec recordor quod B. fecerit questionem si erat electus canonice. Nec audivi quod aliquis diceret sibi quod peccaret nisi consentiret illi electioni. Deum invoco testem, quod ista, quantum est de me, mendaciter sunt confecta et quod false michi ponuntur.

21. Est-il vrai que lui et onze autres Cardinaux ont demandé à Barthélemy l'absolution et la dispense d'irrégularités ?

Respondeo sicut in aliis per me traditis, quod nunquam petivi a B. absolutionem nec dispensationem predictas, nec indulgentiam quamcumque pro quocumque, quod possim recordari, nec pro me, nec pro aliis ; si autem ipse concessit, vel motu proprio, vel motu alieno, penitus ignoro, me autem presente et intelligente, nequaquam.

22. Est-il vrai, comme le dit Urbain, que la cause de l'animosité des Cardinaux a été l'extirpation de la Symonie, et le projet qu'avait Urbain de nommer plusieurs cardinaux italiens?

Respondeo quod nunquam audivi quod B. reprehenderet aliquem cardinalem de Symonia publice vel secrete. Tamen audivi ab eo pluries quod ipse faceret nos ditissimos sic quod quilibet esset sicut unus rex ; sed causa declarationis quod non esset papa fuit ingressus illegitimus et impressio notoria et violentia que non potest nisi mendaciter pall. .i. De faciendo cardinales, tamen scio quod D. S. Petri dixit quod fierent tempore consueto fieri; Domini alii dixerunt quod non, quod tunc et B. condescendit nec facere curavit ; qui vel quales vel unde assumerentur non fuit dictum verbum, sed est fictio mendosa.

23. Est-il vrai qu'il a dit à l'évêque de Viterbes : " quod B. dabat episcopatus, abbatias et adorabatur ab omnibus et nemo contradicebat sibi et inferebam quod ipse erat papa sicut S. Petrus.

Respondeo : credo sibi dixisse quomodo B. habebat maximos et multos fautores aplaudentes sibi et adorantes et eum papam reputantes, sed nunquam asserui eum esse verum papam, quare caudam articuli nego, tanquam per me nunquam assertam ; quidquid recitaverim de aliis adherentibus ipsi B., pro me tamen nichil asserui, nec eidem medico audebam bene circa dicere mentem meam, ne forte, cum essem Rome, verba referret romanis et essem in maximo periculo, sed tacebam de me ipso, de aliis loquens sicut ipse videbat.

Istas responsiones fecit Reverendissimus in Christo Pater et Dominus D. Bertrandus divina providentia episcopus Hostiensis sicut Romane ecclesie cardinalis, ad quedam interrogatoria sibi facta per DD. ambaxiatores Aragonum, presente me Bonanato Egidii ipsorum Dominorum Ambaxiatorum secretario, qui in premissorum testimonio hic me subscripsi propria manu et signum meum hic apposui consuetum.

XXXIV.

D. S. VI. pag. 71.

*Déposition du cardinal de Poitiers
et ses réponses aux ambassadeurs du roi d'Aragon.*

1. Ad id quod queritur a me Guidone episcopo Penestrino (1) S. R. E. cardinalis ab ambaxiatoribus principis D. Regis Aragonum ut, scilicet, dicam illa que post obitum S. M. D. Gregorii intervenerunt circa impressionem que in electione cardinalibus facta dicitur et quibusdam aliis que postea contigerunt in Urbe illa, scilicet, que precesserunt impressionem predictam ante ingressum conclavis, ea etiam que facta fuerunt in conclave et ea que post exitum conclavis subsecuta fuere. Respondendo, dico, interrogatio hec michi videtur multum generalis, cui respondere michi est difficile, considerato presertim quod anni octo jam effluxerunt ex quo illa jam facta sunt, cum memoria hominis labilis sit; considerata etiam multiplicitate verborum et actuum que intervenerunt; considerata etiam timore qui michi incussus et aliis Dominis per romanos, propter quem non ita mens hominis turbata potest omnia efficaciter memorie commendare. Et ea propter timeo quod nec ego nec aliquis plene de omnibus recordetur vel possit de omnibus recordari. Et quantum de me, arbitror magis quod plura

---

(1) Ce cardinal est désigné sous le nom d'évêque de Palestrina (Penestrinensis). Ici il n'y a pas de doute que c'est le cardinal de Poitiers, puisqu'il s'appelle « Guido ». Mais cette dénomination prête quelque fois à la confusion par ce que, à l'époque de l'élection, le cardinal évêque de Palestrina était Jean de Crosso cardinal de Limoges, qui mourut en 1383. Clément VII nomma à sa place le Cardinal de Poitiers qui prit alors cette dénomination. (Voir Ciacon. sur ces deux Cardinaux).

obmittam per oblivionem quam presentialiter memorie teneam. Ea propter placuisset michi magis ut particulariter de singulis actibus interrogarer, volens tamen quantum michi Deus ministrabit, satisfacere petitioni vestre, dicam illa que presentialiter michi occurrunt, que magis principaliter constituunt substantialia facti. Sic tamen quod possim addere, et quod dictum meum non habeatur, pro inde de hiis que non dicam ac si illa non fuissent, cum nec omnia possint dici, nec sint necessaria vel expediens ut dicantur.

2. Est enim verum quod post obitum D. Gregorii S. R. romani, prout habebat communis reputatio in Urbe et reputabatur commune et notorium, diversa tenuerunt consilia tam de die quam de nocte ad finem scilicet ut juxta desideria eorum DD. cardinales, quorum erat tunc eligere papam, eligerent italicum vel romanum et deliberaverunt, sicut communiter dicebatur, attrahere DD. cardinales ad hoc si possent precibus, alias minis et terroribus attrahere et de hoc diversi locuti sunt michi, de quorum nominibus non recordaret presentialiter, excepto de D. Agapito de Columpna episcopo Ulixbonense, quem fui exhortatus quantum scivi ut ipse, qui ratione parentum et amicorum suorum erat valde potens in Urbe, haberet impedire quamtum posset ne romani procederent ad aliquos terrores et violentias. Qui michi respondit, quod locutus erat eis dissuadendo quod non facerent, sed nolebant obedire nec volebant acquiescere. Recordor etiam quod romani tunc occupaverunt custodiam portarum et pontium et passuum et introduxerunt multos de locis subjacentibus eis armatos ad dictam custodiam; nolueruntque quod DD. cardinales aliquam gentem armorum pro custodia et securitate sua introducerent, ymo cum D. Bernardus de la Sala diceretur esse satis prope Urbe cum gente sua, romani requisiverunt predictos cardinales ut eidem intimarent quod nullo modo appropinquaret Urbem, quia hoc esset scandalum populi et fuit eis concessum magis timore quam amore.

3. Item romani ordinaverunt quod nullus de hiis romanis quos principes vocant, qui sunt potentiores et majores inter eos et qui magis timentur in Urbe et locis circumjacentibus, tempore electionis fiende remanerent in Urbe, nec potuerunt obtinere dicti DD. cardinales a romanis quod certi ex dictis majoribus in quibus videbantur habere fiduciam remanerent in Urbe ad nonnulla officia pro securitate aliquali ipsorum.

4. Item dicti romani seu officiales aliqui pro parte eorum sepe, credo singulis diebus, durante novena dicti D. Gregorii S. R., pro parte populi rogaverunt et requisiverunt DD. cardinales, inter quos eram ego, ut vellent populo complacere eligendo romanum vel italicum et aliquoties subjunxerunt quod nisi facerent hoc predicti DD. cardinales, videbant sic depositionem in populo, quod non posset hoc pertransire absque scandallo inevitabili et periculo etiam personarum.

5. Item quando debuerunt prestare officiales juramentum de tenendo securos prefatos DD. cardinales juxta formam juris, fuerunt exhortati per D. meum Florentinensem, qui tunc primus erat in ordine, ut desisterent ab illis modis quos videbantur tenere, qui sonabant violentiam et advisarent quibus periculis se exponerent nisi se haberent melius quam eorum modi indicarent, subjungendo quod dum crederent sibi proficere, eis nocerent et D. meus de Agrifolio subdixit quod si secundum ea que disponebantur, aliquis eligeretur, non esset verus papa. Et hiis predictis prestiterunt illi juramentum de tenendo securos predictos DD. cardinales. Ego tamen cum vidi eos jurantes, in mente mea habui quod ipsi contra eorum intentionem et deliberationem jurabant fallaciter.

6. Item postquam DD. cardinales fuerunt ingressi conclave, dum esset hora satis tarda, venerunt quidam officiales romanorum et petierunt ut possent loqui DD. cardinalibus et licet fuerit responsum quod hora nimis tarda et quedam alie excusationes fuissent eis intimate, cum tanta importunitate, omnibus non ob-

stantibus, petierunt quod possent loqui eisdem. Tandem DD. cardinales presumentes quod etiam contra voluntatem eorum intrarent per violentiam, dederunt eis intrare licentiam et eos audiverunt; qui inter cetera exposuerunt eisdem, quod licet sepe fuissent pro parte populi romani requisiti et eis supplicatum ut eligerent papam ytalicum vel romanum, ipsi non clare responderant eis super hoc, juxta intentionem eorum et institerunt multum importune ut eis clare responderent et tandem subjunxerunt quod nisi clare de hoc certificarentur, videbant talem dispositionem populi quod ipsi iidem officiales et omnis DD. cardinales erant in gravi et inevitabili periculo personarum. Prefati autem DD. cardinales noluerunt eis promittere quod requirebant et cum difficultate potuerunt facere quod exirent conclave.

7. Item dicti romani, sicut indubie teneo, posuerunt custodiam multorum hominum circa conclave et aliquos posuerunt subtus, qui fere per totam noctem clamaverunt diversis clamoribus ad terrorem Dominorum. Ego vero magis audiebam illam vocem morio (*sic*).

8. In crastinum vero predicti DD. cardinales de mane accesserunt ad audiendum missas suas communiter, quas submissa voce fecerunt dici duas, et antequam finiretur secunda, romani cum armis ascenderunt illam partem que erat ante portam conclavis, ubi fuit multitudo magna valde, fuerunt etiam in platea et diversis locis palatii clamantes juxta petitionem eorum diversis et terribilibus clamoribus, adeo quod non poterant intelligere sacerdotem celebrantem et missis finitis, de voluntate Dominorum, aliqui ex DD. cardinalibus iverunt ad fenestram conclavis ad loquendum cum eis et fuit dictum per aliquos de extra, qui dicebant se scire intentionem populi super hoc, qui erant juxta portam conclavis ab extra, quod nisi eligeremus sine longiori dilatione ytalicum vel romanum, essemus omnes incisi per frustra, et facta relatione hujusmodi Dominis, dixerunt quam plures ex eis, quod

noluerunt propter ea mori, sed ex eo quo propter electionem faciendam de ytalico vel romano comminabant eis mortem, volebant vitam salvare et eligere, licet propter metum mortis et alias contra intentionem eorum ytalicum vel romanum et ad satisfaciendum populo ne ad ulteriora prosiliret, fuerunt ordinati certi Domini, qui potestatem DD. aliorum haberent, hoc promittere populo ad fenestram conclavis, sicut et factum fuit. Postquam autem illi Domini sunt reversi, habito brevi et quasi momentaneo de papa eligendo colloquio, durante tumultu, cum pulsatione campanarum ad martellum, nominaverunt omnis, uno excepto, B. Barensem archiepiscopum. Hiis peractis, aliqui ex Dominis dixerunt quod pulsaretur campana et publicaretur hoc populo ad finem quod Domini possent exire et redire ad domos suas, quidam alii dixerunt, quod hoc valde periculosum esset, nam si sic fieret, omnia, que habebamus in conclavi, fuissent perdita et fortassis quod si aliquod verbum vel factum inordinatum intervenisset, fuisset etiam periculum personarum et alia inconvenientia potuissent sequi et ideo concluserunt ibi, quod per promissiones aut alios modos quibus fieri posset retraheretur populus ut Domini secure possent extrahere bona sua, deinde exire sine periculo et fuit illa opinio communiter approbata et fuerunt tunc missi tres Domini qui loquerentur cum populo et Officialibus ad finem quod cessarent a tumultu et discederent a loco illo in quo erant et inter illos Dominos fuit unus D. Jacobus de Ursinis bo. me. qui multum exhortatus est populum et Officiales super hoc, promittens quod DD. cardinales, juxta eorum petitionem, darent eis ytalicum vel romanum infra die crastina et nisi hoc facerent dixit eis quod volebat quod cum inciderent per frustra et multa dixit super hoc et cum non sufficerent illud populo, fuit data una cedulla pro parte DD. cardinalium in qua continebantur nomina certorum prelatorum tam romanorum quam ytalicorum inter quos fuit nominatus Barensis, fuitque dictum eis ut mandarent pro prelatis ibi nominatis, quia Domini volebant loqui eis et hoc magis placavit eos, sicut credo, quia arbitrati sunt, sicut credo, quod aliquis ex eis fuisset electus et paulo post licet cum difficultate, discesserunt ab illo loco qui erat ante conclave, non tamen exiverunt palatium sed reposuerunt se in partibus aliis inferioribus et alibi et cessaverunt a clamoribus usque ad tempus de quo infra dicetur. Hiis peractis, Domini sumpserunt prandium, licet cum difficultate eorum fuerunt cibaria introducta. Post prandium vero accesserunt pro majori parte ad capellam ordinando de publicatione electionis B., nam arbitrati sunt expedientius esse quod tunc expedirent se de publicatione, quam differrent in diem alterum. Ego vero, licet michi in corde displiceret, accessi ibidem, non enim michi placebat quod fieret aliquid aliud, desiderans eligere alium de quo conceperam ante ingressum conclavis, dum tamen fuisset populus quietatus ac etiam recessisset, quod non fecerat, quinymo aliqui de familia DD. cardinalium viderunt populum per aliqua foramina in partibus inferioribus et alibi sicut retulerunt DD. aliquibus. Tandem, dum essemus in capella predicta sedentes non in ordine debito sed sine ordine, D. Florentinensis, qui erat in ordine primus, locutus est de publicatione facienda, et D. S. Petri dixit quod cessabat tumultus populi et quod reeligeretur, quidam alter D. dixit quod ymo eramus in majori periculo quod alias fuissemus, tunc sicut michi videtur D. Florentinus dixit: Domini, in quo stabis, quid dicitis? Et tunc ex presentibus ibidem dixerunt: Ego dico sicut hodie dixi et antequam finivissent Domini, redierunt romani ad illum locum unde descenderant, cum terribilibus clamoribus et inceperunt frangere conclave, et tunc fuit pulsata campana sicut pulsatur electione celebrata et Domini dispersi sunt in diversis locis latitantes sicut commode potuerunt et fuit eis visum. Hiis autem sic actis, intraverunt conclave romani conclamantes solummodo sicut michi dictum fuit, quod Romanum volebant, et sicut audivi ex relatione, quia jam discesseram ab illo loco. Unus de Dominis dixit eis ad contentandum eos quod D. S. Petri fuerat electus sed nolebat consentire, Et romani, sicut audivi, portaverunt eum invitum primo supra cathedram, postea posuerunt super altare feceruntque sibi reverentias solitas exhiberi romano pontifici. Interim vero DD. cardinales, prout fuit eis melius possibile, licet cum difficultate, exiverunt palatium et nonnulli ex eis intraverunt castrum S. Angeli, quidam vero accesserunt ad domos suas, alii vero exiverunt Urbem, D. vero S. Petri infra palatium et B. cum eo, qui fuerat vocatus per cedulam et licet aliqui ex Dominis, videlicet, S. Eustachii et de Ursinis scripsissent dicto B. sicut audivi in illo sero infra palatium non remaneret, hoc non obstante, voluit remanere. In crastinum vero DD. cardinales qui in Urbe remanserant sepius requisiti sicut constat michi de me et quibusdam aliis et habui etiam ex relatione plurimorum per eum mediantibus nunciis et officiales Urbis intronizaverunt eum et consequenter in die Sancta Pasche eum coronaverunt et multa alia fecerunt que in casu dato per DD. cardinales tutius continentur.

Ad interrogatio michi facta respondeo ut infra sequitur:

9. Ad primum in quo queritur si audivi quod romani tenuerunt consilia in quibus concluserunt ut cogerent cardinales ad eligendum papam romanum vel ytalicum, responsum est supra.

10. Ad II quo queritur si audivi quod in dictis consiliis essent aliqui prelati romani vel italici qui inflammabant populum ad hec, audivi bene quod aliqui prelati fuerant in consiliis; an vero ad inflammandum et instigandum populum ad hoc, nescio et inter illos fuit D. Agapitus de Columpna qui michi dixit se interfuisse et dissuadebat omnis malitias et terrores, ut dixit michi, sed non poterat prevalere. Fuerunt tamen, sicut dicebatur a multis, diversi prelati ytalici et romani euntes per carrerias ad inflammandum populum ad premissa et inter illos recordor quod audivi

nominari episcopos Rechanatensem, Calliensem et abbatem Sistriensem.

11. Ad III quo queritur si audivi quod B. fuerit in aliquo illorum consiliorum causa inflammandi populum, respondeo quod audivi et credo ab eo, quod ipse interfuerat aliquando, sed dissuasit, ut dicebat, violentiam.

12. Ad IV, si audivi quod recommendaverit se bandarensibus, audivi quod sic a D. Guidone de Pruino qui erat tunc senator Urbis.

13. Ad V, si recommendavit se DD. cardinalibus, sic quod appareret eum aspirare ad papatum; audivi quod recommendavit se aliquibus DD. cardinalibus, scilicet, Lemovicensi et de Vernhio, etiam quo ad hoc, sed michi non, de quo recordor.

14. Ad VI, quo queritur si ante ingressum conclavis fuit tractatum de aliqua persona eligenda, non communiter nec in magno numero Dominorum, quod ego sciverim et quantum est de me, non fui locutus de aliqua persona in majori numero quam in presentia duorum vel trium cardinalium de quo recordor; de persona dicti B. non fuit tractatum, quod ego sciam, nisi solum dum eramus in conclavi et erat super nos timor romanorum.

15. Ad VII, quo queritur si aliquis Dominus ante ingressum conclavis verbo vel scripto aliquid significavit B. ex quo posset percipere quod de ejus persona eligenda ageretur : respondeo quod ego nichil scripsi vel dixi sibi, nec scio quod aliquis alius hoc fecerit.

16. Ad VIII, quo queritur quare non eligerunt romanum ad magis placandum furorem populi; respondeo quod quantum est de intentione mea ego tenebam romanos esse contentos si eligeretur italicus, et ita credere, judicio meo, debuerant alii Domini quia petitio romanorum erat alternativa ad italicum vel romanum.

17. Ad IX, quo queritur quare non publicaverunt electionem

incontinenti, patet responsio per ea que dixi in facto, quia nullo modo videbatur expediens pro tunc.

18. Ad X, quare DD. cardinales ostenderunt D. S. Petri et non B. Responsio ponitur in casu scripto per DD. cardinales et ego non fui in illo consilio sicut supra dixi.

19. Ad XI, quo queritur quot fuerunt DD. cardinales qui dixerunt quod dicebant eo animo quod esset verus papa. Pauci fuerunt minus quam tertia vel quarta pars, precise non recordor de numero.

20. Ad XII, quo queritur quot fuerunt cardinales qui in actu reelectionis dixerunt: Dico idem quod hodie. Non possum dicere aliud quam dixerim.

21. Ad XIII, si ego accessi ad intronizandum cum de castro S. Angeli; respondeo quod sic, ad requisitionem suam multiplicem et officialium Urbis, sicut supra dixi, licet michi valde displiceret, considerans quod etiam malegratibus meis oportuisset me yre satis cito post dies aliquos quia castrum non erat bene fulsitum sicut dictum fuit michi et si stetissemus in longiori contradictione, DD. cardinales qui iverant ad domos suas fuissent in periculo personarum et etiam familiares mei et alii curiales; et unus Dominus scilicet de Britania de Dominis existentibus in castro, cum ascendit mulam suam dixit expresse vulgariter quod ipse ibat per forsa.

22. Ad XIV, si usus fui absolutione sua plenaria quam si potuisset omnibus Dominis concessisset, respondeo quod non.

23. Ad XV, si petii ab eo beneficia; respondeo quod petii unum beneficium pro me et unum pro uno familiari meo, sperabam enim pro tunc quod dum essemus in loco libero forte reeligeretur et timebam in dictis beneficiis ab alio vel aliis proveniri, sed non habui, nec habuisse volo.

24. Ad XVI, si scripsi regibus, principibus, prelatis, consanguineis etc. Non recordor me alicui scripsisse.

25. Ad XVII, si collegium DD. cardinalium scripserunt unquam notificando electionem suam ;. respondeo quod sic D. Regi Francie, ut credo, de aliis non recordor et littera displicebat michi quia dabat occasionem introducendi errores et propter eam causam fuit, ut credo, inordinate petita a dicto B. et contra morem concessa solitum et cum displicentia cum secundum morem et observantiam romane curie ipse solus romanus pontifex suam electionem regibus et principibus hoc significet, nec unquam, nisi illa vice, visum fuerit quod collegium hoc scriberet, sicut credo, et licet fuerit sibi responsum quod erat contra morem, ipse tamen omnino institit pro dictis litteris habendis, arbitrabatur enim, sicut credo quod principes non obedivissent ei, audita violentia notoria romanorum et ad finem quod attraheret eos ad obedientiam sui, predictas litteras habere voluit, sicut estimo.

26. Ad XVIII, quo queritur si ex post quod fuit in Anagnia scripsi sibi tanquam vero pape, respondeo quod scripsi sibi semel faciendo responsionem ad quamdam bullam quam miserat DD. Sabinensi tunc Vivariensi, de Agrifolio et michi, qui pro tunc soli veneramus sine aliis Dominis ad Anagniam, si aliquid aliud et alias sibi scripserim non recordor et quia pro tunc civitas Anagnie obediebat B. et nondum gens armorum pro tuitione nostra nec alii DD. cardinales venerant, credo quod fuisset michi periculosum ei negare responsum vel scribere ei sub alio titulo quam sub illo quo se intitulabat licet falso.

27. Ad ultimum, si unquam tenui eum pro papa, respondeo quod propter metum mortis eum elegi et in actu electionis dixi quod non valebat quod fiebat, ex hiis satis apparere potest quod eum non potui, nec debui tenere pro papa, cum sola electio canonica papam faciat.

D. S. VI. 133.

*Réponses du même cardinal de Poitiers
aux questions des ambassadeurs d'Aragon.*

Responsiones ad interrogatoria ulterius post depositionem facta Domino Penestrinensi.

Ad non nulla que dicuntur deposita per infrascriptos vel contenta in casu ordinato per B.; michi Guidoni episcopo Penestrinensi per ambiatores illustissimi principis D. regis Aragonum tradicta, que videntur obviare aliquibus que ego asserui circa factum intrusionis Bartholomei Barensis, respondendo dico prout inferius continetur.

30. *Théobalde de Thébaldescis, frère du Cardinal de Saint-Pierre, attribue à ce cardinal les paroles suivantes:* " *Quomodo possunt impugnare cardinales hanc electionem quia ante ingressum conclavis fuit michi dictum per cardinalem Pictavensem nomine suo et, cardinalis de Agrifolio, quid michi videbatur si non possemus eligere de collegio, quem eligeremus, et ego respondi: quod non darem vocem meam alicui donec essem in conclavi, et ille cardinalis Pictavensis replicavit: si videretur michi bonum quod eligeremus D. archiep. B. et ego respondi sibi quod si illum volebant eligere, per meam vocem non perderet papatum.*

Ad istum articulum respondeo ego Guido episcopus Penestrinensis, tunc Pictavensis vocatus et dico quod non credo predictum D. S. Petri dixisse talia, sed esse conficta et falsa. Nunquam enim rogavi eum, nec rogare proposui de electione predicti B. Est bene verum quod, sicut credo, dictus D S. Petri inter alios de collegio, ipse deligebat D. meum de Agrifolio et me, et sede vacante semel ivi ad eum et cum esset sermo inter nos duos de electione futuri pontificis romani, dixi ei, quod intentio D. mei de Agrifolio et mea erat eligere Dominum meum cardinalem Vivariensem quem credebamus propter merita et sufficentiam ejus Deo acceptum et ecclesie utilem et in casu quo sibi placeret concurrere nobiscum in ea parte, credebam quod serviret Deo. Qui inter alia dixit michi, quod si posset habere italicum, multum placeret sibi, sed hoc impossible reputabat, cum non essent nisi quatuor DD. cardinales italici et alii erant numero duodecim ad quos cum aliis quatuor tunc electio pertinebat, et in illum casum quo non posset haberi quemadmodum videbatur sibi fore impossibile, ipse in electione sequeretur D. meum de Agrifolio et me.

31. Thomas Petri a soutenu que ce cardinal et plusieurs autres avaient dit que l'élection d'Urbain était décidée avant l'entrée au Conclave.

Respondeo et dico quod nunquam illa verba dixi sibi vel cuiquam alteri. Ymo me recordor quod post dictam intrusionem unquam fuerim sibi loqutus de aliqua materia mundi, nec recordor nec credo quod alii Domini hic nominati, vel aliquis ex eis dicta verba retullisset.

32. Le cardinal de Corcyre dit qu'il a demandé au cardinal de Saint-Pierre de voter avec lui pour Urbain.

Respondeo sicut jam predixi, quod nunquam de eligendo B. eum rogavi nec requisivi, sed solum de D. Vivariense, et Dominus Nicolaus de Cremona (*Nullo modo refferatis vos ad istum quia pejus adhuc deponit quam Corsiensis*) tunc auditor dicti D. S. Petri nunc archiepiscopus Neapolitanensis, si vellet testificari, scit bene veritatem hujus materie, quia per eum significavi sibi quod D. meus de Agrifolio et ego intendebamus eligere D. Vivariensem, si placeret sibi nobiscum concurrere, et de nullo alio sibi feci aliquam mentionem (Ipse enim D. Nicholaus pro parte sua fuerat missus ad me offerens michi multa curialia pro parte D. S. Petri).

33. *Thomas de Zohannis affirme qu'à Anagni plusieurs serviteurs disant au Cardinal que sa conduite envers Urbain leur faisait croire qu'il était le vrai pape, le Cardinal leur répondit:* " *Quod ego etiam faciebam illud idem, sed nondum fueram locutus cum Dominis* ".

Ad hoc ego respondeo quod non recollo hoc me dixisse, nec videtur michi quod credendum sit ut hoc dicere debuerim consideratis hiis que dixi in relatione quam feci de dicta intrusione, nec non considerato quod in Anagnia prior Cartusianus de Neapoli veniens de Tibure a B. accessit ad me petens consilium quid esset facturus, nam dictus B. dixerat ei quod volebat eum retinere in servitio suo et assignavit vel assignare volebat sibi cameram intra palatium. Ipse vero prior volebat habere deliberationem meam quia confidebat de me satis. Ego vero habui ipsum solum in studio meo et dixi ei quod dictus B. non erat papa et ostendi sibi cap. " In nomine D. " et cap. " Si quis pecunia ", consuluique ei quod nullo modo remaneret in servitio ejus, et excusaret se quia Cartusiani non consueverant servire et juxta morem ordinis volebat morari in claustro et quod nichilominus requireret dictum B., quoniam ipse confidebat multum dicto priori et avisaret se in factis suis et nollet esse causa erroris in mundo, ipse enim sciebat quomodo factum se habuerat et de jure non erat dubium et audacter ostenderet sibi predicta jura. Qui juxta consilium meum reversus, ad eum processit et sibi loquutus est sicut consulueram. Dictus vero B. ad id quod tangebat impressionem et nullitatem electionis non respondit sibi aliud sicut postea retulit michi, ni quod remisit eum pro responsione ad D. cardinalem S. Petri ad quem non curavit accedere percipiens quod dictus B. viam rectam non ambulabat; sed ad me reversus in Anagnia, facta michi relatione de predictis, reversus est in Neapolim ad monasterium suum et post per longum tempus captus per B. et privatus prioratu suo cum multa ignominia.

34. *Rutgherius de Wusel son secrétaire affirme avoir écrit de sa part à ses amis qu'Urbain était élu canoniquement :* Ad istud respondeo et dico quod non recordor si aliquibus scripserim (nec fuit verum quod canonice nec concorditer fuerit electus et ymo illud scribi non potuisset cum veritate) vel quid. Scio tamen quod fui in proposito scribendi D. Morinensi in effectu quod non erat papa, tamen propter pericula viarum, quia potuissent littere interceptari, id omisi.

35. *On lui reproche d'avoir donné à Urbain une pièce de toile.* Respondeo quod fuit verum quia sperabam quod forte reeligeretur.

36. *Urbain dans son casus soutient qu'il a engagé le cardinal de Saint-Pierre à voter comme lui pour Barthélemy, ce Cardinal aurait refusé.* Respondeo et dico quod istud est falsissimum dolose confictum, et veritate carens quia nunquam requisivi eum de eligendo B. nec voluntatem habui requirendi.

37. *On dit qu'il proposa, peu avant l'élection, au cardinal de Milan de voter pour Barthélemy.*

Respondeo et dico quod invalescente tumultu romanorum et metu crudelissimo nobis imminente dixi D. Mediolanensi, si ipse idem eligeretur tali modo, si consentiret tali electioni, qui respondit michi quod non, etiam si essent decem papatus ; ex tunc possibile est quod dixerim sibi de B. et hoc feci propter metum mortis michi et aliis D. comminantem nisi eligeremus juxta eorum petitionem italicum vel romanum, ut possem michi salvare vitam quam alias non potui salvare, nisi eligerem italicum vel romanum sicut arbitrabar, et hoc factum fuit subito ex abrupto et quasi in momento propter furorem.

38. *Au sujet de ce que fit et dit le cardinal des Ursins.*

Respondeo et dico quod illa materia non stat in memoria mea.

39. *Interrogé sur la cédule qu'il signa à Saint-Ange il répond :*

Respondeo et dico quod unam cedulam bene misimus, sed

cujus tenoris esset ad illam me reffero si originalis exhibeatur, quia non feci eam copiari nec eam ordinavi. Hoc tamen dico quod non eram in loco securo, nec poteram denegare sine periculo quominus irem vel cedulam mitterem; et non obstante cedula oportuit me ire ad vitandum periculum licet michi displiceret.

40. Au sujet des demandes faites après l'intronisation il dit :

Respondeo quod aliquas recommendationes fecimus ei, sed non omnes que describuntur in dicto articulo et quantum est de me ego pro tunc credebam quod reeligeretur dum fuissemus in loco libero.

41. Sur les indulgences demandées il répond :

Respondeo quod quantum in me videtur aliquis vel aliqui licet pauci valde, verbo ab eo petierunt. Ego tamen scio me circa illam materiam verbum aliquod supplicatorium non dixisse, nec ea indulgentia usus sum sicut dixi in relatione quam feci de intrusione predicta.

42. On dit qu'Urbain confirma l'élection du roi des Romains de l'avis unanime des Cardinaux.

Respondeo et dico quod ego pro tunc eram in Anagnia et sic non eram in loco ubi dicitur facta dicta pretensa approbatio nec in eo pretenso consistorio dum hoc facta pretenduntur.

XXXV.

D. S. VI. pag. 86.

*Réponses du cardinal d'Aigrefeuille
aux Ambassadeurs du roi d'Aragon.*

Sequuntur quesita facta seu dubia mota michi cardinali de Agrifolio per ambaxiatores regis Aragonum, circa illa que contigerunt circa factum intrusionis Bartholomei, et responsiones mee ad ea.

1. A-t-il ouï dire et par qui, que Barthélemy assista aux réunions des Romains dans lesquelles il fut décidé qu'on irait jusqu'à la violence?

Responsio. Dico quod, prout in casu ponitur, post obitum D. Gregorii romani seu eorum officiales pluries fecerunt et tenuerunt consilia de quibus agitur, ad que convocaverunt prelatos omnes vel saltem notabiliores origine italicos vel romanos tunc Rome existentes, inter quos fuit B. prout audivi a pluribus de quibus et eorum nominibus non recordor et erat etiam de hoc in Roma vox et fama publica et ibi notorium protunc reputabatur.

2. S'il assistait à ces réunions, était-ce dans le but d'exiter les Romains à aller jusque là?

Responsio. Dico quod non recordor hoc me specifice ab aliquo audivisse, tamen credo firmiter quod ita fuit et ad hoc credendum me movent sequentia. Primo quia me presente et audiente post pretensam nominationem seu electionem suam, romanos super illis que contra nos attemptaverant palam et publice excusavit. Secundo, prout ab ipso audivi, penas et sensuras quas tam civitas romana quam ipsorum persone singulares incurrebant, violentias predictas nobis inferendo, nobis insciis et non vocatis, nullaque satisfactione nobis facta de injuriis et dampnis nobis illatis, de facto relaxavit et absolvit. Tertio quia, me etiam presente et audiente, palam et publice eis dixit quod ipsi multum gaudere debebant de sua electione, nam ipsi petierunt papam romanum vel italicum et ipse utrumque erat, nam erat italicus origine et etiam romanus civis, ante enim dictam suam electionem per aliquos dies fuerat effectus civis romanus et in signum hujusmodi civilitatis emerat ibi unam vineam et unam domum, et hoc sic esse in veritate dicti romani affirmaverant. Quarto quia prout ab aliquibus Dominis meis et michi retulit D. Agapitus de Columpna in Anagnia cum ambo cum aliquibus aliis prelatis per nos existentes in conclavi, prout continetur in casu, vocati sunt, iste B. eum interrogavit: Utrum ipse papatum acciperet si tunc erat per nos electus. Quo respondente: Quod non, cum teneret totam electionem non debere valere propter notoriam impressionem que nobis inferrebatur et erat illata. Idem B. ulterius eum interrogavit: Quid igitur faceret; et ipse respondit quod statim iret ad castrum suum de Zagarolo et abinde requireret DD. cardinales ut ad eum venirent et si tunc cum ipsis reperiret se per eos libere et voluntarie electum fuisse, tunc papatum acceptaret, aliter vero non. Tunc iste B. qui erat secrete de sua pretensa electione jam facta certificatus, pertinaciter asseruit et tenuit secum frontose et pertinaciter altercando quod ymo juste et debite non obstante impressione hujusmodi papatum per eum poterat acceptari, licet per prius, hoc est, antequam de sua pretensa electione actum fuisset, saltem quod sibi constaret, eadem die de mane in ecclesia S. Petri, presente generale ministro minorum qui prout michi retulit, in dicta ecclesia per magnum spatium secum fuit, super hiis que contra nos tunc per romanos attemptabantur colloquendo.

Ex quibus presumo et suspicor quod romanis asseruit cum in dictis conciliis eorum interfuit, illud quod a dicto Domino ambaxiatore dicitur super hoc asseruisse.

3. *Avant le conclave a-t-il été question entre les Cardinaux d'élire une personne déterminée ?*

R. Dico quod in communi talis tractatus habitus non fuit, ego enim in omnibus congregationibus pro tunc communiter per nos factis interfui et non vidi nec audivi quod de hoc in genere vel specie in communi fuit aliquid tractatum vel locutum. Particulariter et segregatim, ut pote inter duos vel tres aut quatuor ad plus quinque, vidi et audivi de hoc loqui et tractari; ymo et inter tales interfui et aliquando procuravi ut de hoc inter nos tractaretur et fieret sermo etiam de certa persona mentionem faciendo.

4. A-t-il été question d'un personnage étranger au Sacré-Collège ?

R. Dico quod tota intentio mea tunc erat quod eligerem unum certum de collegio nostro, et super hoc, ut dixi in articulo precedente, tractavi et locutus sum cum aliquibus Dominis meis cardinalibus, inter quos si aliquando lapsando et absque premeditatione fuit aliquis de extra collegium etiam ad hoc nominatus, scio tamen quod non deliberative, hoc est, quod conclusimus inter nos ut ad ipsius electionem intenderemus aut eam fieri procuraremus.

5. A-t-il été question de Barthélemy ?

R. Dico quod hoc unquam scivi vel audivi, salvo quod semel fuit michi relatum et pro vero assertum quod romani ad invicem consulerant et deliberaverant quod nomina certorum prelatorum italicorum et romanorum tunc Rome existentium ex quibus iste B. erat unus, in scriptis redigerent et servatis modis inter eos deliberatis de quibus speciale continetur in casu, nos requirerent ut alterum ex illi eligeremus ; ego vero ista retuli una die Dominis meis Pictavensis et S. Angeli dum equitabam cum ipsis ad ecclesiam S. Marie Nove et demum dum fui in dicta ecclesia Dominis meis Lemovicensi et tunc Glandatensi nunc vero Hostiensi ; et subjunxi quod si ad hoc per romanos compelleremur, quantum in me erat ego citius condescenderem ad dictum B. quam ad aliquem de aliis de quibus tunc agebatur, super quo nichil ulterius omnino inter nos conclusum extitit, nec de hoc ex tunc feci aut fieri audivi mentionem. Ymo continue intendi quam potui et procuravi quod eligeretur alius de collegio nostro ad quem specialiter afficiebar.

6. S'il en a été question, qui en a parlé ?

R. Respondi in articulo proxime precedenti.

7. A-t-il appris qu'un cardinal, avant le conclave, a écrit à Barthélemy au sujet de sa future élection ?

R. Dico quod de hoc nec scivi, nec audivi.

8. Sait-il si un cardinal lui a manifesté par messager ou autrement ce qu'on disait de son élection ?

R. Dico prout dixi in articulo precedenti, videlicet, quod hoc nec scivi, nec audivi.

9. Après le serment des Bannerets a-t-il cru, en entrant au Conclave, pouvoir agir en toute liberté ?

R. Dico quod prestatio juramenti de quo queritur non me securum reddidit, quoniam semper dubitaveram de illis que postea contigerunt et multa plus dubitavi in introitu conclavis quam per prius fecissem.

10. On lui objecte que la présence du peuple sur la place Saint-Pierre ne prouve pas la violence dont se plaignent les Cardinaux. Cette présence du peuple peut s'expliquer autrement.

R. Dico quod licet ad talem actum soleant et consueverint plurimi convenire, hoc verum est de viris notabilibus et boni status pacificeque et sine armis incedentibus, qui DD. cardinales euntes ad conclave ipsumque intrantes honorifice tractare, reverenter salutare seque eorum mandatis parituros humiliter offerre consueverunt. In casu tamen nostro fuerunt homines populares, mecanici rustici, bubulei, effrenati, quasi ratione carentes vel saltem ipsa non utentes, ac vilis conditionis et infirmi status, arma deffensiva aperte portantes, DD. cardinales verbis contumeliosis et cominatoriis offendentes, ac ipsos in introitu impetuose et irreverenter impellentes, eisque pressionem facientes; quare nimirum si hoc allegetur et inseratur in casu tanquam indicativum et demonstrativum impressionis, presertim consideratis precedentibus et subsequentibus ac aliis circumstantiis contentis in casu ?

11. L'entrée des Chefs de Régions ne parait pas être " infractio moris soliti aut dispositionis juris „ parce que les portes n'étaient pas encore fermées et parce que tous les visiteurs n'étaient pas encore sortis.

R. Dico quod licet introitus aliquorum in conclave ante clausuram porte non sit contra morem solitum aut juris dispositionem, tamen talis qualis fuit iste, bene fuit insolitus et a jure prohibitus, nam, prout ponitur in casu, porta custodiebatur ne aliqui alii intrarent ultra illos qui infra erant et sic satis quo ad eos poterat clausa reputari, presertim quia ipsi impediebant ne ulterius clanderetur, ymo ipsum intrare conclave volentes fuit etiam hoc insolitum; primo, ratione hore qua intraverint, quia hora erat tarda ; secundo, ratione numeri ipsorum quia fuerunt omnia capita regionum cum aliis multis civibus ; tertio, quia licet aliqui alias intrare consueverint, tamen ad consolationem vel saltem sine displicentia cardinalium, isti autem ad timorem et displicentiam ipsorum, qui timentes fracturam portarum ipsos intrare permiserunt. Fuit insuper istud insolitum, juri et rationi contrarium, ut, videlicet, ad DD. cardinales intraverint, tales causa ipsis inferendi minas, terrores incutiendi et faciendi requestas quas post suum introitum intullerunt, incusserunt et fecerunt. Cum autem ista sint indicia impressionis vere insolita et contra juris dispositionem facta fuisse sunt censenda.

12. Puisque les Cardinaux disent avoir voulu plaire aux Romains en faisant cette élection, ils auraient du choisir plutôt un romain qu'un italien. En nommant Urbain les Cardinaux semblent avoir voulu faire plutôt leur volonté que celle des Romains.

R. Dico quod cum intentio nostra precisa esset non eligere de extra collegium, secundum quod continetur in casu, pro evitatione tamen furoris et indignationis romanorum alias non facturi, condescendimus ut eligeremus italicum vel romanum et quia ex eorum petitione que erat alternativa de ytalico vel romano expresse apparebat quod non plus afficiebantur ad unum quam ad alterum, credidimus firmiter pro tunc ex electione istius instans nobis periculum evitare.

13. Puisque les Cardinaux ont décidé de prendre leur repas avant de sortir du péril, qu'ils disent avoir été imminent, ce péril n'était donc pas si grand, ni leur crainte si fondée, qu'ils le soutiennent dans leur casus.

R. Dico quod facta dicta pretensa electione, dictum et proloqutum inter nos extitit ut dicta electio publicaretur et dictus B. intronizaretur ad hoc ut eadem die conclave et tantum periculum exire possemus: sed hoc dilatum extitit, quia aliqui ex DD. italicis dixerunt quod hujusmodi electio tunc esset nobis valde periculosa, nam ipsam tunc faciendo, romani qui adhuc erant in suo furore, conclave intrarent et, ut ipsi tenebant firmiter, incederent ad rapiendum bona nostra ibi existentia, ex quo posset oriri dissentio sive rumor tam inter ipsos, quam familiares nostros, et sic essemus in periculo magno; sed consulerunt, et ita factum fuit, ut mitteremus pro quibusdam prelatis, quorum iste B. unus fuit, ad hoc ut romani hoc audientes, magis manerent quieti, et medio tempore intenderemus quantum possemus ad recolligenda dicta bona nostra et in locis securis et secretis recondenda vel ab inde extrahenda si possemus, prout et fecimus quantum nobis possibile fuit; et quia dicti prelati nondum omnes venerant et cibaria nostra erant jam introducta satis cursorie, insolide et exhoneste comedimus. Demum de adventu dictorum prelatorum certificati, ad capellam accessimus causa intentione et proposito exequendi predicta, videlicet, publicandi illa que feceramus; et sic non habet locum admiratio propter illa que precesserant, licet propter evitationem majoris periculi, eorum exequtio usque tunc fuerit procellata.

14. Urbain soutient avoir été requis de quitter les appartements pontificaux. Le cardinal sait-il par qui et dans quel but?

R. Dico quod ego existens in castro S. Angeli in crastinum sue dicte pretense electionis misi ad ipsum unum michi satis specialem per quem sibi mandavi, quod ego consulebam sibi quod omnino et statim exiret palatium et veniret ad dictum castrum et hoc feci, ea intentione quia volebam posse modo procurare ut convenissemus cum ipso omnes in aliquo loco securo, provisuri de remedio oportuno circa statum ecclesie romane et suum. Audivi etiam, quod DD. cardinales de Ursinis et S. Eustachii idem fecerunt, primo per nuntium et demum per scripturam, et recordor quod in crastinum sue intronizationis, qua die ego fui secum pransus, me presente, pro parte dictorum cardinalium fuit sibi presentata quedam cedulla, ut credo, hanc materiam continens, in cujus subscriptione archiepiscopus Barensis vocabatur, quod sibi satis ingratum demonstravit.

15. *A-t-il ouï dire pendant qu'il était à Saint-Ange qu'Urbain n'était point pape? Par qui?*

R. Dico quod non recordor quod ego illa nocte in propria aliquid tunc de hoc audiverim, bene tamen audivi a D. meo Pictavense, cum quo tunc eram, quod DD. cardinales de Britania et de Vernio, tunc etiam existentes in dicto castro a nobis tamen segregati, de hoc inter se satis aperte loquebantur, quos dictus D. meus, ut michi dixit, procuravit ab hoc retrahi, pro evitatione periculi quod exinde nobis poterat evenire.

16. *A-t-il jamais cru qu'Urbain était pape?*

R. Dico quod cum scirem quod per notoriam impressionem nobis per romanos factam electio sua pretensa fuerat facta, quodque ego ad eam faciendam quantum in me erat processeram timore mortis, alias nos facturus, ipsum in mente mea nunquam habere aut reputare potui prout nec debui pro papa; sed quia solus hujusmodi electionem impedire vel impugnare aut hoc determinare non poteram, videbamque alios Dominos per actus exteriores ipsum tractare et honorare ut papam, ipsorum intentionem inquirere, ac super hiis et de modis qui circa ea teneri deberent plene informari multum optavi et desideravi et quia hoc michi possibile non fuit quamdiu fui in Roma, nam prout ponitur in casu, ibi nobis existentibus valde periculosum fuisset super hiis adinvicem deliberare sive loqui; ideo, non intendens tamen ex dictis aut factis meis quibuscumque aliquid jus novum sibi in papatum tribuere, seu que facta erant in sua persona quomodolibet ratificare, sicut ceteri Domini ipsum honoravi et tractavi ut papam, donec et quousque existens in Anagnia super hiis cum aliis DD. deliberavi, informatus fui de ipsorum intentione; et quia eam inveni concurrere cum mea, videlicet, quod ipsi etiam timore mortis, sicut ego, ipsum nominaverant, seu elegerant, alias non facturi, ex tunc ipsum ut papam non tractavi, nec honoravi; ymo habita matura deliberatione post adventum gentium armorum pro nostra securitate vocatorum, de quibus continetur in casu et in responsione XX^I quesiti facio mentionem, eum non esse papam, cum aliis DD. qui ibi erant, publicavi.

17. A-t-il communié de sa main?

R. Dico quod non.

18. A-t-il été absous en son nom?

R. Dico quod cum generaliter concessit nobis omnibus prout est fieri consuetum hactenus per Summos Pontifices in novitate sue creationis, tamen ipsa uti non curavi, nec ejus vigore absolvi.

19. Lui a-t-il demandé quelques bénéfices?

R. Dico quod super beneficiis aut rebus aliis quibuscumque pro me aut quibusvis aliis, per me vel per alium nunquam sibi aut alteri de suis supplicationem tradidi, obtuli vel porrexi; bene tamen verum est quod, prout consuetum est fieri in principio novi papatus, familiares mei pro se fecerunt et ordinaverunt unum rotulum sub nomine meo, qui post recessum meum de Roma, et antequam habuissem deliberationem et certitudinem de quibus supra in responsione XVI^I quesiti feci mentionem, per unum de istis qui tunc Rome remanserant fuit sibi oblatus, quem, licet, ut audivi, dictus B. postea signaverit, ipsum tamen non recuperavi, nec recuperare curavi. Et ideo dico de dictis familiaribus meis quibus etiam si tunc denegassem rotuli hujusmodi sub nomine meo ordinationem et oblationem, aliqua suspicati fuissent de intentione mea, quod michi protunc valde periculosum extitisset ex causis in casus contentis.

20. Etant hors de Rome, lui a-t-il écrit comme au vrai pape ?

R. Dico quod aliis DD. cismontanis, pro majore parte adhuc Rome existentibus, et antequam habuissem cum ipsis deliberationem et certitudinem de quibus supra fit mentio in responsione quesiti XVI[i], non intendens tamen aut proponens aliquid sibi suffragari sive jus novum tribuere aut antiquum roborare; sibi solum quatuor litteras dum fui Anagnie scripsi, prima statim dum ibi fui per unum capellanum meum et fuit effectualiter credentie, cujus vigore per ejus portatorem ipsum pro mea parte mandavi, rogavi, moneri et induci ut quam citius posset veniret Anagnie, et hoc ad effectum et finem de quibus supra in responsione XIV[i] quesiti feci mentionem. Secunda fuit responsiva pro parte DD. meorum Pictavensis et Vivariensis ac mea ad quamdam bullam suam in qua nobis mandavit ut sua autoritate arrestaremus D. meum Arelatensem tunc camerarium et bona sua, quam nobis presentavit D. B. Lauratoris portatas Anagnie per ipsum ad nos super hos missus, qui etiam a nobis petiit hujusmodi litteram responsivam, quam protunc negare nobis periculosum extitisset. Tertia et quarta sunt recommendatorie pro quibusdam, quas requisitus, si denegassem, aliquid saltem indirecte de intentione mea manifestassem, quod michi pro tunc periculosum fuisset, ut dixi de secunda, ex causis in casu contentis, videlicet, quia donec et quousque venerunt gentes armorum quos pro nostri tuitione postea vocavimus, non eramus tuti in Anagnia, tum quia B. in ea que suo nomine regebatur tunc habebat favores multos, tum etiam quia eramus tunc inhermes et impopotentes ad resistendum romanis eorumque fautoribus, quibus dictus locus satis circumdabatur, ubi dictum locum et nos tunc invadere et impugnare potuissent. Nullam vero aliam litteram recollo me sibi scripsisse.

21. A-t-il écrit à quelques princes au sujet de son élection?

R. Dico quod adhuc ignorans aliorum DD. intentionem, Romeque adhuc existens, aliquibus, paucissimis tamen, scripsi ipsum fuisse electum, sed quod debite non expressi nec etiam modum per quem aperui, quia forte fuisset michi periculosum si littere fuissent aperte in districtu romanorum, cujus passus et portus adhuc clausi tenebantur et sub suorum ministrorum custodia, sed, ut in pluribus, me super hiis remittebam relationi portatoris, qui, illis diebus quibus attemptata fuerunt contenta, in Rome personaliter extiterit, aut, hoc salvo, quod semel specialiter et stricte requisitus per dictum B. bone memorie D. meo Pampilonensi unam litteram scripsi quam ipse B. videre voluit, in qua scienter inserui aliqua verba ex quibus dictus Dominus conjecturare potuisset quod an valeret dicta electio poterat merito in dubium revocare; sed dictus B. visis et lectis dictis verbis, statim precepit et mandavit michi, satis turbative, ut illa verba tollerem, et super illis in dicta littera contentis ipsam reficerem, quod sibi non fui ausus denegare, tamen in posterum per dictum dominum ni possent impingi quod ea que sibi scribebam a meipso et voluntarie scribebam, scienter subjunxi et scripsi in fine dicte littere manu propria ista verba : Et ista scribo vobis de mandato dicti Domini nostri.

22. Le Sacré-Collège a-t-il écrit sur le même sujet?

R. Dico quod antequam ego Roma exirem, ipse B. suum ingressum vitiosum, ut teneo, recogitans, ipsumque occultare et palliare volens, nos instanter requisivit, voluitque et ordinavit ut super hoc collegialiter aliquibus principibus et etiam aliis DD. cardinalibus, hic in Avinione existentibus senteremus et subjunxit quod quia ipse erat italicus et DD. mei Florentinensis et de Ursinis, qui una mecum litteras, ratione prioritatis, sigillare debebant, erant etiam italici, super hoc poterant reputari superscripti per illos quibus littere hujusmodi dirigerentur, ut videlicet, in sui et sue nationis favorem aliter scriberent modum sue electionis quam fuisset, volebat quod obvisset dictis Dominis per alios dominos ipsos sequentes in ordine, qui erant DD. Lemovicensis et S. Eustachii non italici natione, una mecum tales littere sigillarentur, sed me ibi existente, nulla fuit per me sigillata, ni solum una, que directa fuit DD. hic existentibus ; si autem post alie littere per Dominos qui Roma remanserunt collegialiter misse sunt, nescio; sed bene teneo quod si sic factum fuit, hoc processit a suo mandato, cui contradicere valde periculosum tum extitisset, ex causis in casu contentis. Fuit etiam hoc insolitum et alias per prius mandatum, videlicet, quod per collegium super hoc collegialiter scriptum fuit, super quo solus electus sentire consuevit, non enim super hoc aut alia re quacumque scribit collegium, ni solo apostolico sede vacante.

23. A Anagni la chanchellerie était-elle gérée au nom d'Urbain ?

R. Dico quod officium cancellarie romane tum exercebatur per illos quos B. ad hoc deputaverat. De officio penitentiarie prefate, nescio, cum de eo officio non me intromitterem ; nec vidi aliquas litteras Anagnie datas ab officio hujusmodi emanatas ; si que tamen emanaverunt sub nomine suo, scio quod non sine magno periculo dominus, qui dictum regebat officium, aliter facere potuisset, cum in hoc suam manifestaret intentionem quam occultare ipsum oportuit pro conservatione sui ipsius et aliorum DD. saltem usque ad adventum gentium armorum de quibus continenetur in casu et scilicet in responsione XX^i quesiti feci mentionem.

24. Dans la réélection qui suivit le dîner, qui étaient les Cardinaux qui dirent : Item dico quod hodie ? Quels étaient les absents ? Qui sont ceux que l'invasion de la foule empêcha de parler ?

R. Dico quod post prandium accessi ad capellam in qua ista reelectio facta fuisse confingitur, non cum intentione, voluntate seu proposito aliquam reelectionem ibi faciendi, sed solum causa et animo ibi interessendi cum aliis DD. in publicatione pretense electionis dicti B. tunc faciende per nos, ex causis contentis in responsione XIII[1] quesiti, ac deliberandi cum eisdem qualiter eadem die cum bonis nostris abinde secure exire possemus, Qui autem et quot fuerunt de aliis DD. ibi presentes vel absentes, qui pro tunc extiterunt, plene non recordor, sed videtur michi quod DD. tunc Glandatensis nunc vero Ostiensis et de Vernio dum casus noster confectus, ordinatus et recitatus fuit in Anagnia dixerunt et asseruerunt se tunc non fuisse presentes et idem postea audivi de D. de Britania et teneo eos verum dixisse, presertim quia postea hic existentes, iidem, medio juramento, asseruerunt et manu propria subscripserunt, dum super hoc pro parte DD. Florentinensis et Mediolanensis Nicie existentium super hoc specialiter interrogati sunt. Item, prout ponitur in casu, antequam finiissent loqui illi qui ibi tunc presentes erant porta fracta fuit et conclave in diversis partibus ruptum et statim subito surreximus et plures hinc et inde fugimus, inter quos ego unus fui et sic de aliis Dominis. Qui et quot fuerunt qui ea dixerunt, precise non recordor, nec etiam de me, tum quia tunc fuit inter nos magna altercatio et vocum quedam confusio, nam prout ponitur in casu, unus dicebat quia cessabat impressio, alii quod non, sed erat majus periculum quam prius et sic fuit aliquamdiu quedam vociferatio seu indeliberata acclamatio, sic quod vix alter alterum intelligere poterat; tum etiam quia istis sic se habentibus supervenit porte et conclavis fractura que me timore nimio perturbavit, et, ut supra dixi, ad fugam subitam induxit. Credo tamen quod si tunc aliquid super hoc dixi, usus fui illis verbis quibus in hoc usi fuerant illi qui ante me fuerunt locuti, qui erant solummodo duo.

XXXVI.

D. S. Tom. VI. pag. 93.

*Réponses du Cardinal de Saint-Ange
a l'ambassadeur du roi d'Aragon.*

Responsiones cardinalis Sancti Angeli ad quesita ambaxiatoris regis Aragonum super facto scismatis.

1. Primo, quod romani durante novena D. Gregorii plura concilia habuerunt penes D. S. Petri ubi conveniebant per noctem, alia in Capitolio; et in illis conciliis concluserunt quod omnino expediebat ipsis habere papam, qui staret in Urbe et hoc esse non poterat, ut dicebant, nisi papa esset romanus vel italicus; et propter hoc concluserunt quod supplicarent cardinalibus per modos planos et verba grata ut facerent papam romanum vel saltem italicum, quod si non possent per illum modum obtinere, quod cogerent ipsos per vim et ita audivi a pluribus de quorum nominibus non recordor, et credo quod verum fuit, quia impressio subsecuta hoc manifestat.

2. Item quadam die pendente novena post obitum D. Gregorii in ecclesia B. Marie Nove in qua corpus ipsius sepultum est post missam defunctorum, venerunt ibi Bandarenses et quidam alii Officiales et capita regionum Urbis et exposuerunt DD. cardinalibus quod placeret ipsis papam romanum vel italicum facere, alias videbant populum sic dispositum, quod non poterat pertransire sine periculo irreparabile, sic quod nec Dominos nec seipsos possent custodire. Tunc Domini cardinales responderunt ipsis in effectu, quod ipsi elegerent papam Deo gratum et mundo acceptum, ac universali ecclesie utilem, et rogaverunt ipsos quod permitterent ipsos libere eligere, alias ipsi possent perdere curiam quam op-

tabant, quia sic papa, per tales modos quos tenerent, nominatus vel electus, non esset papa.

3. Item alia die, predicti Officiales Urbis similem requisitionem fecerunt DD. cardinalibus in ecclesia S. Spiritus in vico S. Petri et similem responsum habuerunt in effectu.

4. Item, quadam die durante novena in ecclesia predicta S. Marie Nove, exivit quidam rumor verborum quod cardinales fecerant papam citramontanum et statim fuit repertum falsum et tunc aliqui romani dixerunt quod si fuisset ita, erat ordinatum per romanos quod campana Capitolii pulsaretur ad sturnum sive ad martellum ad seditionem populi et quod in rumore populi omnes cardinales interficerentur et hoc dixerunt michi plures, qui a pluribus romanis audiverant dici et ante et post coronationem Bartholomei, de nominibus autem, qui talia referebant, non recordor.

5. Item durante dicta novena, quadam die, Joannes Cencii cancellarius Urbis unus de majoribus major inter populares et major in officio post senatorem, quodam cive romano statura proterus et barba ruffa cujus nomen ignoro, venerunt ad me in domo mea ex parte populi et dixerunt quod placeret michi et aliis DD. cardinalibus ut vellent complacere populo romano de papa romano vel italico, alias sic videbant corda populi sublevata, quod non possent vitare dampnum et periculum irremediabile. Tunc ego dixi illo Joanni Cencii quem notum habebam: Romani bene facient si permittant DD. cardinales juxta libertatem animi sui papam eligere, quia indubitanter, cum sint valentes viri et probi, talem eligent qui erit Deo gratus et utilis ecclesie et ad salutem animarum fervidus; et cum romani optent habere papam et curiam penes se, modi quos tenent apud DD. cardinales possent esse causa quod perpetuo perderent. Ad hoc respondit ille Joannes quod bono animo dicebat illa que promiserat; et ego replicavi quod dicebam etiam que michi videbantur dicenda; et sic recesserunt a me.

6. Item ante ingressum conclavis per paucos dies prelati ad domos vadunt DD. cardinalium ad offerendum se et recipiendum licentiam, ut erat de more, et tunc Bartholomeus venit ad me sicut alii prelati et pro causa predicta (*recommendando et offerendo se michi*) et cum ego vero reprehendi modos quos tenebant romani erga DD. cardinales, (*sed de papatu non dixit michi verba nec ego sibi*), et diceram quod bene esset papa futurus maledictus ni corrigeret eos.

(Tunc ille B. dixit michi, quod majores Urbis miserant pro eo, ut iret ad concilium ipsorum et ipse ivit et cum esset jam prope Capitolium, quod distat a domo quam tunc inhabitabat per maximam viam, consideravit quod romani volebant forsan aliquid contra DD. cardinales attemptare, non voluit ultra progredi, sed reversus fuit ad domum suam. Sed dubito si circa istam ultimam partem dixit verum, scilicet, quia non processit ultra ad concilium).

Dans le manuscrit le passage mis ici entre parenthèses porte deux lignes verticales indiquant probablement qu'il faut supprimer ces lignes. Pourquoi ?

7. Item DD. cardinales requisiverunt romanos ut dimitterent nobiles in Roma, quia poterat per illos motus populi refrenari et si non vellent de omnibus, saltem, de tribus, scilicet, de D. Agapito de Columpna, et comite Fundorum et comite Nollano; qui nichil voluerunt facere, ymo expulerunt omnes, excepto. D. Agapito.

8. Item receperunt claves portalium et pontium Urbis ab Officialibus ecclesie, ut libere populus posset ad burgum S. Petri et ad palatium apostolicum, ubi erat conclave, venire et ne cardinales possent exire Urbem quousque fecissent electionem quam petebant et de hoc erat fama communis quod ad predictum finem faciebant.

9. Item in quolibet exitu Urbis posuerunt custodes homines pedites armatos cum balistis et lanceis et aliis armis et istud vidi

ego in quodam exitu juxta S. Spiritum ubi habitabam et ita erat in omnibus portis et exitibus Urbis, prout communiter dicebatur; et hoc totum fiebat, ad finem predictum, et ad detinendum cardinales, ut patuit per eventum et de hoc erat fama communis per Urbem et referebant michi familiares mei.

10. Item secundum famam esset et credo quod fuit verum, introduxerunt montanarios ad majorem timorem inferendum et istud est de more in Ytalia cum volunt facere rebellionem vel aliam seditionem, quod introducunt tales, qui sunt viri pessime conditionis, latrones, homicidii, assassini, humanum sanguinem sitientes et illi spoliant, deraubant, interficiunt prout habent in mandatis ab introducentibus eos.

11. Item romani fecerant Officiales pro custodia conclavis scilicet, unum carretarium equorum cujus nomen ignoro, licet aliqui dixerant quod se vocatur Comparellus, et alium qui vocatur Nardus, apothecarius sive aromatarius, et isti fecerunt alios Officiales quatuor, qui omnes juraverunt secundum formam decreti " Ubi majus periculum „, sed nichil observaverunt, ymo credo quod isti fuerunt principes impressionis et proditores nequissimi; nec propter predicta juramenta reputavi me securum, ymo, semper timui quod non observarent quod juraverant.

12. Item die decima post obitum D. Gregorii, qua die DD. cardinales debebant intrare conclave, petierunt licentiam ab Officialibus predictis ut usque ad diem crastinum non intrarent conclave, qui in concedendo rediderunt se graves, et predicti duo, scilicet, Comparellus et Nardus dixerunt: In magno periculo sumus nos, si concedamus, quia multum timemus populum quem videmus commotum, ni cito exaudiatur petitio eorum; ymo tam timeo, dixit Nardus, quod de domo mea mutavi uxorem meam et posui in alia, quia in eodem periculo sumus ego et socius meus sicut et vos, quod omnes interficiamur. Tamen, dixit Comparellus, ego expectabo istud periculum et concedo vobis. Quod

non bene placuit Nardo, ut videbatur; et sic non intravimus illa die.

13. Item die sequenti hora vesperorum DD. cardinales intraverunt conclave, et cum ego intravi, magnus populus cum armis fuit in platea S. Petri et in palatio apostolico in tantum quod vix potui intrare locum conclavis. Et cum omnes cardinales fuerunt in conclave fuit tarde, et cum porta conclavis deberet murari, sicut est de more, supervenerunt capita regionum, cum quibusdam aliis civibus, et, prout retulerunt michi aliqui DD. cardinales, quia ibi presens non eram, quod recordor, dixerunt DD. cardinalibus quod vellent complacere populo romano de papa romano vel italico alias timebant de periculo etiam personarum et quod de hoc petebant certificari; nec permiserunt portam conclavis murari, prout moris extat, sed custodes conclavi clauserunt alio modo hanc cum difficultate, propter illos romanos, ut asserebant; et sic capita regionum factis et dictis predictis minis recesserunt de conclave.

14. Item cum palatium esset jam circumdatum obsessum per populum romanum pro majori parte armatum, ipsi romani omnia loca circumquaque conclave et totum palatium, excepto conclave, occuparunt et quasi incessanter clamaverunt: *Romano lo volemo aul manco italiano;* et percutiebant de subtus fortiter solarium conclavis; sic quod DD. cardinales modicum potuerunt quiescere et isti clamores cum percutionibus quasi per totam noctem duraverunt, ac etiam fregerunt cellarium ubi erat vinum pape et biberunt tantum, ut credo, quod illud fecit eos aliquantulum quiescere circa auroram.

15. Item cum fuit mane DD. cardinales disposuerunt se ad audiendum missas, sicut est de more, et tunc populus ille excitatus a crapula clamavit horribiliter: *Romano lo volemo au manco Ytaliano.* Et inceptis missis, in fine secunde misse et dum DD. cardinales essent flexis genibus audiendo missam, romani frege-

runt portam campanilli S. Petri que fuerat clausa cum clave, prout hoc a pluribus audivi et tunc campane S. Petri inceperunt pulsari ad sturnum sive ad martellum quod est signum seditionis et commotionis populi, (*nec alias scilicet sonum dictarum campanarum audivi in Roma*) et pari modo campana Capitolii, licet illam non audivimus, nec advertebam pro tunc, quia eram timore perterritus, et unus romanus ascendit super pinnaculum campanilli S. Petri et cum capucio faciebat signum populo, ut plures concurrerent, prout fui post exitum conclavis informatus, quia non vidi nec audivi illum romanum super pinnaculum, quia eram inclusus in conclave, et tumultus magnus propter campanas que sunt prope et propter clamorem populi. Quibus campanis auditis, fuit murmur inter cardinales querentes intentionem: Quid hoc est. Et tunc D. S. Petri dixit: quod campane S. Petri pulsabantur pro exorcismo. Tunc ego dixi Dominis qui erant juxta me, quia intelligebam quid significabat: Dubito quod statim habebimus malum exorcismum. Et tunc timore percussus, reputavi michi mortis periculum imminere; nec iste metus cessavit in me quamdiu fui in conclave, ymo continue terror augebatur propter minas mortis et tumultum popularem et alios modos infrascriptos quos tenebat ille crudelis populus romanus.

16. Item post predictam pulsationem predictarum campanarum quamdiu pulsaverunt, major populus quam primo clamavit altis vocibus, vociferando et clamando: *Romano lo volemo au manco italiano*, et una domus juxta conclave erat plena de illis romanis et ibi stabant custodes conclavis, qui erant partim romani et partim citramontani, qui venerunt ad fenestram et dixerunt cuidam D. cardinali de Agrifolio, qui ad dictam fenestram accessit, prout ipse post modum retulit aliis cardinalibus, et sibi dixerunt: Domini, expediatis vos cito de eligendo romanum vel italicum, alias et vos et nos sumus in periculo incidendi per frustra, nos melius vidimus pericula quam vos, et ista, et similia pluries dixerunt. Quibus

per ipsum relatis, tunc videntes Domini cardinales eisdem imminere mortis periculum, ordinaverunt quod de mandato collegii, tres ex ipsis irent ad fenestram. Qui iverunt et promiserunt ipsis ex parte collegii quod complacerent eis de papa romano vel italico. Propter hoc tamen non cessaverunt clamores romanorum qui dicebant se velle habere facta, non verba, nec tempus erat dandi verba modo, sed facta ; clamaverunt ut supra : *Romano lo volemo au manco italiano.* Post hoc, unus ex Dominis, presentibus aliis cardinalibus, dixit talia verba in effectu : Ex quo oportet nos facere, vadamus et expediamus nos, scilicet, de romano vel italico. Et statim Domini iverunt ad sedendum pro eligendo. Tunc cardinalis de Florentia, qui erat primus, ad quem spectabat facere sermonem sive collationem, dixit in primo : Sermo fugit a me. Et credo quod hoc fuit quia turbatus ex populari tumultu. Et dicebant aliqui : Nolumus sustinere istam impressionem, quia mors nostra proficeret majus scisma. Alii dicebant : Nolumus mori intus, exeamus qualitercumque, complaceamus eis quia postmodum dum erimus in loco libero poterit provideri ut alias fuit factum, ut patet per chronicas. Et sic nominaverunt Bartholomeum, excepto D. Jacobo de Ursinis qui dixit, quod durante tale tumultu, nulli daret vocem suam. Ego autem dixi sic in effectu : Dico vobis quod non sum in libertate animi mei, nec credo quod valeat quod facimus, sed ex quo vos nominatis et ego (*timore mortis*) taliter qualiter nomino ; et aliqui ipsorum dixerunt : Ea intentione ut sit papa ; et de istis recordor de duobus, scilicet, de D. Lemovicense et de D. de Agrifolio, de aliis qui similia verba retulerunt non recordor quot, sed credo quod pauci fuerunt et non ultra tres vel quatuor.

17. Item post permissa, DD. cardinales dubitantes romanos ne si fieret publicatio nominationis Bartholomei, romani intrarent et raperent bona que erant in conclave, et inter familias cardinalium et romanos ex hoc esset discordia et per consequens

maxima pericula, ut haberent dilationem honestam, mandaverunt pro sex prelatis italicis inter quos fuit B. qui, prout dicitur communiter, statim posuit se in cameris papalibus et ex post noluit exire, vidit tamen per presens populum armatum et furientem et per eos transivit et in medio ipsorum fuit. Et interim DD. cardinales, quia cibaria erant introducta, minus decenter comederunt et sumpta comestione ad capellam redierunt. Et credo quod ad deliberandum quomodo publicatio nominationis B. fieri posset, quia jam de bonis que erant in conclave, quibus ordinaverant prout melius fieri poterat infra conclave. Et tunc unus ex Dominis dixit: Nunc cessat tumultus, reeligamus B. Tunc ego dixi: Certe non cessat periculum, ymo est majus periculum quam fuit hodie. Hoc tamen non obstante, aliqui dixerunt quod volebant exire conclave quocumque esset. Alii quod nolebant mori, alii quod posset provideri quando essemus in loco libero, alii alia verba dixerunt. Et tunc unus ex Dominis dixit. Remaneamus in prima concordia. Et tunc aliqui dixerunt: Ita, ita, vel idem quod hodie (secundum quod continetur in casu). Qui autem vel quot fuerunt qui hoc dixerunt, nos recordor, quia ibi erat timor et mentis turbatio que non permittebant me omnia particularia memorie commendare et que commendata sunt, attenta distancia temporis, de facile potuerunt a memoria excidere. (*Ego autem dixi quod non eram in libertate animi mei et de hoc fui protestatus, sicut dixi hodie et de hoc fui protestatus, impressio enim erat valide maxima*). In hoc tamen tres Domini non interfuerunt, scilicet, Domini Glandatensis, Majorismonasterii et de Vernhio prout ipsis asserunt et jurant; alias autem non bene recordor (*Audivi etiam quod D. de Britania non interfuit et ita dixit in testamento suo ut michi relatum est*) qui erant absentes.

(D. Jacobus de Ursinis dixit sicut dixerat de mane quia non daret vocem suam alicui durante tumultu. Ego autem dixi quod non eram in libertate animi mei sicut dixeram hodie et de hoc fui protestatus).

Ce qui est ici entre parenthèses est effacé sur le manuscrit.

Sed nolens esse singularis dixi: Idem quod hodie. Antequam Domini finivissent loqui et immediate, romani, forsan credentes se dilusos, inceperunt cum furia et clamore valido, dicentes: Per la clavellata Dieu, *romano lo volemo*, frangere conclave per plures partes. Tunc ego fugi, et per unum parvum foramen quod fuerat factum in solario descendi inferius in hospitio Camerarii. Et aliqui cardinales, videlicet, DD. de Agrifolio, Pictavensis, Vivariensis, et de Vernhio, jam per illud descenderant et reperi eos ibi. Post hoc, romani sciverunt aliquos cardinales ibi esse, fregerunt portas et ibi ceperunt nos et reduxerunt superius et transivimus per plateam palatii inter illum populum furentem et armatum, quorum aliqui dixerunt: Submergantur isti cardinales; et credo quod ni fuissent illi qui nos captivos reduxerunt ad adorandum D. S. Petri, qui erat in cathedra papali et jam credebant habere quod petebant, fuissemus interfecti; et dum fui superius in capella, vidi D. S. Petri in cathedra et in habitu papali, sed non accessi ad ipsum nec adoravi, sed steti ibi per medium spatium temporis, et post exivi per rupturam conclavis, quamdiu romani se occupabant ad adorandum D. S. Petri et ivi domum pedes. Et credo pro firmo quod ni fuisset illa fictio de D. S. Petri, quod in ruptura conclavis omnes cardinales fuissent interfecti, exceptis romanis, de aliis cardinalibus italicis nescio quid fecissent et credo firmiter, quod, adeo sunt inspirati, quod in timore et tanto periculo constituti predictum remedium de D. S. Petri subito reperierunt; noluit enim Dominus effusio sanguinis innocentium; nec ecclesiam tante ruine submittere.

18. Et postquam fui in domo, statim mandavi pro abbate S. Pauli qui erat compatriota meus, quod veniret ad me cum duobus vel tribus monachis, qui venit, et ego recepi minorem

equum qui erat in stabulo meo et in habitu transformato exivi Urbe et equitavi cum ipso sicut socius suus usque ad monasterium S. Pauli et exinde per noctem ivi cum familiaribus ipsius abbatis usque ad castrum quod vocatur Ardea et est ipsius monasterii et distat a Roma per xxii miliaria ut ibi audivi et ibi steti per aliquos dies in habitu simplicis clerici et dicebant me clericum abbatis, nullus autem familiarium meorum sciebat quo iveram, preter duos cubicularios, qui a longe secuti sunt me pedes.

19. Item post hoc B. scivit locum predictum ubi eram et misit ad me unum de familiaribus meis, quod reverterer ad Urbem et tunc videns, quod non habebam raubas, ymo utebar mantello cujusdam cubicularii mei, nec pecuniam nec familiam et bona mea erant in Roma nec poteram illa extrahere, nec sciebam quid alii DD. cardinales intendebant facere circa factum impressionis ipsius B. et eram in propria aliena, nec. poteram diu stare in illo castro, in quo manifestatus eram et ipsum castrum est in territorio romanorum; reversus sum ad Urbem in die Ramis Palmarum; et ita reperi quod intronizatus fuerat et de coronatione sua ordinaverat facienda in die Pasche, et ita factum est. Et ego cum aliis DD. cardinalibus indutus vestibus sereis, secundum ordinem meum et cum mitra in capite associavi ipsum usque ad S. Johannem in Laterano, ibi fecit ceremonias suas, quibus peractis, ascendit domum archipresbyteri et ibi fuerat paratum pro potu et ibi B. cum omnibus sacris indumentis et tiara in capite sedit in mensa ac comedit et bibit prout sibi complacuit et post reversus est ad S. Petrum pari modo sicut venit, omnibus cardinalibus associatus. Et post hec ego ivi ad prandium in domo mea, hoc autem feci cum magna displicentia et mentis anxietate et, si potuissem, libenter impedivissem, sed non fui ausus dare verbum propter predicta, nec ex hoc intendebam sibi jus in papatu impingare, nec sibi de novo tribuere.

20. Item D. Arnaldus de Quinbalis episcopus tunc Famagustanensis et socius meus, post exitum conclavis michi dixit quod cum DD. cardinales essent in conclavi illo mane quo campane S. Petri pulsabantur ad sturnum et populus romanus esset in palatio papali clamando ut supra, B. ipse ambulabat per ecclesiam S. Petri et tunc B. dixit: Quicumque per talem modum eligatur, quem romani gerunt erga cardinales, non faciam sibi reverentiam ut pape.

21. Item fui in consistoriis cum eo et in aliis actibus publicis ut in missis sollempnibus et hoc faciebam, quia omnes alii cardinales faciebant, nec sciebam intentionem ipsorum circa hoc et videbam ipsum intronizatum et si contradixissem vel retrotroxissem me timebam quod fuissem interfectus et forsam ex hoc omnes alii, quare non volui esse singularis in tanto facto.

22. Item interrogatus si ut singularis scripsi Bartholomeo litteras privatas ut pape, dico quod D. S. Eustachii et ego de Anagnia ivimus ad monasterium S. Benedicti de Specu et hoc statim sicut fuimus in Anagnia et in regressu reperimus unam novam guerram inter D. D. Barones et dum fuimus in Anagnia, ego illam guerram B. scripsi et non posui nomen Urbani in littera sed singulariter Sanctissimo D. N. et hoc feci scienter dubitans de titulo suo in papatu; nescio si littera venit ad manum suam, necesse autem erat predictam guerram nuntiare, quia hec erat prope Anagnia et periculum magnum, nullam aliam litteram unquam sibi scripsi. Istud autem fuit antequam DD. cardinales examinarent factum impressionis et declararent secreta illa, et antequam venirent gentes armorum pro quibus miserant pro securitate eorum, ut possent ad ulteriora procedere.

23. Ad interrogatorium si Bartholomeo beneficia vel indulgentiam petii, dico quod ab ipso nunquam indulgentiam petii nec beneficia pro me vel alio, sed rotulum expectationum familiarium meorum sibi obtuli et posui in quadam fenestra camere

sue et hoc fuit factum circa recessum meum de Roma ad instigationem familiarium predictorum importunam, non cogitantium forsam quod B. esset intrusus, quibus nolebam nec audebam pro tunc mentem meam aperire.

24. Ad aliud interrogatorium, si aliquo tempore habui ipsum pro papa, dico quod in animo meo nunquam fuit michi visum quod B. haberet titulum canonicum in papatu, propter impressionem quam vidi et audivi. Actus enim impressivi suprascripti, attenta conditione romanorum, qui sunt viri sanguinum et consueverunt sedetiones et rumores facere, et quod audent dicere, sunt ausi facere et attenta conditione cardinalium citramontanorum qui Rome non habebant parentelas nec amicitias et erant in provincia aliena de effusione sanguinis humani diffamata, credo quod impresserunt in ipsis cardinalibus justum metum. Si enim non tinuissent ex predictis actibus impressivis sibi periculum mortis imminere nisi complacuissent impressoribus in sua petitione, non reputarem ipsos bene sensatos nec habuisse usum rationis, nec unquam credidi quod DD. cardinales citramontani qui erant xii si fuissent in Avinione, alias alio loco totaliter securo, ipsum B. elegissent seu nominassent ad papatum, quia sufficientiores ipso habebant in collegio et de propria natione et etiam de aliis nationibus. Verum est quod cum de Ardea redii Roma, reperi B. intronizatum per DD. cardinales et coronationem ordinatam et quod ipsi honores papales sibi exhibebant et ipsum quo ad exteriora ut papam tractabant, nec sciebam mentem ipsorum, nec sciebam quid in absencia mea, in intronizatione vel alias fecerant vel voluerant, nec poteram impedire et si hoc temptassem, timebam quod fuisset causa mortis mee et suspicionis periculose contra alios Dominos et nichil profuissent. Feci circa B. in publico quod ipsi faciebant, licet tardius quam poteram coram illo me presentabam, nec accedebam ad palatium ni quando non poteram sine suspitione evitare.

25. Ad aliud interrogatorium si ante ingressum conclavis fuerat per cardinales tractatum vel alias ordinatum de eligendo B. in papam. Ad hoc dico quod quodam die, pendente novena D. Gregorii, D. de Agrifolio et ego equitabamus per Romam; et tunc D. de Agrifolio interrogavit me sic: Si sumus compulsi per vim ad eligendum italicum papam, de quo italico videtur vobis. Tunc ego respondi sibi quod in casu illius impressionis videtur michi de Abbate S. Georgii de Venetiis. Et tunc D. de Agrifolio dixit michi: Et quid dicetis de D. Barense archiepiscopo, qui est notus noster et conversatus inter nos? Et tunc dixi sibi quod quantum est de italicis qui erant in Roma videbatur michi melior, intelligendo tamen in casu quo essemus compulsi. Et tunc ipse D. de Agrifolio respondit: Ita intelligo ego. Et amplius de illa materia non fuimus loquuti, nec unquam audivi plus ipsum B. ad papatum nominare, nec de ipso tractare ad hoc nec aliud, nec de ipso facere aliquam mentionem quousque fuimus in conclave et in actu eligendi papam; et ibi primus qui nominavit ipsum fuit D. cardinalis Lemovicensis, nam D. Florentinensis qui precedebat ipsum Lemovicensem nominavit D. S. Petri romanum. Ego autem, si fuissem permissus libere eligere, nominassem et elegissem unum cardinalem citramontanum et non Bartholomeum.

26. Ad aliud interrogatorium, si scirem qui fuerunt prelati qui inflammabant populum romanum ad impressionem faciendam, ad hoc dico, quod fama commune laborante fuerunt: abbas Cassinensis, episcopus Recinatensis, episcopus Massanensis et Ludovicus de Placentia advocatus, et isti inflammabant patenter, sed latenter forsam fuerunt plures alii quos ignoro.

27. Ad interrogatorium si recepi communionem a B. Ad hoc dico quod non, quod recordor, ymo in vigilia Pasche dixi pluribus qui de coronatione se intromittebant, quod non poterat esse generalis communio illa die Pasche sequente, propter officium

coronationis, quod disposuerat incipere in media nocte, nec omnes pro illa hora poterant se bene disponere ad communionem; quare non credo quod illa nocte fuit communio nisi de diacono evangelista, qui fuit D. Jacobus de Ursinis.

28. Ad aliud interrogatorium si post exitum conclavis reputavi me securum in Roma, dico quod non, quo ad hoc quod non audirem impugnare titulum Bartholomei in papatu nec contradicere actui consecutivo, seu ostendere directe vel indirecte quod non reputarem eum papam, quia bene cogitabam quod sicut romani per vim obtinuerant ipsum elegi, ita per vim defenderent intrusionem suam contra quemcumque volentem ipsam impugnare et ipse Bartholomeus hoc idem fecisset.

29. Item credo firmiter, ut dixi supra, quod DD. cardinales citramontani qui erant in numero XII me computato de XVI cardinalibus ad quos pro tunc pertinebat eligere papam, si non fuissent actus predicti impressivi romanorum, nunquam B. nominassent nec elegissent et ita audivi in Anagnia predictos XII cardinales jurantes, quod quidquid circa Bartholomeum fecerant pro papatu, metu mortis et per impressionem fecerant et quod si fuissent in loco eis libero et securo nunquam ipsum nominassent in papam, nec alios actus consecutivos sibi fecissent nec per illos actus voluerunt sibi aliquid jus tribuere in papatu, nec majus jus dare quam prius habuisset.

Correctum cum originale de verbo ad verbum.

XXXVII.

D. S. VI. pag. 99.

Information donnée par le Cardinal de Vernhio aux ambassadeurs du roi d'Aragon

Sequitur informatio tradita per Cardinalem de Vernhio, supra intrusione Bartholomei de Pernihano olim Barensis archiepiscopi in papatu, ambaxiatoribus D. Regis Aragonum.

1. Et primo de illis que precesserunt ingressum conclavis dico, quod pendente termino exequiarum D. Gregorii, romani majores amici quos habebam erant in domo mea exploratores ad videndum utrum possent percipere apparatum aliquem de recedendo extra Urbem.

Secundo in strada sive carreria publica per quam itur de S. Jacobo ad S. Spiritum erant circa viginti brigantes custodientes illum passum de die et de nocte et credebatur verisimiliter per omnes de domo mea, quod ipsi erant ibi positi ad hoc quod nec ego, nec familiares mei haberemus liberum recessum, casu quo vellemus exire Urbem pro futura electione pontificis alibi celebranda.

Tertio quando volebam ire ad spatium, vel peregrinationem, more solito, extra muros Urbis, non poteram, cum porte custodirentur per romanos ne aliquis exire posset.

2. Item ab episcopo Racanatense familiare meo, qui erat ytalicus, natione Bononie, audiebam quotidie quod intentio romanorum firma de deliberato erat habere omnimodo ytalicum vel romanum, et quod ipse sciebat hoc per romanos amicos suos qui interfuerant in conciliis aliquibus, ubi hoc fuerat conclusum vel

quod super hoc instarent apud Dominos et quod ubi precibus non possent inducere Dominos, quod cogerent eos ad romanum vel italicum eligendum et quod ipse rogabat me, quod ego non essem nimis durus in opinione mea, volendo ultramontanum et quod in hoc ego poteram monstrare et ostendere romanis et toti ytalie benevolentiam; et si contrarium facerem, essem in perpetuo odio ipsorum et nichilominus romani haberent intentum suum et ego possem facere dampnum meum.

3. Item audivi a comite Fundorum quod si britones, qui erant tunc in Ytalia, appropinquarent Romam, quod nos eramus destructi et incisi per frustra et quod nos eramus in manibus ipsorum et quod oportebat quod faceremus illa que ipsi vellent, nec in hoc poterat remediari aliqualiter et occasio que movebat eos erat, quia romani volebant esse domini.

4. Item Tucius, dictus de Albornacio, locumtenens comitis supradicti et pater cujusdam nunc episcopi familiaris mei, tamen nescio si de mandato comitis, sed credo verisimiliter quod sic, venit ad rogandum me quod ego recederem de Roma, quia ipse videbat romanos in mala dispositione, et quod pro certo ipse et comes antedictus dubitabant multum et malum de me, propter aliquas rationes quas subjunxit, et licet esset maximum periculum in recedendo, propter custodiam passuum, tamen ipse erat paratus exponere se morti pro me, et quod ego deliberarem quid agendum et licet libenter propter predicta pericula, quibus sentiebam me subjacere, recessissem, tamen sentiens secretam et diligentem custodiam passuum et pericula qui erant in recedendo, non fui ausus exponere me periculo predicto, quod videbam michi et aliis imminere, si repertus seu detectus fuissem in recedendo.

5. Item romani receperunt custodiam pontium et passuum ubi per D. Gregorium ipso vivente et post ejus decessum per camerarium custodes deputabantur et introduxerunt maximam copiam

comitatus ad hoc quod essent fortiores et melius possent habere intentum suum super impressionem quam fecerunt.

6. Item romani diversis vicibus nos coadhunatos tam in ecclesia S. Marie Nove quam ecclesia S. Spiritus in sacristia, ex parte populi romani sollicitaverunt ut romanum vel italicum eligere vellemus, alioquin videbant corda populi sublevata adeo et in tantum, quod ipsi timebant de periculis irremediabilibus, quod intelligebant in effectu, de morte nostra, quam non poteramus aliter evadere, nisi ipsis complacendo eligendo romanum vel italicum, et ita fuit conclusio finalis in S. Maria Nova et S. Spiritu in sacristia per multa verba. Et significatur una die, licet per quemdam D. Marchum legum doctorem curialiter proposita et promisisset specialiter de securitate nostra, tamen die sequenti venerunt ad dictam ecclesiam S. Marie Nove, post missam novenne, ad capellam unam in qua eramus congregati, officiales aliqui Urbis, inter quos unus in speciali vocavit Johannem Chenchi (sic) cancellarium Urbis, qui ab extra remanserat et mandavit sibi quod intraret, et post plura mandata, cum intrasset, precepit ei sub pena capitis, quod ambaxiatam sibi impositam exponeret; qui dicens se urgeri ad dicendum, nec aliter facere poterat, exposuit pro parte officialium et populi quod ni complaceret dando eis romanum vel italicum in papam, quod non poterat eos assecurari, et repetitis dictis per predictum D. Marchum die precedente, revocavit ea singulariter et subjunxit : quod non reputarent ista ad trufam, quia populus romanus, quod dixit sic publice, cito est consecutus executioni demandare. Ex quibus verbis Domini fuerunt valde territi ; et licet in hujusmodi propositionibus et requisitionibus romanorum frequenter fuerit eis dictum quod dimitterent Dominos in electione libere procedere, quia taliter se haberent, quod ipsi essent in conciliis exonerati (?) et ecclesie esset bene provisum de pastore, et quod, pro Deo, abstinerent ab istis et similibus que videbantur ostendere eos velle facere impres-

sionem, quod ex hoc posset eis contingere quod ubi volebant retinere curiam, essent causa perdendi eam et sic electus non esset papa; non potuerunt a suis malis, ut videbatur, determinationibus et intentionibus mutari.

7. Item ante ingressum conclavis aliqui romani tam clerici quam laici venerunt ad me, ad significandum ex parte populi, quod omnino populus tendebat ad habendum romanum vel italicum papam, et quod ipsi ex parte populi rogabant me, ut ego vellem in hoc consentire, alioquin, quod pro certo, ipsi videbant populum in tali dispositione, quod ipsi dubitabant de morte mea et de sua; nam erant certi quod ille populus consueverat attendere promissa et loquebantur libere et aperto ore, et quod non erat puer in Roma, qui non esset ista opinione. Et cum replicabam, quod populus erat docendus et non sequendus, ipsi respondebant michi, quod non erat aliquis in Roma quantumcumque potens, qui esset ausus populum refrenare vel domare pro capite suo, et quod ego, in hac materia, non crederem esse in partibus meis, quia populus ille alterius conditionis erat quam populus de partibus istis, et quod refrenare ibi populum in hac parte, non erat aliud nisi se ipsum facere scindi per frustra.

8. Item in ingressu conclavis predictus Bartholomeus de Perinhano venit ad domum meam in S. Jacobo ubi fecit suam que in effectu erat talis, quod cum quo oporteret quod nos eligeremus romanum vel italicum, in illum eventum, supplicabat quod ego haberem ipsum recommendatum et demum finitis verbis per ipsum loquentem, per episcopum Recanatensem eadem supplicatio iterata fuit, submittens quod pro certo illa vice oportebat, si volebamus salvare nos, quod istud fieret, alioquin omnes eramus mortui, quia ista fuerat deliberatio precisa romanorum.

9. Preterea, submisit Bartholomeus antedictus, quia dum venit ad me, unus capitaneus britonum, et credo quod esset D. Sil-

vester, loquebatur sibi in ista materia : Non consideremus de auxilio britonum, quia deliberatum erat per romanos, casu quo aliquis capitaneus britonum cum gente armorum appropinquaret Romam, quod omnes incideremus per frustra ; quare adventus britonum erat mors mea, et quod ego fugerem seu vitarem ipsas, saltem pro illo tempore.

10. Preterea dum dictus B. recessisset, traxi Recanatensem ad partem et feci sibi sermonem : quod ipse erat jurista et bene sciebat quod electio que fieret per impressionem esset nulla et quod ex illa, infinitissima mala poterant provenire et tunc ipse libere consequentia respondit : Videte Domine, ego nolo esse vobis proditor, sciatis quod ego laborabo quod habeamus ista vice italianum vel romanum ; et non dubitetis quod habebimus, veletis, noletis, vel per Deum omnes moriemini ; et secundum quod diligetis nationem vestram, ita ego meam. Ego dico vobis hic in secreto quod deliberatum est per romanos isto modo in consilio, quod ipsi dimittant vos intrare conclave et demum venient aliqui qui rogabunt vos ut eligatis romanum vel italicum et si velitis facere, ipsi recipient patienter, si non obtemperetis votis eorum interficient omnes non consentientes eis, uno modo vel alio. Quare avisetis vos quod non ostendatis malam voluntatem vestram, quia per Deum, tota sapientia Salomonis non sufficeret vobis ad evadendum manus ipsorum nisi eligatis romanum vel italicum.

11. Item quidam parochianus S. Marie in Via Lata, in parte Columpnensium, ubi est titulus meus, venit in maximo secreto ad dicendum michi, quod pro certo nos eramus in maximo periculo ; nam deliberatum erat inter romanos quod omnimodo haberent italicum vel romanum et qui nolent in hoc consecu . . . debebant occidi, sed in modo occidendi, erant diverse opinionis ; aliqui romani erant in opinione ad hoc quod ista compressio esset magis occulta quod per intoxicum, alii quod occiderentur gladio ; et subjunxit : In isto modo mortis, ego non possem vobis dare re-

medium; in alio dabo vobis optimum remedium et probatum; et tunc extraxit unum magnum frustrum de uni cornu ad quantitatem quasi unius pani et dedit michi dicens pro conclusione cum lacrimis: quod dubitabat quod nunquam videret me plus, et sic recepit congedium a me.

12. Item tempore quo intravimus conclave tota platea S. Petri erat plena populo tam de romanis quam etiam de illis montanariis pro majore parte armata et clamoribus terribilibus clamabant Dominis qui intrabant, in suo vulgari: quod volebant habere papam romanum vel italicum et aliqui diversas comminationes et minas cum istis subjungebant publice et altis vocibus Et tandem cum Domini conclave intraverunt simul etiam de dictis romanis et aliis intravit tanta multitudo quanta fere ibi potuit recipi, tam in platea palatii, quam circumcirca et per habitationes etiam intra ipsum conclave, licet prius Domini supplicarent officialibus quod facerent custodiri pontes ne populus transire posset versus palatium et ita officiales et ad hoc deputati per prius promisissent et etiam jurassent Dominis, sed non servaverunt.

13. Item post ingressum conclavis venerunt capita regionum post horam completorium, repetentes quod ipsi instabant quod omnino haberent italicum vel romanum et quod hactenus non potuerant habere a nobis ni verba generalia, quare pro parte populi volebant tunc certificari, alioquin ipsi videbant illum populum ita commotum quod nullo modo poterunt sedari sine morte nostra, et quod, pro Deo, apponeremus remedium in hoc faciendo voluntatem populi, quia aliud non erat remedium pro certo, quia alias ipsis nec vobis poterant providere. Et cum eis diceretur pro parte Dominorum, quod isti modi non erant honesti et quod abstinerent, pro Deo, ab hiis que evidenter impressionem indicabant, et si ista fieret, sic electus non esset papa, et poterant sequi multa inconvenientia in Dei ecclesia; propter hoc non discesserunt a suo proposito, sed cum conclusione quam prius

nobis dixerant, recesserunt a nobis, et, ut videbatur, male contenti.

14. Demum per totam noctem romani in magna quantitate tam balisti quam alii armati circumdantes conclave predictum et totum palatium S. Petri, tam in platea anteriori quam a tergo in viridario, vociferabant et clamabant: *Romano lo volemo o italiano al manco.* Fregerunt portas subtus conclave et audiebantur in conclave clamores, sonitus et strepitus ipsorum et per foramen quodam audivi voces terribiles a parte ecclesie S. Petri: *Per lo corpo de Christo se non facheta romano o italico, toti quante serete talhate a pesse.* Post quas voces vix potui de tota nocte dormire. Ymo episcopus Diosensis (?) nunc et archidiaconus Burdi (?) qui mecum ibi erant, ut michi dicebant, dubitabant quod ponerent ignem de subtus et quod postea dicerent quod fortuito casu evenerat.

15. Demum in crastinum, facta die, circa finem misse secunde, audivimus clamores terribiles una cum strepitu fortissimo armorum et romani ascendentes cum diversis armis ante conclave predictum clamabant: *Romano lo volemo o italiano*; et sonum campane S. Petri ac Capitolii ad rumorem populi orridum, ymo, quod plus est, romani antedicti incipiebant percutere portas conclavis firmiter, adeo et in tantum quod illi qui erant ab extra dubitabant de se ipsis. Qui custodiebant conclave predictum, prout nobis fuit notificatum ex parte predictorum, antequam ad aliquam electionem procederemus, fecerunt nos dicti custodes avisari quod omnino et sine mora expediremus nos, et dabant pro consilio quod expediremus nos de complacendo ipsis eligendo romanum vel italicum, alioquin ipsi diffidebant de vita nostra et sua, et quod ipsi ab extra melius videbant periculum quam nos qui eramus ab intra. Et per fenestram porte conclavis fecerunt vocari et dici quod aliquis ex Dominis faceret se ad fenestram; et cum unus ex Dominis accessisset ad dictam

fenestram dixerunt sibi quod omnino diceret dictis dominis ut se expedirent, et sine delatione aliqua, eligendo romanum vel italicum, nec nominarent aliquem citramontanum si volebant salvare sibi vitam. Et ille Dominus reddiens, ista Dominis retulit, que sibi dicta sunt; quibus auditis et . . . . quod veniet unus Dominus ad fenestram porte conclavis ad declarationes et minas eorum qui erant ab extra cedandas et pericula evitanda. Tunc cum venisset D. de Agrifolio ad dictam portam conclavis, dictum fuit ei per dictos custodes conclavis, quod se expedirent et sine dilatione de eligendo romanum vel italicum juxta petitionem populi et quod non intromitterent se aliqua ratione de eligendo vel nominando aliquem citramontanum, si volebant salvare sibi vitam. Et cum dictus D. de Agrifolio ista nunciasset Dominis, ipsi, ad evitandum mortis periculum, cui subjacebant, nisi satisfacerent populo de romano vel italico eligentes, miserunt ad dictam portam conclavis DD. Florentinensem, de Agrifolio et de Ursinis, ad promittendum ex parte Dominorum populo tunc juxta dictam portam cum furore et minis clamanti et petenti romanum vel italicum, quod eis satisfacerent infra diem sequentem usque ad illam horam, eligendo papam romanum vel italicum, ut petebant, et ita ibidem promiserunt populo clamanti cum minis et petenti romanum vel italicum ut supra; et ita promissione sic, ut predicitur, facta, isti tres Domini redierunt ad capellam ubi tunc durantibus clamoribus et petitionibus populi de romano vel italico eligendo, ac pulsatione etiam campane S. Petri et capitolii, cum semper furia eorum duraret, ymo augmentaretur, Domini videntes quod ipsi non poterant aliter evadere mortem et ego una cum ipsis, nominavimus in papam ipsum Bartholomeum metu mortis compulsi. Est verum tamen quod si ego potuissem remediare, non nominassem istum, et certe semper habui in animo quod illud quod ego faciebam, faciebam coactus et si venirem in loco libertatis, quod libenter remediarem, secundum quod declaravi postea mentem meam D. Ambianensi in domo mea et D. S. Angeli, dum ibamus ad S. Paulum. De Dominis credo ea que vidi et audivi ab eis et alias ut ponitur in casu per Dominos ordinato.

16. Post ista, romani, qui erant armati ante conclavei exierunt et non tamen omnes extra palatium nec extra plateam recesserunt et aliqualiter quieverunt donec post prandium. Prandio vero sumpto, audivi quod Domini fuerunt congregati in capella; quod fecerunt, ipsi sciunt, quia ego non fui presens nec DD. de Britania nec Majorismonasterii qui pransi fuimus in simul et stetimus donec romani fecerunt secundum insultum, dicendo et clamando: *Romano lo volemo*. Tunc temporis fregerunt portas conclavis, ut in casu continetur, et ego fugi ad unam cameram, que erat prope conclave predictum, una cum quatuor DD. cardinalibus, in qua camera salvati fuimus, sed romani fregerunt portas dicte camere et dum exibamus, populus reduxit nos quinque superius, clamando cum furore: *Romano lo volemo*; et occupabant se aliqui circa reverentiam impendendam D. S. Petri. Tunc temporis, ego reductus, ut premittitur, semel reposui mantellum D. S. Petri et cum ipse recusaret et dum romani faciebant sibi reverentiam, ipse respondebat: *Maledicti siati totiquanti*. Demum exiverunt Domini sicut potuerunt et yverunt ad domos. Ista evenerunt in conclave predicto, quantum recordor.

17. Post conclave, timore mortis, nesciens alias ubi possem me salvare cum aliqui romani essent mecum, dimisi eos in camera mea . . . . . et recepi unum conservum meum et posui unum cubicularium ante me et intravi castrum S. Angeli in habitu dissimulato.

18 Postquam in crastinum fuit mandatum per Bartholomeum quod veniremus ad ipsum, et post multas requisitiones factas et minas illatas, tam pro parte dicti Bartholomei quam etiam Officialium Urbis, cum ego viderem quod semper duraret impressio,

ymo augmentaretur, quia romani volebant facere circumquaque fossatum, interrogavi camerarium pro tunc modo Dominum Arelatensem cardinalem, utrum essent victualia in castro et ipse respondit quod valde pauca; et tunc ego videns quod non poteram resistere, nec alibi divertere, cum aliis recessi de castro, invitus et malegratibus meis et turbatus in animo et certe tunc non erat remedium in mundo, quod non recepissem et non fuissem presens in intronizatione, quia hoc erat multum contra cor meum.

19. Item post intronizationem predictam, dum eramus in Roma, in die Pasche, fui presens in coronatione predicti Bartholomei et equitavi per villam cum aliis Dominis, quia non poteram resistere et dubitabam, quod si ostenderem displicentiam, interficerent me et sic quidquid circa ipsum feci et in conclavi et post, feci timore mortis, alias non facturus, nec unquam habens in animo ea rata habere, que de ipso B. facta sunt, vel tribuere sibi jus aliquid in papatu.

20. Item non accepi beneficia ab ipso alique, nec petii neque pro me neque pro aliis. Rotulum tamen quasi invitus tradidi, quia non poteram aliter evadere, ymo certe fui requisitus bis, antequam vellem mittere.

21. Item nunquam sibi scripsi unam litteram, postquam recessi de Roma, ipse tamen scripsit michi cum bulla et certe non feci sibi responsum.

22. Item mandavit michi per unum servitorem meum ispanum, quod dum tantum ego scriberem sibi, faceret ipsum servientem armorum et certe rogatus per familiarem quod vellem scribere, hoc facere denegavi.

23. Item dum eram Anania, misit ad me episcopum Recanatensem, qui Recanatensis veniebat cum credentia ad tres vel quatuor de Dominis et juravit michi super altare et crucem et sancta Dei Evangelia, in animam Bartholomei, quod dum tamen ego vellem venire ad ipsum, que faceret michi unum cardinalem

quem ego vellem et nichilominus pro fratre meo daret unum de melioribus archipresbyteratis regni Francie et certe Recanatensis met, si potuisset me inclinare, debebat per ipsum cardinalari, ut ipse, dicebat. Ego vero Recanatensi respondi, quod male venisset ipse, quia nolebam cardinalatum, nec archipresbyteratum, nec beneficia et sic videns quod nichil poterat impetrare a me, recessit cum lacrymis.

Cetera, que hic non ponuntur, continentur in casu per Dominos ordinato.

XXXVIII.

Arch. Vatic. Armor. LIV. Tom. 48.
La dernière pièce du volume; pas de pagination.

Réponses du Cardinal de Luna aux questions du roi de Castille.
(Nous n'avons pas les questions du roi de Castille.)

Responsiones Domini Cardinalis de Luna ad interrogationes sibi factas per Dominum regem Castelle.

I. Ad primam dixit, quod verum est, quod ante et post mortem pape Gregorii S. M., propter modos quos populus romanus tenebat et verba que proferebantur publice, multi presumebant quod ipsi constringerent taliter cardinales et tenerent tales modos, quod cardinales forte deberent eligere personam italicam vel alterius nationis, de qua non erat presumptio, quod eam elegissent, si aliter essent. Et aliquotiens, dictus cardinalis volens in omni casu informare conscientiam, locutus fuit de diversis personis et diversarum nationum cum Domino Alfonso heremita et cum aliquibus suis familiaribus, et inter alias personas ispanicas, gallicas et italicas, habuerunt mentionem de isto, qui erat archiepiscopus Barensis et quondam officialis episcopi Pampilonensis et archiepiscopi Pisani, quos multum laudabat de probitate dictus D. Alfonsus, et dictus cardinalis credebat quod erant tales, (et quia iste archiepiscopus Barensis erat magis praticus et magis notus sibi, videbatur sibi quod iste erat sufficientior ad papatum, ubi ita deberet fieri). (*Ceci est souligné dans le manuscrit.*) Ad id quod queritur si scit quod cardinales loquerentur inter se de eligendo dictum Archiep. B. in papam, dicit quod nescit nec recordatur. Ad aliud, si presumit quod cardinales, vel aliquis eorum tractasset de eligendo dictum archiepiscopum, dicit quod ante tempus quo romani tenuissent modos supradictos, quod non presumit quod inter aliquos cardinales tractaretur de electione supradicti archiepiscopi, sed post, sicut dictus D. Alfonsus locutus fuit cum eo, quod presumit quod ipse et alique alie persone locuti fuerunt cum aliis cardinalibus; et quod inter aliquos dictorum cardinalium, fieret mentio electionis supradicti archiepiscopi. Tamen, secundum ea que ipse de premissis audivit, credit quod supradicti cardinales essent pauci. Interrogatus si credit vel presumit quot, dixit quod credit quod erant tres vel quatuor. Interrogatus qui, dixit quod presumit quod unus erat Cardinalis Lemovicensis, Pictavensis, de Agrifolio et Vivariensis, sed de quo plus affirmat est Lemovicensis.

II. Ad secundum interrogatorium respondit ut supra dictum est.

III. Ad tertium interrogatorium respondit, quod intentio sua erat, cum locutus fuit cum D. Alfonso vel cum aliis ante ingressum conclavis, informari de supradictis et de aliis de quibus dicebatur quod erant sufficientes (cum intentione quod si casus occurreret et expediens esset et materia disposita, quod ipse nominaret unum de illis vel alium, prout Deus monstraret) tamen non eram determinatus eligere aliquem simpliciter. Et quo ad alios, dixit quod aliam presumptionem non habebat nisi ut supradictum est.

IV. Item ad quartum respondit quod ipse nescit de certo qua

intentione illum tractarunt, tamen in eo quod ipse audivit ab uno eorum, scilicet, a cardinale de Agrifolio, credit quod per biduum vel triduum antequam intrarent conclave, quod ipse, et alii supradicti cardinales, cum aliis facientibus majorem partem collegii erant (intentionis eligere cardinalem Vivariensem et nescit neque presumit quod mutassent propositum. Credit quod illud quod tractarunt de archiepiscopo, tractassent ad ponendum in opere, in casu quo essent coacti per romanos.

V. Ad quintum respondit quod illo sero, quum ipse intravit in conclavi, scit bene quod aliqui locuti fuerunt sibi de eligendo aliquos cardinales et est verum quod usque ad diem sequentem de mane, qua elegerunt dictum archiepiscopum, nullus eorum locutus fuit quod intelligeret eligere eum; et quum intravit conclave, non presumebat quod aliquis cardinalium haberet intentionem eligendi supradictum archiep, et quamvis tempore quo nominarunt eum presumeret de duobus vel tribus cardinalibus, scilicet, de card. Lemovicense, de Agrifolio et Pictavense, quod haberent intentionem eligendi dictum archiep., tamen semper bene credit quod haberent majorem affectionem, ubi bono modo et secure potuissent eligere, eligere aliquem cardinalem; sed tempore moderno, consideratis depositionibus et hiis que audivit super hoc facto et consideratis conditionibus et conscientiis DD. cardinalium quos modo asserunt, quod non elegerunt eum nisi propter periculum mortis, presumitur quod ita, quia ipsi nunquam determinaverunt se de eligendo supradictum archiep. Interrogatus unde presumebat tempore supradicto, quod supradicti cardinales haberent intentionem eligendi supradictum archiep., dixit quod pro eo quod ipsi fuerunt primi qui nominaverunt eum.

VI. Item ad sextum respondit, quod illo sero quo ipse intravit in conclavi, ipse deliberavit nominare duos cardinales, et hoc revelavit secrete decano Tirasonensi, et non erat deliberatus nominare supradictum archiep.

VII. Ad septimum respondit, quod ipse credit quod cardinales, vel major pars eorum, antequam intrarent conclave, propter verba et minas et alios modos quod tenebant Officiales romani et dispositionem populi, quam poterant scire continue et propter diversos cives romanos, qui revelaverunt aliquibus eorum, quod ipsi conceperunt metum, quod tempore quo essent in conclavi fuisset eis facta coactio (et impressio vel dampnum personarum). Et quantum de se ipso est, ipse non recordatur quod timuisset, donec fuit in conclave, neque cogitavit quod quantum facerent, ut postea fecerunt.

VIII. Ad octavum respondit, quod omnes cardinales, specialiter italici, non concordarunt in eo, et quod ita credebat tunc et quod dictum castrum non erat securum pro eo, quod non erat fulcitum victualibus et armis et aliis necessariis, neque romani consensissent quod muniretur. Et ad id quod dictum est de exeundo villam, ad faciendam dictam electionem, dixit quod non credit quod romani consensissent, nec ipsi potuissent facere commode.

Ad IX et X respondit quod credit quod non perdiderunt metum propter jusjurandum per romanos eis prestitum, ymo credit quod semper perseveraverat in eis, usquequo intrarunt conclave, et quod postquam fuerunt intus, timuerunt magis. Et quod audivit ab aliquibus cardinalium, quod cum dictum sacramentum fuerat prestitum, quod viderant unum illorum qui veniebat ad prestandum sacramentum, quod videbatur in suo gestu et in suis verbis quod veniebat promptus ad

Ad XI respondit quod non.

Ad XII respondit quod non.

Ad XIII respondit quod sic.

Ad XIV respondit quod illa nocte ingressus, neque die sequenti, usquequo rumor fuit ita magnus, quod illi prelati qui custodiebant portam conclavis miserunt sibi dici, quod si non satisfaciebant voluntati populi sine una mora, quod cardinales et ipsi erant in periculo mortis. Et illa hora ipsi miserunt duos vel tres cardinales ad dicendum populo quod ipsi promittebant eis dare eis papam ad eorum voluntatem, ab illa ora usque ad diem sequentem; et populus, non contentus illa responsione, incepit emittere altiores voces, asserentes quod statim volebant. Et tunc dicti cardinales reversi sunt ad alios ad capellam ubi erant, exponendo sibi magnum periculum in quo erant, prout sibi dixerunt dicti prelati. (Et tunc cardinales dixerunt sibi quod reverterentur ad populum et promitterent sibi quod illa die ipsi contentarent eos, dando eis papam ad votum eorum). Et quod vellent retrahere se a capella, pro eo quod cardinales non audiebant se ad invicem et quod procederent ad factum electionis. Et illa hora populus retraxit se modicum et cessavit magna pars vocum, tamen remanserunt intus palatium cum suis armis prout erant. Et cardinalis Florentinensis, qui debebat facere collationem, quia prior cardinalium, dixit talia verba: Discessit verbum de ore meo, exponendo quod illud quod cogitaverat exponere non poterat dicere propter magnum periculum quod videbat in quo erant. Et illa hora inceperunt inter se loqui de electione. Et cardinalis Lemovicensis et iste cardinalis dixerunt quod non debebant eligere, quia esset facere scisma in ecclesia Dei, et quod melius erat quod exponerent se periculo, quam ita malam rem facere. Et respondit cardinalis S. Eustachii, quod licet ponerent se in periculo, non excusabatur scisma, quia romani occiderent quos vellent eorum et facerent alios eligere ad voluntatem eorum et de hoc non esset qui testificaretur; item quod cardinales avinionenses, quum scirent ista, quod eligerent alium et ita esset majus scisma; et quod si ipsi tunc elegerent ad voluntatem populi, quod posset fieri sicut alias fuit factum, prout reperitur in cronicis, quod in loco securo iterum eum eligerent. Et cum non possent concordare, surrexerunt et hoc dixit cardinalis S. Eustachii cum sederent omnes, et postquam surrexerunt inceperunt ire per capellam et plures eorum dicebant quod plus valebat contentare populum, eligendo romanum vel italicum, quam mori, tamen non recordatur de cetero, quod ista verba: *romano o italiano,* fuissent dicta, tamen credit quod sic. Et predicti cardinalis Lemovicensis et iste cardinalis, videntes quod alii cardinales concordabant contentare populum, dixerunt quod ex quo volebant eligere romanum vel italicum, quod erat bonum quod eligerent istum archiepiscopum Barensem et in hoc concordarunt omnes alii, excepto cardinale de Ursinis, qui dixit quod propter impressionem, quam videbat, nolebat eligere donec fuisset in libertate et cardinalis S. Angeli qui dixit quod ipse consentiret, tamen bene videbat quod vox sua non poterat prodesse sibi nec alio, propter metum in qua erant; et cardinales Florentinensis et de Britania, qui a principio non consenserant et quum viderunt quod alii consentiebant, reversi sunt ad consentiendum.

Ad XV respondit, quod cardinalium vel majoris partis eorum fuisset intentio ad satisfaciendum populo et ad evitandum periculum in quo erant et quod pro eo quia a diversis eorum audiverat dici quod magis volebant eligere quam mori; est verum de se, et credit quod alii nolebant eligere de illa natione, quod videbatur eis, quod erat bonum eligere istum, quia habebant eum pro homine sufficiente et in casu quo cardinales concordarentur quum essent in sua libertate eligere eum iterum, ut dictum est. Et sua intentio, et credit quod alterius cardinalis, erat quod contentarentur quod ipse esset papa. Et in casu quo cardinales non concordarent eum eligere, quod erant intentionis et credebant quod dictus archiep. faceret sessionem (?) et quod dimitteret papatum et supradicta habuit in sua intentione. Et, propter verba que fuerant inter ipsum et dictum cardinalem, credit quod ista fuisset intentio ipsius in toto vel in parte.

Ad XVI respondit, quod ante ingressum conclavis fuerant in discordia, nam aliqui cardinalium volebant intrare castrum S. Angeli ad eligendum et hoc fuit motum secrete per aliquos, quia non audebant illud dicere publice, propter metum romanorum. Et in hoc non concordabant aliqui cardinales italicorum et aliorum, ut audivi dici. Alia discordia ante conclave erat quod quidam concordabant eligere unum, alii alium et semper de collegio; ab una parte erant cardinales, Lemovicensis, de Agrifolio, Pictavensis et Vivariensis, et Majorimonasterii, de Alvernio, Glandatensis et S. Eustachii, ab alia parte erunt italici quatuor, ab alia parte erant tres cardinales Gebennensis, de Britania et iste cardinalis de Luna et quelibet istarum partium volebat eligere de se ipsis. Intus in conclave fuerunt due discordie, una quia ut supradictum est, duo volebant quod non eligerent et alii volebant eligere; alia quia, ut supradictum est, plures nominaverunt dictum archiep. exeptis supradictis.

Ad XVII respondit quod nescit neque recordatur quod propter dictam discordiam inclinaretur ad eligendum eum, nisi propter metum romanorum.

Ad XVIII respondit quod non recordatur quod aliam deliberationem haberent nisi supradictam.

Ad XIX respondit quod non.

Ad XX respondit et dixit quod ipsemet et alii multi dixerant, quod illa electio non valebat, sed quum ipse eum nominavit, ipse nominavit eum intentione quod si per tempus quovismodo potuisset esse papa, ipse fuisset contentus.

Ad XXI respondit quod tunc presumebat, quod illi qui eum nominabant, dicendo quod eligebant eum animo quod esset papa, quod habebant intentionem, quod esset verus papa, de aliis nescit quam imaginationem haberent super hoc.

Ad XXII respondit, quod de illis de quibus modo recordatur sunt qui secuntur, videlicet, Lemovicensis, et ipsemet et de Agrifolio et S. Petri. De Pictavense credit quod sic, sed de certo non recordatur.

Ad XXIII respondit, quod exceptis illis qui dixerunt quod eligebant eum cum intentione quod placebat eis quod esset papa, quod non recordatur quod de aliis illo tempore presumeret quam intentionem habuissent neque de illis, neque de istis; sed (?) affirmat quod illo tempore occurrisset ei talis ymaginatio, tamen presumit quod omnes vel major pars elegerunt eum ad excusandum periculum, tamen si habuisset intentionem quod cum hoc fuisset verus papa, non recordatur, quod tunc occurrisset ei talis ymaginatio.

Ad XXIV respondit, quod intelligebat quod eligendo illum vel alium romanum vel ytalicum quod evaderent illud periculum, alias dubitabat de periculo et idem credit de aliis.

Ad XXV. XXVI. XXVII. XXVIII responsum est supra.

Ad XXIX respondit quod inter cardinales Florentinensem et de Agrifolio fuerunt aliqua verba super eo quod cardinalis de Agrifolio dixit, quod sederent ad eligendum et credebat quod haberent papam, et cardinalis Florentinensis, quum vidit quod eligebant dictum archiepiscopum, sibi responderat aliqua verba de quibus non recordatur certitudinarie.

Ad XXX. respondit quod non est certus nisi de cardinale S. Eustachii qui illud dixit coram omnibus, antequam fieret electio. Interrogatus si alii tacite vel expresse se conformarunt cum illo, dixit quod nesciebat quid habebat quillbet in corde suo.

Ad XXXI respondit quod ipse nescit aliquid de hoc, pro eo quod cardinales Glandatensis nunc Ostiensis et Vivariensis et ipse erant omnes commedendo in sua camera et non fuerunt vocati ad illud, neque sciverunt aliquid, sed credit quod fuit factum per formam et modum contentos in casu quem ponunt cardinales.

Ad XXXII respondit quod non recordatur quod cum esset in conclavi ipse habuisset illam expressam ymaginationem neque deliberationem quod ipse fuisset verus papa vel non. Et idem dixit quod non recordatur quid presumpsisset de aliis (*Note Marg. Vide ad XV et ad XXII*). Interrogatus si postquam eum elegerunt, jurarunt vel ordinaverunt inter se tenere secrete usque ad aliquod tempus electionem et quare, respondit, quod de juramento non recordatur sed bene scit quod inter eos fuit ordinatum, quod haberent illud sub secreto, donec supradictus Archiep. et alii prelati, pro quibus miserant, venirent et dictus archiep. intrasset in conclavi et quod ibi intronizassent eum et facerent per modum, ut populus esset contentus.

Ad XXXIII respondit quod cum reverentia credit oppositum de duobus presuppositis in interrogatorio, scilicet, quod romani non fuissent contenti de electione dicti archiep. et quia si ipsi elegerant ipsum, ipsi fuissent in periculo, ymo credit quod ipsi fuissent bene contenti de eo.

Ad XXXIV respondit, quod credit quod secundum rationem patet quod hoc fecerunt, ut populus non posset percipere quod ipsi volebant eos decipere. Et idem pro eo quod cardinalis S. Petri nolebat consentire. Et post romani ostenderunt quod erant contenti de supradicto Archiep.

Ad XXXV respondit, quod secundum verba ab extra, quod sic, secundum intentionem interiorem quod de aliis nescit neque recordatur quid tunc presumpsissent, sed de se ipso bene quod non recordetur si expresse ymaginasset illo tempore si valebat electio vel non; tamen bene scit, quod continue sua voluntas pacificabatur plus in illo facto, videns quod alii cardinales concordabantur ad intronizandum eum et coronandum et faciendum alios actus, qui in electione pape debent fieri.

Ad XXXVI respondit quod sub forma consueta contenta in ceremoniali, ut credit. Interrogatus quis sibi eam presentavit, dixit quod cardinalis Florentinus. Interrogatus quid respondit ipse, dixit quod sua responsio fuerat, quod non esset dignus, tamen nolebat contradicere voluntati divine et quod consentiebat.

Ad XXXVII respondit quod dictus archiep. misit pro eo, die intronizationis de mane, ipse et bandarenses etiam et illi qui iverunt ex parte bandarensium dixerunt sibi, quod habebant in mandatis quod non recederent ab eo usque esset ibi. Et post multa verba, postquam scivit quod cardinales castri S. Angeli intendebant ire ad ipsum, ipse ivit ad eum et ille dixit sibi quod nolebat decipi et quod diceret sibi si intelligebat quod ipse fuisset electus debite et ipse respondit quod factum stabat bene; non recordatur quod expresse sibi dixisset, quod electio fuerat canonica, tamen credit quod, si interrogavit eum de hoc, quod respondit quod sic. Interrogatus si tenebat illud pro ita, respondit, quod non recordatur neque credit quod sua electio fuisset determinata ad unam partem, neque ad aliquam (?) Interrogatus si tempore quo sibi presentaverunt electionem interrogasset eos de ista materia, dicit quod non recordatur, sed credit quod non. Interrogatus si interrogasset supradicta ad partem ab aliquibus aliis cardinalibus, dixit quod nescit.

Ad XXXVIII respondit quod nescit.

Ad XXXIX respondit quod de aliis nescit, de se dixit quod supra dixit.

Ad XL dixit id quod supra.

Ad XLI dixit, quod, pro ea que supra dicta sunt et propter aliqua verba, presumebat de cardinalibus Lemovicense, de Agrifolio et de Pictavense quod habebant eum pro papa a principio, tamen post intellexit ex verbis eorum quod non habebant eum pro papa. De aliis dixit quod, cum loqueretur ipse aliquotiens cum aliquibus, intelligebat in verbis eorum quod dubitabant vel quod non habebant eum pro papa, de se dicit ut supra.

Ad XLII responsum patet ex superioribus.

Ad XLIII dixit quod ipse non erat expresse determinatus si supradictus erat vere papa vel non. Et cum esset in isto dubio et videret quod omnes alii cardinales tractabant cum ut papam et plures eorum scribebant ad diversas partes, volebat se conformare in hiis que faciebant alii. Et hoc idem, pro eo quod ipse mandavit sibi quod scriberet de facto sue electionis principibus Ispanie, prelatis et aliis personis, quibus que consueverat scribere de similibus et quod ipsemet voluit videre aliquas litteras, tamen non vidit nisi unam partem unius, asserens quod ipse confidebat de eo, nam intelligebat quod erant ut expediebat.

Ad XLIV dicit quod ipse non, de aliis nescit. Interrogatus quare cum fuerunt Anagnie scribebantur littere penitentiarie sub data pontificatus supradicti, dixit, quod super hoc fuit habita deliberatio et concilium inter cardinales et fuit expeditum quod penitentiarius non debebat mutare modum litterarum usque collegium declarasset expresse illum non esse verum papam, quia declarare et denunciare est officium collegii et non alterius. Et hoc idem quia donec habuerunt gentes armorum, cum quibus se potuissent defendere, non fuerunt ausi dare intelligere quid supra hoc facto habebant in corde facere.

Ad XLV dixit quod ipse non fuit expresse deliberatus habere eum pro non papam, donec locutus fuit cum cardinalibus Anagnie et scivit suam deliberationem et audivit rationes aliorum, dixit quod nesciebat nisi quod quum ivit, invenit omnes terminatos.

Ad XLVI et XLVII a superiori pendet responsio. Interrogatus quid quum cardinales italici venerunt ad eos Anagniam quare venerunt et cum quibus locuti fuerunt et que locuti fuerunt. Dixit ad id quod dicitur: ad quid venerunt, quod ipsi venerunt ad loquendum de hoc facto cum cardinalibus et quum fuit eis dictum, in presentia omnium cardinalium, quod deliberaverant facere, requiescendo eos quod vellent concordare cum ipsis, excusaverunt se, allegando rationem et periculum illorum de parentella sua et alia plura, tamen non reprobando expresse deliberationem cardinalium. De aliis non recordatur.

Ad XLVIII dixit quod ipse de hoc nichil aliud scit nisi quod per relationem Nicolai de Neapoli et aliorum audivit dici, quod ipsi veniebant cum intentione faciendi impressionem in aliquibus de se ipsis et aliis cardinalibus super electionem pape, et quod quando fuit ordinatum, quod cardinalis S. Eustachii et ipse loquerentur cum illis, videtur sibi quod cardinalis Florentinus et cardinalis de Ursinis loquerentur sibi de isto compromisso et quilibet ipsorum dixit sibi, quod eligendo unum de aliis duobus cardinalibus italicis istud scisma amoveretur de levi; et unus italicorum dixit sibi quadam die quod esset modus quod romani darent sibi illud quod erat Rome in suo posse et propter premissa videtur quod ipsi intelligebant, quod prima electio non valebat et quod secunda poterat fieri.

Ad XLIX a superiori habetur responsio.

Ad L dixit, quod sic, que est ratio et quare, dixit quod pro eo quod non confidebat tantum de suo intellectu et de sua scientia quod ipse debuisset primo movere tale dubium, ut est istud, nisi essent persone de quibus multum confideret. De aliis credit idem.

Ad LI dixit, quod verum est quod ipse et alii petierunt ab eo diversas gratias et de se ipso non credebat aliquid determinate, ut supradictum est, et de aliis nichil scit sed presumit hoc idem.

Ad LII dixit quod ipse non tractavit aliquid de hoc facto nisi quod locutus est cum duobus, petendo ab eis quod intendebant vel tenebant de hoc facto ut ipse posset informare conscientiam suam. Et illi responderunt sibi quod Rome non loqueretur cum eo voluntarie. Et cardinalis Gebennensis, nunc papa modernus, qui locutus fuit sibi quadam die de hoc facto, est verum quod postea audivit dici quod aliqui cardinales tractaverunt de hoc actu sed secrete cum essent Rome et fecerunt muniri castrum S. Angeli, ut melius posset defensari a romanis et quod ibi ordinaverant quod non redderetur dictum castrum achiep. Barensi.

Ad LIII dixit quod non, quia quamvis potest esse quod aliqua dubia aliquotiens tranxissent per animum, sed quod remanerent in eis quod non. Et licet sibi placuisset et placeret quod reeligendo dictum achiep. per viam que de jure, debuisset teneri et remansisset papa ad tollendum tantum malum de mundo, tamen faciendo conscientiam quod ille fuisset papa, non accusat eum conscientia in recedendo ab eo, nec etiam accusat eum conscientia pro eo quod non remanserit indiferens.

Ad LIV dixit quod deputaverunt quatuor cardinales ad videndum si supradicta electio erat valida vel non, et habitis inter se diversis deliberationibus aliorum et suis, omnes simul concordarunt factum et declarationem quod ille non erat papa et modum quomodo debebant procedere de jure. Et interrogatus de qualitate intentionum, voluntatum tempore electionis, si fuerat factum scrutinium inter ipsos, dixit quod expresse nesciebat quod tale scrutinium fuisset factum inter eos, bene credit quod per verba majoris partis eorum poterat sciri sua intentio. Interrogatus si fuit scritinium? dixit quod credit quod sic, sed ipse nescit.

Ad LV dixit, quod ipse non, sed audivit dici quod unus eorum miserat sibi dici quod erat papa, sed nescit quod aliquis misisset sibi dici quod absconderet se, ymo audivit dici quod unus misit sibi dicere quod exiret de palatio, quia non erat honestum, quod usque electio esset sibi presentata, poneret se in possessione papatus.

Ad LVI dixit, quod quantum ad ipsum non; et de aliis idem dixit quod non; ymo audivit dici quod cum absolveret quemdam cardinalem unus confessor suus auctoritate illius, quod dixerat cardinalis quod non absolveret autoritate illius et hoc dicebatur in diversis partibus Rome.

Ad LVII ex superioribus habetur responsio.

Ad LVIII ad primum dixit quod ipsi non mandaverunt eum recludi in cameris; et ad secundum quod non publicaverunt eum statim, pro eo quod volebant habere eum intus in conclavi, ad intronizandum eum primo et disponere de sua publicatione, ut fieret magis pacifice et etiam ut ipsi non essent deraubati.

Ad LVIII dixit quod nesciebat, sed quod bene credit quod metus erat talis, quod nullus fuisset ausus abstinere se a talibus vel facere talia, per que ipse vel romani perpendissent quod non habebant eum pro papa vel dubitabant de eo.

Ad LX dixit, quod respiciendo verba ad sanum intellectum, quod non.

Ad LXI dixit, quod non credit quod magnum tormentum propter hoc sustinuissent.

Ad LXII dixit quod bene est verum quod ipse locutus fuit cum cardinale Lemovicense in conclave de Archiep. Barense, ut supradictum est, sed talia verba, ut continentur in isto interrogatorio, quod non recordatur, neque credit ea dixisse, nec alia equipollentia istis.

Ad LXIII dixit quod omnes concordarunt, exceptis italicis, qui tamen non contradixerunt, quod ipse sciat illa hora.

Ad LXIV dixit quod quantum poterat perpendere, quod ipsi venerunt ibi ad eligendum papam. Interrogatus quare non consenserunt cardinales italici, dixit quod ipsi dicebant quod propter periculum illorum de parentela sua et suorum bonorum, sed ipse credit quod pro eo quod non placebat eis.

Ad LXV dixit, quod secundum ea que ipsi dicebant, ita ut superius, secundum quod ipse credit idem; et quare non redierunt, dixit quod credit quod pro eo ut possent habere concilium generale.

Ad LXVI dixit nichil.

XXXIX.

D. S. VI. pag. 9 et 25.

Déposition du cardinal de Marmoutier.

1. Reverendissimus in Christo Pater D. Geraldus, miseratione divina tituli S. Clementis sacrosancte R. E. presbyter cardinalis Majoris monasterii vulgariter nuncupatus, juratus manu ad pectus more prelati, interrogatus per dictos DD. Ambaxiatores (*Regis Aragonum*) dixit se scire super predictis, quod vivente adhuc S. M. D. Gregorio papa XI, antequam esset infirmus sua qua decessit, unus cardinalis romanus conspiravit in mortem suam, cupiens ut in Urbe romana, de qua ipse erat oriundus et in qua plures et potentiores habebat amicos, celebraretur romani pontificis electio, ad finem quod ipse posset esse papa, et hoc scivit dictus D. Gregorius ante mortem suam, etiam hic testes semel conferendo secum de ista materia dixit sibi: Certe, Pater Sanctissime, non sustinuisset illud cardinalis Majoris monasterii, imo fecisset inde vindictam et veniret negotium ad quod venire posset, et dictus D. Gregorius respondit: Taceatis, quia pro nunc prevaleret hujusmodi negotium dissimulare, et hac de causa dictus D. Gregorius quando fuit infirmus et vidit quod appropinquabat ad mortem, dubitans ne DD. cardinalibus post ejus mortem super electione fienda de romano pontifice impressio fieret, vocavit aliquos DD. cardinales, de quorum numero ipse testis fuit unus, et dixit eis, quod ipse senciebat mortem suam vicinam et quod dubitabat de impressione fienda cardinalibus, ob quod rogabat eos quod vellent eligere aliquem probum virum de collegio et non different electionem nec exspectarent ingressum conclavis,

nam ipse pro illa vice suspendebat rigores et ceremonias cap. " Ubi majus et aliorum decretorum seu capitulorum super hiis confectorum et de his mandavit fieri bullas, quarum unam, ut sibi videtur, habuit D. Lemovicensis, (*En note*: et aliqua alia dixit super hiis pro utilitate ecclesie secundum intentionem suam).

2. Dixit etiam, quod mortuo dicto D. Gregorio, durante novena quam cardinales faciebant in ecclesia S. Marie Nove, in qua corpus dicti D. Gregorii sepultum fuit, fama erat publica in Urbe et per plures, de quibus non recordatur ad presens, dictis DD. cardinalibus dicebatur, quod romani plura tenebant consilia de modis tenendis per eos circa electionem fiendam tunc in Urbe de romano pontifice, in quibus consiliis concludebatur, quod rogarent DD. cardinales ut eligerent papam romanum vel italicum et quod si ad hoc non possent bono modo inducere DD. cardinales, quod omnino ad hoc compellerent eos, et ita erat communis sermo et forma (*sic*) publica de hiis in Urbe.

(Attamen, si recordatur de aliquibus specialibus requisitionibus officialium Urbis factis isto medio tempore, et si specialiter aliqui venerunt ad eum ad domum suam super hiis vel ex parte officialium vel alias dicentes se amicos. *Cette question est en note*).

3. Dixit etiam quod die qua DD. cardinales intrarunt conclave, hic testis, qui hospitabatur retro ecclesiam S. Petri associatus multis romanis cum quibus existendo in Roma familiaritatem contraxerat, ivit ad conclave et eundo vidit plateam S. Petri plenam populo in maxima parte armata clamante et vociferante: Romanum volumus vel italicum et cum ingressus fuit conclave, vidit quod hora tarda, postquam illi qui ipsum et alios DD. cardinales associaverunt paucis exceptis recesserant et exiverant conclave, venerunt aliqui officiales Urbis et omnino, licet eis diceretur quod non debebat fieri, intrare voluerunt conclave et in illud intraverunt et suplicarunt DD. cardinalibus instanter ut pro complacendo romano populo eligerent papam romanum

vel italicum et cum per cardinales eis darentur bona verba generalia, ipsi officiales replicarunt: Videte Domini, pluries vobis super istam materiam supplicavimus ex parte populi romani et semper nos duxistis per verba generalia. Nunc autem volumus habere specialia et certificamus vos, quod si non eligatis papam romanum vel italicum, nos non possumus vos tenere securos, ymo dubitamus de maximo scandalo; nam videmus corda populi nimium sublevata. Et tunc DD. cardinales, qui de hiis fuerunt non sine causa perterriti, responderunt quod ille erat malus modus et quod ipsi officiales, qui summe desiderabant habere curiam in Italia, causa essent perdendi eam et quod ipsi DD. cardinales providerent romane ecclesie ut melius possent. Tunc officiales ipsi de conclave exiverunt et fuerunt firmate porte conclavis cum barris ligneis, quia romani non permiserunt eas murari cum lapidibus et cemento, ut est de more, et per totam illam noctem magnus fuit rumor in populo, in tantum quod vix Domini dormierunt, ut hic deponens postea ab eis dici audivit, (*Note:* Quia in clamoribus et percussionibus portarum etiam aliquando percutiendo de subtus solarium conclavis, et comminationibus ibi tum in solatio et circumquaque conclave quos per totam noctem continuaverunt et in petitione romani vel italici persistentes) ipse tamen aliqualiter dormivit. In crastinum autem circa auroram omnes DD. surrexerunt et dictis horis suis congregaverunt se in capella conclavis in qua tunc due misse fuerunt dicte et cum earum ultima diceretur, populus, qui per aliquam pausam a clamoribus quieverat, maximos clamores resumpsit vociferando valide: Romanum volumus vel italicum et plures ex eis subjungebant minas diversi mode. Tunc etiam pulsate ferunt campane S. Petri ad martellum et clamores ac vociferationes continue augmentabantur, propter quod omnes DD. cardinales, non sine causa, quamplurimum timuerunt; vidit etiam hic testis quod in illo instanti (*Note:* antequam ad electionem incepissent adhuc Domini procedere) Dominus episcopus Massiliensis, qu loco camerarii custodiebat conclave, vocavit ad posterlam conclavis aliquos de DD. cardinalibus et dixit eis, quod populus erat in tantum comotus, quod nisi cito expedirent se de eligendo papam romanum vel italicum, omnis erant in maximo periculo mortis, et hac de causa DD. cardinales cupientes periculum evadere in quo erant, (timore mortis alias non facturi, ut audivit ab eis qui erant Anagnie per juramentum et de se scit ex certa scientia) sine aliqua discussione persone elegerunt dictum D. Barensem in papam, aliqui tamen eorum fuerunt qui nec ipsum nec alium eligere voluerunt, propter impressionem nimiam quam videbant. Et facta illa electione per modum predictum, de mandato DD. cardinalium fuerunt vacati certi prelati italici et romani, inter quos fuit D. B., ut ascenderent palatium et postea comedere voluerunt, populo tunc a clamoribus aliquantulum quiescente. Sumpto autem, post aliquam pausam, clamor populi invaluit et tunc fractum fuit conclave et populus intravit cum maximo furore armatus, petens papam romanum et DD. cardinales tunc quam plurimum timuerunt et aliqui eorum per quoddam foramen quod fecerant fugerunt subtus conclave, aliqui autem finxerunt quod D. S. Petri esset electus in papam et tunc populus irruit in D. S. Petri et eum precise invitum in una cathedra posuerunt, ipsumque adoraverunt ut papam et dum populus ipsum D. S. Petri adorabat, DD. cardinales exiverunt conclave et aliqui eorum ad domos suas, aliqui autem ad loca alia fugerunt, ipse vero deponens, multis associatus romanis, ivit ad domum suam, volebant etiam illa nocte pro ejus securitate secum remanere in dicto hospicio, sed ipse testis noluit, ymo fecit eos, licet invitos, reddire ad domos suas. In crastinum autem de mane venerunt ad hunc testem, qui jam missam suam audiverat, bandarenses Urbis et quidam alii officiales romani et rogaverunt eum ac requisiverunt ex parte dicti D. B. tunc in palatio apostolico existentis et romani populi, ut iret ad dictum palatium, pro perficiendo illa que agenda erant circa electionem D. B. et subjunxerunt quod alias videbant paratum scandalum prout fuerat die tunc proxime lapsa, propterquod idem deponens timens furorem populi accessit ad palatium et reperit ibi D. Florent. ac dictum D. B. qui existens in habitu consueto plures sibi facientes reverentiam osculabatur et dictus deponens, facta prius ipsi B. salutatione tali quali, uti consueverat ante dictam electionem, sibi dixit quod male faciebat recipiendo aliquos ad pacis osculum quousque foret debite installatus de quo idem B. modicum curavit.

4. Et vidit hic testis quod ex eo quia quidam nuncius qui, ut apparebat, per ipsum B. missus fuerat ad illos sex DD. cardinales qui erant in castro S. Angeli (*Note:* ut audivit, etiam ad instantes et iteratas requisitiones officialium Urbis et dicti B. timore ducti, quia alias non venissent et ita credit etiam deponens) ut venirent ad eum, retulit ibi publice dicto D. B. quod ipsi DD. cardinales ad eum venire nolebant. Idem D. B. dixit bandarensibus tunc in sui presentia constitutis, ut irent ad dictos sex DD. cardinales eosque ad eum venire facerent, alias nichil erat quod factum erat. Quod bandarenses se obtulerunt libere adimplere. Et post aliquam pausam D. Mediolanensis et subsequenter D. de Luna, et quia instabat nimis hora prandii et dicti DD. sex DD. cardinales licet requisiti pluries nondum venerant, omnes illi cardinales qui erant in palatio, videlicet D. Florent. S. Petri qui in palatio illa nocte remanserat, Mediolanensis, ipse deponens et de Luna pransi fuerunt in palatio et dictus D. B. pransus fuit cum eis, quem sedere fecerunt illo ordine quo sedere consueverat ante electionem predictam. Post prandium autem aliquo elapso tempore accesserunt ad palatium dicti sex DD. cardinales qui erant in castro S. Angeli et una cum dictis DD. cardinalibus jam in palatio existentibus, dictum D. B. intronizaverunt et adoraverunt ut papam, ipsumque in festo pasche coronaverunt

et dum fuerant Rome omnes actus pertinentes ad papam cum eo fecerunt, durabat tamen metus in animis eorum. Ita quod super istam materiam loqui unus alteri non audebat. Alia autem que circa predicta intervenerunt, in casu facto per DD. cardinales expresse sunt, ad quem casum se retulit totaliter ipse D. cardinalis deponens.

5. Interrogatus quis scire debet super conspirationem factam contra dictum D. Gregorium de qua supra; deposuit et dixit quod D. cardinalis Arelatensis, olim sedis apostolice camerarius, debet scire plura super ista.

6. Interrogatus si ante ingressum conclavis fuerat habitum inter ipsos DD. cardinales collegialiter vel particulariter de eligendo dictum D. B.; et dixit quod non, quod ipse testis fuerit, nisi quod recordatur quod semel durante novena dicti D. Gregorii, D. Lemovicensis dixit huic testi, hec vel similia verba: Videtur vobis bonum quod eligeremus D. B. in papam, casu quo (*Note:* cogeremur ad italicum) de aliquo eligendo de collegio non valeamus concordare, antequam fieret nobis impressio et hic testis respondit. Nescio, quia non novi eum nec scio si est ad hoc sufficiens, sed quando erimus in conclavi loquemur magis late.

7. Interrogatus si ipse testis unquam supplicavit dicto D. B. post electionem pro beneficiis vel aliis et dixit quod sic secundum quod quod alii, non tamen intendens super hoc sibi tribuere jus aliquod in papatu.

(*Dans la premiere copie il y a*: dixit: quod non, *mais ces mots sont effacés*).

8. Interrogatus si unquam scripsit sibi de Anagnia ut summo pontifici, et dixit quod non.

9. Interrogatus si dum erat Rome ipse scripsit Regibus, principibus, prelatis, consanguineis familiaribus vel aliis, notificando elevamen dicti D. B. et dixit quod non.

10. Interrogatus si unquam ipse Dominus deponens tenuit dic-

tum D. B. pro vero papa et dixit quod semper dubitavit et erat pro oppinione communiter quod non, dum fuit Rome, sed cum fuit in Anagnia et locutus fuit de ista materia cum aliis DD. cardinalibus et scivit intentionem Dominorum per eorum juramenta, indubie tunc eum habuit pro non papa sed pro intruso et vidit subtilitates juris facientes pro hujusmodi negotio, tunc non habuit dictum D. B. pro papa.

XL.

D. S. VI. 133.

Responsio data per D. Mediolanensem.

Hi, sine discussione meritorum status et persone, nominaverunt dictum D. Bartholomeum tunc archiepiscopum Barensem. Istud declaratur sic, quando fuerunt in sedendo, nulla fuit facta discussio, sed antequam tamen irent ad sedendum, D. Florentinus habuit dicere ad altare capelle: Bonum esset eligere D. S. Petri, qui est de collegio et antiquus et expertus. D. de Agrifolio cum suis tendebat ad D. Barensem et tunc quasi videbatur ei quod haberent numerum sufficientem, qui inclinarent ad eum. Posuerunt se ad sedendum et D. Florentinus nominavit D. S. Petri et D. Lemovicensis secundus nominavit D. B. archiepiscopum Barensem, D. de Agrifolio tertius nominavit ipsum, dicendo: Nomino eligo et assumo R. P. et D. Bartholomeum archiepiscopum Barensem in papam et romanum pontificem et postea alii ut in themate continetur elegerunt eum.

Quot fuerunt qui dixerunt quod eligebant ipsum animo et proposito ut esset verus papa. Istud declaratur, quia saltem fuerunt quatuor vel quinque, de quibus recordentur, quia D. Florentinus de duobus recordatur, de quibus D. Mediolanus non recordatur et D. Mediolanus de duobus vel tribus de quibus D. Florentinus non recordatur. Si autem fuerunt plures vel non, non recordatur.

Nous n'avons que ces quelques lignes du cardinal de Milan; cette réponse est probablement faite à l'évêque de Tolède, car, bien qu'elle ait son titre indépendent, elle fait suite à un abrégé des réponses du cardinal de Saint-Eustache, dont les deux dernières renvoyent aux Cardinaux italiens.

Prelatis ab ipsis DD. cardinalibus quot fuerunt numero cardinales qui dixerunt animo et intentione ut ipse esset verus papa et quales fuerunt etc. . . .

Nous trouvons aussi à la page suivante ces deux lignes. " Dicitur quod iste card. ytalicus in cujus presentia ista verba fuerunt prolata fuit D. Card. Florentinus. Petatis ab eo si est sic.

XLI.

D. S. Tom. III. pag. 142.

*Déposition de Conrade Henri
ambassadeur de l'empereur Charles, auprès de Grégoire XI.*

1. Magnifici DD. ambaxiatores illustris principis D. Regis Aragonie, exegisti a me juramentum de dicendo veritatem super nonnullis que contingerunt in Urbe et in aliis partibus italie et alibi post mortem D. Gregorii pape XI super electione summi pontificis, de hiis que sciebam et audiveram in illis partibus et pertinentibus ad predicta, et mandatis in recessu, quod ego in

scriptis redigerem et procurarem vobis mitti depositionem meam clausam que talis est :

2. In nomine Domini Amen. Anno Domini millesimo trecentesimo septuagesimo septimo de mense Septembris, Serenissimus princeps et D. D. Karolus romanorum imperator destinavit me Conradum Henrici decanum ecclesie Wissegradensis Pragensis ad D. Gregorium papam XI in factis filii sui et Serenissimi principis Wenceslai regis Bohemie pro regno romanorum et cum hoc misit per me Cadraginta milia florenorum auri eidem D. Gregorio mutuando et postquam idem D. Gregorius eosdem florenos recepit, incidit in infirmitate de qua postmodum sabbato ante letare anni predicti septuagesimi octavi diem suum clausit extremum, negotio dicti Serenissimi principis Wenceslai regis non expedito. Tum vidi et audivi ac presens fui in Roma dum RR. patres DD. card. congregati essent ad hospitale Sancti Spiritus, quo tunc Romani congregati cum officialibus et bandarensibus venerunt ad dictum hospitale ubi tunc dicti DD. card. erant congregati. Et tunc iidem officiales romanorum dixerunt inter cetera alia verba: Patres et DD. supplicamus et rogamus ut romanum vel ytalicum eligatis in papam et quod ante ingressum conclavis nos velitis super hoc facere certiores, alias dubitamus de maximis et irreparabilibus periculis, cum cognoscamus corda civium nimium esse sublevata. Ipsi vero DD. card. responderunt eisdem officialibus, quod ad certum aliquod eos artare non poterant quod valeret de jure, rogantes eosdem quod a talibus desiserent (*sic*) et desistere facerent populares, ne impedimentum facerent electioni future, nam cum eorum desiderium esset curiam retinendi in Urbe, satiscito frustrari poterant per hos modos ne ulterius haberent. Et hiis non contenti, in executione minarum et mortis terrorem, gentem rusticam introduxerunt in Urbe, quas revocare noluerunt, licet per dictos DD. card. fuerunt, ut revocarent, instantissime requisiti et ut terror adderetur timori, ro-

mani principes et alii nobiles per quos sedari poterat furor populi et quietari per osdem officiales fuerunt expulsi ad (*sic*) Urbe, super quorum restitutione aut duorum ex ipsis, humiles preces DD. cardinalium noluerunt exaudire. Et portas Urbis post mortem Gregorii fecerunt fermari et custodiri, licet D. Gregorio vivente porte transtiberine et pontes essent in custodia eorum et claves et custodiam invito pape camerario habere voluerunt et habuerunt.

3. Deinde officiales predicti promiserunt, corporaliter per ipsos prestito juramento, DD. cardinales ab omni impressione et violentia tenere securos, necnon promiserunt quod burgum S. Petri, in cujus palatio futuri pontificis erat electio facienda, ad majorem securitatem facerent custodiri aut pontes claudi aut taliter facerent communiri, quod secure possent ad ipsius Summi Pontificis electionem procedere; sed nichil de promissis et juratis per eos servarunt postea, ut apparuit notorie ex subsequenter.

4. Etiam D. Paulus, marascalus romani populi, in cujus opposito eram hospitatus dixit ad me: Domine decane et vicine carissime, scimus quod estis de familia Domini imperatoris, quem estimamus dominum nostrum; unde consulimus vobis bona fide, faciatis vobis provisionem fieri pro vobis et familiaribus vestris ad certos dies, quia in hoc romani fermissime, ex deliberato consilio, remanserunt, quod si DD. card. non eligant romanum vel ytalicum in papam, omnis ad pecias incidantur vel comburentur et similiter facient familie eorum et faciatis D. imperatoris arma pingere in portis vestris et maneatis in domo cum familiaribus, si vultis esse sine periculo, cum audietis rumorem istum, non potest diu durare nisi maxime ad tres dies; ego et Dominus Cancellarius Urbis consanguineus meus oportet nos esse cum romanis in palatio, sed committimus familie nostre quod si aliquis insultus fieret contra vos, quod ipsi prohibeant quantum possunt.

5. Deinde instante hora intrandi conclave pro dicta electione tractanda seu fienda, venerunt ad palatium DD. card. existente populo pro majori parte armato in quantitate plenitudinis in platea S. Petri, qui ingressu palatii unam constituerunt aciem hominum armatorum, quam circumquaque palatium ordinaverunt, ita quod nullus ingredere poterat vel exire romanis invitis. Paulo post hora tarda cumulabantur terrores, dum illi, qui capita dicuntur regionum, unacum multis civibus conclave sunt ingressi, petentes vicibus iteratis ut DD. card. antequam ipsi romani de inde recederent, consolarentur eosdem de electione romani vel ytalici facienda, pluries et pluries subjungentes, populum sic fore dispositum quod istud aliter esse non poterat absque gravi et grandi periculo personarum. Ipsi autem DD. card. responderunt plane et modeste, ut audivi, et fuit vox communis in Roma de premissis omnibus.

6. Quibus autem abeuntibus ab inde, remansit populus in palatio per totam noctem tumultuose vociferans, ytalicum volumus aut romanum; nec dictus populus permisit, ut dicebatur publice, claudi palatium illa nocte, plurium portas mansionum palatii fregerunt eadem nocte; mane autem facto, cum DD. cardinales orabant ad Dominum in devotione missarum super electione fienda, ut audivi pluries tunc dici, tunc populus predictus horrendas voces emisit et pulsavit companas S. Petri et Capitolii pro congregatione populi ad rumorem, et hoc de vocibus et pulsatione campanarum predictarum ad rumorem et arma, ut premittitur, erat publicum et notorium in Urbe, universis sine intermissione tumultuose clamantibus: Romanum vel ytalicum eligatis in papam aut omnis moriemini incontinenti.

7. Quo audito, ut audivi pluries et publice postea dici, predicti DD. card. et merito perterriti fuerunt et sine aliqua deliberatione ad clamorem populi et terrorem elegerunt, ut dictum fuit tunc publice, Barthol. tunc Archiepiscopum Barensem, et de-

mum populo romano cum tumultis et clamoribus intrante et in pluribus partibus violenter frangente conclave, in pontificalibus romano populo pro papa exhibuerunt unum romanum, videlicet, D. Franciscum S. Petri card. et deinde populus et alii cum impetu intraverunt palatium et ad D. Franciscum predictum pro reverentia facienda concurrerunt.

8. Et medio tempore DD. card. prout melius potuerunt in strepitu tali, exiverunt palatium dicentes: Romanum habetis. Sex autem ex DD. card. intraverunt castrum S. Angeli, alii ad domos suas et aliqui extra Urbem. In crastinum vero veni ego ad palatium ad videndum quid ibi fieret, et ascendi superius et inveni Barth. in camera superiori versus ortum stantem et plures cum eo, inter quos erat unus de DD. card. qui dixit ad Barth. Hic est de imperatore Conradus. Cui idem B. dixit: Ego nosco eum bene, ipse fuit antiquus amicus meus et recepit me ad osculum. Tunc recommendavi Dominum meum imperatorem et filium suum hiis verbis: Pater Sancte, habeatis vobis recommendatos D. meum imperatorem et filium suum; modicum restat ad faciendum, alii laboraverunt et vos recipietis, Deo dante, fructum cum honore; solum restat publicatio. Qui dixit et respondit: Carissime, permittas me venire ad sedem meum, ego faciam pro D. tuo plusquam fecerunt decem predecessores mei, si voluerit esse devotus filius Ecclesie. Ex tunc statim ibidem, vertebat se et ad illos qui ibi erant dixit: Ubi sunt Card.? Et fuit sibi responsum, quod plures fugissent ad castrum S. Angeli et alii ad domos eorum et alii extra Urbem, propter metum romanorum. Tunc idem B. iratus dixit: Non debent timere Romanos, ymo romani timent me, ego fugavi eos de nocte extra palatium, quod nullus poterat michi resistere, neque respondere. Tunc ad quemdam ibidem existentem dixit: Vadatis ad card. qui sunt in castro S. Angeli, quod veniant statim, et ponant me in sede mea, si voluerunt pericula et scandala majora prioribus evitare, et non

timeant romanos, quia romani sunt mecum. Qui abiit et reversus dixit: quod DD. card. dicerent quod non auderent venire propter metum romanorum. Tunc idem B. ut furiosus vocavit senatorem dicens: Vadatis ad Romanos et dicatis eis quod ipsi compellant ipsos card. qui fugerunt ad castrum S. Angelli (*sic*) quod veniant et ponent me in sedem papatus, alias nichil est factum, sed ipsi essent delusi, et ego cum eis. Et tunc eodem die iidem card. venerunt ad palatium et fecerunt reverentiam eidem B. et alii compulsi sunt ad veniendum et ad faciendum sibi reverentiam et illo sero idem B. vidit camerarium Card. S^u Angeli et quasi furiose exclamavit eumdem dicens: Ubi est Dominus tuus, ipse fugit extra Urbem, et vult perfectior esse aliis card.; faciatis eum venire, alias ego faciam eum turpiter trahi ad civitatem in scandalum sui et aliorum; credat quod non possit effugere manus meas.

9. Et idem B. sepius habuit consilium cum romanis et hoc multum terrebat DD. card., ut audivi. Etiam fuerat ordinatum per B. et romanos quod nullus card. permittebatur exire Urbem pro spatio sine speciali mandato ipsius B.; deinde fuit coronatus in die pasche. Et post hoc habuit consistorium publicum et ibi incepit dicere quod habebat potestatem deponendi imperatores et reges et principes et alios loco eorum instituere et ordinare et multa alia inordinata et inepta ibidem dixit. Post hoc certa die DD. card. fuerunt constituti coram dicto B. et ego cum sociis meis, qui eramus ex parte imperatoris pro facto filii sui, videlicet, pro approbatione romanorum regis. Tunc idem B. dixit alta voce: Domine Gebennensis, ego volo quod vos scribatis D. imperatori consanguineo vestro et regi Bohemie ac aliis consanguineis vestris; et vos etiam D. Florentine, vos etiam promovens facta D. imperatoris et vos alii DD. card. similiter (quorum multi erant ibi) scribatis D. imperatori et aliis amicis vestris de mea electione et coronatione canonica, et ego scribam

similiter et videatis quod concordetis mecum, et antequam sigilletis litteras vestras volo eas videre, si concordant cum litteris meis. Ego expediam istos imperiales et mittam nuntios meos cum eis, et mittam D. imperatori et regi Bohemie raubas meas et etiam aliis principibus, et non tardetis cum dictis litteris. Et tunc certi DD. card. dixerunt eidem B. quia non erat de more cardinalium scribere electionem romanorum pontificum, nec unquam scripserant prius. Quibus idem B. dixit: Et si prius non est factum, ego volo quod sic fiat. Tunc post multas altercationes habuit, et inde habitas, DD. cardinales, qui, ut michi apparebat timentes non audebant contradicere, ab ejus presentia recesserunt.

10. Et post predicta certa die reversi ad D. Clementem tunc in minoribus constitutum, qui vocavit me et dixit: Conrade, maneas hic, post collationem habeo tibi loqui necessario et finita collatione, mandavit quod omnes exirent, excepto uno cubiculario videlicet, Mutimo et me, et fecit sibi aportare librum decreti et dixit ad dictum Mutimum cubicularium, quod exiret foras et fecit me claudere hostium camere et dicere eidem quod omnes repelleret de hostio et de fenestris, ne aliquis posset audire quod loqueretur. Tunc post ea predicta dixit ad me: Conrade, non habeas pro malo, ego volo quod jures michi ea que tibi dixero, quod non dicas alicui quamdiu sumus in Roma, quia tantum timorem habemus de romanis ego et alii DD. cardinales et timeo frequenter quod in quali angulo sint quatuor romani constituti. Tunc apperuit librum decreti et legit capitulum „ Si quis pecunia vel favore humano vel militari aut tumultu populari etc „. Et postquam dictum capitulum perlegisset ex toto, dixit idem dominus noster: Conrade, tu vidisti et audivisti omnia que facta sunt ante conclave, in conclave et post, et qualiter romani inhumaniter tractaverunt nos et compulserunt nos ad dandum eis romanum vel ytalicum, et quomodo nunc etiam iste compellit DD. card. ad scribendum suam electionem fore canonicam et coronationem D. im-

peratori et regi et aliis principibus et notis nostris contra veritatem et conscientias nostras et contra omnia jura et si non faceremus in hoc voluntatem suam sine dubio essemus in periculo mortis. Igitur rogo quod velis te parare ad viam eundi ad D. imperatorem ad informandum eum de veritate et de omnibus predictis violentiis seu impressionibus, molestiis et contumeliis illatis et factis Dominis Card., quia ipse credit tibi, et quod non advertat nec curet scripturam meam circa hoc, neque aliorum cardinalium, que sibi scribuntur, nec etiam credat nuntiis ipsius B., et dicas sibi audacter et secure quod cito fuerimus extra Urbem in libertate constituti, procedemus ad electionem canonicam futuri romani pontificis ; et deinde expediamus factum filii sui et scribemus cum nuntiis nostris solempnibus totum factum et veritatem quod nunc non audemus facere, quamdiu sumus in Roma. Deinde eidem D. nostro dixi : Reverende pater et Domine gratiose, Deus novit quod fui presens, vidi et audivi omnia que dicitis, et libenter irem ad D. meum imperatorem in isto facto ad informandum eum de veritate, sed non presumo propter florenos predictos, videlicet, XL milia quos relaxavi, propter importunas instancias D. camerarii et aliorum sicut scitis. Tunc idem D. noster dixit : Quid ergo faciemus. Cui respondi quod nescirem; tunc idem D. noster dixit : Oportet nos habere personam notam D. imperatori cui credet, quia non licet scribere veritatem, nam si littere tales nostre reperientur, essemus omnes mortui ; et subjunxit : Quid videtur tibi de Conrado de Visenhensi socio tuo; possum confidere de eo ? Cui respondi et dixi : quod sic, sed quod stringeret eum cum juramento sicut michi fecerat. Qui Conradus etiam excusavit se et dixit quod non audebat ad partes ire, nisi factum filii imperatoris esset expeditum, in cujus subsidium etiam erat missus.

11. Dominus noster ad me dixit : Conradus excusavit se ; quid videtur de clerico tuo. Cui respondi : quod bonus esset et fidelis

et bene notus in curia D. imperatoris et esset intelligens, et viderat dictam impressionem et presens fuit sicut aliquis de nobis. Tunc idem D. noster fecit eum vocari et interrogabat de nomine ejus, cui dixi quod Venceslaus Stirnando vocaretur. Deinde idem D. noster recepit juramentum ab eodem clerico et injunxit sibi que dicere deberet imperatori, scilicet, quod non adverteret ad litteras suas, neque aliorum DD. card., nec crederet eorum litteras super canonica electione dicti B. neque nunciis ipsius B., quia per metum mortis illa omnia essent extorta ; sed postquam essent extra Romam in libertate constituti, tunc per proprios nuntios vellent sibi scribere et notificare et factum filii sui expedire, ut supra continetur.

12. Etiam per eumdem meum clericum scripsi D. meo imperatori totum factum de dicta electione ; quem clericum et litteras ac informationes una cum litteris meis idem dominus meus imperator, ex parte Domini mei tunc card. Gebennensis, gratiose recepit et dixit ad eumdem Wenceslaum clericum meum dictus imperator, quod vellet cum collegio remanere, quod audivi ab eodem clerico meo et aliis fide dignis, qui etiam hoc audiverant ab imperatore predicto, postquam veni ad partes.

13. Et deinde DD. card. institerunt apud eumdem B. ut permitteret eos exire extra Urbem et in Anagnia ad recentem aerem, more consueto prout alii romani pontifices facere consueverunt, quia aer esset in estate corruptus in Roma et quod possent cogitare de provisionibus suis faciendis ; et post multas petitiones, successive indulsit D. de Agrifolio et D. Pictavensi card. qui D. Card. Pictavensis non erat presens coram dicto B. ; quibus scilicet DD. de Agrifolio et Pictavensi dictus B. indulsit, ut audivi, quod irent soli in Anagniam, et quod alii card. remanerent in Roma cum eo, sed cito vellet eos sequi cum aliis card. Tunc ego cum Domino Nicolao de Neapoli, senasculo Provincie, qui erat promotor D. mei imperatoris et filii sui, ibidem roga-

vimus dictum B. quod vellet factum serenissimi principis D. Wenceslai publicare, antequam card. exirent de Urbe. Tunc ipse B. respondit: Ego vollo quod vos alii omnes de imperatore vadatis ad imperatorem cum nunciis meis et ego scribam eidem et D. Regi filio suo de mea electione et coronatione canonica et mittam D. imperatori et filio suo et regine raubas meas et aliis principibus et ipsi erunt bene de hoc contenti. Cui dixi: P. S. expediatis et publicetis factum Domini, alias non presumerem ire ad partem, nisi habita fine et maxime propter pecunias seu florenos quos relaxavi D. Gregorio predecessori vostro. Qui B. irracunde respondit dicens: Vade, corruptor pecuniaris. Cui B. respondi, quod non eram talis, nec scirem peccuniis corrumpere, neque facere, sed feceram hoc quod D. imperator injunxit michi. Tunc unus ex DD. card. presens incepit ridere et dixit: Conrade, non habeas verba D. nostri pro mala, ipse jocatur tecum; et D. Nicolaus de Neapoli tacuit et recessit ad partem; et immediate supervenit Echardus episcopus Wormatiensis et Conradus de Girendem coprocuratores mei, quos idem B. advocavit, me ibidem existente coram se: Venite vos imperiales, paretis vos ad viam, littere mee sunt facte de electione et coronatione mea canonica et DD. cardinalium, quas portabitis cum nuntiis meis et mittam cum hoc raubas meas D. imperatori et regi bohemie filio suo et regine et ipsi libenter videbunt vos et erunt contenti; et dixit quod negotium serenissimi principi D. Wenceslai nollebat expedire cum Conradis, sed volebat habere majores principes, quos D. imperator haberet duces, marchiones, archiepiscopos et episcopos. Cui respondi, quod ipse tales nuntios non haberet propter discrimina viarum et non mitteret sibi tales, quos ipse petebat et D. noster imperator credidisset nobis et etiam D. Gregorius, ipse merito nobis credere deberet. Tunc statim furiose clamavit: Tace, tace. Et recepit dictum episcopum per manum et duxit extra cameram et dixit sibi multa que deberet dicere D. imperatori: quomodo miraculose, ut dicebat, fuisset electus. Deinde fuerat reversus ad cameram vidit me cum socio meo stantem et dixit ad nos: Ego volo istud factum cum Conrado expedire. Deinde non visitavi eum amplius sed secutus fui DD. card. de collegio in Anagnia.

14. Et ipse B. ivit ad civitatem Tiburtinam. Tunc DD. cardinales intimabant sibi quod deponeret habitum, quia bene sciret quod per impressionem esset factus, et contra omnia jura, et non esset papam, et volebant contra eum procedere, sicut processerunt. Tunc idem B. interrogavit ubi ego essem et fuit sibi dictum quod essem in Anagnia cum collegio. Qui B. statim mandavit pro me trina vice successive, quod omnibus dimissis irem ad ipsum in Tibure, ipse volebat expedire factum regis domini mei predicti. Et post predicta, accessi ad D. nostrum, tunc in minoribus constitutum, scilicet, card. Gebennensem; et narravi sibi omnia premissa, qui subjunxit: Tu non debes ire, quoniam nos statim procedemus contra ipsum B. ad depositionem suam, secundum jura canonica, quia non est papa, sed antichristus et deinde procedemus ad electionem futuri romani pontificis, qui statim post coronationem expediat factum domini tui et publicabit illud solempniter. Cui respondi: Reverendissime pater, michi esset magnum periculum, si non irem illuc, quia bohemi plures sunt ibi et archiepiscopus Magedeburgensis et Conradus de Cyrenhem socius meus, et si ipse B. expediret factum domini mei cum illis sine me, ego nuncam recuperarem apud dominum meum; scio enim firmiter et credo quicquid ipse fecerit, quod hoc non valleret; et si essem ibi et expediret dictum factum, ego reverterer ad parternitatem vestram et reciperem ab illo quem sacrum collegium reciperet. Tunc idem dominus noster dixit: Vade et revertaris cito.

15. Deinde veni ad Tiburtinam civitatem, ad D. card. Florentium, et dixi: Pater reverendissime, quid est quod Dominus noster vult. Qui dixit: Ipse B. vult expedire factum domini tui.

Cui respondi: Quomodo potest expedire factum domini mei, cum DD. card. non sunt cum eo nec in Tiburto, et dicunt eum non esse papam. Et ipse dixit: Vade ad eum, ipse dicet tibi. Cui respondi: Ego non faciam, alias contumeliose obruit in me, cum sibi instarem de expeditione predicta. Et tandem ivi ad eum, et cum eram coram dicto B., D. Florentinus accessit ad eum, et locutus est sibi secrete. Tunc idem B. vocavit me dicens: Conrade, venias huc; et accessi ad eum et feci sibi reverentiam. Qui dixit ad me: Carissime, non habeas pro malo, quod alias tibi dixi in Roma dura verba, non cum malo animo, nisi quia negotium erat magnum et volebam tunc magnos nuntios habere, sed nunc intendo expedire factum domini tui, et expecta modicum, post audientiam loquar tibi. Et finita audientia, vocavit me ad cameram secretam in presentia D. Florentini card. et dixit: Carissime, ego volo expedire factum domini tui et vadas cum Domino archiepiscopo Mardeburgense ad dictum imperatorem et dicas sibi quod factum filii sui sit expeditum et etiam dicas quod isti card. volunt michi rebellare; et multa alia dixit. Cui respondi: P. S. dixi vobis alias in Roma, quod sine fine, non audebam redire, sic adhuc dico vobis, quod non vadam nisi facto domini mei publicato. Tunc ipse B. dixit: Quomodo publicabo, domini card. non sunt hic et ubi est scriptura et littere que pertinent ad factum? Cui respondi: P. S. vos noluistis expedire cum poteratis, sed ego non presumo ire sine fine. Qui dixit: Vadas Anagniam ad commissarios, quod mittant michi litteras et instrumenta, que concernunt factum filii domini imperatoris, et dicas DD. card. quod veniant ad me, hic ego expediam factum. Cui respondi: Ipsi non credent michi, scribatis eis per litteras vestras. Tunc idem B. dixit: Non habeo bullam, neque sigillum; et vocavit D. Florentinum et dixit sibi D. Florentino: Scribatis ex parte mea D. de Agrifolio commissario, quod mittat michi scripturas que concernunt factum filii D. imperatoris et quod dicat DD. card. quod parent se ad veniendum, quia habeo nova de nuntiis meys, qui sunt in via veniendi de D. imperatore et cum venerint statim volo expedire factum D. regis romanorum. Et antequam sigilletis dictas litteras volo eas videre.

16. Postea vero recepi litteram et yvi cum ea Anagniam ad D. nostrum, cui narravi omnia que feceram et audiveram a dicto B. et ab aliis, et idem D. noster subjunxit: Vade et portes litteram predictam D. card. de Agrifolio, et audias quid dicat ad eam. Tunc D. de Agrifolio, perlecta littera, dixit ad me: Vade et porta eam D. meo card. Gebennensi. Itaque tenuerunt me per quinque dies antequam darent responsum et finaliter idem D. noster dixit: Remaneas hic, statim procedemus contra B. et depositionem ejus et deinde procedemus ad electionem futuri romani pontificis, qui expediet factum domini tui. Cui respondi: R. P. permittatis me ire, quia periculum michi est apud D. meum imperatorem, propter pecunias quas relaxavi et etiam propter emulos meos, ut superius dixi, et quicquid ipse B. fecerit et facit in isto facto hoc credo minime valere, propter notoriam et manifestam impressionem romanorum vobis DD. cardinalibus factam, quam vidi et omnis qui ibi fuerunt; sed quicquid ipse B. fecerit in factis D. mei, ego revertar ad dominationem vestram et dicam vobis.

17. Tunc recepta licentia veni iterum in Tiburtinam et presentavi D. Florentino card. litteram D. de Agrifolio in qua respondit; quam litteram idem D. card. Florentinus tradidit B., qui eam perlegit et furibundus factus dixit: Quomodo voluerunt isti card. esse contra D. imperatorem et facta sua impedire? Ego volo quod tu dicas omnia ista imperatori. Cujus littere tenor erat talis, vel quasi in singulis, que dirigebatur D. card. Florentino:

18. R. P. litteras quas petitis et scripturas concernentes fi-

lium imperatoris et factum suum, postquam relatio fuit facta in Roma per commissarios, D. Camerarius inclusit dictas scripturas in archivis camere apostolice cum aliis rebus et misit eas in Avenionem.

19. Et post hoc B. dixit ad me: Remaneas hic. Et deinde in crastino Sancti Jacobi, quando DD. card. videlicet, Florentinus et de Ursinis et Mediolanensis debebant ire ad collegium, requisiti ab ipso collegio et omnibus card. qui erant in Anagnia per publicum instrumentum ut irent ad providendum romane ecclesie simul cum eis, sicut publice dicebatur; ipse B. vocavit me et socium meum et dixit: Ego volo expedire factum D. imperatoris et filii sui antequam isti card. recedant; et mandavit pro ipsis incontinenti, quod venirent ad ipsum ex causa, et medio tempore, antequam DD. cardinales venirent, socius meus Conradus Gisenhem predictus traxit se mecum ad partem et coram duobus notariis publicis et testibus protestatus est: quomodo collegium amovebat se a dicto B. et realiter amoverat se ab eodem et publice videretur dictum B. non fuisse nec esse papam, quod per quemcumque actum quem faceremus coram dicto B. in dicta publicatione pro D. nostro imperatore et filio suo, per hoc nolebamus involvere neque consentire, ubi predicta constarent esse vera. Et similiter alia protestatio est facta quando exigebat juramentum fidelitatis a nobis ex parte ipsius, prout hec omnia in duobus publicis instrumentis super hoc confectis videbitis plenius contineri; quorum instrumentorum tenores vobis mittuntur presentibus interclusis.

(*Voici-après ces deux pièces.*)

20. Deinde ipse B. processit coram eisdem card. et paucis episcopis et publicavit factum D. imperatoris et serenissimi principis D. Wenceslai romanorum et bohemie regis, in quadam camera; super quam publicationem fecit idem B. fieri litteras sub bulla, quam fecerat de novo et circa festum S. Jacobi; et

tunc etiam primo incepit facere et sigillare . . . . et gratias quas ante non fecerat.

21 Deinde supplicavi eidem B. quod daret michi litteras super publicatione facti domini mei filii, D. imperatoris, pro qua exposueram nongentas florenos de camera, quos ipse B. pro majori parte sibi imbursaverat; qui respondit, quod eamdem litteram vellet mittere per suos nuntios, quia negotium erat magnum et ponderosum et quod ego deberem ire cum eisdem. Cui B. respondi et dixi: Si non vultis michi dare litteram, respondeatis D. meo super septuaginta millia florenorum, in quibus obligamini sibi et camera apostolica, et si placet, renovetis litteras D. Gregorii predecessoris vestri, qui imposuerat decimam papalem per provincias pragensensem, magedeburgensensem, et diocesim Wralislamensis et quod collectoribus suis dederat in mandatis colligere dictam decimam per dictas provincia et dioceseos, et D. nostro imperatori solvere dictas septuaginta millia florenorum, de quibus ego portaveram xl. millia; et quidquid remaneret ultra dictam summam, quod idem collectores deberent pro camera apostolica retinere; et ad dictam decimam colligendam D. imperator vult operam efficacem dare, quod dicta decima importetur sine mora. Qui B. respondit, quod ipse predictam pecuniam non perceperat, nec venisset in usum suum. Cui respondi et dixi, quod cum illa pecunia Romandiola et Marchia Anconiana fuissent redempte et liberate, que alias fuissent perdite, si predicta pecunia non fuisset. Et hoc etiam oportebat me probare in Roma per testes fidedignos et per illos qui dictam pecuniam receperant, et hoc fuit factum in Roma, cum de Tibure fui reversus.

22. Et postquam vidi quod dictus B. nullum premissorum voluit facere, nec litteram michi assigillare, cum qua volebam ire ad D. nostrum et ad collegium, nec respondere super pecuniis, dixi eidem B. quod parceret michi, quod possem ire ad aliam partem. Qui dixit et respondit: Non facias, tu esses interfectus

si ires ibi. Cui respondi, quod melius esset michi mori, quam sic tribulari, et sic ab eo fui separatus et statim ascendi equum et ivi cum familiaribus extra Urbem.

23. Et veni Fundis, ubi inveni Dominum nostrum jam electum in papam et ibidem mansi aliquibus septimanis cum D. N. et DD. card. A quibus Dominis, videlicet, D. N. et cardinalibus, predictis singulariter et singulis recepi litteras et informationes plenas de predicto scismate et de electione canonica dicti D. N. Clementis pape VII. et de nullo jure B. ad Dominum nostrum bone memorie D. Karolum romanorum imperatorem et serenissimum principem Wenceslaum filium suum et ad alios principes et consiliarios ipsius Domini imperatoris.

24. Sed proholor, nimis diu fui retentus in Fundis et in via, quod antequam venirem ad partem et ante decem dies dictus D. imperator fuerat vita functus. Et archiepiscopus Pragensis, qui fuerat de principalioribus consiliariis ipsius D. imperatoris, receperat anticardinalatum a B. et filius fratris sui archiepiscopalem ecclesiam supradictam et alii quamplurimi fuerunt per B. promoti ad abbatias, dignitates, personatus et officia et alia beneficia in dicto Regno et alibi existentes, sic quod B. habuit maximam adhesionem; alii autem seculares vincebantur ab eisdem cum pecuniis et aliis rebus. Et illi qui erant pro parte D. mei Clementis VII sunt missi hincinde, unus ad Ungariam, alius ad Marchiam Brandeburgensem, sic, et prohdolor, modicum potui proficere cum eisdem, quia rex continue erat in venationibus et erat juvenis in etate et consiliarii Bartholomistii, qui erant cum eo, non permiserunt aliquem diu remanere apud Regem, quia erant eis suspecti omnis pro parte D. N. pape Clementis, qui erant et loquerentur cum eodem.

25. Et tunc supervenit anticardinalis Ravennatensis, qui procurabat ligas, compromissiones et juramenta principum et aliorum dominorum tam episcoporum quam secularium pro B. et contra

partem D. N. Clementis et Rex romanorum non advertebat quidquam, quod isti Bartholomisti faciebant cum litteris suis et sigillo contra partem D. Clementis.

26. Dominus imperator predictus ante mortem suam multum desiderabat me videre et voluit se informari de toto per me, prout audivi a fide dignis et de illis specialiter qui fuerunt de consilio suo, qui flevit amare ante mortem suam, quod non habebat informationes pro parte D. Clementis. Et si vixisset ad medium annum, ut credo, ipse posuisset ordinem in isto scismate, quod nunquam fuisset in tantum processum sicut fuit et est processum et credo firmissime quod libenter et libentissime audivisset partem D. N. Clementi ac sibi et suis adherentibus contra dictum B. bonam justitiam ministrasset. Sed Deo, prodholor, non placuit.

D. S. Tom. VI. pag. 165.

Protestations des ambassadeurs de l'Empereur
(Voir ci-avant n. 19).

27. In nomine Domini. Amen. Anno navitatis ejusdem M°. CCC° LXX° VIII°, indictione prima, die lune xxvi mensis Julii hora prime quasi, pontificatus SS. in Christo Patris et D. D. Urbani, divina providentia pape sexti anno primo; in mei notarii publici testiumque presentia subscriptorum ad hoc specialiter vocatorum et rogatorum, constitutis presentialiter honorabili viro Domino Conrado de Gysenhemi procuratore et procuratorio nomine inclitissimi principis et Domini D. Wenceslai Dei gratia romanorum regis semper augusti et Bohemie regis; venerabili viro D. Conrado decano ecclesie S. Petri Wissegradensis prope Pragam collega et exprocuratore suo etiam presentialiter constituto, solempniter protestando et mentem suam declarando in hoc facto dixit:

28. Quia totum sacrum collegium DD. cardinalium se a dicto D. Urbano papa amoveret et amovit realiter, et publice dicetur et dubitatur dictum D. Urbanum nec esse nec fuisse verum papam, et cum tanti negotii celsitudo et magnitudo, videlicet, aprobatio persone illustrissimi principis D. Wenceslai regis predicti Bohemie in regem romanorum et in imperatorem postmodum, Altissimo disponente, promovendum debeat per dictum D. Urbanum papam expediri, et alia circa hoc occurrentia concludi, in aliysque aprobatio per ipsum Conradum Gysenhemi procuratorem et collegam suum Conradum Wissegradensem decanum predictum recepi, et si opportunum fuerit, juramentum in animam ipsius constituentis dicto D. Urbano et ecclesie romane debeat prestari; sed quia idem D. Conradus de Gysenhemi per hoc crederet et timeret D. imperatorem involvere et D. regem postscriptum Dominum suum in factis suis impedire, potestatus fuit solempniter quod per nullum actum factum vel fiendum coram dicto D. Urbano papa per ipsum, vellet nec intenderet factum et negotium D. imperatoris et D. romanorum et Bohemie regis Domini sui, seu ipsos Dominos imperatorem et regem involvere seu imbrigare quovismodo, ymo, si constaret, vel constare posset quoquomodo in futurum, dictum D. Urbanum non esse nec fuisse verum papam, acta, gesta et agenda coram eo et per eum, pro non actis et factis ulterius habere, nec aliquatenus grata et rata observari, sed potius voluit et ultra ea omnia et singula sic acta nullius fore penitus roboris atque firmitatis.

Super quibus omnibus et singulis premissis idem D. Conradus de Gysanhemi petiit sibi per me notarium publicum infrascriptum, unum vel plura publicum seu publica confici instrumenta.

Acta sunt hec in ambitu monasterii fratrum minorum in Civitate Tiburtina. Anno, die, mense, hora et pontificatus quibus

supra. Presentibus . . . .
et ego Nicholaus de Nerdyc notarius.

La seconde pièce à laquelle fait allusion le N°. 19. suit celle-ci et ne diffère que : 1° par la date : " die mercurii vicesima octava Julii „. 2° il y a un second notaire : " necnon magistri Jacobi Secco similiter notarii publici „. 3° à ces mots : " procurator et procuratorio nomine, „ cette pièce ajoute : " necnon nuntiationis specialis S. P. et DD. Venceslai romanum et bohemie regis „. 4° La pièce précédente dit : " si opportunum fuerit juramentum . . . . . . prestari „ celle-ci dit à la place : " voluit et vult juramentum per me et D. Conradum decanum Wissegradensem prope Pragam collegam et exprocuratorem meum hic presentem nomine dicti Regis sibi et ecclesie romane prestari ; sed quia super hoc timeret . . . . . . „ suit la même protestation. 5° enfin le lieu où est écrit ce document est : " Acta sunt hec in choro circa altare majus ecclesie S. Benedicti in Tiburto . . . . „

En tête de ces deux documents, le possesseur a écrit ces mots : " Monumenta originalia ego vidi et habet ea Conradus decanus infra nominatus . . . . . „

XLII.

D. S. Tom. V. pag. 102 et Tom. XVII. pag. 111.

Allégations du Cardinal de Saint-Eustache.

(Ce qui suit est extrait du Traité de ce cardinal que nous publierons dans un prochain travail ; après avoir rapporté le " casus „ des Cardinaux fait à Anagni, le Cardinal continue le récit.)

1. Primo namque fuit ordinatum quod factum reddigeretur in scriptis, quod et factum fuit, ac postmodum cuilibet ex DD.

cardinalibus traditum, ut per quemlibet examinaretur, sic quod simplex et pura veritas in eo poneretur et nichil plus, et postea facto per quemlibet ex DD. viso, auditis aliquibus per aliquos, eis prout aliqui recordabantur melius quam alii ipsum factum fuit reductum in mundum et in communi coram omnibus DD. presentatum et pausate lectum in tribus consiliis ac demum, ipso facto per omnia inter eos concordato, prout superius est descriptum et in periculo anime sue et in conscentia asserto per quemlibet ipsorum quod factum ipsum continebat per omnia veritatem, ordinatum fuit quod videretur quid juris.

2. Et dum in deliberando fuerunt satis morosi, prout arduitas negotii exigebat, primo enim voluerunt quod quatuor ex ipsis ad hoc per omnes electi, scilicet. DD. Pictavensis et Vivariensis presbyteri et S. Eustachii et S. Angeli, diaconi card. cum matura deliberatione viderent; et isti quatuor, cum omni diligentia studuerunt, postea fuerunt simul licet prima vice fuissent concordes in opinione, tamen pro certiori voluerunt quod adhuc postquam unus audivit motiva alterius, mature viderent, et postea convenirent et sic factum fuit; fueruntque iterum in opinione concordes quod iste nullum jus habebat in papatu et sic retulerunt omnibus DD. in communi et tunc diligentius quilibet ipsum vidit per se.

3. Postea sepe contulerunt etiam inter se, non tamen adhuc in communi, sed interdum duo simul, interdum plures, prout habebant opportunitatem. Postea convenerunt in communi ut audirent cujuslibet oppinionem et fuerunt omnes in oppinione concordes, quod ipse nullum jus habebat penitus in papatu, uno excepto, qui dixit se dubitare et velle deliberare plenius et tunc fuit dictum quod quilibet adhuc deliberaret et sciretur opinio valentium et litteratorum virorum, qui erant in curia et sic fuit factum et repetitum, et cum oppinioni DD. concurrebat concorditer valentium prelatorum, magistrorum in theologia et philosophia naturali et

morali, doctorum utriusque juris opinio, et tunc iterum DD. cardinales fuerunt congregati, et tunc omnes fuerunt in oppinione concordes, nemine discrepante, quod iste in papatu nullum jus habens, erat notorie in ipso intrusus et sanctissime sedi B. Petri occupator illicitus.

4. Demum DD. se congregaverunt pro deliberando quid pro communi utilitate Ecclesie sancte Dei et securitate personarum suarum erat expediens, et fuit deliberatum quod mitteretur ad DD. cardinales qui erant in Avinione et catholicos principes ad informandos eos de veritate facti et de oppinione in qua DD. post multa et matura et summe digesto consilio remanserant, et ad petendum auxilia, consilia, et favores, et quod aliqua gens armigera pro custodia Dominorum haberetur, et ita factum fuit.

5. Item fuit inter DD. dubitatum quid erat expedientius pro statu romane ecclesie, vel ipsummet reeligere ad vitandum ne scisma fieret in ecclesia Dei, vel ipso rejecto, eligere libere et canonice alium et fuit similiter concorditer obtentum, quod nullo modo iste erat reeligendus sed aliud canonice eligendus, quia notorie erat insufficientissimus ad tantum principatum, tam propter deffectum scientie, quam propter deffectum prudentie et plus continentie et propter malos et ineptissimos mores suos, quibus obstantibus absque gravi Dei offensa reelegi non poterat.

6. Subsequenter fuit inter DD. discussum quis ordo teneretur in procedendo contra eum et fuit obtentum et servatum, quod quantum fieri poterat et in quantum patiebatur materia, servaretur modus evangelice denunciationis. Ea propter, fuit procuratum quod per unum probum et sanctum religiosum satis litteratum et sibi multum domesticum ipse fuit informatus de facto, fuit etiam informatus de concordi deliberatione Dominorum, quod non erat papa, de communi opinione vulgi, qui de hoc multum murmurabat, cum impressio fuit tam notoria, quia non poterat ullo modo paliari, et sibi ostensum quod sine dampnatione anime

sue et aliorum christifidelium, non poterat illum statum retinere et ex his fuit secrete et caritative admonitus per istum etiam una vice cum multorum dierum intervallo quod vellet deponere statum illum, qui in nullo obtemperare voluit.

7. Demum consilialiter et bene extense fuit scriptum per unum valentissimum prelatum et magne litterature, qui licet suus fuisset referendarius, conscientia motus, se separaverat sub honesto colore ab ipso, qui propterea fuit una vice ad ipsum et nichil profuit. Tertio fecerunt sibi Domini dici consimilibus modis per unum ex DD. cardinalibus italicis, qui adhuc non dimiserat ipsum, aliis tribus cardinalibus presentibus, et nec ipse aliquid profecit, ymo, quod pejus fuit, se constituit DD. cardinalium ultramontanorum inimicum; quod ipsi attendentes et videntes ipsum in sua malitia obstinatum et quod ecclesia Dei totaliter destruebatur per ipsum, quia cognito, quod ejus statu subjacebat periculo ut sibi amicos faceret de mammona iniquitatis, nedum Omnipotenti tribuit quod petebat, ymo ubicumque sperabat vel aliquem sibi prestare favorem, vel bene unam partem tribulare vel provinciam sine petitione aliqua omnia inconvenientia faciebant; deliberaverunt ponere manus ad fortia et fecerunt DD. cardinales italicos absentes vocari sub forma que sequitur :

Reverendissimis in Christo ... (Voir Rayn. 1378 n. XL).

8. Post vocationem, tres ex DD. meis predictis, quia alter erat infirmus et infra paucos dies postea discessit, recesserunt ab eo, sed non volentes ex certis causis tunc convenire cum aliis DD., missi fuerunt alii tres ad loquendum cum ipsis in campis infra districtum romanorum et prope Tiburtim, ubi intrusus morabatur, per duodecim milliaria, aliquibus tamen gentibus armorum associatis, ubi steterunt fere per duos dies, et post multa inter se prolocuta, pro parte DD. italicorum fuit aperta via concilii generalis, que cum esset per istos tres dominos missos aliis do-

minis reportata, fuit communi aliorum consilio tanquam dampnosa et prejudicialis repulsa.

9. Demum DD. mei card. die qua alii DD. card. comparere debebant ad aliam diem prorogarunt et eis prorogationem notificare fecerunt et illa die prorogata, in eorum absentia, cum solempni missa et rumore publicarunt ipsum Bartholomeum anathematizatum et intrusum, secundum formam litterarum que hic immediate (?) inseruntur.

Universis christifidelibus . . . . . (Voir Rayn. 1379 n. XLVII et Baluze Tom. I. page 543).

10. Que littere misse fuerunt sibi et prefatis DD. card. italicis, qui DD. card. eisdem per nos litteris obtemperantes, ex tunc non reddierunt ad ipsum, ipse vero pejor quam Ginithus (?) et plus obstinatus in sua malitia ecclesiam non audivit.

11. Propter quod DD. convenerunt in civitate Fundorum ubi DD. cardinalibus italicis multum sollicitatis ad conveniendum ibidem et per multos dies expectatis et demum venientibus, et multis prius inter se habitis tractibus, sed non volentes concordare, presentibus ipsis DD. italicis, omnes ultramontani, facientes ultra duas partes cum essent tredecim et alii non erant nisi tres, elegerunt D. N. modernum, sex tamen DD. cardinalibus Avenione existentibus non vocatis.

TABLE DES MATIÈRES.

LIVRE TROISIÈME. — URBAIN VI.

Chapitre I.

URBAIN VI ET LES CARDINAUX.

1. Bruits contradictoires. — 2. Urbain VI dans le palais. — 3. Message invraisemblable du Cardinal de Luna. — 4. Premiers prélats arrivés au palais. — 5. *Cursore* envoyé à Saint-Ange. — 6. Arrivée des Bannerets. — 7. Les Cardinaux hésitèrent-ils à venir? Contradictions. — 8. Les Bannerets chez le Cardinal de Marmoutier. — 9. Chez celui de Luna. — 10. Chez celui de Florence. — 11. Arrivée du Cardinal de Florence. — 12. Arrivée d'autres Cardinaux. — 13. Le Cardinal d'Aigrefeuille . . . . pag. 1

Chapitre II.

LES CARDINAUX DU CHATEAU SAINT-ANGE.

1. Qui les a engagés à venir? — 2. Les Cardinaux protestent n'y être pour rien. — 3. L'abbé de Sistre et l'évêque de Récanati envoyés à Saint-Ange. — 4. Les Cardinaux leur donnent une cédule. Pourquoi? — 5. Retour des Ambassadeurs au palais. — 6. Ambassade de l'évêque de Cassano. — 7. Mécontement d'Urbain. — 8. Les Bannerets. Urbain reconnaît qu'il leur doit son élection. — 9. Il envoit les Bannerets à Saint-Ange. — 10. Les Cardinaux allèguent qu'ils n'ont pas de chapes, Urbain leur en envoie. — 11. Les Bannerets au château Saint-Ange. — 12. Les Cardinaux qui étaient au palais sont-ils pour quelque chose dans la venue de leurs collègues qui étaient à Saint-Ange? — 13. Pourquoi ceux-ci sont-ils venus? — 14. Ils allèguent la crainte de pire. — 15. Cette crainte est-elle justifiée . . . . pag. 27

Chapitre III.

L'INTRONISATION.

1. Barthélemy demande aux Cardinaux de refaire son élection. — 2. Ceux-ci se retirent dans la chapelle. Qu'y firent-ils? — 3. Barthélemy rejoint les Cardinaux; que se passa-t-il entre eux? — 4. Intronisation. — 5. Acceptation d'Urbain. — 6. Publication de l'élection. — 7. Premier acte de juridiction. — 8. Demandes des Cardinaux à Urbain. — 9. Erreurs de Théodoric de Niem . . . . pag. 49

Chapitre IV.

LA SEMAINE SAINTE — LE COURONNEMENT.

1. Retour des Cardinaux qui étaient hors de Rome. — 2. Dimanche des Rameaux. — 3. Lettre écrite ce jour là. — 4. Semaine Sainte. — 5. Doute sur l'élection exprimé publiquement. — 6. Couronnement. — 7. Les Cardinaux communièrent-ils? — 8. Procession à Saint-Jean de Latran. — 9. Conduite des Cardinaux. — 10. Prise de possession de Saint-Jean de Latran. — 11. Festin dans le palais du Latran. — 12. Retour à Saint-Pierre. — 13. Aveux d'un Banneret . . . . pag. 61

Chapitre V.

CONDUITE DES CARDINAUX.

1. Ce qu'ils ont fait a-t-il purgé le vice de l'élection? — 2. Ils protestent qu'ils eussent agi autrement s'ils eussent été en lieu sûr. — 3. Protestation faite à Anagni. — 4. Y avait-il lieu de craindre? — 5. Le danger pour les Cardinaux était plus grand après qu'avant l'élection. — 6. Les Urbanistes nient qu'il y eut danger pour les Cardinaux. — 7. Doute sur l'élection émis et châtié. — 8. Les Cardinaux ne pouvaient se réunir. Conséquences. — 9. Ils avaient l'intention de réélire Urbain; pourquoi ne l'ont-il pas réélu? . . . . . pag. 81

Chapitre VI.

CE QU'ON DISAIT DE L'ÉLECTION D'URBAIN

1. Conseils des Cardinaux à Urbain. — 2. Urbain change de conduite après son élection. — 3. Question adressées au Cardinaux au sujet de l'élection. — 4. Réponses attribuées aux Cardinaux. — 5. Ceux-ci expliquent ou rectifient leurs paroles. — 6. Réponses évasives ou négatives. — 7. Doutes sur l'élection. — 8. Raisons de ces doutes. — 9. Ordre aux pillards de restituer. — 10. Urbain les excommunie. — 11. Il absout les Romains. — 12. Il relève Rome de l'interdit. — 13. Il témoigne sa reconnaissance aux Romains. — 14. Les Romains s'attribuent son élection. — 15. Ils eussent préféré un Pape romain. — 16. Leur repentir. — 17. Leurs excuses . . . . pag. 101

Chapitre VII.

DEMANDES ET LETTRES DES CARDINAUX.

1. Demandes des Cardinaux. — 2. Bénéfices demandés. — 3. Utilité de leurs recommandations. — 4. Le cardinal de Glandève promu à l'évêché d'Ostie. — 5. Explication des Cardinaux au sujet des demandes de bénéfices. — 6. Demande d'absolution. — 7. En ont-ils fait usage? — 8. Les Cardinaux disaient-ils les oraisons *Pro Papa?* — 9. Présents qu'ils ont faits à Urbain. — 10. Indulgences. — 11. Lettres collectives des Cardinaux annonçant l'élection d'Urbain. — 12. Elles ont été écrites par son ordre. — 13. Résistance des Cardinaux. — 14. Lettres particulières des Cardinaux. — 15. Urbain veut les voir. — 16. Le roi de France informé. — 17. L'Empereur informé. — 18. Billet du cardinal de Florence glissé dans une lettre à l'Empereur. — 19. Les Cardinaux demandent que les ambassadeurs soient choisis parmi leurs amis. — 20. Le roi de Castille informé. — 21. Ambassade au roi de Portugal. — 22. Les Cardinaux d'Avignon furent informés les premiers. pag. 129

Chapitre VIII.

LE CARDINAL D'AMIENS.

1. Son arrivée à Rome. — 2. Mécontentement des Cardinaux. — 3. Altercation en consistoire. — 4. Influence du Cardinal d'Amiens sur le Sacré-Collège. — 5. Inimitié d'Urbain pour lui. — Autres altercations. — 6. Conspiration du Cardinal d'Amiens. — 7. Il dit publiquement ce qu'il pense. — 8. Son audace en impose aux Romains. — 9. Ses amis. — 10. Urbain s'élève contre la Simonie. — 11. Il reproche aux Cardinaux le luxe de leurs tables. — 12. Il leur ordonne de réparer les églises cardinalices. — 13. Raisons des Urbanistes pour expliquer le désaccord. — 14. C'est l'amour des Cardinaux pour la France, et leur crainte de son roi. — 15. C'est parce qu'Urbain refusa d'aller à Avignon. — 16. Paroles désobligeantes d'Urbain au chapitre de Saint-Pierre. — 17. Ces reproches étaient-ils mérités ? . . . . pag. 158

Chapitre IX.

URBAIN VI ET LE CHATEAU SAINT-ANGE.

1. Pierre de Gandelin, châtelain, et Pierre Rostaing, son oncle, capitaine du château Saint-Ange. — 2. Les Romains sollicitent le châtelain pour qu'il soit avec eux. Leurs promesses. Refus du châtelain. — 3. Complot pour s'emparer du château. — 4. Pourparlers. — 5. Projets attribués à Urbain. — 6. Envoyés d'Urbain au château. — 7. Pierre Rostaing va consulter les Cardinaux. — 8. Harangue du châtelain à ses soldats. — 9. Nouvelle ambassade d'Urbain. — 10. Le châtelain oppose le serment prêté par lui à Grégoire XI. — 11. Les soldats l'approuvent. — 12. Les ambassadeurs se retirent. — 13. Urbain envoie des otages. — 14. Le châtelain au palais. — 15. Promesses magnifiques d'Urbain. — 16. Urbain redoute que les Romains ne fassent un mauvais parti aux Cardinaux. — 17. Réponse du châtelain. — 18. Fin de l'entretien. — 19. Accommodement provisoire. — 20. Envoyés des Cardinaux de Genève et d'Amiens. Promesses faites en leur nom. — 21. Envoyé d'Urbain, disant tout bas de ne pas accorder ce qu'il demandait tout haut. 22. Le Cardinal de Marmoutier vient demander au nom d'Urbain la reddition du château. — 23. Refus du châtelain. — 24. Le châtelain écrit aux Cardinaux d'Avignon. Urbain propose le ju-

gement d'arbitres. — 25. Entrevue des arbitres et du châtelain. — 26. Ordre d'Urbain d'arrêter les Cardinaux; il révoque bientôt cet ordre — 27. Sentence des chevaliers italiens; elle est favorable à Urbain. Les arbitres ultramontains menacés de la potence. — 28. Rupture des négociations . . . . pag. 174

Chapitre X.

DÉPART DE ROME.

1. Salutaires avis donnés à Urbain. — 2. Départ des Cardinaux pour Anagni. — 3. Précautions qu'ils prirent. Intention du Cardinal de Luna. 4. Pourquoi les Cardinaux ont-ils tant tardé à partir? — 5. Les Ultramontains vont aussi à Anagni. — 6. Ils sont toujours sous la domination romaine. — 7. Conduite des Cardinaux en arrivant à Anagni. — 8. Urbain veut aller les y rejoindre. Ce qui l'en détourne. — 9. Urbain envoie trois Cardinaux italiens à Anagni. — 10. Il part pour Tivoli. — 11. Il y mande les Cardinaux ultramontains. Ceux-ci refusent de venir. — 12. Les Romains veulent faire amende honorable aux Cardinaux. Urbain s'y oppose. — 13. Il compte sur certains Cardinaux pour ramener les autres. — 14. Les trois Cardinaux italiens à Anagni. — 15. Leur retour à Tivoli; ils rendent compte à Urbain de leur ambassade. — 16. Les Cardinaux d'Avignon. — 17. Lettre du Cardinal de Pampelune . . . . pag. 195

Chapitre XI.

TIVOLI ET ANAGNI.

1. L'évêque de Récanati envoyé à Anagni. — 2. Comment il soutient y avoir été reçu. — 3. Réponses qu'il attribue aux Cardinaux. — 4. Lettres de la Pénitencerie et de la Chancellerie données au nom d'Urbain. — 5. Lettres particulières des Cardinaux à Urbain. — 6. Les Cardinaux étaient ils encore en péril à Anagni? — 7. Ils sollicitent leurs amis de venir les rejoindre . . . . pag. 214

Chapitre XII.

RUPTURE.

1. Appel des troupes bretonnes à Anagni. — 2. Défaite des Romains au pont Salara. — 3. Urbain implore la protection de la reine de Naples. — 4. État des esprits de part et d'autre. — 5. Les ambassadeurs allemands à Tivoli. — 5. Urbain les envoie chercher le dossier à Anagni. — 7. Ils reviennent à Tivoli. — 8. Leurs protestations *ad cautelam*. — Urbain reconnaît l'élection de Wenceslas, mais il refuse de payer la dette de Grégoire XI. — 10. Rédaction du *Casus* des Cardinaux à Anagni. — 11. Le cardinal de Luna demande de délibérer plus mûrement. — 12. Délibération des Cardinaux sur la conduite à tenir. — 13. Monitions fraternelles à Urbain. — 14. Rédaction du *Casus* des Cardinaux italiens. — 15. Ce que l'évêque de Récanati fit à Tivoli à son retour d'Anagni. — 16. Les Cardinaux d'Anagni somment les Cardinaux italiens de venir les rejoindre. — 17. Pourparlers de Palestrine. — 18. Urbain sommé une dernière fois de se démettre. — 19. Il est déféré au tribunal du Camerlingue. — 20. Les Cardinaux dénoncent solennellement l'intrusion de Barthélemy Prignano . . . . pag. 234

Chapitre XIII.

FONDI — ÉLECTION DE CLÉMENT VII.

1. Urbain à Rome. — 2. Lettres que lui adressent les Cardinaux italiens. — 3. Conduite de ces derniers. — 4. Les Cardinaux ultramontains vont à Fondi. Lettre de Louis d'Anjou à un prince italien. — 5. Les Cardinaux italiens rejoignent leurs collègues. — 6. Mort du cardinal de Saint-Pierre. — 7. Les notaires refusent de signer son testament. — 8. Était-il pour Urbain VI? — 9. Son testament. — 10. Urbain accusé de l'avoir lui-même falsifié. — 11. Négociations à Fondi entre les Cardinaux italiens et les ultramontains. — 12. Élection de Clément VII. — 13. Conduite des Cardinaux italiens. — 14. Ils quittent la cour . . . . pag. 260

PIÈCES JUSTIFICATIVES
Seconde Série.

Casus et attestations des Cardinaux.

	pages
Casus des Cardinaux Italiens	1
Casus de Jean de Lignano	26
Casus de l'abbé de Sistre	40
Réponses du cardinal de Florence	57
Réponses du cardinal d'Aigrefeuille	68
Réponses du cardinal de Viviers	82
Allégations et réponses du cardinal de Glandève	84
Allégations et réponses du cardinal de Poitiers	97
Autres réponses du cardinal d'Aigrefeuille	111
Réponses du cardinal de Saint-Ange	124
Information du cardinal de Vernhio	138
Réponses du cardinal de Luna	148
Allégations du cardinal de Marmoutier	162
Allégations du cardinal de Milan	168
Déposition de Conrade Henri ambassadeur de l'Empereur auprès de Grégoire XI	169

www.ingramcontent.com/pod-product-compliance
Lightning Source LLC
Chambersburg PA
CBHW060224230426
43664CB00011B/1549